TRAITÉ

DES RÈGLEMENTS ET DES ARRÊTÉS

ADMINISTRATIFS ET MUNICIPAUX.

TYPOGRAPHIE HENNUYER, RUE DU BOULEVARD, 7. BATIGNOLLES.
Boulevard extérieur de Paris.

TRAITÉ

DES RÈGLEMENTS ET DES ARRÊTÉS

ADMINISTRATIFS ET MUNICIPAUX

DE LEUR EFFET ET DE LEUR SANCTION

Contenant dans un ordre méthodique

L'EXPOSÉ DES PRINCIPES

QUI RÉGISSENT LA COMPÉTENCE DE L'AUTORITÉ INVESTIE DU POUVOIR RÉGLEMENTAIRE
ET CELLE DES TRIBUNAUX
AUXQUELS EST DÉVOLUE LA CONNAISSANCE DES CONTRAVENTIONS ;

L'ÉNUMÉRATION

DES OBJETS QUI PEUVENT ÊTRE LA MATIÈRE DES RÈGLEMENTS ET ARRÊTÉS
ET DES CONDITIONS SANS LESQUELLES
CES ACTES SONT DÉPOURVUS DE FORCE ET DE SANCTION ;

ENFIN L'INDICATION

DES FONCTIONNAIRES CHARGÉS DE CONSTATER LES INFRACTIONS QUI Y SONT COMMISES
ET DES CONDAMNATIONS QUE LES TRIBUNAUX DOIVENT APPLIQUER.

PAR N.-A. GUILBON,

JUGE DE PAIX A PALAISEAU (SEINE-ET-OISE),

AUTEUR

Du Traité de la Police du Roulage et du Traité de la Police Judiciaire
en matière de crimes et délits.

PARIS

AU BUREAU DES ANNALES DES JUSTICES DE PAIX,

RUE GUÉNÉGAUD, 27 ;

ET CHEZ AUGUSTE DURAND, LIBRAIRE,

RUE DES GRÈS, 7.

1859

J'ai publié dans les *Annales des justices de paix*, depuis l'an dernier, une série d'articles qui, réunis, forment un traité complet des règlements et arrêtés en matière de police administrative et municipale.

Un grand nombre d'abonnés, plusieurs de mes collègues, notamment, au début même de cette publication, et en l'appréciant dans des termes trop élogieux, peut-être, dont je suis pourtant heureux de leur témoigner ici ma reconnaissance, ont exprimé le désir qu'elle fût réunie en un seul corps et de manière à former un ouvrage spécial qui pût être facilement et fréquemment consulté. J'ai cru devoir déférer à leur désir, espérant, comme eux, que ce livre sera utile même à ceux qui sont déjà pourvus de la collection du journal.

La matière des règlements, on le sait, est délicate et difficile, autant qu'elle est importante et que l'application de ces actes est multipliée. En effet, l'autorité qui les publie, les fonctionnaires et agents qui sont appelés à en assurer l'exécution, les tribunaux que la loi charge de les sanctionner, en réprimant les infractions qui y sont commises, ont à remplir une tâche laborieuse, et c'est pour faciliter cette tâche que j'avais entrepris la publication dont il s'agit.

J'ai exposé avec tout le développement qu'ils comportent les principes sur lesquels repose la compétence du pouvoir réglementaire, tracé le cercle dans lequel chacune des autorités qui l'exerce peut se mouvoir, indiqué les limites qu'elle ne doit point franchir.

A l'aide des nombreux monuments que la jurisprudence a mis à ma disposition, je crois avoir réussi à énoncer avec le plus grand détail les objets divers, multiples, que, dans son énumération générale et circonscrite mais pourtant suffisante, la loi des 16-24 août 1790 a confiés à la vigilance des corps municipaux dont, sous ce rapport, les maires seuls exercent aujourd'hui les pouvoirs.

Après avoir indiqué les formalités dont la loi exige l'accomplissement pour la validité des arrêtés et des règlements, et fait ainsi connaître toutes les conditions, toutes les règles au défaut d'observation desquelles ils sont dépourvus de force et de sanction, j'ai tracé la ligne de démarcation qui sépare les attributions de l'autorité administrative du pouvoir d'examen et d'appréciation qui appartient aux tribunaux.

On ne doit pas s'attendre à trouver dans ce livre l'exposé de tous les principes qui régissent l'action publique et l'action civile devant les tribunaux de simple police, la poursuite et la répression des contraventions, la compétence et la procédure devant ces tribunaux. Cependant mon travail m'eût paru incomplet si je les eusse complétement passés sous silence. Sans sortir donc du cadre que j'ai dû me tracer, j'ai indiqué, en terminant, les divers fonctionnaires et agents auxquels la loi a confié, soit d'une manière générale, soit spécialement, la mission de rechercher et de constater les infractions dont les arrêtés et règlements de police peuvent être l'objet, et les condamnations tant civiles que pénales dont les contrevenants peuvent ou doivent être frappés.

Je crois n'avoir négligé l'examen d'aucune des questions que, dans la pratique, soulève la matière qui fait l'objet de ce livre, et, en le publiant, j'ai l'espoir d'en faciliter la solution.

J'ai donc écrit dans le but d'être utile :

Aux *juges de paix* et aux *suppléants*, qui, comme présidents des tribunaux de simple police, sont fréquemment appelés à réprimer les contraventions aux règlements et arrêtés administratifs et municipaux ;

Aux *greffiers spéciaux de police* et aux *greffiers de paix*, qui en remplissent les fonctions, dont le concours actif et dévoué est si utile au magistrat qu'ils sont chargés d'assister ;

Aux *commissaires de police*, à qui la loi a conféré la double mission de constater les contraventions en qualité d'officiers de police judiciaire, et d'en poursuivre la répression comme officiers du ministère public ;

Aux *maires* et aux *adjoints*, non-seulement parce que, comme les commissaires, ils sont investis de la qualité d'officiers de police judiciaire, et qu'à leur défaut ils sont chargés d'exercer les fonctions du ministère public, mais plus encore parce que c'est à l'administration municipale elle-même qu'il appartient de prendre les arrêtés et de publier les règlements sur les objets que la loi des 16-24 août 1790 a confiés à sa vigilance et soumis à son autorité.

DIVISION DES MATIÈRES.

DES RÈGLEMENTS ET DES ARRÊTÉS

ADMINISTRATIFS ET MUNICIPAUX

DE LEUR EFFET ET DE LEUR SANCTION.

Le n° 15 de l'article 471 du Code pénal, dont la disposition y a été introduite par la loi du 28 avril 1832, punit de l'amende de 1 franc à 5 francs ceux qui contreviennent aux règlements légalement faits par l'autorité administrative, et ceux qui ne se conforment point aux règlements ou arrêtés publiés par l'autorité municipale, en vertu des articles 3 et 4, titre II, de la loi des 16-24 août 1790, et de l'article 46, titre Ier, de la loi des 19-22 juillet 1791.

Cette disposition, qui, comme on le voit, est générale et embrasse les règlements administratifs et les règlements ou arrêtés municipaux, est d'une application fréquente et qui fait naître dans la pratique des questions souvent ardues et difficiles dont ce travail a pour but de faciliter la solution.

Nous nous proposons d'examiner quels sont les règlements et arrêtés auxquels est applicable l'article 471, n° 15, du Code pénal, leur objet, les formalités dont ils doivent être revêtus, la force obligatoire qui y est attachée, et le pouvoir d'examen qui appartient aux tribunaux.

Les règlements dont il s'agit sont de plusieurs espèces. On doit distinguer :

Les règlements antérieurs à la législation actuelle ;

Les règlements d'administration publique, qui ne peuvent émaner que du pouvoir central ;

Les règlements et les arrêtés de police, c'est-à-dire ceux qui sont publiés, soit par l'administration supérieure elle-même, soit par l'autorité préfectorale ou municipale.

La disposition du n° 15 de l'article 471 est générale, avons-nous dit. Cependant, de ce qu'elle embrasse à la fois les anciens règlements et les règlements nouveaux, émanés, soit des maires ou des préfets, soit du pouvoir central, il n'en faut pas conclure qu'elle les sanctionne tous indistinctement. Il importe de remarquer, au contraire, que cet article n'est applicable qu'à ceux qui ne trouvent leur sanction dans aucune loi spéciale, ni dans aucune autre disposition du Code pénal lui-même.

Ainsi, par exemple, les infractions aux règlements d'administration publique rendus pour l'exécution de la loi du 22 mars 1841 sur le travail des enfants dans les manufactures, de celle du 30 mai 1851 sur la police du roulage et des messageries publiques, trouvent leur répression, non dans l'article 471, n° 15, du Code pénal, mais dans les dispositions pénales de ces lois elles-mêmes.

Ainsi encore, les contraventions aux arrêtés municipaux pris en exécution de l'article 3 du décret du 25 mars 1852 sur les bureaux de placement, et ayant pour but d'assurer le maintien de l'ordr dans ces bureaux ainsi que la loyauté de la gestion, et de régler le tarif des droits à percevoir par le gérant, sont punissables des peines portées en l'article 4 de ce décret.

Enfin les règlements ou arrêtés relatifs au balayage de la voie publique, ceux concernant la petite voirie, l'échenillage, les bans de vendanges, la tenue et la représentation du registre de police des aubergistes et logeurs, la police du roulage sur les voies publiques de petite vicinalité; les règlements qui interdisent de dégrader les chemins publics ou d'en enlever les terres, pierres ou matériaux, trouvent leur sanction, non dans l'article 471, n° 15, du Code pénal, mais dans les dispositions spéciales de ce Code relatives à ces divers objets.

CHAPITRE I.

DES RÈGLEMENTS ANCIENS.

L'article 9 de la loi des 19-20 avril 1790 est ainsi conçu : « La police administrative et contentieuse sera, « par provision et jusqu'à l'organisa- « tion de l'ordre judiciaire, exercée « par les corps municipaux, à la « charge de se conformer en tout aux « règlements actuels tant qu'ils ne se- « ront ni abrogés ni changés. »

L'article 48, titre Ier, de la loi des 19-22 juillet 1791 charge le corps municipal de publier de nouveau les lois et règlements de police.

Cette disposition a été identiquement reproduite par l'article 11 de la loi du 18 juillet 1837, avec cette différence toutefois que le droit de publication est accordé aux maires, lesquels étaient investis déjà, depuis la loi d'organisation du 28 pluviôse an VIII, de l'administration municipale et de tous les pouvoirs que les lois antérieures avaient confiés aux corps municipaux.

En outre, l'article 484 du Code pénal porte que : « dans toutes les ma- « tières que ce Code n'a pas réglées « et qui sont prévues par des lois et « règlements particuliers, les Cours « et les tribunaux continueront de les « observer. »

Il résulte de la combinaison de ces dispositions :

1° Que les règlements anciens, statuant sur des objets qui n'ont été réglés, ni par le Code pénal, ni par aucune loi postérieure à 1789, et qui, d'ailleurs, ne sont contraires à aucune disposition de la législation générale, ont conservé force et vigueur;

2° Que l'on doit tenir pour abrogés tous les anciens règlements portant sur des matières que le Code a réglées, quand même ces règlements prévoiraient des cas se rattachant à ces matières et sur lesquels ce Code est resté muet.

Ajoutons que l'article 5 du titre II de la loi des 16-24 août 1790 dispose que : « les contraventions à la police « ne pourront être punies que de l'une « de ces deux peines, ou de la con- « damnation à une amende pécu- « niaire, ou de l'emprisonnement par « forme de correction, pour un temps « qui ne pourra excéder trois jours « dans les campagnes et huit jours « dans les villes ; »

Et que les pénalités établies par cet article, et maintenues par la loi des 19-22 juillet 1791, ont été modifiées d'abord par les articles 600 et 606 du Code des délits et des peines du 3 brumaire an IV, d'après lesquels les peines de police ne pouvaient consister que dans une amende de la valeur d'une à trois journées de travail *ou* dans un emprisonnement d'un à trois jours, et enfin par le n° 15 de l'article 471 du Code pénal, dont nous avons précédemment rapporté le texte.

Cependant, s'il faut reconnaître que les anciens règlements ont conservé force et autorité sous la législation actuelle, il ne serait pas vrai de dire que tous puisent indistinctement leur sanction dans la disposition générale de l'article 471, n° 15, du Code pénal.

Il convient de les classer en deux catégories et de placer dans l'une les règlements qui sont exclusivement relatifs aux objets de police que les lois de 1790 et de 1791 avaient confiés à la vigilance des corps municipaux, et qui font aujourd'hui partie des attributions des maires ; dans l'autre, les règlements intervenus dans des matières toutes spéciales et auxquelles ces objets ne viennent point se rattacher.

Ceux de la première espèce sont nécessairement régis par les lois dont nous venons de parler, et nous dirons tout à l'heure qu'ils ne peuvent désormais trouver leur sanction que dans la disposition répressive de l'article 471, n° 15, du Code pénal.

Quant aux autres, s'ils doivent être considérés aussi comme des règlements de police, leurs dispositions appartiennent à la police générale ; les intérêts qu'ils règlent ont une autre importance que l'intérêt d'une police purement locale ; et, bien que les maires soient investis du droit d'en renouveler la publication toutes les fois qu'ils le croient utile, ces règlements ne sauraient être complétement assimilés à ceux qui ne statuent que sur des objets que l'autorité municipale a le pouvoir de réglementer elle-même, pouvoir qu'elle a reçu des articles 3 et 4, titre II, de la loi de 1790, et de l'article 11 de celle du 18 juillet 1837.

Quelques auteurs (1), à la vérité, ont soutenu, et la Cour de cassation avait décidé (2), qu'en prescrivant aux Cours et tribunaux de continuer d'observer les anciens règlements, dans toutes les matières non réglées par le Code pénal, l'article 484 de ce Code a entendu parler seulement des défenses qui y sont contenues, non des

(1) V. notamment M. Demolènes, *Des fonct. du procur. impér.*, t. 1er, p. 102 à 108.

(2) Arrêt du 17 décembre 1841 (Dev., 1842, p. 76 ; *J. du Pal.*, 1842, t. 1er, p. 501).

pénalités qu'ils édictent ; que, dès lors, tous les anciens règlements, quels qu'ils fussent, à quelque matière qu'ils appartinssent, étaient sanctionnés par les peines de police édictées d'abord par l'article 5, titre II, de la loi des 16-24 août 1790, ensuite par les articles 600 et 606 du Code du 3 brumaire an IV ; enfin, depuis la loi du 28 avril 1832, par l'article 471, n° 15, du Code pénal.

Mais cette doctrine, combattue par de nombreuses autorités (1) et repoussée par la Cour impériale de Paris (2), a été abandonnée par la Cour de cassation elle-même qui, maintenant, admet en principe que les règlements antérieurs à 1789, dès l'instant que les objets dont ils se sont occupés ne rentrent point dans les matières de police confiées à la vigilance de l'autorité municipale, ont conservé force obligatoire, non-seulement quant aux prescriptions et défenses qu'ils renferment, mais encore quant aux pénalités qu'ils prononcent en cas d'infraction, si d'ailleurs ces pénalités ne sont pas inconciliables avec le système répressif de la législation actuelle.

C'est ainsi que cette Cour a décidé :

1° Que l'article 6 de l'édit de février 1776, qui interdit aux boulangers et bouchers de cesser l'exercice de leur profession, sans déclaration faite un an à l'avance, à peine de 500 livres d'amende, est encore en vigueur, même en ce qui concerne cette pénalité, laquelle doit toujours être appliquée en cas d'infraction (1) ;

Une décision absolument identique a été rendue par la Cour impériale de Pau (2) ;

2° Que la peine de 500 livres d'amende, prononcée par un édit du mois d'octobre 1666, contre ceux qui contreviennent aux règlements relatifs au péage établi sur le canal du Midi, n'a pas cessé d'être applicable (3) ;

3° Que ceux qui enfreignent les dispositions du règlement du 23 janvier 1727, prescrivant à tout bâtiment de petit cabotage l'obligation d'avoir un mousse à bord, sont punissables de l'amende de 60 à 100 livres édictée par ce règlement (4) ;

4° Qu'on doit regarder comme étant toujours susceptibles d'application les dispositions d'un arrêt du parlement de Paris du 23 juillet 1748, qui oblige les apothicaires (pharmaciens) à se conformer au *Codex medicamenta-*

---

(1) V. Carnot, *Comment. du Code d'instr. crimin.*, sur l'article 137, n° 8 ; Duvergier, *Code pénal annoté*, p. 86, et *Lois annotées*, t. XXXVII, p. 235, note 1 ; Daviel, *Traité des cours d'eau*, t. Ier, n° 516 ; de Royer, *Encyclopédie du Droit*, t. VI, p. 461 et suiv. Ch. Berriat Saint-Prix, *Procéd. des tribun. de simple police*, p. 46 à 50, nos 6 à 66 ; Faustin Hélie, *Traité de l'instr. crimin.*, t. VII, p. 63 à 70, § 495, n° 3.

(2) Arrêts des 18 février et 3 avril 1846.

(1) Arrêts des 18 février 1848 (Dev., 1848, p. 381), 14 février 1856 et 28 mars 1857 (Dev., 1856, p. 551, et 1857, p. 558 ; J. du Pal., 1856, t. II, p. 376, et 1858, p. 164 ; Annales des just. de paix, p. 272).

(2) Arrêt du 13 août 1856 (Dev., 1856, p. 543 ; J. du Pal., 1857, p. 34).

(3) Arrêt du 23 mai 1851 (*Bullet. crimin.*, n° 190).

(4) Arrêt du 19 décembre 1846 (*Bullet. crimin.*, n° 327).

rius, dans la confection des médicaments qu'ils sont chargés de préparer (1).

La Cour de cassation a encore décidé que l'amende de 50 livres, au minimum, portée par la déclaration du roi du 30 mai 1731, combinée avec l'ordonnance de marine du mois d'août 1681, livre IV, titre X, art. 1 et 3, doit être prononcée contre ceux qui contreviennent aux dispositions de cette ordonnance, en ce qui concerne la pêche des varechs ou goëmons (2).

Disons toutefois que cette dernière décision, dont le principe est d'ailleurs toujours subsistant, est aujourd'hui sans application quant à la matière spéciale qui en fait l'objet. La loi du 9 janvier 1852 a réglé la pêche maritime côtière, et les infractions à ses dispositions ou à celles des règlements d'administration publique intervenus ou à intervenir pour en assurer l'exécution sont punissables des peines correctionnelles établies par l'article 3 de ladite loi. On verra plus tard que les maires sont chargés de prendre des arrêtés pour régler les jours et heures où la coupe doit avoir lieu et prescrire les mesures relatives à la police et à l'ordre à observer dans l'enlèvement des herbes marines dont il s'agit.

Il est donc bien évident que, quand un règlement de l'espèce de ceux dont nous venons de parler édicte des pénalités supérieures à celles dont les juges de simple police sont chargés de faire l'application, c'est-à-dire si l'amende excède 15 francs, si l'emprisonnement dépasse cinq jours, les contrevenants ne peuvent être poursuivis que devant la juridiction correctionnelle. C'est d'ailleurs ce que décident la majeure partie des arrêts que nous venons de citer.

Mais il peut arriver que le maximum des pénalités réglementaires soit renfermé dans les limites de la compétence des tribunaux de simple police, ou que les règlements n'édictent aucune peine. Or, il n'est pas moins évident que, dans ces deux cas, l'action en répression doit être portée devant ces tribunaux, car les dispositions qui ont été enfreintes trouvent alors leur sanction dans l'article 471, n° 15, du Code pénal.

Il faudrait en dire autant du cas où les règlements prononceraient des peines qui ne seraient point en harmonie avec notre système pénal, telles, par exemple, que des amendes arbitraires, sans fixation de minimum, ou des peines corporelles que la législation moderne a proscrites et abolies.

Dans cette hypothèse, ces règlements, n'ayant conservé leur force obligatoire que relativement aux prescriptions et aux défenses qu'ils contiennent, cessent de trouver en eux-mêmes la sanction qu'ils avaient précédemment ; ils doivent donc être assimilés à ceux qui n'édictent aucune peine, et, comme eux, ils ne peuvent puiser cette sanction qui leur manque que dans la disposition générale de l'article 471, n° 15.

(1) Arrêt du 7 février 1851 (ANNALES DES JUST. DE PAIX, 2ᵉ série, t. III, p. 16).

(2) Arrêt du 9 septembre 1842 (*J. le Juge de paix*, t. XII, p. 335, n° 403).

Nous avons à nous occuper maintenant des anciens règlements exclusivement relatifs aux matières de police locale rentrant, comme nous l'avons dit déjà, dans les attributions de l'autorité municipale.

Quant à ceux-ci, il est incontestable que leurs dispositions, placées d'abord sous la sanction de l'article 5, titre II, de la loi des 16-24 août 1790, dont nous avons rapporté le texte, plus tard sous celle des articles 600 et 606 du Code du 3 brumaire an IV, la trouvent aujourd'hui dans la disposition du n° 15 de l'article 471 du Code pénal ; et il n'en est pas de ces anciens règlements de police municipale comme de ceux dont il vient d'être question ; il n'y a pas lieu de distinguer entre ceux qui portent des peines inférieures ou égales à celles de simple police, ou qui n'en édictent aucune, et ceux qui prononcent des pénalités plus graves : tous ont été ramenés au niveau de la police municipale, tous ont aujourd'hui la même sanction et, assimilés qu'ils sont aux règlements ou arrêtés municipaux émanant des autorités actuelles, ils la puisent dans l'article 471. Cette doctrine résulte de la décision du 17 décembre 1841, précédemment citée, et a été consacrée par plusieurs arrêts de la Cour de cassation qui a jugé, notamment, qu'un arrêt de règlement du parlement de Besançon en date du 19 novembre 1764, par lequel « il est fait défense et inhibitions particulières à tous cabaretiers, cafetiers, limonadiers et autres ayant billards ouverts, de donner à jouer ou permettre qu'il soit joué chez eux, non-seulement aux jeux de hasard, mais encore à aucun jeu de cartes ou de dés, de quelque espèce qu'il fût, à peine de 3,000 livres d'amende, » rentre dans les objets de police confiés à la vigilance et à l'autorité des corps municipaux par l'article 3, titre II, de la loi des 16-24 août 1790, puisqu'il tend au maintien du bon ordre dans les lieux publics y dénommés ; qu'il est conséquemment du nombre des anciens règlements particuliers dont l'autorité judiciaire doit assurer l'exécution conformément à l'article 484 du Code pénal ; qu'en rappelant leurs administrés à son observation, les maires, qui auraient pu porter personnellement la même défense, selon ledit article 3, n° 3, n'ont fait qu'exercer le droit qu'ils tiennent à cet égard de l'article 46, titre Iᵉʳ, de la loi des 19-22 juillet 1791 ; et qu'on ne saurait enfreindre la disposition dudit arrêt de règlement sans encourir l'application de l'article 471, n° 15, du Code pénal, qui est aujourd'hui la seule sanction légale (1).

Avant la loi du 28 avril 1832, certains tribunaux refusaient de connaître des poursuites en répression de contraventions à d'anciens règlements ayant trait à la police municipale, lorsque ces règlements prononçaient

(1) Arrêt du 19 janvier 1837 (ANNALES DES JUST. DE PAIX, 1ʳᵉ série, t. III, p. 324, n° 7). — Conf. cass., 11 octobre 1851 (*Bullet. crimin.*, n° 453). 13 janvier 1853 (*Bullet. crimin.*, n° 11). — Ch. Berriat Saint-Prix, *Procéd. des tribun. de simple police.* p. 46 et 47, n° 63 ; Faustin Hélie, *Théorie de l'instr. crimin.*, t. VII, p. 60 à 62, § 475, n° 2.

des peines excédant le maximum de celles de simple police, mais la Cour suprême annulait leurs jugements et décidait invariablement que, dans le silence du Code pénal de 1810 à cet égard, les contraventions dont il s'agit trouvaient leur répression dans les articles 600 et 606 du Code de brumaire, modificatifs des pénalités édictées précédemment par l'article 5, titre II, de la loi des 16-24 août 1790(1); en sorte qu'il fallait recourir aux dispositions d'un Code auquel le législateur de 1810 avait substitué un Code nouveau. C'était assurément une anomalie que la loi du 28 avril 1832 est venue faire cesser.

Disons donc, pour nous résumer, que les tribunaux de simple police sont appelés à réprimer :

1° Les infractions à ceux des règlements anciens qui ont exclusivement statué sur des matières que les lois de 1790, 1791 et 1837 ont placées dans le cercle des attributions de l'autorité municipale, sans distinction du cas où ces règlements ne prononcent aucune peine et de celui où ils édictent des pénalités même supérieures au taux de celles de simple police ;

2° Les infractions aux anciens rè-

glements ayant trait à d'autres matières, lorsque ces règlements n'édictent aucune peine ou portent des pénalités qui n'excèdent pas celles de simple police, ou encore si les peines qu'ils prononcent appartiennent à la catégorie de celles dont la législation actuelle a proscrit l'application.

La juridiction correctionnelle ne doit être saisie que quand la peine réglementaire est à la fois égale et supérieure à 15 francs d'amende et à cinq jours d'emprisonnement.

Nous avons vu que l'article 9 de la loi des 19-20 août 1790 ne prescrit l'observation des règlements alors existants que *tant qu'ils ne seraient ni abrogés ni changés*. Le législateur, en effet, ne pouvait ni ne voulait assurer à leurs dispositions une durée indéfinie.

Lors donc qu'un règlement ancien a été, ou remplacé par un règlement nouveau, ou modifié par des dispositions postérieures émanant de l'autorité compétente, il est incontestable que ce règlement a fait place aux prescriptions nouvelles et qu'il a cessé d'avoir force et vigueur. C'est là, du reste, un point de doctrine et de jurisprudence parfaitement constant (1).

Mais il faut bien prendre garde que

(1) Arrêts des 28 mars 1807 (*J. du Pal.*, t. V, p 765), 11 février 1808 (*J. du Pal.*, t. VI, p. 499), 20 juin 1809 (*J. du Pal.*, t. VII, p. 634), 7 décembre 1809 (Dalloz, *Rép.*, 1er édit., t. III, p. 443), 12 novembre 1830 (Dalloz, 1831, p. 18).— Conf. Merlin, *Questions de droit*, v° Tribun. de police, § 4, n° 5; Legraverend, *Législat. crimin.*, t. II, p. 299 et suiv.; Ch. Berriat Saint-Prix, p. 46, n° 63 ; Faustin Hélie, t. VII, p. 60 et 61, § 475, n° 2.

(1) V. Cass., 11 juin 1818 (*J. du Pal.*, t. XIV, p. 853), 2 juin 1825 (*J. du Pal.*, t. XIX, p. 543), 5 février 1847 (*Bullet. crimin.*, n° 25). — Conf. Duvergier, *Collect. des lois*, 1837, p. 235, note 10 ; Ch. Berriat Saint-Prix, *Procéd. des tribun. de simple police*, p. 47, n° 63 ; Faustin Hélie, *Traité de l'instr. crimin.*, t. VII, p. 59 et 60, § 475, n° 2.

les dispositions abrogatoires ou seulement modificatives ne sont valables qu'autant qu'elles émanent d'une autorité compétente.

Par exemple, le pouvoir municipal peut bien substituer aux dispositions d'un ancien règlement exclusivement relatif à des mesures de police locale rentrant dans la sphère de ses attributions, des dispositions nouvelles, si cet ancien règlement émane d'une autorité subalterne ; mais les maires ne sauraient valablement apporter des modifications aux prescriptions réglementaires édictées par une autorité souveraine.

L'application de ce principe a été faite relativement à l'édit du mois de février 1776, qui enjoint aux boulangers de ne cesser d'exercer leur profession qu'un an après en avoir fait la déclaration, par un arrêt de cassation que nous avons eu déjà l'occasion de citer (1), et qui décide que, quand l'autorité souveraine a réglé l'un des objets que l'article 3, titre II, de la loi des 16-24 août 1790 confie à la vigilance du pouvoir municipal, les maires ne peuvent, aux termes de l'article 11 de la loi du 18 juillet 1837, prendre des arrêtés sur le même objet, qu'à l'effet de publier de nouveau les dispositions déjà prescrites, et de rappeler les citoyens à leur observation.

Les anciens règlements cessent encore d'être obligatoires, lorsque leurs dispositions sont inconciliables avec la législation actuelle.

Ainsi, une ordonnance du roi Charles IX, du 20 janvier 1563, disposait (art. 19) que les aubergistes et hôteliers qui, *par malice*, refuseraient de recevoir et loger ceux qui se présenteraient dans leurs établissements, seraient passibles de 10 livres tournois d'amende envers la partie plaignante, et de pareille amende applicable au trésor royal.

Or, deux arrêts récents de la Cour suprême ont décidé que cette ordonnance avait pour objet principal de pourvoir à l'excessive élévation des prix réclamés par les hôteliers ; d'autoriser les officiers des lieux à fixer un tarif qui permît aux voyageurs de se soustraire à leurs exigences, et que la défense faite par l'article 19 de refuser sans cause légitime de recevoir les voyageurs se rattachait à l'objet de l'ordonnance et y était insérée comme moyen d'en assurer l'exécution ; que les prescriptions de cette nature sont inconciliables avec les dispositions des lois de 1791 sur la liberté du commerce et de l'industrie, se trouvent abrogées par les principes mêmes de ces lois, et ne rentrent pas dans les dispositions qu'a maintenues en vigueur l'article 484 du Code pénal ; que, dès lors, l'hôtelier qui refuse de recevoir et loger un voyageur qui se présente chez lui pour y prendre un repas dont il offre de payer la dépense, et l'aubergiste qui, alors même que l'autorité locale voudrait l'y contraindre, refuse de recevoir un individu qui se présente pour loger dans son établissement, ne commettent ni délit ni contravention punissable (1).

---

(1) Arrêt du 28 mars 1857 (ANNALES DES JUST. DE PAIX, 1857, p. 272).

(1) Arrêts du 2 juillet 1857 (ANNALES DES JUST. DE PAIX, 1857, p. 416) et du 3 oc-

CHAPITRE II.

DES RÈGLEMENTS D'ADMINISTRATION PUBLIQUE.

Les règlements d'administration publique ont pour objet d'assurer l'exécution des lois. Ces règlements ne peuvent émaner que de l'Empereur (1); et il en était ainsi sous l'empire des Constitutions précédentes. Aussi a-t-il été décidé que, là où la loi exige de tels règlements, ils ne sauraient être valablement remplacés par des règlements généraux faits, soit par les préfets des départements, soit par les ministres eux - mêmes (2).

Ainsi, par exemple, la loi du 30 mai 1851, sur la police du roulage, qui ne sanctionne que les dispositions de cette loi elle-même et celles des règlements d'administration publique rendus pour son exécution, serait totalement inapplicable aux infractions dont pourraient être l'objet, soit de simples décisions ministérielles, soit des règlements préfectoraux ou municipaux qui interviendraient sur cette matière, sauf, bien entendu, dans les cas où le règlement d'administration publique lui-même aurait chargé l'autorité inférieure de prendre des arrêtés sur certains objets déterminés : telle, notamment, la mesure de l'éclairage qui, suivant la disposition finale de l'article 15 du décret du 10 août 1852, peut être imposée aux voitures d'agriculture, par arrêtés des préfets ou des maires.

Ainsi encore, les pénalités édictées par l'article 12 de la loi du 22 mars 1841, sur le travail des enfants dans les manufactures, ne seraient encourues par l'auteur d'une infraction aux prescriptions réglementaires qu'autant que ces prescriptions auraient le caractère de règlements d'administration publique dressés conformément aux articles 7 et 8 de ladite loi.

Les règlements d'administration publique sont délibérés en Conseil d'Etat (1). Ils doivent donc revêtir la forme de décrets, être insérés au Bulletin des lois, et, comme les lois elles-mêmes, ils ne sont exécutoires qu'après leur promulgation et à l'expiration des délais fixés par les articles 2 et 3 de l'ordonnance royale du 27 novembre 1816.

A défaut de l'observation de ces formes, toute ordonnance, tout décret contenant règlement d'administration publique n'est point obligatoire (2).

tobre 1857 (ANNALES DES JUST. DE PAIX, 1858, p. 88).

(1) Constitution du 14 janvier 1852, article 6 (ANNALES, 1852, p. 46, et *réimpression*, p. 413).

(2) Cass., 10 mai 1844 (Dev., 1844, p. 458; Dalloz, 1844, p. 269), 2 mai 1845 (Dev., 1845, p. 475; Dalloz, 1845, p. 301).

(1) Constitution du 22 frimaire an **VIII**, art. 52; — Arrêté consulaire du 5 nivôse an **VIII**, art. 8 et 9; — Ordonn. royales des 19 avril 1816, art. 6, et 18 septembre 1839, art. 16; — Loi du 19 juillet 1845, art. 12; — Constitution du 14 janvier 1852, art. 50; — Décret présidentiel du 30 janvier 1852, art. 13.

(2) De Gérando, *Inst. de droit admin.;* Foucart, *Droit public et admin.*, t. Ier, no 94; Serrigny, *Compét. admin.*, t. Ier, nos 4, 65 et 93; Chauveau, *Princip. de compét. admin.*, t. II, p. 6, no 16; Daviel,

Les ordonnances et décrets d'administration publique ne sont valables qu'autant qu'ils se rattachent aux lois dont ils ont pour but d'assurer l'exécution et que leurs dispositions restent essentiellement dans le domaine du pouvoir réglementaire.

Ainsi ces actes n'ont d'autorité et les infractions à leurs dispositions ne doivent être réprimées par les tribunaux qu'autant que des lois antérieures et préexistantes ont attribué par voie de délégation, au pouvoir exécutif, le droit de faire de tels règlements, lesquels, s'il en est autrement, sont dépourvus de sanction pénale (1).

Ainsi encore les ordonnances et décrets réglementaires cesseraient d'avoir force obligatoire en tant qu'ils prononceraient des peines contre les citoyens pour infractions aux prescriptions ou défenses qu'ils contiennent : les pénalités ne peuvent être établies que par la loi (2).

Et, lorsqu'une poursuite est basée sur les dispositions d'un décret ou d'une ordonnance entachés d'illégalité, les tribunaux sont compétents pour refuser d'en faire l'application en déclarant cette illégalité (3).

Traité des cours d'eau, t. 1er, no 250 ; Solon, *Rép. admin. et judiciaire*, t. IV, p. 129.

(1) Cass., 13 décembre 1851 (ANNALES DES JUST. DE PAIX, 1852, p. 316).

(2) Paris, 4 décembre 1827 (Dev.,1833, p. 559) ; Metz, 25 février 1829 (Dev., 1833, p. 600; Dalloz, 1834, p. 8).

(3) Cass., 11 avril 1835 (Dev., 1835, p. 246 ; Dalloz, 1835, p. 241). — Conf. Foucart, t. 1er, no 97 ; Serrigny, t. 1er,

Les règlements d'administration publique trouvent, en général, leur sanction dans les dispositions de la loi dont ils assurent l'exécution; mais, à défaut de disposition spéciale sur ce point, les infractions qui y sont commises entraînent l'application des pénalités prononcées par l'article 471, no 15, du Code pénal.

CHAPITRE III.

DES RÈGLEMENTS ET ARRÊTÉS DES PRÉFETS ET DES MAIRES.

La disposition du no 15 de l'article 471 du Code pénal embrasse, dans la généralité de ses termes, et en les distinguant, les actes réglementaires de l'administration supérieure et ceux de l'administration locale. Il importe donc de distinguer aussi entre les attributions de l'autorité municipale, qui réside spécialement en la personne des maires, mais dont, comme nous le dirons tout à l'heure, les préfets sont dans certains cas investis, et le pouvoir réglementaire de ces hauts fonctionnaires eux-mêmes, que les maires ne peuvent jamais exercer.

Disons d'abord que le pouvoir des uns et des autres, qui ne leur appartient qu'en vertu d'une délégation de l'autorité souveraine, s'arrête devant les actes réglementaires de cette autorité, même dans les matières qui rentrent naturellement dans leurs attributions. Ils ne peuvent prendre aucune mesure différente de celles prescrites par ces actes ou qui y soit

no 5; Chauveau, t. II, p. 10, no 20; Trolley, *Cours de droit admin.*, t. 1er, no 142.

contraire : ils n'ont d'autre droit que celui d'en assurer l'exécution.

C'est ainsi qu'il a été décidé spécialement que la disposition de l'ordonnance rendue par le préfet de police de Paris, le 24 novembre 1854, et qui est relative aux travaux à exécuter dans les fosses d'aisances, est dépourvue de toute force obligatoire, en ce qu'elle est contraire aux prescriptions de l'article 5 de l'ordonnance royale du 24 septembre 1819, sur le même objet (1).

Le même principe a été consacré par l'arrêt du 28 mars 1857, précédemment cité, qui maintient les dispositions de l'édit de février 1776, concernant les boulangers et bouchers qui veulent quitter leur profession.

Suivant l'article 3 du Code Napoléon, les lois de police et de sûreté obligent tous ceux qui habitent le territoire ; d'où il suit que les étrangers y sont soumis aussi bien que les citoyens français ; et l'on décide que, quoique l'article parle seulement de ceux qui *habitent* le territoire, sa disposition s'applique également aux individus qui ne font qu'y passer et voyager (2).

(1) Cass., 31 janvier 1857 (Dev., 1857, p. 305, *J. du Pal.*, 1857, p. 840).

(2) V. Maleville, *Analyse du Code civ.*, t. 1er, p. 12 ; Delaporte, *Pandectes françaises*, t. 1er, p. 44; Toullier, t. 1er, n° 112; Duranton, t. 1er, n° 77 ; Merlin ; *Rép.*, v° *Ignorance*, § 1er, n° 3 ; Favard de Langlade, *Rép.*, v° *Etranger*, n° 1 ; Legraverend, *Législat. crimin.*, t. 1er, chap. 1er. sect. 1re, § 1 ; Mangin, *Traité de l'act. publiq. et de l'act. civ.*, t. 1er, n° 60 ; Lesellyer, *Traité du droit crimin.*, t. II,

Or, les règlements et arrêtés préfectoraux et municipaux ont le caractère et les effets de véritables lois de police dans le cercle des matières qui en sont l'objet, et pour les localités auxquelles ils s'appliquent. Il en résulte qu'ils sont obligatoires même pour les individus qui, étrangers à ces localités, se trouvent momentanément sur leur territoire. C'est encore là un principe des plus constants en jurisprudence et en doctrine (1).

Aussi a-t-il été décidé, spécialement :

1° Que l'arrêté municipal qui défend de laisser divaguer les chiens sur la voie publique, et qui oblige leurs maîtres à les museler ou à les tenir en laisse, est obligatoire pour tous les individus qui circulent ou se trouvent sur le territoire de la commune (2) ;

2° Qu'un arrêté municipal portant fixation du poids des pains est applicable à l'égard de ceux fabriqués hors

n°s 750 et suiv. ; Faustin Hélie, *Traité de l'instr. crimin.*, t. II, p. 495, et t. VII, p. 239.

(1) V. Cass., 24 février 1820 (Dev. Sir., t. VI, p. 188), 15 février 1828 (Dev. Sir., t. IX, p. 36), 27 février 1847 (ANNALES DES JUST. DE PAIX, 1re série, t. IV, p. 184, n° 68), 30 mai 1857 (Dev., 1857, p. 796). — Conf. Merlin, *Rép.*, v° *Ignorance*, § 1er, n° 3 ; de Champagny, *Traité de la police municipale*, t. 1er, p. 467 ; Faustin Hélie, *Traité de l'instr. crimin.*, t. VII, p. 81, § 476, n° 3 ; Dalloz, *Nouv. rép.*, t. IX, p. 393, v° *Commune*, n° 650.

(2) Cass., 27 février 1847 (ANNALES DES JUST. DE PAIX, 1re série, t. IV, p. 184, n° 68), 14 mai 1853 (ANNALES, 1854, p. 22).

de la commune, et qui y sont exposés ou vendus, aussi bien qu'à ceux fabriqués dans le commune même ; qu'un tel arrêté est obligatoire, dès lors, pour les boulangers forains comme pour les boulangers locaux (1) ;

3° Que l'arrêté de police qui détermine les conditions de l'entrée et de la sortie des voitures et des bêtes de charge, dans la halle, les jours de foire et de marché, est obligatoire pour les personnes étrangères aussi bien que pour celles qui ont leur domicile ou leur habitation dans la commune elle-même, dès l'instant qu'elles se trouvent sur son territoire (2).

Nous avons dit précédemment que la disposition du n° 15 de l'article 471 du Code pénal sanctionne à la fois les règlements de l'autorité administrative et les règlements ou arrêtés de l'autorité municipale.

De là la nécessité de distinguer entre ces actes, non-seulement quant à la matière qui peut en être l'objet, mais encore quant à l'autorité qui a reçu de la loi compétence pour les accomplir.

Nous traiterons donc, dans deux sections différentes, de la police administrative et de la police municipale.

SECTION 1re.
De la police administrative.

La police administrative se rattache plus intimement que la police muni-

cipale à l'administration générale, en ce qu'elle intéresse plus directement la sûreté de l'Etat; à ce titre, elle est une des attributions essentielles du pouvoir exécutif.

C'est donc au souverain qu'il appartient d'édicter les prescriptions et les défenses qu'il croit utiles pour assurer l'exécution des lois et garantir cette sûreté. Dans ce but, il publie soit des règlements d'administration publique, lorsque la loi exige de tels règlements, soit, dans le cas contraire, de simples décrets qui, comme les règlements d'administration publique eux-mêmes, ne sont sanctionnés par l'article 471, n° 15, du Code pénal, qu'autant que les infractions qui y sont commises ne trouvent leur répression dans aucune disposition spéciale de la loi.

Nous nous bornons ici à poser le principe, car il est peu de décrets de cette nature qui ne revêtent pas la forme des règlements d'administration publique, dont nous nous sommes occupé au chapitre précédent.

Délégués du pouvoir exécutif dans le département qu'ils sont chargés d'administrer, les préfets exercent également le pouvoir réglementaire administratif à l'égard des matières que les lois ont spécialement placées dans leurs attributions, et il importe de remarquer que l'administration départementale leur appartient exclusivement, en vertu des articles 2 et 3 de la loi du 28 pluviôse an VIII; qu'ils sont seuls représentants de l'autorité souveraine et seuls responsables, dès lors, de cette administration dans le territoire où leurs fonc-

(1) Cass., 7 mars 1845 (ANNALES, 1re série, t. 1er, p. 353, n° 18).

(2) Cass., 30 mai 1857 (Dev., 1857, p. 796).

tions s'exercent; en sorte que les sous préfets sont sans qualité pour prendre des arrêtés de police et pour exercer, de quelque manière que ce soit, le pouvoir réglementaire. C'est ainsi qu'il a été décidé que l'arrêté d'un sous-préfet, fût-il revêtu de l'approbation préfectorale, est dépourvu de toute force obligatoire et par conséquent de toute sanction pénale (1).

POLICE DES CIMETIÈRES. — La police des cimetières et des inhumations est un objet qui, dans le triple intérêt de la morale et de la décence publique, du respect dû à la cendre des morts, de la salubrité publique et de la tranquillité générale, réclame incessamment et d'une manière toute particulière l'exercice du droit de réglementation et de surveillance dont les lois ont investi l'autorité.

Cette police a été conférée aux maires par les articles 16 et 17 du décret impérial du 23 prairial an XII, l'article 1ᵉʳ de celui du 4 thermidor an XIII, et l'article 6 de l'ordonnance royale du 16 décembre 1843, mais ces deux décrets contiennent eux-mêmes des dispositions réglementaires importantes.

Ainsi le décret du 23 prairial, après avoir désigné les lieux de sépulture (art. 2 et 14), exige que chaque inhumation soit faite dans une fosse séparée (art. 4), détermine les dimensions que chaque fosse doit avoir en profondeur, longueur et largeur (art. 4), et fixe la distance qui doit

exister entre elles (art. 5). Mais ce décret, qui a tous les caractères d'un règlement de police, ne contient aucune sanction. Il en résulte que ses dispositions trouvent cette sanction dans l'article 471, n° 15, du Code pénal.

C'est ainsi que la Cour de cassation a décidé que le fait, de la part d'un fossoyeur, de n'avoir pas donné aux fosses par lui creusées pour l'inhumation des corps, les dimensions prescrites par l'article 4 du décret impérial du 23 prairial an XII, constitue une contravention à un règlement de police, qui doit être punie, dès lors, des peines de police (1).

Le décret impérial du 4 thermidor an XIII défend, par son article 1ᵉʳ, aux maires, adjoints et membres des administrations municipales, de souffrir le transport, présentation, dépôt, inhumation des corps, ni l'ouverture des lieux de sépulture ; aux fabriques d'églises et consistoires ou autres ayants droit, de faire les fournitures requises pour les funérailles et de livrer lesdites fournitures ; aux curés, desservants et pasteurs d'aller lever aucuns corps et de les accompagner hors des églises et temples, qu'il ne leur apparaisse de l'autorisation donnée par l'officier de l'état civil pour l'inhumation, à peine, ajoute ledit article, d'être poursuivis comme contrevenants aux lois.

Or, les infractions à ce décret sont également punissables de peines de police, la sanction des prohibitions

(1) Cass., 27 janvier 1854 (Dev., 1854, p. 414; *J. du Pal.*, 1855, t. Iᵉʳ, p. 462, ANNALES DES JUST. DE PAIX, 1855, p. 92).

(1) Cass., 31 décembre 1827 (Dev. Sir., t. VIII, p. 727).

qu'il renferme ne peut être puisée dans l'article 358 du Code pénal, qui prévoit des faits différents et qui, ne parlant que des individus coupables d'avoir fait inhumer une personne décédée, sans l'autorisation prescrite, n'a eu en vue que ceux qui ont quelque intérêt à l'inhumation, et ne s'applique pas aux curés, desservants et pasteurs qui ne font que lever les corps et les accompagner hors des églises ou temples (1).

Décidé également qu'un curé ou vicaire qui procède à l'enlèvement du corps d'une personne décédée, sans être pourvu de l'autorisation de l'officier de l'état civil exigée par l'article 1er du décret impérial du 4 thermidor an XIII, encourt l'application des pénalités édictées par l'article 471 n° 15, du Code pénal (2).

Enfin, un décret impérial du 7 mars 1808 défend, par ses articles 1 et 2, de faire, sans autorisation préalable, aucune construction ou réparation de bâtiments d'habitation, et de creuser des puits à moins de 100 mètres des nouveaux cimetières. Mais ce décret ne contient non plus aucune sanction pénale ; d'où il suit que les infractions à ses prohibitions sont également punissables des peines portées en l'article 471, n° 15, du Code pénal.

Toutefois il importe de remarquer que les défenses contenues au décret de 1808 ne sont relatives qu'aux nouveaux cimetières transférés hors des communes, conformément aux articles 1 et 2 du décret du 23 prairial an XII. Ainsi, l'individu qui a élevé des constructions à une distance inférieure à celle prescrite, sans s'être pourvu d'une autorisation préalable, n'est passible d'aucune peine si le cimetière voisin, placé dans l'intérieur du pays, existait antérieurement à la promulgation de ce dernier décret (1).

COURS D'EAU. — Le pouvoir central et l'autorité départementale sont seuls chargés d'assurer le libre écoulement des eaux ; les maires sont, à cet égard, sans qualité, encore qu'il s'agisse de rivières non navigables ni flottables (2). La police des eaux est considérée, à raison de ses rapports avec le développement de l'agriculture, le danger des inondations, la salubrité et la fertilité des localités que les rivières traversent, comme un intérêt d'ordre général dont la réglementation est remise, non aux autorités locales, mais à l'administration supérieure elle-même (3) ; et, à cet

_____

(1) Cass., 27 janvier 1832 (Dev., 1832, p. 386; Dalloz, 1832, p. 166). Conf. Morin, *Rép. du dr. crimin.*, v° *Inhumation*, n° 3 ; Augier, *Encyclopéd. des jug. de paix*, t. V, p. 49, v° *Sépulture*, n°s 3 et 4.

(2) Cass., 12 octobre 1850 (ANNALES DES JUST. DE PAIX, 1851, p. 376).

(1) Cass., 17 août 1854 (*J. du Pal.*, 1856, t. II, p. 573).

(2) Lois des 22 décembre 1789, section VI, art. 2, n° 6 ; 12-20 août 1790, ch. VI ; 14 floréal an II, art. 1 et 2 ; — Décret sur la décentralisation admin., du 25 mars 1852, art. 1er, et n° 5 du tableau A y annexé, et art. 4, n° 5 du tableau D.

(3) Cass., 4 avril 1835 (Dev., 1835, p. 146; Dalloz, 1835, p. 189), 15 décembre 1838 (Dev., 1839, p. 885; *J. du Pal.*, 1839, t. II, p. 365), 24 novembre 1854 (Dev., 1855, p. 74; *J. du Pal.*, 1855, t. II, p. 97).

égard, les préfets ont le droit de procéder, pour cette réglementation et selon les besoins auxquels ils ont à pourvoir, soit par voie d'arrêté général et permanent s'étendant au département tout entier, soit par voie d'arrêté restreint à la localité même dans laquelle ces besoins se sont révélés (1).

Du reste, les préfets peuvent déléguer aux maires la faculté de faire opérer le curage des cours d'eau non navigables ni flottables (2) ; et même le droit exclusif de réglementation des préfets, en cette matière, ne fait point obstacle à ce que, sous la sanction des peines établies par l'article 471, n° 15, du Code pénal, l'autorité municipale prenne d'urgence, en vertu des pouvoirs qui lui sont conférés par l'article 2 du titre XI de la loi des 16-24 août 1790, et dont il sera question dans la section suivante, les mesures qu'ils croient utiles dans l'intérêt de la salubrité publique. Aussi a-t-il été jugé qu'on doit accorder force obligatoire à l'arrêté par lequel un maire prescrit aux propriétaires riverains d'un cours d'eau non navigable ni flottable de faire opérer eux-mêmes le curage des parties de ce cours d'eau contiguës à leurs propriétés (3).

On sait que les rivières navigables et flottables, les canaux, ainsi que leurs chemins de halage, sont placés, comme les routes impériales et départementales, dans le domaine et sous le régime de la grande voirie, et que les contraventions, en cette matière, sont jugées par les Conseils de préfecture, en conformité de l'article 4 de la loi du 28 pluviôse an VIII et des articles 1 et 4 de celle du 29 floréal an X.

Mais il faut bien prendre garde que la compétence des Conseils de préfecture pour connaître des contraventions aux règlements sur la police des cours d'eau navigables ou flottables n'existe que lorsque ces règlements sont destinés à assurer le libre cours des eaux, et que les infractions qui y sont commises ont le caractère de délits de grande voirie. Il en est autrement quand les règlements ont uniquement pour objet des mesures de salubrité publique : dans ce dernier cas, les contraventions sont exclusivement de la compétence des tribunaux de simple police, et entraînent l'application du n° 15 de l'article 471 du Code pénal (1).

Cette doctrine, consacrée par plusieurs autres décisions (2), est enseignée par MM. de Cormenin (*Droit admin.*, v° *Voirie*, t. II, p. 634) et Daviel (*Trait. des cours d'eau*, t. Ier, n° 525). « La répression des contra-« ventions ou infractions aux règle-

(1) Cass., 24 novembre 1854 (Dev., 1855, p. 74 ; *J. du Pal.*, 1855, t. II, p. 97), 22 janvier 1858 (ANNALES DES JUST. DE PAIX, 1858, p. 168).

(2) Cass., 23 janvier 1858 (ANNALES DES JUST. DE PAIX, 1858, p. 174).

(3) Même arrêt.

(1) Cass., 14 août 1857 (Dev., 1857, p. 792 ; ANNALES DES JUST. DE PAIX, 1858, p. 67).

(2) V. entre autres, Cass., 14 avril 1835 (Dev., 1836, p. 228) ; Cons. d'État, 19 juillet 1854 (Dev., 1855, p. 151).

« ments faits par les préfets pour la
« police des fleuves et rivières faisant
« partie de la grande voirie n'appar-
« tient aux Conseils de préfecture,
« disent ces auteurs, qu'autant que
« les dispositions réglementaires sont
« destinées à maintenir la navigabi-
« lité : et la connaissance des infrac-
« tions appartient aux tribunaux de
« simple police, lorsque les disposi-
« tions auxquelles elles s'appliquent
« ont été prises dans l'exercice du
« pouvoir municipal proprement
« dit. »

Quant aux infractions dont peuvent
être l'objet des dispositions des ordonnances, décrets et actes préfectoraux
contenant règlement sur la police
des cours d'eau non navigables ni
flottables, elles doivent être poursuivies devant les tribunaux de simple
police, par application de la disposition générale du n° 15 de l'article 471
du Code pénal, toutes les fois que le
fait incriminé ne tombe pas sous l'application d'une disposition de loi qui
rende son auteur passible de peines
correctionnelles (1).

C'est ainsi qu'il a été décidé spécialement :

1° Que les Conseils de préfecture

ne sont pas compétents pour réprimer
les anticipations commises sur le lit
des rivières non navigables ni flottables, ces anticipations ne pouvant
donner lieu qu'à des mesures de police (1) ;

2° Que les contraventions aux règlements que l'autorité administrative
a le droit de faire sur la police des
eaux de ces mêmes rivières, notamment en ce qui concerne la faculté
par les particuliers d'y établir des
barrages, doivent être poursuivies
devant les tribunaux de simple police (2) ;

3° Qu'il en est de même de l'infraction commise par un usinier à
l'une des prescriptions d'une ordonnance royale qui a réglé les conditions
d'établissement et de mouvement de
son usine (3).

ETABLISSEMENTS INSALUBRES.
— Les manufactures et ateliers dangereux ou qui répandent une odeur
insalubre ou incommode ne peuvent
être formés sans l'autorisation préalable de l'administration (4). Ces établissements sont divisés en trois
classes.

---

(1) Conseil d'Etat, 14 août 1822, 23 avril
1823, 7 avril et 22 décembre 1824, 19 janvier 1825, 6 septembre 1826 et 29 juillet
1829 (Dev. Sir., t. VII, p. 112, 200, 345
et 466 ; t. VIII, p. 12 et 232, et t. IX,
p. 309) ; Cass., 10 février 1827 (Dev. Sir.,
t. VIII, p. 525 ; Annales des just. de paix,
1re série, t. II, p. 422, v° Eau, n° 104),
18 octobre 1827 (Dev. Sir., t. VIII,
p. 690), 22 janvier 1858 (Annales des just.
de paix, 1858, p. 168).

(1) Conseil d'Etat, 19 mars 1840 (Dev.,
1840, p. 380).

(2) Cass., 7 mars 1834 (Dev., 1834,
p. 763 ; Annales des just. de paix, 1re série, t. II, p. 416, v° Eau, n° 99), 15 novembre 1838, 1er octobre 1841, 6 janvier
1844 (Dalloz, Nouv. Rép., t. XIX, p. 496
et 497, v° Eau, n° 581, notes 3 et 4, et
n° 582, note 2), 13 juillet 1850 (Dev., 1850,
p. 757 ; Dalloz, 1850, p. 153).

(3) Cass., 31 mai 1845 (Dalloz, 1845,
p. 318).

(4) Décret impér. du 15 octobre 1810,
art. 1er.

La première classe comprend ceux qui doivent être éloignés des habitations particulières.

Dans la seconde classe, sont compris les ateliers et manufactures dont l'éloignement des habitations n'est pas rigoureusement nécessaire, mais dont il importe néanmoins de ne permettre la formation qu'après avoir acquis la certitude que les opérations y seront exécutées de manière à ne pas incommoder les propriétaires voisins, et à ne point leur causer de dommages.

La mise en activité de ces deux classes d'établissements est subordonnée à l'autorisation des préfets, sauf le recours à l'autorité centrale (1).

Enfin, dans la troisième classe, sont placés ceux qui peuvent, sans inconvénient, être voisins des habitations, mais qui cependant doivent rester soumis à la surveillance de la police. A l'égard de ces derniers, les permissions sont accordées par les sous-préfets (2).

Mais l'autorité municipale est sans pouvoir pour réglementer l'exploitation des établissements dangereux, insalubres ou incommodes. Il n'appartient qu'aux préfets de statuer sur le lieu où ils peuvent être établis et sur les restrictions dont l'industrie qu'ils comportent est susceptible dans l'intérêt de la sûreté, de la salubrité et de la commodité publiques.

(1) Décret impér. du 15 octobre 1810, art. 2 ; — Décret du 25 mars 1852, art. 2, et n° 8 du tableau B, y annexé.

(2) Décret impér. du 15 octobre 1810, art. 2 ; — Ordonn. royale du 14 janvier 1815, art. 3.

C'est ainsi qu'il a été décidé :

1° Que, si l'autorité municipale, dont le devoir est de concilier les droits des citoyens avec les intérêts qu'elle est chargée de protéger, peut déterminer l'heure avant et après laquelle l'exercice de certaines professions bruyantes et incommodes, telles, par exemple, que les industries à marteau, ne pourra avoir lieu dans les enceintes habitées, elle est sans qualité pour l'interdire d'une manière absolue (1) ; ni pour déterminer les lieux dans lesquels l'exercice de ces professions doit être autorisé (2) ;

2° Que les maires sont sans pouvoir pour fixer les heures pendant lesquelles les moulins à vent (qui doivent être rangés parmi les usines ou établissements incommodes ou dangereux), placés près de la voie publique, ne pourront être mis en mouvement (3).

Du reste, le décret du 25 mars 1852, en investissant les préfets du pouvoir

(1) Cass., 12 septembre 1822 (Dev. Sir., t. VII, p. 137), 15 avril 1825 (Dalloz, 1825, p. 306), 3 mars 1842, 18 mars 1847 (Dev., 1847, p. 743; Dalloz, 1847, p. 315; ANNALES DES JUST. DE PAIX, 1re série, t. IV, p. 186, v° *Pouv. municip.*, n° 70) , 9 janvier 1857 (*J. du Pal.*, 1857, p. 879 ; ANNALES DES JUST. DE PAIX, 1857, p. 315).

(2) V. arrêts des 3 mars 1842, 18 mars 1847, 9 janvier 1857, cités note précédente, et Cass., 4 août 1853 (Dev., 1853, p. 796; Dalloz, 1853, p. 262; ANNALES DES JUST. DE PAIX, 1854, p. 104) et 1er juin 1855, (ANNALES, 1855, p. 318).

(3) Cass., 25 novembre 1853 (Dev., 1854, p. 346 ; *J. du Pal.*, 1855, t. Ier, p. 228; ANNALES DES JUST. DE PAIX, 1854, p. 141).

d'autoriser les établissements insalubres de première classe (dont la réglementation avait été réservée à l'autorité centrale, par la législation antérieure) ne leur a pas donné le droit de les supprimer. La suppression n'en peut être prononcée que par l'Empereur en Conseil d'Etat (1).

Ajoutons que ces hauts fonctionnaires sont toutefois autorisés à faire suspendre la formation ou l'exercice d'établissements qui, quoique non compris dans la nomenclature des ateliers dangereux, insalubres ou incommodes, seraient de nature à y être placés (2).

Cette nomenclature, destinée à s'accroître au fur et à mesure des progrès de l'industrie, et qui originairement avait été opérée d'abord par le décret impérial du 15 octobre 1810, ensuite par l'ordonnance royale du 14 janvier 1815, a subi jusqu'à ce jour de nombreuses modifications et additions. La législation consiste, outre le décret et l'ordonnance réglementaire dont nous venons de parler, qui en a maintenu les dispositions, dans les actes suivants émanés du pouvoir exécutif : — Ordonnances des 27 mai, 29 juillet et 15 octobre 1822, 25 juillet et 29 octobre 1823, 20 août 1824, 9 février 1825, 30 octobre et 5 novembre 1826, 20 septembre 1828, 25 mars 1830, 31 mai 1833, 5 juillet 1834, 27 janvier 1837, 25 mars,

15 avril et 27 mai 1838, 22 mai 1843, 27 janvier 1846 ; — Arrêté du 6 mai 1849 ; — Décret impérial du 19 février 1853.

Les contraventions en cette matière consistent, soit dans la mise en activité d'un établissement non autorisé ou dans le fait de se livrer à des actes ou à des opérations qui ne peuvent avoir lieu que dans les établissements régulièrement autorisés, soit dans la continuation de l'exploitation nonobstant le retrait de l'autorisation accordée ou la suspension de l'établissement, soit dans l'inobservation des prescriptions réglementaires contenues aux décrets ou ordonnances de classement, soit enfin dans l'inexécution des conditions imposées par les arrêtés d'autorisation.

Et ces contraventions qui, avant la loi du 28 avril 1832, n'étaient punissables que de peines de police, par application des articles 600 et 606 du Code du 3 brumaire an IV (1), doivent, à plus forte raison, être poursuivies devant les tribunaux chargés de les prononcer, depuis que cette loi a introduit en l'article 471 du Code pénal la disposition qui en forme aujourd'hui le n° 15.

Cette doctrine, qu'enseignent les auteurs (2), a été consacrée par plusieurs arrêts.

(1) Conseil d'Etat, 5 janvier 1854 (Dev., 1854, p. 472) et 26 avril 1855 (Dev., 1855, p. 732 ; J. du Pal., Jurispr. admin., 1855, p. 62).

(2) Ordonn. royale du 14 janvier 1815, art. 5.

(1) Cass., 27 juillet 1827 (Dev. Sir., t. VIII, p. 654), 2 et 17 janvier 1829 (Dev. Sir., t. IX, p. 209 et 216), 20 février et 14 mai 1830 (Dev. Sir., t. IX, p. 455 et 518).

(2) V. notamm. : Foucart, Droit admin., t. Ier, n° 363 ; de Cormenin, Quest. de droit admin., 4me édit., t. Ier, p. 381,

C'est ainsi qu'il a été décidé 1° que la contravention aux dispositions du décret impérial du 15 octobre 1810, résultant de la formation, sans autorisation préalable, d'un établissement classé comme insalubre ou incommode, doit être réprimée par le tribunal de simple police, et rend l'auteur passible de l'amende édictée par l'article 471, n° 15, du Code pénal (1); 2° qu'il en est de même de l'infraction résultant de l'exploitation d'un établissement insalubre autorisé, auquel ont été apportées, sans autorisation nouvelle, des modifications qui changent son caractère primitif (2).

POIDS ET MESURES. — L'article 479, n° 6, du Code pénal punit d'une amende de 11 à 15 francs les personnes qui emploient des poids et mesures *différents* de ceux établis par les lois en vigueur, et l'article 4 de la loi du 4 juillet 1837, qui est venu rendre à sa pureté primitive le système métrique décimal, assimile à leur emploi et punit de la même peine la détention des poids et mesures illégaux dans les magasins, boutiques, ateliers ou maisons de commerce, ainsi que dans les halles, foires et marchés.

v° *Ateliers insalubres*; *J. du Pal., Rép. génér.*, t. VI, p. 846, v° *Etablissem. insalub.*, n° 82. — La même doctrine résulte d'une circulaire du min. de l'intér. du 8 août 1833.

(1) Cass., 19 décembre 1835 (*J. le Juge de paix*, t. VI, p. 150), 4 août 1837 (*J. du Pal.*, 1839, t. II, p. 526), 19 novembre 1857 (*J. du Pal.*, 1858, p. 385; ANNALES DES JUST. DE PAIX, 1858, p. 70).

(2) Cass., 21 février 1845 (Dev., 1845, p. 541; *J. du Pal.*, 1848, t. Ier, p. 559)

En outre, les articles 1 et 3 de la loi du 27 mars 1851 répriment correctionnellement la détention, dans les lieux que nous venons d'indiquer, et l'usage de faux poids ou de fausses mesures ou d'instruments inexacts servant au pesage et au mesurage.

Nous n'avons point à nous occuper de ces dispositions; mais il est, en cette matière, certaines attributions conférées aux préfets et qu'il importe de faire connaître ici.

L'article 7 de la loi du 4 juillet 1837 dispose que les vérificateurs spéciaux constateront les contraventions prévues par les lois et règlements concernant le système métrique des poids et mesures, et l'article 8 porte qu'une ordonnance royale réglera la manière dont s'effectuera la vérification des instruments de pesage et de mesurage.

C'est en exécution de ce dernier article qu'une ordonnance royale est intervenue le 17 avril 1839.

L'article 15 charge les préfets de dresser, pour chaque département, le tableau des professions qui doivent être assujetties à la vérification, tableau qui doit indiquer l'assortiment des poids et mesures dont chaque profession est tenue de se pourvoir.

En outre, suivant les dispositions des articles 13, 19 et 20 de la même ordonnance, la vérification des poids et mesures a lieu annuellement dans les chefs-lieux d'arrondissement et dans les communes désignées par arrêté du préfet, et tous les deux ans dans les autres lieux. Elle s'opère, soit au domicile des assujettis, soit au siége des mairies dans les localités à l'égard desquelles il en est ainsi ordonné par le ministre du commerce, mais sans que cette mesure puisse être obligatoire pour les assujettis.

Or, les dispositions répressives du n° 6 de l'article 479 du Code pénal et de l'article 4 de la loi de 1837 n'étant relatives, ainsi qu'on l'a vu, qu'à l'emploi ou à la détention des poids et mesures prohibés, il en résulte que les marchands ou commerçants assujettis qui négligent ou refusent de se pourvoir des instruments de pesage ou mesurage que nécessite la profession qu'ils exercent et dont l'assortiment est indiqué par arrêté du préfet, commettent une infraction aux prescriptions de cet arrêté et à celles de l'ordonnance réglementaire du 17 avril 1839, infraction qui trouve sa répression dans la disposition générale du n° 15 de l'article 471 du Code pénal.

De même le refus d'exercice de la part des assujettis, le fait de ne point ouvrir leurs magasins, boutiques, ateliers ou maisons de commerce, ou de s'absenter de leur domicile le jour régulièrement fixé pour la vérification, le défaut de représentation des poids et mesures au vérificateur, qui ne sont accompagnés d'aucun acte constitutif d'un délit, tels, par exemple, que des faits de menaces, d'outrages ou de rébellion, trouveraient leur répression dans le même article, car ils constitueraient une infraction, soit aux prescriptions de l'ordonnance du 17 avril 1839, soit au règlement préfectoral établi pour en assurer l'exécution.

Sous la législation précédente, les vérificateurs des poids et mesures étaient tenus de se transporter au domicile des assujettis (ordonn. roy. du 18 décembre 1825); ils ne pouvaient s'en dispenser qu'à raison de circonstances exceptionnelles et en vertu d'une autorisation expresse du ministre du commerce (ordonn. roy. du 7 juin 1826). Or, il a été décidé, sous l'empire de ces dispositions, que les préfets étaient sans pouvoir pour imposer, par leurs arrêtés, aux commerçants et à tous détenteurs de poids et mesures, l'obligation de porter ces instruments au bureau de vérification; qu'une telle prescription, n'ayant pas son principe dans la loi, est sans force obligatoire, et dépourvue, dès lors, de toute sanction pénale (1).

Cette décision a évidemment conservé son applicabilité depuis l'ordonnance du 17 avril 1839, puisqu'aux termes des articles 13 et 20 de cette ordonnance, la vérification des poids et mesures doit être effectuée, soit au domicile des assujettis, soit aux siéges des mairies, dans les localités où le ministre l'a ainsi décidé et quand ceux-ci consentent à y porter leurs instruments.

CHEMINS VICINAUX. — Les chemins vicinaux ont été placés par la loi du 21 mai 1836 sous la surveillance des préfets. L'article 21 charge ces magistrats de statuer par un réglement général, qui doit être soumis à l'approbation du ministère de l'intérieur, relativement aux alignements, aux autorisations de construire le long de ces chemins, à l'écoulement des

(1) Cass., 15 décembre 1838 (ANNALES DES JUST. DE PAIX, 1ʳᵉ série, t. IV, p 157, n° 17).

eaux, aux plantations et à l'élagage des arbres, au curage des fossés, ainsi qu'à tous autres détails de surveillance et de conservation.

Il résulte de ces dispositions que les diverses mesures dont nous venons de parler ne sont valablement prises que par les préfets et ne rentrent nullement dans les attributions de l'autorité municipale.

Aussi a-t-il été décidé qu'il n'appartient qu'aux préfets d'ordonner l'enlèvement d'arbres qui croissent sur les chemins vicinaux ; que, dès lors, on doit regarder comme étant sans effet obligatoire l'arrêté par lequel un maire enjoint aux propriétaires riverains d'un chemin vicinal, sans qu'aucune décision ait préalablement été prise à cet égard par le préfet, d'enlever les arbres qui leur appartiennent et qui existent sur ce chemin (1).

Jugé également que le préfet seul est compétent pour fixer l'alignement qui doit être suivi, lorsqu'il s'agit de construire ou de réparer le long d'un chemin vicinal de grande communication ; qu'ainsi, lorsqu'un individu a effectué la construction ou la réparation de bâtiments longeant un chemin de cette catégorie, sans avoir préalablement obtenu du préfet l'alignement nécessaire, la répression de la contravention résultant de ce fait doit être poursuivie et prononcée alors même qu'il serait établi que la construction ou la réparation n'a été

exécutée qu'après une autorisation donnée par le maire (1).

L'application du même principe a été faite par deux autres arrêts de la Cour suprême.

L'un décide que les maires sont sans droit pour réglementer la police du roulage sur les chemins vicinaux, qu'on doit considérer comme illégal et dépourvu de toute force obligatoire l'arrêté municipal qui, à l'instar des lois et règlements sur la police du roulage en matière de grande voirie, limite le poids du chargement des voitures circulant sur les chemins vicinaux pavés de la commune (2).

L'autre a jugé que, la loi du 21 mai 1836 conférant par son article 21 aux préfets seuls, en ce qui concerne les chemins vicinaux, le droit de faire, sous les conditions qu'elle détermine, des règlements sur des objets qu'elle indique et, en général, sur tous les détails de surveillance et de conservation de ces chemins, les maires sont sans droit et sans pouvoir pour prescrire l'apposition de barrières de dégel sur les chemins vicinaux de leur commune : tout arrêté par eux pris sur cet objet étant nécessairement illégal et non obligatoire (3).

Cependant, si les préfets sont, en principe, seuls chargés du soin de donner eux-mêmes l'alignement et d'accorder les autorisations de con-

(1) Cass., 8 février 184. (J. du Pal., 1844, t. II, p. 502).

(1) Cass., 29 août 1840 (Dev., 1840, p. 815; *J. du Pal.*, 1840, t. II, p. 526).

(2) Cass., 4 septembre 1847 (Dev., 1847, p. 880 : ANNALES DES JUST. DE PAIX, 1re série, t. V, p. 102, v° *Voirie*, n° 118 *bis*).

(3) Cass., 4 juillet 1857 (Dev., 1857. p. 719 : ANNAL. DES J. DE PAIX, 1858, p. 31).

struire le long des chemins vicinaux, l'instruction ministérielle du 24 juin 1836, p. 154, leur reconnaît le droit de déléguer cette attribution aux maires, à l'égard des chemins vicinaux ordinaires. Et lorsqu'un maire, investi d'une telle délégation, a prescrit des alignements ou accordé des autorisations préalables à des constructions ou réparations effectuées le long de ces chemins, ces alignements ou autorisations sont valables et doivent être observés (1).

MATIÈRES DIVERSES. — Il est un grand nombre d'autres matières dont la réglementation appartient aux préfets privativement et dont nous ne saurions qu'inutilement donner ici une nomenclature complète. Nous devons nous borner à rappeler qu'un règlement administratif, quel qu'il soit, ne trouve sa sanction dans l'article 471, n° 15, du Code pénal qu'autant que les infractions aux dispositions qu'il renferme ne tombent sous l'application d'aucune disposition spéciale.

Ainsi, par exemple, les articles 3 et 9 de la loi du 3 mai 1844 chargent les préfets de prendre des arrêtés dans le but de déterminer l'époque de l'ouverture et celle de la fermeture de la chasse dans chaque département, et d'assurer l'exécution des dispositions exceptionnelles ou prohibitives de ladite loi; mais ces arrêtés trouvent leur sanction dans les articles 11 et

suivants de cette même loi qui répriment les infractions dont ils sont l'objet de peines correctionnelles.

L'article 21 de la loi du 15 juillet 1845 charge les préfets de prendre des arrêtés pour l'exécution des règlements d'administration publique dressés par le gouvernement en ce qui concerne la police, la sûreté et l'exploitation des chemins de fer; mais les infractions à ces arrêtés, comme les contraventions aux règlements eux-mêmes, sont punissables de peines correctionnelles.

Ainsi encore, les arrêtés des préfets pris en vertu des règlements d'administration publique rendus pour assurer l'exécution de la loi du 21 juillet 1856, relative aux appareils et bateaux à vapeur, trouvent leur sanction, non dans la disposition de l'article 471, n° 15, du Code pénal, mais dans l'article 16 de ladite loi, qui défère à la juridiction correctionnelle la connaissance des infractions dont ces arrêtés peuvent être l'objet.

Les préfets sont encore investis du droit de prendre des arrêtés dans le but d'ordonner, par mesure de sûreté publique, la fermeture des cafés, cabarets et autres débits de boissons, et les infractions aux arrêtés de cette nature entraînent également l'application de peines correctionnelles.

SECTION II.

De la police municipale.

§ 1er. — Des autorités compétentes pour la réglementer.

ARTICLE 1. — *Des maires.*

En principe, la police des villes,

---

(1) Cass., 2 août 1839 (*J. du Pal.*, 1843, t. II, p. 760), 30 avril 1840 (Dev., 1841, p. 207), 12 août 1841, 26 août 1853 (Dev., 1854, p. 78; ANNALES DES JUST. DE PAIX, 1854, p. 106).

bourgs et villages, et des campagnes, appartient à l'autorité municipale. C'est là une conséquence logique et nécessaire de l'institution des municipalités. Le législateur a dû investir le pouvoir local lui-même du droit de prescrire les mesures de police que réclament les intérêts de chaque localité.

Confié originairement aux corps municipaux collectivement par les lois des 16-24 août 1790 et 19-22 juillet 1791, ce droit a été transporté aux maires par la Constitution du 22 frimaire an VIII, et plus spécialement par l'article 12 de la loi du 28 pluviôse même année, dont les dispositions ont été maintenues et confirmées par les lois postérieures, et finalement par les articles 9 et 11 de celle du 18 juillet 1837, sur l'administration municipale, dont nous aurons plus tard l'occasion de faire connaître le texte.

Le pouvoir exclusif des maires, en matière de police municipale, souffre plusieurs exceptions, comme on va le voir.

Premièrement. En ce qui concerne la ville de Paris et les communes du département de la Seine, la ville de Lyon et les communes comprises dans l'agglomération lyonnaise, enfin les villes dont la population totale excède 40,000 habitants, le préfet de police de Paris et les préfets des autres villes exercent le pouvoir réglementaire, même à l'égard des objets confiés à la vigilance de l'autorité municipale, lorsque ces objets se rattachent à l'ordre public et à la police générale de l'État.

Secondement. La jurisprudence accorde le même pouvoir à tous les préfets indistinctement, lorsqu'il s'agit également de mesures d'ordre et de sûreté générale, et que les règlements ou arrêtés qui les prescrivent s'appliquent au département tout entier.

ARTICLE 2. — Du préfet de police et des préfets des départements.

A Paris, le préfet de police est chargé de la police municipale qui est exercée par les maires dans toutes les autres communes de l'empire, avec cette différence importante que les maires agissent sous la surveillance du préfet de leur département, tandis que le préfet de police est placé sous l'autorité immédiate des ministres (1).

La juridiction du préfet de police, que l'arrêté consulaire du 3 brumaire an IX avait d'abord étendue aux communes de Saint-Cloud, Meudon et Sèvres, l'a été depuis à toutes les autres communes du département de la Seine, par l'article 1er de la loi du 10 juin 1853.

Toutefois, suivant l'article 2 de cette loi, les maires des communes du département de la Seine restent chargés, sous la surveillance du préfet de ce département, et sans préjudice des attributions tant générales que spéciales qui leur sont conférées par les lois, de tout ce qui concerne la petite

(1) Loi du 28 pluviôse an VIII, art. 16; — Arrêté consulaire du 12 messidor an VIII, art. 1, 2 et 21.

voirie, la liberté et la sûreté de la voie publique, l'établissement, l'entretien et la conservation des édifices communaux, cimetières, promenades, places, rues et voies publiques qui ne dépendent pas de la grande voirie, l'éclairage, le balayage, l'arrosement, la solidité et la salubrité des constructions privées, les mesures relatives aux incendies, les secours aux noyés, la fixation des mercuriales, l'établissement et la réparation des fontaines, aqueducs, pompes et égouts, les adjudications, marchés et baux (1).

Le préfet du Rhône est investi de pouvoirs analogues à ceux du préfet de police de Paris. Il exerce les fonctions de préfet de police, telles qu'elles sont réglées par les dispositions en vigueur de l'arrêté consulaire du 12 messidor an VIII, non-seulement dans la ville de Lyon, mais aussi dans les communes de la Guillotière, la Croix-Rousse, Vaise, Calluire, Oullins et Sainte-Foy, voisines de la ville de Lyon, et dans celles de Villeurbane, Vaux, Bron et Vénissieux du département de l'Isère, Rillieux et Miribel du département de l'Ain (2).

Néanmoins, les maires de la ville de Lyon et des communes qui viennent d'être indiquées restent chargés, sous la surveillance des préfets des départements dont elles dépendent, des mêmes attributions que celles réservées aux maires des communes du département de la Seine par l'article 2 de la loi du 10 juin 1853, attributions qui sont d'ailleurs déterminées par un règlement d'administration publique du 4 septembre 1851 (1).

Enfin, dans les communes chefs-lieux de département, dont la population excède 40,000 âmes (2), le préfet remplit les fonctions de préfet de police, telles aussi qu'elles sont réglées par les dispositions encore en vigueur de l'arrêté des consuls du 12 messidor an VIII ; mais cette attribution laisse subsister celles que les maires de ces communes tiennent des lois en ce qui concerne la police municipale et rurale, lesquelles sont maintenues dans les mêmes termes que les attributions conservées aux maires des communes du département de la Seine, de la ville de Lyon et des localités faisant partie de l'agglomération lyonnaise (3).

Il résulte des diverses dispositions qui viennent d'être rappelées :

1° Que les fonctions du pouvoir municipal proprement dit sont exercées, dans la ville de Paris, par le préfet de Paris exclusivement ; que les ordonnances de ce haut fonctionnaire sont de plein droit obligatoires

(1) Loi du 19 juin 1851, art. 2 et 3.

(2) Les villes qui, d'après le dernier recensement quinquennal officiel, ont une population de plus de 40,000 habitants, sont : Marseille (Bouches-du-Rhône), Caen (Calvados), Besançon (Doubs), Brest (Finistère), Nîmes (Gard), Toulouse (Haute-Garonne), Bordeaux (Gironde), Montpellier (Hérault), Rennes (Ille-et-Vilaine), Saint-Etienne (Loire), Nantes (Loire-Inférieure), Orléans (Loiret), Angers (Maine-et-Loire), Reims (Marne), Nancy (Meurthe), Metz (Moselle), Lille (Nord), Strasbourg (Bas-Rhin), Mulhouse (Haut-Rhin), Lyon (Rhône), Amiens (Somme) et Limoges (Haute-Vienne).

(3) Loi du 5 mai 1855, art. 50.

(1) Loi du 10 juin 1853, art. 2.

(2) Loi du 4 juin 1851, art. 1 et 2.

tant qu'elles n'ont point été réformées par l'administration supérieure, c'est-à-dire par l'autorité centrale (1);

2° Qu'en ce qui concerne les communes du département de la Seine, les attributions conférées au préfet de police ne sont relatives qu'aux mesures se rattachant, sous quelque rapport que ce soit, à la sûreté et à la tranquillité générale, et laissent subsister aux mains des maires le droit de prescrire, par leurs règlements ou arrêtés, les mesures qu'ils croient utiles dans l'intérêt de la police locale;

3° Qu'il en est de même à l'égard du préfet du Rhône, pour la ville de Lyon et les communes de l'agglomération lyonnaise, et à l'égard des préfets de ceux des autres départements dont les villes chefs-lieux ont une population supérieure à 40,000 habitants. Qu'ainsi ces préfets sont investis, en ce qui concerne la sûreté publique et la tranquillité générale des habitants, dans ces localités, des mêmes pouvoirs que ceux qui leur sont attribués, à l'égard du département tout entier, par la loi du 18 juillet 1837.

Si donc, en tant que préfets, ces magistrats ne peuvent, ainsi qu'on le verra plus loin, exercer le pouvoir réglementaire qu'autant que les mesures qu'ils prescrivent embrassent toutes les communes composant le territoire départemental, comme préfets de police, leurs arrêtés sont obligatoires, bien que ces mesures ne s'appliquent qu'aux villes ou communes à l'égard

desquelles ils en exercent les fonctions.

C'est ainsi que, récemment, la Cour de cassation, appelée à se prononcer à cet égard, a accordé force obligatoire aux dispositions d'un arrêté par lequel le préfet du Doubs a prescrit la fermeture des portes des maisons, pendant la nuit, pour la ville de Besançon, dont la population excède 40,000 habitants, attendu que, dans l'espèce, ce magistrat a agi en vertu des pouvoirs dont il est investi, comme préfet de police, par la loi du 5 mai 1855 (1).

La police concernant les hôtels garnis et les logeurs est spécialement confiée au préfet de police, dans le ressort de sa juridiction administrative (2); d'où il suit que les maires des communes comprises dans l'étendue de cette juridiction ne sont chargés que de tenir la main à l'exécution des ordonnances du préfet de police sur cette matière; ils ne pourraient, sans excès de pouvoir, prendre des arrêtés pour régler eux-mêmes la police de ces établissements (3).

Cette solution reçoit nécessairement application à l'égard des maires de la ville de Lyon et des communes désignées aux articles 1 et 3 de la loi du 19 juin 1851, ainsi que des maires des villes chefs-lieux de département dont la population dépasse 40,000 habitants, villes et communes dans lesquelles, ainsi qu'on vient de le voir, les préfets exercent les fonc-

---

(1) Cass., 21 novembre 1834 (Dev., 1834, p. 102.

(1) Arrêt du 13 décembre 1856 (Ann. des just. de paix, 1857, p. 361).

(2) Arrêté consulaire du 12 messidor an VIII, art. 7.

(3) Cass., 13 janvier 1853 (Ann. des just de paix, 1853, p. 267).

tions de préfet de police, telles qu'elles sont réglées par les dispositions subsistantes de l'arrêté consulaire du 12 messidor an VIII.

Nous avons dit, dans la section précédente, que l'administration départementale est confiée aux préfets par les articles 2 et 3 de la loi du 28 pluviôse an VIII, et l'on a vu que, outre les pouvoirs administratifs qui leur sont conférés par cette loi et par le décret présidentiel du 5 mars 1852, sur la décentralisation administrative, ces magistrats tiennent de diverses lois spéciales le droit exclusif de réglementer certaines matières.

Avant la loi du 18 juillet 1837 sur l'administration municipale, la Cour de cassation décidait que les préfets, investis du droit d'approuver ou de réformer les règlements et arrêtés des maires sur les objets de police locale placés dans leurs attributions par les lois des 16-24 août 1790 et 19-22 juillet 1791, avaient essentiellement le pouvoir de prescrire directement des règles sur les mêmes objets (1). Et cette doctrine, adoptée par plusieurs auteurs (2), a été confirmée par un arrêt récent, arrêt par lequel la même Cour a jugé que, si l'article 11 de la loi du 18 juillet 1837 ne confère qu'aux maires le pouvoir de prendre des arrêtés de police locale, le prin-

cipe de ce droit exclusif n'est applicable qu'à l'égard des arrêtés ayant une date postérieure à cette loi ; que ceux pris antérieurement par les préfets sont parfaitement légaux, dès lors obligatoires, et qu'ils trouvent leur sanction, comme les arrêtés municipaux eux-mêmes, dans l'article 471, n° 15, du Code pénal (1).

Faut-il conclure de cette décision qu'aujourd'hui le pouvoir réglementaire, dans les matières de police municipale, réside exclusivement dans la personne des maires, et que, dans aucun cas, les préfets ne sont investis du droit de l'exercer ?

La Cour suprême a souvent été appelée à trancher cette question, et l'a toujours négativement résolue.

Par un premier arrêt (2), cette Cour a jugé que les préfets, mandataires du souverain, ont, dans leur circonscription administrative, le droit de faire les règlements nécessaires pour l'exécution des lois ; qu'ils peuvent, dès lors, ordonner toutes les mesures de sûreté générale qui se trouvent énoncées dans l'article 3, titre II, de la loi des 16-24 août 1790 ; d'où il suit que les arrêtés qu'ils prennent à cet égard sont pleinement légaux et obligatoires.

Depuis lors, un grand nombre d'arrêts, sans s'appuyer précisément sur les mêmes motifs, ont consacré la même solution, en décidant que le pouvoir réglementaire dont les maires

____

(1) Arrêts des 20 septembre 1822 (Dev. Sir., t. VII, p. 138), 7 février et 6 mars 1824 (Dev. Sir., t. VII, p. 392 et 407 ; *J. du Pal.*, t. XVIII, p. 433 et 504), 23 avril 1835 (Dev., 1835, p. 736 ; Dalloz, 1838, p. 81).

(2) V. Merlin, *Quest. de droit*, v° *Tribun. de police*, § 4 ; Carré, *Lois de la comp.*, t. I, n. 24 ; Trolley, *Comp. admin.*, t. I, n. 29 et 249.

(1) Arrêt du 4 janvier 1855 (Dev., 1855, p. 319 ; *J. du Pal.*, 1855, t. II, p. 167).

(2) 12 septembre 1845 (Dev., 1845, p. 852 ; Dalloz, 1845, p. 383 ; ANN. DES JUST. DE PAIX, t. IV, p. 175, v° *Pour. municip.*, n. 57).

sont investis ne fait point obstacle à celui des préfets ; que, dès lors, outre que ces fonctionnaires ont le droit de faire des réglements sur les matières que les lois ont spécialement placées dans leurs attributions, ils peuvent valablement aussi, dans un intérêt de tranquillité publique et de sûreté générale, prendre, pour tout le département qu'ils administrent, des arrêtés sur les objets que la loi a confiés à la surveillance de l'autorité municipale (1).

Ainsi est légal et obligatoire, comme ayant pour objet une mesure de sûreté générale et de sécurité publique, l'arrêté préfectoral qui, disposant pour toutes les communes du département et se fondant sur l'existence ou le retour périodique de maladies qui, chaque année, ravagent les campagnes, interdit de faire dans les cours des maisons des dépôts de fumiers ou autres objets de nature à répandre de mauvaises odeurs (2).

Ainsi encore sont obligatoires, comme prescrivant des mesures de tranquillité publique, d'ordre ou de sûreté générale :

Les arrêtés préfectoraux qui, ayant pour objet de régler la police des lieux publics, tels que cafés, cabarets, débits de boissons, etc., fixent les heures d'ouverture et de fermeture de ces établissements (1) ;

Ceux qui, dans le but de prévenir les incendies, interdisent d'établir la toiture des maisons en paille, roseaux ou autres matières combustibles (2).

Décidé enfin qu'un réglement préfectoral, qui prescrit la fermeture des portes extérieures des maisons pendant certaines heures, intéresse essentiellement la sûreté publique et la tranquillité générale des habitants (3).

La doctrine ci-dessus, sanctionnée, comme on le voit, par un grand nombre de décisions et adoptée par plusieurs autorités (4), est vivement criti-

---

(1) Arrêts des 23 septembre 1853 (Dev., 1854, p. 221 ; *J. du Pal.*, 1854, t. II, p. 592), 17 février 1855 (Dev., 1855, p. 468 ; *J. du Pal.*, 1855, t. II, p. 444 ; ANN. DES JUST. DE PAIX, 1855, p. 157), 15 mars 1855 (ANN. DES JUST. DE PAIX, 1855, p. 256), 3 août 1855 (*J. du Pal.*, 1856, t. II, p. 262), 12 septembre 1853 (*Bullet. crimin.*, n. 286), 19 janvier 1856 (Dev., 1856, p. 697 ; *J. du Pal.*, 1857, p. 155; ANN. DES JUST. DE PAIX, 1856, p. 247), 26 janvier 1856 (Dev., 1856, p. 698 ; *J. du Pal.*, 1857, p. 156; ANN. DES JUST. DE PAIX, 1856. p. 242), 10 octobre 1856 (Dev., 1857, p. 70; *J. du Pal.*, 1857, p. 289 ; ANN. DES JUST. DE PAIX, 1857, p. 130), 13 décembre 1856 (Dev., 1857, p. 71; *J. du Pal.*, 1857, p. 290; ANN. DE JUST. DE PAIX. 1857, p. 361).

(2) Cass., 19 janvier 1856 (Dev., 1856, p. 697; *J. du Pal.*, 1856, p. 155; ANN. DES JUST. DE PAIX, 1856, p. 247).

(1) Cass., 17 février 1855 (Dev., 1855, p. 468 ; *J. du Pal.*, 1855, t. II, p. 444 ; ANN. DES JUST. DE PAIX, 1856, p. 157), 15 mars 1855 (ANN. DES JUST. DE PAIX, 1855, p. 256), 3 août 1855 (*J. du Pal.*, 1856, t. II, p. 262), 26 janvier 1856 (Dev., 1856, p. 698; *J. du Pal.*, 1857, p. 156; ANN. DES JUST. DE PAIX, 1856, p. 242), 7 mars 1857 (Dev., 1857, p. 613 ; *J. du Pal.*, 1858, p. 73; ANN. DES JUST. DE PAIX, 1857, p. 274).

(2) Cass., 23 septembre 1853 (Dev., 1854, p. 221; *J. du Pal.*, 1854, t. II, p. 592); 12 septembre 1855 (*Bullet. crimin.*, n. 286).

(3) Cass., 13 décembre 1856 (Dev., 1857, p. 71; *J. du Pal.*, 1857, p. 290 ; ANN. DES JUST. DE PAIX, 1857. p. 361).

(4) V. Foucart, *Droit admin.*, t. I, n. 103; Solon, *Rép. admin. et judic.*, t. IV, n. 137 et suiv.; de Champagny, *Traité de pol. munic.*, t. I. p. 72; Dalloz, *Nouv. rép.*, t. IX, p. 389 et 390, v° *Commune*, n. 634 et 635.

quée par M. Faustin Hélie, dans son *Traité de l'instruction criminelle* (1). Suivant ce jurisconsulte, on ne saurait confondre les actes d'administration générale par lesquels il est pourvu à l'exécution des lois, avec les règlements de police ; les mesures qui constituent l'action administrative proprement dite, avec celles qui ont pour objet de maintenir en général l'ordre et la sécurité : celles-là sont du domaine du pouvoir exécutif, partant des préfets qui le représentent ; celles-ci ne peuvent émaner que de l'autorité municipale qui, seule, a reçu de la loi une délégation expresse à cet égard. Les préfets ne peuvent puiser le droit de se substituer aux maires, ni dans cette circonstance qu'ils sont leurs supérieurs hiérarchiques, ni dans l'article 9 de la loi du 18 juillet 1837, qui charge le maire de l'exécution des mesures de sûreté générale, sous l'autorité de l'administration supérieure, ni dans l'article 11 de cette même loi, qui ne leur attribue, comme on le verra plus loin, que le droit d'annuler ou de suspendre les arrêtés municipaux. « L'article 35 de la loi des « 19-22 juillet 1791 et l'article 11 de « celle du 18 juillet 1837, dit le savant « magistrat, n'ont délégué qu'à l'au- « torité municipale le droit de prendre « des arrêtés de police sur les ma- « tières désignées par l'article 3, « titre XI, de la loi des 16-24 août « 1790 ; or, toute délégation de pou- « voir est essentiellement restrictive, « et, si la loi a limité la délégation du « pouvoir réglementaire aux officiers « municipaux, c'est qu'étant plus « rapprochés des citoyens, ils con- « naissent seuls leurs besoins, qu'ils « peuvent seuls apprécier la situation « de leurs communes, qu'ils sont déjà « investis d'un pouvoir de protection « qui les rend plus compétents pour « prendre les mesures de précaution « et de surveillance qui constituent « la police. Les préfets, placés plus « loin et plus haut, n'ont ni les mêmes « notions, ni la même aptitude : le « même pouvoir, s'ils en étaient in- « vestis, changerait de caractère entre « leurs mains ; tutélaire et paternel, « il deviendrait exigeant et tracassier, « il n'aurait plus son caractère de « sollicitude et d'inquiète prévoyance; « par cela seul qu'il serait placé dans « une sphère plus élevée, il aspirerait « à généraliser ses prescriptions et à « les multiplier ; ce ne seraient plus « des besoins locaux qui motiveraient « son exercice, ce serait le désir d'a- « méliorer les usages, de les renou- « veler, de soumettre toutes les com- « munes à des règles uniformes. « Enfin, ajoute en terminant M. Hé- « lie, l'unité n'est pas de la nature « de la matière de la police ; elle est « assujettie aux circonstances, aux « accidents, aux faits multiples qui se « produisent chaque jour dans chaque « lieu, et c'est par cette raison qu'elle « appartient, non au département, « mais à la commune, non au préfet, « mais au maire. »

Ce sont là, on ne saurait le méconnaître, des considérations d'une grande force, des arguments d'une incontestable valeur, et susceptibles,

(1) *Traité de l'instr. crimin.*, t. VII, p. 87 à 9.. .....

peut-être, de déterminer la Cour de cassation à modifier sa jurisprudence; mais, jusque-là et malgré la puissance de ces considérations, l'autorité de ces arguments, les tribunaux de simple police, guidés par les décisions de la Cour suprême, doivent accorder aux arrêtés et aux règlements préfectoraux sur les objets de police municipale, lorsqu'ils sont légalement faits, la sanction des pénalités que l'article 471, n° 15, du Code pénal prononce en cas d'infraction.

Toutefois il importe de ne pas perdre de vue que les règlements ou arrêtés dont il s'agit, lorsqu'ils sont postérieurs à la loi du 18 juillet 1837, ne doivent être considérés comme légaux et obligatoires qu'à la condition :

1° Que les objets dont ils se sont occupés rentrent dans la catégorie des mesures de tranquillité publique, d'ordre et de sûreté générale qui, seules, peuvent légitimer l'action de l'autorité préfectorale ;

2° Qu'ils intéressent le département tout entier.

Les règlements ou arrêtés des préfets qui, bien que relatifs à ces mesures d'ordre et de tranquillité générale, ne s'appliqueraient qu'à une seule commune ou à quelques communes de la circonscription départementale, seraient dépourvus de toute force obligatoire. C'est ce qui résulte des divers arrêts cités plus haut, et ce qui a été formellement décidé par deux autres arrêts (1).

Il est cependant une exception à ce principe, que la Cour de cassation a consacrée dans une matière à l'égard de laquelle les préfets ont reçu de la loi des attributions spéciales. Il a été jugé que, relativement à la police des cafés, cabarets et autres débits de boissons à consommer sur place, ces magistrats tiennent du décret du 29 décembre 1851 (dont il a été question dans la section précédente) le droit de réglementer cette police, pour *chacune* des communes de leur département, et même pour *chacun* des établissements de cette nature ; que, dès lors, on doit accorder force obligatoire à l'arrêté préfectoral prescrivant des mesures de police pour la tenue des cafés, cabarets et autres établissements publics de ce genre, bien que ses dispositions ne soient déclarées applicables qu'à un certain nombre de communes du département; et qu'il en est ainsi, alors surtout que le préfet déclare maintenir, pour les communes comprises dans l'exception, les arrêtés municipaux qui les concernent (1).

L'article 15 de la loi du 18 juillet 1837 porte que : « dans le cas où le « maire *refuserait* ou *négligerait* de « faire un des *actes* qui lui sont pre- « scrits par la loi, le préfet peut, après « l'en avoir requis, y procéder d'of- « fice par lui-même ou par un délé- « gué spécial. »

Or, cet article a fait naître la question de savoir si sa disposition em-

(1) Cass., 23 septembre 1853 (Dev., 1854, p. 221; *J. du Pal.*, 1854, t. II, p. 592), 27 janvier 1854 (Dev., 1854, p. 414; *J. du Pal.*, 1855, t. I, p. 162).

(1) Arrêt du 7 mars 1857 (Dev., 1857, p. 613; *J. du Pal.*, 1858, p. 73 ; ANN. DES JUST. DE PAIX, 1857, p. 274).

brasse les actes réglementaires aussi bien que les actes administratifs ; en d'autres termes, si, sur le refus d'un maire de prendre un arrêté de police locale dont la nécessité serait reconnue, le préfet pourrait, après réquisition demeurée sans résultat, y suppléer par un arrêté qu'il prendrait lui-même.

L'affirmative résulte formellement d'une circulaire de M. le ministre de l'intérieur, du 1er juillet 1840, et qui est relative à l'exécution de la loi du 18 juillet 1837. Cette circulaire porte : « Il a été demandé si, en l'absence « d'un arrêté municipal sur une ma- « tière qui a besoin d'être réglemen- « tée, le préfet peut prendre cet ar- « rêté lui-même. La solution de cette «question ne se trouve pas dans l'ap- « préciation du seul article 11 de la « loi du 18 juillet 1837. Pour l'obte- « nir, il faut combiner les dispositions « de cet article avec celles de l'article « 15. Il est incontestable, en effet, que « la loi du 18 juillet 1837 a laissé en- « tre les mains des maires les pou- « voirs propres dont les lois des 14 « décembre 1789 et 19 juillet 1791 « les avaient investis, et les préfets « ne peuvent, en thèse générale, se « substituer aux maires en prenant des « arrêtés sur les matières qui rentrent « dans les attributions de l'autorité « municipale ; mais, si cette autorité « reste inactive, malgré la réquisition « de l'autorité supérieure, celle-ci «peut et doit agir, comme lui en donne « le droit l'article 15 de la loi du 18 « juillet 1837. L'arrêté que prendra « le préfet, dans ces limites, pour as- « surer l'exécution d'une disposition « de loi, sera donc parfaitement lé- « gal et obligatoire pour les citoyens, « comme l'aurait été l'arrêté muni- « cipal qu'il est destiné à rempla- « cer. »

La doctrine de la circulaire minis- térielle, qu'a adoptée l'auteur d'une publication récente (1), en se fondant sur ce qu'on ne saurait admettre que le législateur eût voulu laisser à l'au- torité municipale un pouvoir discré- tionnaire et qu'il n'eût point cherché à obvier aux graves inconvénients qui pourraient résulter de l'inertie des maires s'abstenant, par incurie ou mauvais vouloir, de prendre des ar- rêtés dont la nécessité serait reconnue, cette doctrine, disons-nous, est-elle bien conforme au vœu de la loi, et ne donne-t-elle pas à son article 15 une interprétation extensive ? La Cour suprême l'a pensé ainsi, car elle a formellement décidé, par deux arrêts, que la faculté accordée aux préfets par cet article est exclusivement ap- plicable aux actes administratifs et ne saurait être étendue à ceux du pou- voir réglementaire (2).

De ces deux solutions entièrement contradictoires sur une question d'un intérêt pratique considérable, laquelle doit obtenir la préférence ? Nous n'hésitons pas à nous ranger à celle de la Cour de cassation.

Il nous semble, en effet, comme l'a décidé cette Cour, qu'en accordant

____

(1) M. Vuatrin, *Code des trib. de simple police*, p. 267.

(2) Arrêts des 23 septembre 1853 (Dev., 1854, p. 221; *J. du Pal.*, 1857, t. II, p. 592), 27 janvier 1854 (Dev., 1854, p. 414; *J. du Pal.*, 1855, t. I, p. 452).

aux préfets, dans l'hypothèse qu'elle prévoit, la faculté de se substituer aux maires, la disposition de l'article 15 n'a eu en vue que les actes d'administration, non ceux du pouvoir réglementaire. D'une part, on remarquera que cette disposition suit immédiatement celle de l'article 14, qui a pour objet de déclarer que l'administration de la commune appartient au maire. D'autre part, examinons le texte de l'article 15. « Dans le cas où le maire refuserait ou négligerait de faire un des actes *qui lui sont prescrits par la loi*, » y est-il dit. Or, il est peu de cas où la loi ait prescrit aux maires de prendre spécialement tel ou tel arrêté, de faire tel ou tel règlement. La police locale comporte, pour chaque commune, des besoins divers, des mesures différentes. Le législateur a donc dû se contenter d'indiquer, d'une manière générale, les matières de police dans lesquelles ils pourraient exercer leur action ; il a dû se borner à tracer le cercle de cette partie de leurs attributions, à désigner les objets qu'il entendait confier à leur vigilance, leur laissant, par là même, le soin d'apprécier le degré d'utilité des mesures que pourraient réclamer les intérêts qu'ils sont chargés de protéger. S'il en est ainsi, comment donc reconnaître qu'un maire n'a point obéi à la loi en négligeant d'édicter des prescriptions qu'il juge inutiles ou seulement intempestives? Si l'on reconnaît au préfet le droit de les formuler lui-même après les avoir déclarées opportunes ou nécessaires, ne sera-ce pas ce magistrat qui, en réalité, sera investi du pouvoir régle-

mentaire dans les matières où ces deux autorités se trouveront en conflit d'opinion ?

L'article 15 ajoute que : « le préfet peut procéder d'office à l'un de ces actes, soit par lui-même, soit *par un délégué spécial.* »

Cette partie finale de la disposition fournit un nouvel argument en faveur de la doctrine adoptée par la Cour suprême. Elle démontre, croyonsnous, que l'interprétation ministérielle est inexacte. En effet, en admettant que le préfet pût agir lui-même au défaut du maire, pourrait-il déléguer à quelqu'un le pouvoir réglementaire que celui-ci refuserait d'exercer ?

On conçoit une délégation lorsqu'il s'agit d'un acte administratif quelconque. Par exemple, si le maire refuse d'exécuter des mesures de sûreté générale, de pourvoir à l'exécution des actes de l'autorité supérieure rentrant dans ses attributions, s'il néglige de prendre certaines mesures conservatoires des droits et des intérêts de sa commune, d'introduire une action en justice lorsqu'elle a été autorisée ou d'y défendre; s'il néglige ou refuse de convoquer ou de réunir le Conseil municipal lors des sessions ordinaires ou extraordinaires, de faire enfin tels autres actes placés dans la sphère de ses attributions administratives, on conçoit fort bien, disonsnous, que le préfet puisse, soit se substituer lui-même au maire, soit suppléer à son inertie par un délégué; mais, s'il s'agit de faire un règlement, de prendre un arrêté, il est hors de doute qu'un délégué ne pourrait valablement y pourvoir.

C'est donc en vue seulement d'empêcher que l'action fût entravée ou périclitât par le mauvais vouloir du maire, que le service fût paralysé, notamment dans les cas urgents, que la disposition de l'article 15 a été introduite dans la loi.

Il existe, à la vérité, un arrêt du 6 février 1824 (ANNAL. DES JUST. DE PAIX, 1re série, t. IV, p. 189, vo *Pouv. municip.*, n. 74), par lequel la Cour de cassation a décidé que, si l'autorité municipale néglige de prendre, dans l'intérêt de tous les habitants, les mesures nécessaires pour prévenir ou réprimer les dévastations des propriétés communales, le magistrat qui, par la nature de ses fonctions, a caractère pour approuver, modifier ou annuler, s'il y a lieu, les actes des administrations municipales qui lui sont subordonnées, peut également, à défaut des règlements locaux qu'exige l'intérêt des communes, y suppléer par des arrêtés ; qu'ainsi on doit accorder force obligatoire à l'arrêté préfectoral défendant aux habitants des communes du département de vendre leur part d'affouage dans les bois communaux avant qu'elle fût conduite à leur domicile.

Mais on ne saurait tirer de cette décision aucun argument en faveur de la doctrine que nous combattons ; car, d'une part, l'arrêté préfectoral dont il s'agit ici, applicable d'ailleurs à toutes les communes du département, et antérieur à la loi du 18 juillet 1837, pouvait valablement, ainsi qu'on l'a vu plus haut, statuer sur des matières placées dans les attributions municipales, et, d'autre part, il

s'agissait, dans l'espèce, non pas seulement d'une mesure de police, mais d'un acte ayant un caractère administratif, puisqu'il avait pour but la conservation des propriétés communales.

Ajoutons, en terminant, que le législateur de 1837 a été tellement soucieux d'empêcher que l'autorité préfectorale, en matière réglementaire, se substituât à celle du maire, qu'il n'a pas voulu que le préfet pût, comme il en avait le droit sous la précédente législation, modifier les arrêtés municipaux. Contrairement au projet primitif, le texte de l'article 11 de la loi lui réserve seulement la faculté de les annuler ou d'en suspendre l'exécution. On a jugé qu'en y apportant des modifications, le préfet pourrait aller jusqu'à refaire presque entièrement un arrêté, et à le rendre par là son acte personnel dans un ordre d'attributions où la loi veut que l'action appartienne à l'autorité municipale.

Et d'ailleurs, quels dangers présente le système que nous essayons de faire prévaloir ? Lorsqu'un maire refuse de prendre un arrêté de police dont l'administration supérieure lui démontre l'utilité, le préfet ne peut-il pas, s'il s'agit d'une mesure de sûreté ou de tranquillité générale, y pourvoir directement par un règlement applicable au département tout entier ? Dans le cas où l'intérêt local seul se trouverait compromis, le pouvoir central, l'autorité supérieure n'ont-ils pas la ressource de la destitution ou de la suspension du maire récalcitrant, dont les pouvoirs passent immédiatement à l'adjoint ?

La nécessité même, comme on le voit, ne justifierait pas une interprétation que repoussent à la fois l'esprit et le texte de la loi.

ARTICLE 3. — *Du pouvoir central.*

Nous avons dit, au commencement de cette publication, que les règlements et arrêtés de police peuvent émaner des maires, des préfets et du pouvoir central, c'est-à-dire de l'autorité souveraine.

En effet, si les préfets exercent leur action, même dans les matières placées par la loi dans le cercle des attributions municipales, l'autorité centrale, qu'ils ne font que représenter, dont ils sont les mandataires, a évidemment le même droit, est nécessairement investie des mêmes pouvoirs. Cette autorité a donc compétence pour réglementer, non-seulement les matières administratives proprement dites qui lui sont spécialement déléguées dans l'intérêt de la sûreté générale de l'Etat, mais encore les objets de police confiés à la vigilance du pouvoir municipal, lorsque les mesures prises dans ce but, se rattachant à la sûreté, à la sécurité ou à la tranquillité générale, n'ont point un intérêt local exclusif.

Ce principe est nettement formulé dans les motifs d'un arrêt de la Cour de cassation antérieur à 1848 (1), portant : « qu'il appartient au roi, « suivant l'article 13 de la Charte con- « stitutionnelle, de faire les règlements

« et ordonnances nécessaires pour « l'exécution des lois (1) ; qu'il peut, « dès lors, par des actes généraux ou « spéciaux de son autorité souve- « raine, ordonner toutes les mesures « de sûreté générale qui se trouvent « énoncées dans l'article 3, titre II, « de la loi des 16-24 août 1790; que la « loi du 18 juillet 1837 n'a nullement « modifié cette attribution absolue, « puisque le numéro 3 de son article 9 « charge, au contraire, les maires, « sous l'autorité de l'administration « supérieure, de faire exécuter ces « mesures. »

Et l'application en a été faite par de nombreux arrêts rendus relativement à l'exercice de la profession de boulanger, profession qui, par sa nature, et à raison de ce qu'elle a trait à la fabrication d'un aliment formant la base de la nourriture des populations, nécessite plus qu'aucune autre la vigilance et l'intervention du pouvoir municipal.

La Cour de cassation a accordé force obligatoire d'abord à des décrets de l'Empereur, qui d'ailleurs avaient force de loi, ensuite à de simples ordonnances (2), par lesquels l'exercice

(1) La même attribution est conférée à l'Empereur, par l'article 6 de la Constitution du 14 janvier 1852.

(1) Arrêt du 12 septembre 1845 (Dev., 1845, p. 852; Dalloz, 1845, p. 383; ANN. DES JUST. DE PAIX, 1re série, t. IV, p. 175, vo *Pouv. munic.*, n. 57).

(2) Arrêts des 12 septembre 1829 (*J. du Pal.*, t. XXII, p. 1448), 1er avril 1830 (*J. du Pal.*, t. XXIII, p. 329), 11 juin 1830 (*J. du Pal.*, t. XXIII, p. 570), 29 mai 1834 (*J. du Pal.*, t. XXVI, p. 570 ; ANN. DES JUST. DE PAIX, 1re série, t. I, p. 349, n. 12), 3 janvier 1835 (*J. du Pal.*, t. XXVI, p. 1222), 4 août 1837 (Dev., 1838, p. 220; *J. du Pal.*, 1841, t. I, p. 551), 10 septembre 1840 (Dev., 1841, p. 649), 16 avril 1841 (*J. le Juge de paix*

de la profession de boulanger, dans certaines villes ou communes, a été assujetti à diverses obligations, notamment à celle d'obtenir de l'administration une autorisation préalable, en se fondant, soit sur ce que de telles ordonnances étaient rendues dans les limites du pouvoir réglementaire (1), soit sur ce que le droit de réglementation dont il s'agit, placé par la loi dans la sphère d'attributions de l'autorité municipale, appartient nécessairement aussi au pouvoir administratif supérieur, et que, par conséquent, il est légalement exercé par décret du chef de l'État (2).

Le même principe a été consacré récemment, dans une espèce extrêmement remarquable.

L'article 21 de la loi du 9 septembre 1835 punissait le fait de représentation d'ouvrages dramatiques sans l'autorisation préalable de l'autorité compétente d'un emprisonnement d'un mois à un an et d'une amende de 1,000 francs à 5,000 francs.

On sait que cette loi fut remplacée par celle du 30 juillet 1850, dont les articles 1 et 2 disposaient qu'aucun ouvrage dramatique ne pourrait, à peine d'une amende de 100 francs à 1,000 francs, être représenté sans une autorisation préalable, laquelle doit être accordée, savoir : à l'égard

des théâtres impériaux subventionnés, par le ministre d'État et de la maison de l'Empereur (décret impérial du 6 juillet 1853, article 1er), et pour les autres théâtres, à Paris, par le ministre de l'intérieur ; dans les départements, par les préfets. Loi du 30 juillet 1850, art. 1er; décret impér. du 30 décembre 1852, art. 1er.

La loi du 30 juillet 1850, à la durée de laquelle son article 1er avait assigné le terme d'une année en disposant que, dans ce délai, une loi générale statuerait sur la police des théâtres, a été prorogée jusqu'au 31 décembre 1852, par une seconde loi du 30 décembre 1851.

Depuis lors, il n'est intervenu sur cette matière que le décret impérial du 30 décembre 1852, lequel s'est borné à maintenir, pour la représentation des ouvrages dramatiques, l'obligation de l'autorisation préalable exigée par l'article 1er de la loi du 30 juillet 1850, sans rappeler les pénalités établies par l'article 2 et sans en édicter de nouvelles.

Il s'agissait donc de savoir si l'infraction aux prescriptions du décret était punissable. Or, par arrêt du 17 avril 1856 (*J. du Pal.*, 1856, t. II, p. 25; ANNAL. DES JUST. DE PAIX, 1856, p. 416), la Cour de cassation a décidé :

1° Que la peine d'amende déterminée par les lois des 30 juillet 1850 et 30 juillet 1851, qui n'ont été que des lois temporaires et provisoires, dont la durée n'a pu s'étendre pour la première au delà du terme d'une année, et pour la seconde que jusqu'au 31 décembre 1852, ne peut

---

t. XII, p. 47), 8 mars 1845 (*Bullet. crimin.*, n. 91), 26 novembre 1857 (*J. du Pal.*, 1857, p. 1227; ANN. DES JUST. DE PAIX, 1858, p. 94).

(1) Arrêt du 20 avril 1844 (*Bullet. crimin.*, n. 148).

(2) Arrêt du 9 novembre 1839 (*Bullet. crimin.*, n. 340).

avoir survécu à l'effet même de ces lois, et n'est plus applicable à la contravention dont il s'agit ;

2° Mais que le décret du 30 décembre 1852, émanant du chef de l'Etat, chargé de pourvoir à la sûreté générale par des règlements rendus dans les limites des articles 3 et 4, titre II de la loi des 16-24 août 1790, a incontestablement le caractère d'un règlement général de police, qui trouve sa sanction dans les dispositions de l'article 471, n° 15, du Code pénal ; — qu'en conséquence, le fait d'avoir représenté un ouvrage dramatique sans autorisation préalable, ou contrairement à l'arrêté d'autorisation, en laissant subsister dans cet ouvrage un passage dont la suppression était exigée, constitue une infraction qui rend son auteur passible de la peine de 1 à 5 francs d'amende, par application dudit article 471, n° 15.

Ainsi donc, le pouvoir réglementaire municipal n'appartient pas exclusivement aux maires ; il peut aussi être exercé par les préfets et par l'autorité souveraine, dès l'instant que les mesures de police qu'ils prescrivent se rattachent à un intérêt de sûreté ou de tranquillité générale, et, s'il s'agit d'arrêtés préfectoraux, à la condition qu'en outre ils aient été faits pour toutes les communes du département.

§ 2. — **Des matières qui rentrent dans les attributions de la police municipale et de l'objet des règlements et arrêtés.**

Les fonctions propres au pouvoir municipal, porte l'article 50 de la loi des 14-22 décembre 1789, relative à la constitution des municipalités, sont : « De faire jouir les habitants « des avantages d'une bonne police. » Les objets confiés à sa vigilance et à son autorité comprennent principalement la voirie urbaine ou petite voirie, et tout ce qui, en général, intéresse le bon ordre, la sûreté, la commodité, la salubrité et la tranquillité publique, objets qui sont énumérés dans les articles 3 et 4, titre XI de la loi des 16-24 août 1790, et 46, titre I de la loi des 19-22 juillet 1791, dont les dispositions, rappelées au n° 15 de l'article 471 du Code pénal, sont ainsi conçues :

« *Loi de* 1790, titre XI, article 3. « Les objets de police confiés à la vi-« gilance et à l'autorité des corps « municipaux sont :

« 1° Tout ce qui intéresse la sûreté et « la commodité du passage dans les « rues, quais, places et voies publi-« ques, ce qui comprend le nettoie-« ment, l'illumination, l'enlèvement « des encombrements, la démolition « et la réparation des bâtiments me-« naçant ruine, l'interdiction de rien « exposer aux fenêtres ou autres « parties des bâtiments, qui puisse « nuire par sa chute, et celle de rien « jeter qui puisse blesser ou endom-« mager les passants, ou causer des « exhalaisons nuisibles ;

« 2° Le soin de réprimer et de pu-« nir (1) les délits contre la tranquil-

(1) Cette disposition était la conséquence des articles 1 et 2 de la loi, qui, après avoir chargé les corps municipaux de veiller à l'exécution des lois et des règlements de police, les investissaient aussi de la connais-

« lité publique, tels que les rixes et
« disputes accompagnées d'ameute-
« ment dans les rues, le tumulte ex-
« cité dans les lieux d'assemblées pu-
« bliques, les bruits et attroupements
« nocturnes qui troublent le repos des
« citoyens ;

« 3° Le maintien du bon ordre dans
« les endroits où il se fait de grands
« rassemblements d'hommes, tels que
« les foires, marchés, réjouissances et
« cérémonies publiques, spectacles,
« jeux, cafés, églises et autres lieux
« publics ;

« 4° L'inspection sur la fidélité du
« débit des denrées, qui se vendent
« au poids, à l'aune ou à la mesure,
« et sur la salubrité des comestibles
« exposés en vente publique ;

« 5° Le soin de prévenir par des
« précautions convenables, et celui de
« faire cesser par la distribution des
« secours nécessaires, les accidents et
« fléaux calamiteux, tels que les in-
« cendies, les épidémies, les épi-

« zooties, en provoquant aussi, dans
« ces derniers cas, l'autorité des ad-
« ministrations de département et de
« district ;

« 6° **Le soin d'obvier ou de remé-**
« dier aux événements fâcheux qui
« pourraient être occasionnés par les
« insensés ou les furieux laissés en li-
« berté, et par la divagation des ani-
« maux malfaisants ou féroces.

« Article 4. Les spectacles publics
« ne pourront être permis et auto-
« risés que par les officiers munici-
« paux (1). »

« *Loi de* 1791, titre I, article 46.
« Aucun tribunal de police munici-
« pale ni aucun corps municipal ne
« pourra faire de règlement. Le corps
« municipal néanmoins pourra, sous
« le nom et l'intitulé de *délibéra-*
« *tions* (2), et sauf la réformation, s'il

---

sance du contentieux. — On sait que l'article 151 du Code des délits et des peines du 3 brumaire an IV substitua aux tribunaux de simple police des municipalités les tribunaux de police des chefs-lieux de canton, maintenus par les articles 138, 139, 140 et 141 du Code d'instruction criminelle, avec cette restriction cependant que, dans les communes autres que ces chefs-lieux, le maire reçut des articles 138 et 166 du même Code, et concurremment avec le juge de paix, attribution pour juger certaines contraventions commises dans l'étendue de sa circonscription territoriale, attribution d'ailleurs à peu près tombée en désuétude. — Il ne s'agit donc ici que du pouvoir réglementaire passé des mains du corps municipal à celles des maires, ainsi que nous l'avons dit au commencement du paragraphe qui précède.

(1) Cette disposition ne saurait aujourd'hui recevoir application à l'égard des spectacles qui consistent dans la représentation d'ouvrages dramatiques, laquelle, ainsi qu'on l'a vu à la fin du paragraphe précédent, ne peut être autorisée que par l'autorité centrale ou préfectorale, selon qu'il s'agit des théâtres de Paris ou de ceux des départements. Mais, à tous autres égards, la police des théâtres appartient à l'autorité municipale : après avoir, par son article 1er, chargé les commissaires généraux de police de la police des théâtres, mais seulement en ce qui concerne les ouvrages qui peuvent y être représentés, le décret du 21 frimaire an XIV, confirmant en cela la disposition du n° 2 de l'article 3 de la loi de 1790, porte, article 2, que les maires sont chargés de cette police, *sous tous les autres rapports*, ainsi que du maintien de l'ordre et de la sûreté.

(2) Nous rappelons qu'aujourd'hui le pouvoir réglementaire réside exclusivement dans la personne des maires. Toutefois, on verra plus tard qu'en matière de police ru-

« y a lieu, par l'administration du « département, sur l'avis de celle du « district, faire des arrêtés sur les « objets qui suivent :

« 1° Lorsqu'il s'agit d'ordonner les « précautions locales sur les objets « confiés à sa vigilance et à son au-« torité par les articles 3 et 4 du ti-« tre XI du décret du 16 août sur « l'*Organisation judiciaire;*

« 2° De publier de nouveau les lois « et réglements de police, ou de rap-« peler les citoyens à leur observa-« tion. »

La police rurale est également placée dans les attributions municipales. Cela résulte, non-seulement du n° 5, titre XI, de la loi des 16-24 août 1790, dont le texte précède, mais de l'économie générale de la loi des 28 septembre-6 octobre 1791, dont l'article 9 du titre II charge les officiers municipaux « de veiller générale-« ment à la tranquillité, à la salubrité « et à la sûreté des campagnes. »

Nous avons dit, au commencement de la section précédente, que la police des cimetières et des inhumations, réglée dans ses parties les plus importantes et d'une manière générale par l'autorité souveraine elle-même, appartient aux maires. Cette police, en effet, leur a été conférée par plusieurs dispositions des décrets et ordonnances qui sont intervenus sur la matière.

Ainsi, les articles 16 et 17 du décret

rale, il est certaines mesures qui ne peuvent être valablement prises par le maire qu'autant qu'elles ont été délibérées par les Conseils municipaux.

impérial du 23 prairial an XII disposent ainsi :

« Art. 16. Les lieux de sépulture, « soit qu'ils appartiennent aux com-« munes, soit qu'ils appartiennent « aux particuliers, seront soumis à « l'autorité, police et surveillance des « administrations municipales.

« Art. 17. Les autorités locales sont « spécialement chargées de maintenir « l'exécution des lois et règlements « qui prohibent les exhumations non « autorisées, et d'empêcher qu'il ne « se commette dans les lieux de sé-« pulture aucun désordre, ou qu'on « s'y permette aucun acte contraire « au respect dû à la mémoire des « morts. »

Le décret du 4 thermidor an XIII, relatif aux inhumations, charge l'officier de l'état civil (le maire) de donner l'autorisation sans laquelle l'ouverture des lieux de sépulture, le transport, la présentation, le dépôt et l'inhumation des corps des personnes décédées ne peuvent avoir lieu.

Enfin, l'article 6 de l'ordonnance royale du 6 décembre 1843, relative aux cimetières, porte qu'aucune inscription ne pourra être placée sur les pierres tumulaires ou monuments funèbres sans avoir été préalablement soumise à l'approbation du maire.

Toutes les attributions ci-dessus, dont l'autorité municipale est investie, lui ont été confirmées par la loi du 18 juillet 1837. Les articles 9, 10 et 11 de cette loi sont ainsi conçus :

« Art. 9. Le maire est chargé, sous « l'autorité de l'administration supé-« rieure : 1° de la publication et de « l'exécution des lois et règlements;

« 2° des fonctions spéciales qui lui « sont attribuées par les lois : 3° de « l'exécution des mesures de sûreté « générale.

« Art. 10. Le maire est chargé, sous « la surveillance de l'administration « supérieure : 1° de la police muni- « cipale, de la police rurale et de la « voirie municipale, et de pourvoir « à l'exécution des actes de l'autorité « supérieure qui y sont relatifs...

« Art. 11. Le maire prend des ar- « rêtés à l'effet : 1° d'ordonner les « mesures locales sur les objets con- « fiés par les lois à sa vigilance et à « son autorité ; 2° de publier de nou- « veau les lois et règlements de police, « et de rappeler les citoyens à leur « observation...»

L'autorité municipale a encore été chargée, par les lois des 8-10 juillet 1791 et 23 mai 1792, du soin d'opérer entre les habitants la charge du loge- ment des militaires, imposée aux ci- toyens par la loi du 7 avril 1790, ré- cemment complétée par un décret impérial du 4 septembre 1854.

Nous avons dit, au commencement du présent chapitre, que le pouvoir des maires comme celui des préfets s'arrête devant les actes réglemen- taires de l'autorité souveraine ; à plus forte raison en est-il ainsi lorsque la loi elle-même a statué sur des objets confiés à la vigilance de l'autorité municipale. En un tel cas, cette au- torité ne peut, conformément à l'ar- ticle 46, titre I, de la loi des 19-22 juillet 1791, et à l'article 11, n° 2, de celle du 18 juillet 1837, que publier de nouveau ces lois et rappeler les citoyens à leur observation. sans en

restreindre ni étendre les disposi- tions (1), tellement que tous règle- ments faits par cette autorité à l'égard d'objets déjà réglés par le législateur lui-même sont entièrement nuls et sans effet (2).

Mais ces décisions, exactes en prin- cipe, car on conçoit que l'autorité du règlement s'efface devant l'autorité de la loi elle-même, que le pouvoir réglementaire disparaisse devant le pouvoir législatif dont il n'est qu'une émanation, doivent être sainement interprétées.

Ainsi que le dit, avec raison, M. F. Hélie (3), le pouvoir réglementaire est circonscrit par toutes les lois qui ont successivement réglé quelques- uns des objets qui forment la matière de la police ; son action, libre dans la sphère légale qui lui est laissée, est enchaînée toutes les fois que le point sur lequel il dispose a été fixé par le législateur lui-même, toutes les fois que ses prescriptions rencontrent dans les lois une limite qui les arrête, car les règlements de police, qui ne sont que des lois restreintes et locales nées de la délégation du pouvoir lé- gislatif, sont nécessairement subor- données aux lois générales qui éma- nent de ce pouvoir lui-même ; ils ne peuvent donc y déroger, ni leur oppo-

(1) Cass., 10 décembre 1824 (Dev. Sir., t. VII, p. 589 ; Dalloz, 1825, p. 77) ; 16 fé- vrier 1833 (Dev., 1833, p. 318 ; Dalloz, 1833, p. 182) ; 10 avril 1841 (Dev., 1842, p. 43 ; Dalloz, 1841, p. 359 ; ANN. DES J. DE PAIX, 1re série, t. V, p. 359, v° *Voies publiq.*, n. 7).

(2) Cass., 26 mars 1825 (Dev. Sir., t. VIII, p. 93 ; *J. du Pal.*, t. XIX, p. 360).

(3) *Traité de l'inst. crimin.*, t. VII, p. 222 à 487. n 5.

ser quelques dispositions contraires.

C'est ainsi, comme nous aurons l'occasion de le dire plus tard, qu'un maire excéderait ses attributions en prohibant tous dépôts de matériaux ou autres objets sur la voie publique qu'il n'aurait point permis, ou en autorisant de tels dépôts, alors même qu'ils auraient pour effet d'embarrasser la voie publique et de gêner la circulation, car ce point est réglé par la loi : l'article 471, n° 4, du Code pénal, qui contient cette prohibition, ne déclare le fait punissable, encore que la circulation ait été entravée, qu'autant que le dépôt a eu lieu sans nécessité, et ne subordonne ni l'existence de l'infraction, ni son excusabilité à la publication d'un règlement municipal, et en outre la nécessité qui rend le fait légitime ne peut être appréciée et reconnue que par les tribunaux.

Ainsi encore serait entaché d'illégalité le règlement qui interdirait à toute personne, même aux propriétaires, d'entrer sans autorisation préalable dans les vignes non closes avant l'époque de la récolte, soit pour les visiter, soit pour y cueillir des fruits ; car l'article 475, n° 1er, du Code pénal ne réprime que l'infraction au ban des vendanges, et l'article 475, n° 9, ne prohibe l'entrée dans les vignes chargées de fruits mûrs ou voisins de la maturité qu'à ceux qui ne sont ni propriétaires, ni usufruitiers, ni jouissant du terrain ou d'un droit de passage.

Dans ces divers cas et autres analogues, les prescriptions réglementaires contrarient manifestement les dispositions mêmes de la loi. Ajou-

tant ou retranchant à ses textes, elles y dérogent ou les modifient d'une manière quelconque, soit en défendant ce que la loi déclare licite en l'autorisant, soit en permettant ce qu'elle a formellement entendu prohiber. Nul doute donc que les arrêtés qui les contiennent soient frappés de nullité.

Mais s'ensuit-il que, quand la loi s'est occupée déjà de réglementer une matière rentrant dans le cercle d'attributions de l'autorité municipale, il faille décider, d'une manière absolue, que les maires sont sans pouvoir et sans droit pour prescrire des mesures de police qu'ils croient utiles, encore que ces mesures ne fussent point inconciliables avec les dispositions de la loi elle-même, et qu'elles n'y apportassent aucune modification ? Ce serait une grave erreur.

Par exemple, l'article 475, n° 2, du Code pénal impose aux aubergistes, hôteliers et logeurs l'obligation d'inscrire sur un registre à la tenue duquel ils sont assujettis les noms, qualités et domicile, ainsi que la date d'entrée et de sortie des personnes qui couchent ou passent la nuit dans leur établissement, et de représenter ce registre aux époques déterminées par les règlements.

Or, s'il est évident que le principe ci-dessus s'oppose à ce que l'autorité municipale substitue à la tenue du registre prescrit par le législateur lui-même un autre mode de constatation des individus reçus dans les auberges et hôtelleries ou à ce qu'elle impose l'obligation d'inscrire sur ce registre même le nom des personnes qui n'y passent point la nuit, etc., car, dans ces hypothèses, ce serait régler cette matière autrement que la loi elle-même a entendu la régler, substituer aux mesures qu'elle a prescrites des mesures différentes et partant inconciliables, il n'est pas moins évident que les maires peuvent valablement enjoindre aux maîtres des établissements publics dont il s'agit et dont la police leur appartient, de se faire représenter les passe-ports des voyageurs, de mentionner au registre de police la date de ce passe-port, le lieu où il a été délivré, ainsi que le lieu, la date et la destination du visa, ou telle autre indication jugée utile et ayant pour but de faire connaître à la police les personnes étrangères qui séjournent dans les hôtelleries, de faciliter à l'autorité municipale l'exercice de la surveillance dont elle est chargée, et de permettre à l'administration de faire, s'il y a lieu, les recherches nécessaires à la constatation de leur identité dans un intérêt de sécurité publique et de tranquillité générale.

De telles injonctions n'ont rien d'inconciliable avec celles de la loi elle-même, qui subsistent pleinement et auxquelles elles n'apportent ni dérogation, ni modification. C'est une mesure de police ajoutée à d'autres mesures et dont elle est le complément; elle a donc été prise légalement et compétemment et les tribunaux ne sauraient lui refuser force et sanction.

Nous aurons, du reste, l'occasion de citer plus tard divers arrêts qui ont consacré ce point, soit implicitement, soit d'une manière formelle.

Disons donc, pour nous résumer,

que les règlements de police ne sont pas nuls par cela seul qu'ils statuent sur des matières dont le législateur s'est lui-même occupé.

Ou les mesures prises par l'autorité locale contrarient les prescriptions de la loi, et alors l'arrêté qui les contient est incontestablement sans force et sans valeur.

Ou ces mesures n'ont d'autre effet que de réglementer la matière comme elle a été réglée par la loi elle-même, sans déroger à ses dispositions et sans les modifier, et, dans ce cas, l'arrêté est inutile, car l'autorité municipale devait se borner à rappeler les citoyens à l'observation des prescriptions existantes.

Ou enfin les prescriptions réglementaires, quoique se rattachant à une matière déjà réglée par le législateur, ne sont point inconciliables avec celles qu'il a édictées, et, dès l'instant qu'elles sont du domaine de la police, leur autorité ne saurait être méconnue.

Les pouvoirs dont les maires sont investis ont, comme on le voit, une grande extension : ils consistent, avons-nous dit, à faire jouir les habitants des avantages d'une bonne police. Il ne faut pas oublier toutefois que, quelque généraux qu'ils soient, ils sont circonscrits dans le cercle de la police locale et ne sauraient s'étendre aux matières qui font l'objet de lois spéciales ou de règlements généraux relatifs à la police et à la sûreté générale de l'Etat (1).

(1) Cass., 95 novembre 1853 (*Bulletin crim.*, n. 557).

Une autre remarque importante doit trouver ici sa place. C'est que les arrêtés municipaux n'ont le caractère de règlements de police, les mesures qu'ils prescrivent ne sont sanctionnées par la disposition générale et répressive de l'article 471, n° 15, du Code pénal qu'autant qu'ils sont pris dans un intérêt et dans un but de police, et l'on ne saurait attribuer ce caractère à ceux qui, n'ayant d'autre objet qu'un intérêt purement financier, ont pour but d'assurer la perception d'un revenu communal. De tels actes, en effet, rentrent essentiellement dans les attributions des maires comme administrateurs des biens et intérêts de leurs communes et non dans celles qu'ils tiennent de la loi des 16-24 août 1790 et des autres lois précédemment citées. Les infractions qui y sont commises ne sauraient donc motiver l'application de la loi pénale; elles ne peuvent donner lieu qu'à une action purement civile.

Ces principes incontestables ont été sanctionnés par de nombreux arrêts. C'est ainsi qu'il a été décidé qu'on ne saurait attribuer le caractère de règlements de police, susceptibles, au cas de contravention, de donner lieu à l'application d'une peine :

1° Aux arrêtés municipaux qui fixent et déterminent le prix de location des places qu'occupent les marchands dans les halles, foires ou marchés (1), ou qui assurent la perception d'un droit communal sur la vidange des fosses d'aisances (1) ou d'une taxe à payer par des propriétaires forains, à raison de bestiaux dépendant de leurs exploitations situées dans la commune et ayant droit, à ce titre, de profiter des pâturages communaux (2) ;

2° L'arrêté qui, réglementant le service des abattoirs publics, détermine le tarif des droits d'abatage, de cuisson et de fonderie à percevoir par l'adjudicataire au fur et à mesure de chaque opération (3), ou encore qui fixe les droits à payer au fermier d'un abattoir par les personnes qui tuent des animaux à leur domicile (4) ;

3° L'arrêté qui détermine les endroits où doit être opérée la taxe des droits à percevoir à raison de la place que les marchandises occupent dans les halles, foires et marchés (5).

Le principe que la juridiction répressive est incompétente pour connaître des infractions à de tels actes

---

(1) Cass., 30 juillet 1829 (Dev. Sir., t. IX, p. 339; Dalloz, 1829, p. 315); 1er décembre 1832 (Dev., 1833, p. 221; Dalloz, 1833, p. 244); 12 avril 1834 (Dev., 1834, p. 285; Dalloz, 1834, p. 213); 11 juin 1836 (Dev., 1836, p. 847); 6 mars 1840 (Dalloz, *Nouv. Rép.*, t. IX, p. 517, v° *Commune*, n. 1090, note 3); 9 mars 1854 (Dev., 1854, p. 347 ; *J. du Pal.*, 1855, t. I, p. 48; ANN. DES J. DE PAIX, 1855, p. 288).

(1) Cass., 7 mars 1857 (Dev., 1857, p. 448; *J. du Pal.*, 1857, p. 992).

(2) Cass., 27 décembre 1851 (Dev., 1852, p. 277; *J. du Pal.*, 1852, t. II, p. 695 ; ANN. DES J. DE PAIX, 1852, p. 314); 5 janvier 1856 (*J. du Pal.*, 1858, p. 65; ANN. DES J. DE PAIX, 1856, p. 249).

(3) Cass., 22 mai 1857 (Dev., 1857, p. 794; *J. du Pal.*, 1858, p. 763; ANN. DES J. DE PAIX, 1857, p. 359).

(4) Cass., 20 septembre 1851 (Dev., 1852, p. 277; *J. du Pal.*, 1852, t. II, p. 695).

(5) Cass., 12 mai 1843 (Dev., 1843, p. 829; *J. du Pal.*, 1843, t. II. p. 610).

émanés du pouvoir municipal reçoit même application au cas où l'infraction serait jointe par connexité à une contravention ayant un caractère punissable. C'est ainsi qu'il a été décidé que, lorsqu'un individu est poursuivi pour avoir contrevenu à un règlement contenant injonction de ne point débiter de comestibles, denrées ou autres marchandises ailleurs que sur le marché et aux places assignées par l'administration, l'adjudicataire du droit de plaçage n'est pas recevable à intervenir dans la poursuite, et cela, par le motif que, si le fait d'avoir vendu ailleurs qu'aux endroits déterminés constitue une contravention punissable, le fait de n'avoir point acquitté les droits en est néanmoins distinct en ce sens que, susceptible seulement de donner lieu à une contestation purement civile, il ne peut lui-même être l'objet d'aucune répression pénale (1).

Les règlements de police sont de véritables lois municipales dans le cercle des matières qui en sont l'objet, nous l'avons déjà dit. Ils ont donc, pour les localités auxquelles ils s'appliquent, toute l'autorité et tous les effets de la loi elle-même. D'où il suit que le pouvoir réglementaire ne peut statuer que dans un intérêt public, et disposer que par voie de règlement général s'appliquant à la généralité des citoyens ou à de certaines classes d'entre eux (1).

Cependant si, de leur nature, les règlements et arrêtés doivent avoir un intérêt général et public pour objet, et ne peuvent statuer uniquement dans un intérêt privé, il n'en résulte pas qu'ils ne puissent, dans un intérêt public et général, contenir des prohibitions particulières ou des dispositions spéciales applicables à un établissement, à un bâtiment, à un individu : les arrêtés de police pris dans un intérêt général et renfermant des injonctions purement individuelles sont donc obligatoires comme ceux qui constituent des règlements généraux proprement dits (2).

Ainsi, l'autorité municipale peut, dans l'intérêt de la sûreté et de la liberté du passage sur la voie publique, prescrire des mesures et faire des injonctions particulières à un seul individu (3), par exemple, astreindre un particulier à démolir ou à réparer un édifice menaçant ruine (loi des 16-24 août 1790, titre XI, art. 3, n° 1er; —

____

(1) Cass., 30 juillet 1829 (Dev. Sir., t. IX, p. 339; Dalloz, 1829, p. 315); 1er décembre 1832 (Dev., 1833, p. 221 ; Dalloz, 1833, p. 244); 12 avril 1834 (Dev., 1834, p. 285; Dalloz, 1834, p 213). — Conf. Mangin, *Traité de l'action publique*, t. 1, p. 249, n. 122; Chauveau et Hélie, *Théorie du Code pénal*, t. 1, p. 277; F. Hélie, *Traité de l'inst. crim.*, t. II, p. 345; Dalloz, *Nouv. Rép.*, t. XXVIII, p. 61, v° *Inst. crim.*, n. 30.

(1) Cass., 24 août 1821 (Dev. Sir., t. VI, p. 495); 15 décembre 1836 (*Bullet. crim.*, n. 388); 23 septembre 1853 (*Bull. crim.*, n. 482). — Conf. Chauveau et Hélie, *Théorie du Code pén.*, 2e édit., t. VIII, p. 349, 3e édit., t. VI, p. 349; F. Hélie, *Traité de l'inst. crim.*, t. VII, p. 73 et 74, § 476, n. 2; Dalloz, t. IX, p. 401, v° *Commune*, n. 669.

(2) Cass., 2 octobre 1824 (Dev. Sir., t. VII, p. 539; *J du Pal.*, t. XVIII, p. 1053; 8 octobre 1836 (Dev., 1837, p. 451; *J. du Pal.*, 1837, t. II, p. 50); 2 février 1837 (Dev., 1837, p. 827; Dalloz, 1837, p. 242).

(3) Cass., 8 octobre 1836 (Dev., 1837, p. 451; *J. du Pal.*, 1837, t. II, p 50).

Code pénal, art. 471, n° 5) ou à combler des excavations pratiquées sur la voie publique (1), ou encore à clore un terrain joignant cette voie et qui, à raison de sa situation, constitue un danger permanent pour les passants ou pour les voisins (2).

Le maire peut également, dans l'intérêt de la salubrité, prendre un arrêté ayant pour but d'interdire à un fabricant de donner aux eaux de son établissement un écoulement qui serait de nature à nuire à la santé publique (3); à un tanneur de vider, avant une certaine heure déterminée, les fosses dans lesquelles ont été macérés des cuirs non encore tannés (4).

De ce principe qu'il est de l'essence des règlements de police d'avoir l'intérêt public et général pour objet découle cette conséquence que l'autorité qui a pris un arrêté dont les dispositions s'adressent à la généralité des citoyens ne peut dispenser certains individus de l'obligation de s'y conformer. Une telle dispense ne saurait rendre excusable l'infraction par suite de laquelle des poursuites auraient été dirigées contre eux (5); et il en serait ainsi

encore que les dispenses ne fussent pas purement verbales et qu'elles fissent l'objet d'un arrêté spécial et dûment publié (1).

C'est ainsi qu'il a été décidé que les tribunaux ne doivent avoir aucun égard :

1° A la permission qu'un maire aurait accordée au maître d'un établissement public de tenir cet établissement ouvert après l'heure de fermeture fixée par un règlement (2) ;

2° A l'autorisation que le maire aurait donnée à certains individus de vendanger avant le jour fixé par le ban des vendanges (3) ;

3° A l'autorisation que le maire aurait accordée à une personne de tirer des coups de fusil ou des pièces d'artifice, contrairement à un arrêté

---

(1) Cass., 12 mai 1843 (ANN. DES J. DE PAIX, 1re série, t. V, p. 435, v° Voirie, n. 145; J. le Juge de Paix, t. XIII, p. 353, n. 622).

(2) Cass., 19 août 1836 (Dev., 1837, p. 406; J. du Pal., 1837, t. I, p. 502); 2 février 1837 (Dev., 1837, p. 827; Dalloz, 1837, p. 242); 3 mai 1850 (Dev., 1850, p. 765).

(3) Cass., 12 novembre 1813 (Dalloz, Rép., 1re édit., t. III, p. 145); 2 octobre 1824 (Dev. Sir., t. VII, p. 539; J. du Pal., t. XVIII, p. 1053).

(4) Cass., 15 novembre 1838 (Dev., 1839, p. 706).

(5) Cass., 18 avril 1828 (Dev. Sir., t. IX,

p. 81); 1er juillet 1830 (Dev. Sir., t. IX, p. 550); 30 juin 1832 (Dev., 1832, p. 640; Dalloz, 1832, p. 316); 23 avril 1835 (Dev., 1835, p. 736); 29 mai 1835 (Dev., 1835, p. 736; Dalloz, 1835, p. 383); 12 décembre 1846 (Dev., 1847, p. 478; Dalloz, 1847, p. 30); 27 décembre 1851 (Dev., 1852, p. 375; ANN. DES J. DE PAIX, 1852, p. 130); 6 janvier et 8 avril 1854 (Dev., 1854, p. 415 et 488; J. du Pal., 1854, t. II, p. 593, et 1855, t. I, p. 429); 4 janvier 1855 (Dev., 1855, p. 319; J. du Pal., 1855, t. II, p. 167; ANN. DES J. DE PAIX, 1855, p. 117); 3 août 1855 (J. du Pal., 1857, p. 283); 8 et 22 août 1856 (Dev., 1856, p. 838; J. du Pal., 1857, p. 427); 19 juin 1857 (ANN. DES J. DE PAIX, 1858, p. 69.; 6 février 1858 (J. du Pal., 1858, p. 768; ANN. DES J. DE PAIX, 1858, p. 172).

(1) Cass., 19 décembre 1833 (Dev., 1834, p. 262; J. du Pal., t. XXV, p. 1086); 15 décembre 1836 (Dev., 1837, p. 827; J. du Pal., 1837, t. II, p. 333).

(2) Cass., 8 novembre 1851 (Dev., 1852, p. 375; J. du Pal., 1852, t. II, p. 695).

(3) Cass., 8 avril 1854 (Dev., 1854, p. 488; J. du Pal., 1855, t. I, p. 429).

qui en contient la prohibition formelle (1).

Néanmoins il y a exception à cette règle, lorsque les règlements ou arrêtés qui contiennent certaines prescriptions ou défenses prévoient et réservent le cas où des autorisations seraient accordées. Spécialement, lorsqu'un arrêté municipal, après avoir fixé et déterminé l'heure de fermeture des établissements publics, fait exception à la règle qu'il établit pour le cas où il y aura permission particulière donnée par le maire, en cette hypothèse, le maire peut dispenser de l'exécution de son arrêté ; et, si aucune dispense écrite n'est exigée, une simple permission verbale est suffisante pour mettre à l'abri des poursuites celui qui l'a obtenue (2).

Les préfets et les maires doivent se borner, dans leurs règlements ou arrêtés, à prescrire, dans l'intérêt d'une bonne police, les mesures qu'ils jugent utile d'ordonner ou à défendre ce qu'ils croient nuisible. Ils peuvent, sans doute, rappeler les peines que la loi prononce en cas d'infraction, mais ils ne sauraient, sans excéder les limites du pouvoir dont ils sont investis, établir eux-mêmes des pénalités. Sous ce dernier rapport, leurs règlements seraient sans force obligatoire, et les tribunaux affranchis de l'obligation de s'y conformer (3).

Ainsi est inobligatoire la disposition d'un règlement municipal qui déclare passible de la confiscation des pains saisis en contravention, un boulanger qui a enfreint les prescriptions de ce règlement (1), ou qui prononce la confiscation d'une certaine nature de marchandises vendue ailleurs que sur le marché (2).

Est également sans force obligatoire la disposition d'un règlement de police qui déclare les maîtres responsables des amendes qui seraient encourues par leurs domestiques ou préposés, les principes qui régissent la responsabilité civile ne pouvant être réglés que par la loi (3).

Nous avons fait connaître les diverses matières qui constituent la police municipale proprement dite, et indiqué le caractère de généralité que

---

(1) Cass., 12 décembre 1846 (Dev., 1847, p. 478; Dalloz, 1847, p. 30).

(2) Cass., 6 janvier 1853 (Dev., 1853, p. 221; J. du Pal., 1853, t. II, p. 545; ANN. DES J. DE PAIX, 1853, p. 282).

(3) Cass., 4 mai et 3 août 1810 et 12 novembre 1813 (Dalloz, Rép., 1re édit., t. II,

p. 12, 145 et 197); 7 mars et 13 décembre 1821 (Dev. Sir., t. VI, p. 49 et 538); 20 février 1829 (Dalloz, 1829, p. 157); 19 mars 1836 (Dalloz, 1836, p. 200); 17 janvier 1839 (J. du Droit crim., t. I, p. 154); 24 novembre 1853 (Dev., 1854, p. 152; J. du Pal., 1854, t. I, p. 444; ANN. DES J. DE PAIX, 1854, p. 168); 10 février 1854 (Dev., 1854, p. 400; ANN. DES J. DE PAIX, 1854, p. 270); 10 septembre 1857 (J. du Pal., 1858, p. 405). — Conf. Chauveau et Hélie, Théorie du Code pén., 2e édit., t. VIII, p. 315; Rogron, Code pénal exp., art. 471, nos 5 et 15; Curasson, Comp. des juges de paix, t. I, p. 51, n. 19; Ch. Berriat Saint-Prix, Proc. des trib. de simple pol., p. 29, n. 44; Dalloz, Nouv. Rép., t. XIV, vo Contrav., n. 26.

(1) Cass., 26 novembre 1853 (Dev., 1854, p. 152; J. du Pal., 1854, t. I, p. 444; ANN. DES J. DE PAIX, 1854, p. 168).

(2) Cass., 7 mars 1828 (J. le Juge de Paix, t. VI, p. 135); 10 février 1854 (Dev., 1854, p. 400; ANN. DES J. DE PAIX, 1854, p. 270).

(3) Cass., 19 mars 1836 (Dalloz, 1836, p. 200).

doivent revêtir, pour être obligatoires, les actes de l'autorité que la loi a investie du pouvoir de la réglementer. Ce sont là des principes généraux et des règles théoriques qu'il convenait de rappeler d'abord, mais dont le seul exposé ne suffirait point à atteindre le but que nous nous sommes proposé.

Il importe donc maintenant, et cette partie de notre tâche n'est ni la moins longue ni la moins laborieuse, d'énumérer avec détail les objets multiples qui se rattachent à ces matières, et, à l'aide des nombreux monuments que la jurisprudence a mis à notre disposition, de déterminer, à l'égard de chacune d'elles, les limites dans lesquelles l'action du pouvoir réglementaire doit être renfermée.

Indépendamment des subdivisions qui deviendront utiles et que le sujet comporte, nous diviserons ce paragraphe en trois parties principales : *police urbaine, police rurale, police des cimetières et des inhumations.*

PREMIÈRE PARTIE. — *Police urbaine.*

La *police urbaine* comprend, outre celle de la petite voirie ou voirie municipale, la sûreté, la commodité, la propreté, la salubrité, la tranquillité publique ; la décence et la morale, sans lesquelles le bon ordre ne saurait exister ; enfin la surveillance nécessaire pour amener la fidélité du débit des marchandises, notamment des denrées nécessaires à l'alimentation publique.

Article 1er. — Petite voirie ou voirie municipale.

C'est un principe de droit public qu'aucune construction joignant immédiatement la voie publique ne peut être légalement entreprise sans une autorisation préalable de l'autorité compétente (1).

Le droit de voirie a toujours compris, en France, le pouvoir de régler l'alignement, la hauteur et la régularité des édifices, bâtiments et constructions à élever ou réparer, joignant la voie publique, et d'empêcher les entreprises de toute nature qui seraient contraires à la décoration des villes, ainsi qu'à la sécurité et à la commodité des citoyens (2).

Les principes et les règles relatives à cet important objet sont contenus : 1° dans un édit du roi Henri IV, du mois de décembre 1607 ; 2° dans une déclaration du roi Louis XIV, du 6 juin 1693 ; 3° dans un arrêt du Conseil du 27 février 1765, spécialement applicable aux bourgs et villages traversés par des routes, et aux routes elles-mêmes.

Les prescriptions réglementaires résultant de ces dispositions ont été confirmées par l'article 29 du titre Ier de la loi des 19-22 juillet 1791 sur la police municipale, dont voici le texte : « Sont également confirmés provisoi- « rement les règlements qui subsis- « tent touchant la voirie, ainsi que « ceux actuellement existants à l'é- « gard de la construction des bâti- « ments et relatifs à leur solidité et « sûreté, sans que de la présente dis- « position il puisse résulter la conser-

(1) Cass., 1er et 9 février 1833 (Dev., 1833, p. 588 et 590).

(2) Cass., 15 mai 1835 et 17 décembre 1836 (Dev., 1835, p. 801, et 1837, p. 905).

« vation des attributions ci-devant « faites sur cet objet à des tribunaux « particuliers. »

Et elles ont été maintenues en vigueur par l'article 484 du Code pénal, car la voirie est une des matières que ce Code n'a pas réglées.

En outre, la matière des alignements, pour toutes les villes de France, et celle des saillies pour la ville de Paris sont régies, l'une par l'article 52 de la loi du 16 septembre 1807, l'article 1er du décret impérial du 27 juillet 1808 et une ordonnance royale du 29 février 1816, dont nous parlerons tout à l'heure ; l'autre par une ordonnance royale du 24 décembre 1823.

Ajoutons ici que l'édit de décembre 1607 et les autres règlements généraux de voirie ont conservé leur applicabilité pour toutes les localités où la police de la voirie n'est pas régie par des dispositions postérieures. D'où il suit qu'en l'absence de règlements nouveaux contenant défense d'opérer des constructions le long de la voie publique, ou de faire des réparations à celles existantes sans avoir demandé et obtenu préalablement l'alignement ou l'autorisation, cette défense n'en existe pas moins en vertu des règlements généraux anciens, et que ceux qui y contreviennent sont passibles des peines édictées par la loi, et ne sauraient être relaxés des poursuites sous le prétexte qu'il n'est justifié d'aucun règlement de police ni d'aucun arrêté de l'administration (1). Et, pour que ces règlements

généraux soient obligatoires, il n'est même pas besoin que l'autorité compétente ait, par des arrêtés locaux, rappelé les citoyens à leur exécution (1).

La prohibition de construire, réédifier, exhausser, embellir ou réparer, de quelque manière que ce soit, les édifices, maisons, bâtiments et murs de clôture joignant la voie publique sans avoir préalablement demandé et obtenu l'alignement ou l'autorisation nécessaire, prohibition qui résulte de l'édit de 1607 et des autres règlements généraux dont il vient d'être parlé, est générale et s'applique à toutes les voies publiques, à la seule exception des chemins ruraux, comme on le verra plus loin. Mais nous n'avons à nous occuper ici que de la petite voirie ou voirie municipale, la seule qui ait été placée, par l'article 3 de la loi des 16-24 août 1790 et par l'article 10 de celle du 18 juillet 1837, dans les attributions du pouvoir municipal, la seule aussi dont les tribunaux de simple police sont appelés à sanctionner les règlements.

La grande voirie, dont la police reste dans le domaine de l'administration supérieure, et dont le contentieux appartient à la juridiction des Conseils de préfecture, ainsi qu'on l'a vu en la section précédente, comprend :

Les routes impériales, les canaux,

17 décembre 1836 (Dev., 1837, p. 905); 23 janvier 1841 (Dev., 1842, p. 52; *J. du Pal.*, 1842, t. I, p. 273).

(1) Cass., 10 novembre 1836 (*J. du Pal.*, 1837, t. I. p. 236); 23 janvier 1841, cité note précédente.

(1) Cass., 15 mai 1835 (Dev., 1835, p. 801);

fleuves et rivières navigables ou flottables, leurs chemins de halage, francs-bords, fossés et ouvrages d'art (1);

Les routes départementales (2);

Les chemins de fer (3), ainsi que toutes leurs stations, gares et autres emplacements qui en dépendent (4).

A Paris, toutes les voies publiques, en ce qui concerne leur direction, leur largeur et l'alignement, font également partie de la grande voirie (5); et cela, sans distinction de celles qui forment prolongement de grandes routes et de celles qui n'ont que la destination de voies urbaines (6).

Les conduites d'eau souterraines dans Paris sont également soumises au régime de la grande voirie, quant aux entreprises dont elles peuvent être l'objet de la part des particuliers (7).

Font encore partie de la grande voirie les ports maritimes de commerce, dont la police est régie : 1° par les dispositions encore en vigueur de l'ordonnance de marine du mois d'août 1681 et d'anciens règlements généraux ou locaux, maintenus par l'article 484 du Code pénal; 2° par la loi des 9-13 août 1791 et les

décrets des 10 mars 1807, 24 mars 1852 et 15 juillet 1854.

Les terrains et ouvrages compris dans la zone des servitudes militaires dépendent aussi de la grande voirie (1).

Quant à la petite voirie, elle comprend les chemins vicinaux, les chemins communaux ou ruraux, les rues, ruelles, places, quais, promenades des villes (Paris excepté), bourgs et villages, les rivières, canaux et rivières non navigables ni flottables, et généralement toutes les voies publiques qui ne dépendent pas de la grande voirie.

Les impasses font, comme les rues, partie du domaine municipal, et sont, comme elles, soumises aux réglements de petite voirie (2).

Le lit d'un ruisseau ne peut être considéré comme chemin public. Dès lors, les propriétaires riverains ne sont point, à cet égard, soumis à l'observation des réglements de voirie. C'est ainsi qu'il a été décidé que le fait par un individu d'avoir, sans autorisation préalable, élevé une construction sur le bord d'un ruisseau, ne constitue aucune contravention punissable (3).

L'obligation de demander préalablement l'autorisation ou l'alignement pour construire, planter, ou creuser des fossés le long des murs, places et chemins publics, n'existe

(1) Loi du 29 floréal an X, art. 1.

(2) Décret impérial du 16 décembre 1811.

(3) Loi du 15 juillet 1845, art. 1, 2 et 3.

(4) Conseil d'Etat, 22 juillet 1848 (Dev., 1848, p. 762).

(5) Décret impérial des 27 octobre 1808, et 26 mars 1852, art. 1.

(6) Conseil d'Etat, 13 août 1823 (Dev. Sir., t. VII, p. 260).

(7) Conseil d'Etat, 1er juin 1849 (Dev., 1849, p. 511).

(1) Décret impérial du 10 août 1853, art. 42 et suiv.

(2) Cass., 19 novembre 1840 (Dev., 1842, p. 72; J. du Pal., 1841, t. II, p. 303).

(3) Cass., 3 août 1856 (Dev., 1856, p. 556; ANN. DES J. DE PAIX, 1856, p. 414).

pas lorsque les travaux de cette nature doivent être exécutés sur des terrains contigus, non à la voie publique proprement dite, mais à de simples propriétés communales (1).

On doit décider, par application du même principe, qu'un particulier qui, sans autorisation ou alignement préalable, effectue, soit une construction ou une plantation, soit une réparation à des constructions existantes, le long d'un chemin purement rural, ne commet aucune infraction punissable : de tels faits n'étant interdits, ni par l'édit de 1607, plus particulièrement applicable à la voirie urbaine, ni par l'article 29 de la loi des 19-22 juillet 1791 (2).

Mais il n'en serait ainsi qu'autant qu'aucun arrêté du maire n'aurait prescrit aux particuliers l'obligation de demander soit l'alignement, soit l'autorisation préalable, lorsqu'ils veulent construire, réparer ou planter le long des chemins ruraux, lesquels sont soumis, par les dispositions générales de la loi des 16-24 août 1790, à la surveillance du pouvoir municipal (3).

On vient de voir que les chemins vicinaux sont, comme les simples chemins ruraux, compris dans le domaine de la petite voirie. Il ne faut pas en conclure cependant que, de même que ceux-ci, ceux-là soient sous l'autorité immédiate des maires. Nous avons dit, au contraire, en la section précédente, que la loi du 21 mai 1836 a placé les chemins vicinaux ordinaires, tout aussi bien que ceux de grande communication, sous la surveillance directe des préfets, et que l'article 21 de cette loi a chargé ces magistrats de tous les détails de surveillance et de conservation relatifs à ces chemins. Mais nous avons dit aussi que, si l'autorité préfectorale est seule chargée du soin de donner elle-même l'alignement et les autorisations de construire, réparer et planter, l'instruction ministérielle du 24 juin 1836 lui reconnaît le droit de déléguer cette attribution aux maires, en ce qui concerne les chemins vicinaux ordinaires; nous avons même rapporté plusieurs arrêts qui ont décidé que les alignements et autorisations accordés par les maires dûment investis d'une telle délégation sont valables et doivent être observés.

Dans les villes, les alignements pour l'ouverture des nouvelles rues, pour l'élargissement des anciennes, qui ne font point partie des grandes routes, ou pour tout autre objet d'utilité publique, sont donnés par les maires, conformément aux plans dont les projets ont été adressés aux préfets (1).

Aux termes du même article, les plans d'alignement devaient être transmis par les préfets au ministre de l'intérieur, et arrêtés en Conseil d'État; mais aujourd'hui ces plans ne

______

(1) Cass., 25 juillet 1856 (Dev., 1856, p. 848).

(2) Cass., 12 janvier 1856 (*J. du Pal.*, 1856, t. II, p. 405; ANN. DES J. DE PAIX, 1856, p. 243); 4 juillet 1857 (*J. du Pal.*, 1858, p. 448).

(3) Cass., 12 janvier 1856 (*J. du Pal.*, 1856, t. II, p. 405; ANN. DES J. DE PAIX, 1856, p. 243).

(1) Loi du 16 septembre 1807, art. 52.

sont plus soumis qu'à la seule approbation préfectorale (1).

Du reste, la loi du 16 septembre 1807 n'a point dépouillé les maires du droit de donner des alignements dans les villes et communes où des plans n'ont point été dressés, droit qui leur a été reconnu par l'article 1er du décret impérial du 27 juin 1808 et par l'ordonnance royale du 29 février 1816, et dont ils ont été investis par les anciens règlements de voirie et par les lois des 14 décembre 1789, article 50, 16-24 août 1790, titre XI, article 3, n° 1er, et 19-22 juillet 1791, titre Ier, article 46 : la loi de 1807 les a seulement obligés à se conformer à ces plans, lorsqu'ils existent. C'est donc aux maires seuls qu'il appartient de prescrire les alignements et d'accorder les autorisations nécessaires en matière de petite voirie, et leurs arrêtés, à cet égard, sont obligatoires tant qu'ils n'ont point été réformés par l'autorité supérieure, encore bien qu'il n'y ait pas de plan dressé dans les formes déterminées par la loi de 1807. C'est là un point consacré par une jurisprudence constante (2) et sur lequel les auteurs sont unanimement d'accord (1).

Les maires peuvent même, par leurs arrêtés, obliger les entrepreneurs de travaux, avant de commencer aucune construction dans une ville, à en faire la déclaration à la mairie. De tels arrêtés, pris dans le cercle des attributions municipales, sont pleinement obligatoires (2).

Il y a exception au principe d'après lequel les maires seuls ont qualité pour fixer l'alignement des rues des villes, au cas où il s'agit d'une rue de rempart dans les places de guerre. C'est au génie militaire, à l'exclusion de l'autorité municipale, qu'il appartient, en conformité des articles 13 et 17, titre Ier de la loi du 10 juillet 1791, de prescrire l'alignement qui doit être observé (3).

Nous avons dit précédemment que la police de la grande voirie n'appartient point aux maires et que les infractions aux règlements qui s'y rattachent ont été placées par la loi du 29 floréal an X dans les attributions contentieuses des Conseils de préfecture.

---

(1) Décret du 25 mars 1852, art. 1 et tableau A y annexé, n. 50.

(2) Cass., 29 mars 1821, 30 mars et 11 septembre 1827, 6 et 18 septembre 1828 (Dev. Sir., t. VI, p. 408, t. VIII, p. 560 et 683, t. IX, p. 166 et 170); 18 juin 1831 (Dev., 1831, p. 252); 20 juillet 1833 (*J. du Droit crim.*, t. V, p. 310) ; 10 mai 1834 (Dev., 1834, p. 407); Paris, 19 juillet 1834 (Dev., 1834, p. 433); Cass., 16 juillet 1840 (Dev., 1840, p. 745); 4 mai 1848 (Dev., 1848, p. 749); Conseil d'Etat, 16 décembre 1852 (ANN. DES J. DE PAIX, 1853, p. 257).

(1) V. Proudhon, *Traité du dom. public*, t. II, n. 398; Marchand, *Encyclop. du droit*, v° *Alignem.*, n. 11; de Cormenin, *Droit admin.*, t. II, p. 456 et 461; Davenne, *Lois et règlem. de voirie*, supplément; Elouin et Trébuchet, *Dict. de police*, v° *Bâtim.*, t. I, p. 117 et suiv.; Chauveau, *Comp. et jurid. admin.*, t. I, p. 71, n. 258; Chauveau et Hélie, *Théorie du Code pénal*, 2e édit., t. VIII, p. 313, et 3e édit., t. VI, p. 317; Carasson, *Comp. des j. de paix*, t. I, p. 38 et 39, n. 15.

(2) Cass., 3 juillet 1835 (Dev., 1835, p. 930).

(3) Cass., 25 juillet 1845 (Dev., 1845, p. 720; *J. du Pal.*, 1845, t. II, p. 667).

Toutefois il importe de remarquer que cette loi, en ce qui concerne les routes, n'est susceptible d'une application exclusive, qu'autant que ces routes ne sont pas placées dans la traverse des villes, bourgs et villages. La loi de floréal n'a point dérogé à celles qui régissent la police intérieure des cités. Il en résulte que les rues de ces villes, bourgs et villages, bien que formant prolongement des routes impériales ou départementales, sont soumises, comme les autres rues, en ce qui touche la commodité, la sûreté et la salubrité de ces voies publiques, à la police de la voirie urbaine, en sorte que les contraventions qui, sous ce rapport, peuvent y être commises, sont de la compétence des tribunaux de simple police (1).

Mais il faut bien prendre garde que c'est seulement en ce qui concerne les mesures de sûreté, de commodité et de salubrité que les maires peuvent exercer, à l'égard des voies publiques dont il s'agit, et qui se trouvent ainsi dépendre tout à la fois de la grande voirie et de la voirie urbaine, le pouvoir réglementaire dont ils sont investis ; les alignements et autorisations préalables aux constructions, réparations et plantations ne peuvent être donnés que par l'administration su-

périeure ou ses agents, et les contrevenants poursuivis que devant les Conseils de préfecture, seuls compétents pour appliquer les amendes encourues (1).

Pour prescrire un alignement ou accorder une autorisation, les maires n'ont pas besoin de recourir à l'intervention du Conseil municipal ; c'est là un acte d'administration et une mesure de police dont ils sont seuls chargés (2).

L'adjoint, agissant par suite de l'empêchement du maire, est compétent pour fixer un alignement, car il a qualité pour faire tous actes quelconques de l'administration municipale (3).

En cas d'absence ou d'empêchement du maire et des adjoints, l'article 5 de la loi du 21 mars 1831 disposait que le maire serait remplacé par le conseiller municipal, le premier dans l'ordre du tableau ; mais l'article 4 de la loi du 5 mai 1855 a modifié cette disposition en ce sens que le premier conseiller municipal n'a qualité pour agir en remplacement du maire qu'à défaut par le préfet d'en avoir désigné un.

Un conseiller municipal autre que le premier dans l'ordre du tableau (ou que celui désigné par le préfet) n'a pas qualité pour autoriser une con-

---

(1) Cass., 7 juillet 1838 (Dev., 1839, p. 138); Chamb. réun., 8 avril 1839 (Dev., 1839, p. 413; *J. du Pal.*, 1839, t. I, p. 460); 25 avril 1839 (Dev., 1840, p. 459; 24 février 1842 (Dev., 1842, p. 365; Dallez, 1842, p. 150); 8 juillet 1832 (*J. le Juge de Paix*, t. II, p. 283); 24 août 1848 (Dev., 1849, p. 76); 11 septembre 1851 (Dev., 1852, p. 285); 3 octobre 1851 (Dev., 1851, p. 801; *J. du Pal.*, 1852, t. I, p. 212).

(1) Conseil d'État, 7 mars 1821 et 20 février 1822 (Dev. Sir., t. VI, p. 377, et t. VII, p. 27); 16 mars 1836 (Dev., 1836, p. 374); 16 janvier 1846 (Dev., 1846, p. 288); 3 février 1854 (ANN. DES JUST. DE PAIX, 1854, p. 184).

(2) Cass., 6 avril 1837 (*J. du Pal.*, 1837, t. II, p. 317).

(3) Loi du 21 mars 1831, art. 5 ; Loi du 5 mai 1855, art. 4.

struction ou pour prescrire un alignement au cas d'empêchement du maire et des adjoints (1).

Un agent voyer, agit-il de l'aveu ou par les ordres du maire, est également sans qualité pour donner un alignement (2), et l'alignement serait aussi sans valeur et sans effet, s'il était donné par l'architecte de la ville (3).

De la nécessité des alignements et autorisations, et des prescriptions et défenses qui peuvent être faites par l'autorité.

Nous avons dit plus haut que les droits qu'ont les maires de donner des alignements existe, même à l'égard des villes et communes pour lesquelles il n'a été dressé aucun plan. Il en résulte :

1° Que, même dans ces villes ou communes, nul ne peut construire ni réparer un édifice joignant une rue ou toute autre voie publique dépendant de la petite voirie sans avoir préalablement demandé et obtenu l'alignement (4).

2° Que, depuis l'édit de 1607, il est de droit public en France que, même pour les propriétés qui sont à l'alignement, tout travail de réparation ou de reconstruction, dans la partie de ces propriétés joignant la voie publique, est soumis à la nécessité d'une autorisation préalable, et qu'il en est ainsi, à plus forte raison, dans les localités pour lesquelles il n'existe aucun plan d'alignement (1).

3° Que, non-seulement les maires sont investis du pouvoir de fixer, par des arrêtés spéciaux, l'alignement qui doit être suivi, mais qu'ils peuvent même refuser, dans certains cas, toute autorisation de construire ou de réparer. Leurs arrêtés, nous l'avons dit déjà, ont, à cet égard, force obligatoire, tant qu'ils n'ont point été annulés ou réformés par l'autorité supérieure (2).

Mais, lorsqu'il existe des plans réguliers, les maires sont tenus de s'y conformer pour les alignements qu'ils prescrivent et les autorisations qu'ils accordent. Ainsi, ils ne pourraient valablement autoriser la réparation d'un mur qui, d'après le plan d'alignement, est sujet à retranchement. Les travaux exécutés par suite d'une telle autorisation constitueraient une contravention au plan lui-même et aux règlements généraux de voirie (3).

Les pouvoirs que la loi confère à l'autorité municipale, en matière de voirie, ne vont pas jusqu'à permettre à cette autorité de défendre aux propriétaires de blanchir les façades de

(1) Cass., 6 juillet 1837 (Dev., 1837, p. 687; *J. du Pal.*, 1837, t. II, p. 392).

(2) Cass., 17 novembre 1831 (Dev., 1832, p. 284); 7 mai 1852 (ANN. DES JUST. DE PAIX, 1853, p. 20).

(3) Cass., 5 septembre 1846 (Dev., 1847, p. 400; *J. du Pal.*, 1847, t. I. p. 338).

(4) Cass., 18 septembre 1828 (Dev. Sir., t. IX, p. 170); 6 avril 1837 (Dev., 1837, p. 1001); 6 juillet 1837 (Dev., 1837, p. 687; *J. du Pal.*, 1837, t. II, p. 292); 16 juillet 1840 (Dev., 1840, p. 74); 8 janvier 1841 (*J. du Pal.*, 1841, t. I, p. 197).—V. aussi les arrêts et les nombreuses autorités cités précédemment.

(1) Cass., 19 février 1858 (ANN. DES JUST. DE PAIX, 1858, p. 267).

(2) Cass., 16 juillet 1840 (Dev., 1840, p. 745).

(3) Cass., 4 mai 1848 (Dev., 1848, p. 749).

leurs maisons ou de leur donner toute autre couleur dont l'éclat serait susceptible de fatiguer la vue. Une telle mesure ne rentre point dans la sphère des attributions municipales, et l'arrêté qui la prescrirait serait sans force obligatoire (1).

Il en serait de même des règlements ou arrêtés qui astreindraient les citoyens à n'entreprendre sur la voie publique que des constructions conformes aux plans adoptés par l'administration dans des vues de décoration et d'embellissement (2), ou qui détermineraient un mode particulier d'architecture que ne prescrit en aucune sorte l'intérêt de la sûreté et de la commodité publique (3).

Toute construction ou réparation joignant la voie publique est soumise à la nécessité de l'alignement ou de l'autorisation préalable, encore que les travaux à effectuer dussent être renfermés dans la ligne qui doit être tracée d'après le plan de la localité (4).

Décidé également que la nécessité d'obtenir l'alignement ou l'autorisation prescrits par les règlements, avant qu'aucune construction, réédification ou réparation soit entreprise le long de la voie publique, existe même à l'égard des bâtiments élevés en retraite de cette voie, dès l'instant que, de fait, le terrain qu'ils longent est livré à la circulation (1).

La jurisprudence de la Cour de cassation, parfaitement fixée à cet égard, diffère de celle adoptée par le Conseil d'Etat qui, en matière de grande voirie, décide, au contraire, que les propriétaires peuvent, sans demander d'alignement préalable, construire ou réédifier en arrière de l'alignement (2).

Cette différence se justifie, à notre avis, par cette considération qu'en matière de grande voirie, l'administration a pour mission de veiller principalement à ce qu'il ne soit commis aucune usurpation du sol des routes et autres voies publiques qui en dépendent, de leur maintenir ou de leur donner la largeur qu'elles doivent avoir et d'en assurer la conservation, tandis qu'en matière de petite voirie, l'autorité municipale et les tribunaux sont chargés, non-seulement d'assurer la conservation du sol des rues et leur élargissement là où il est reconnu nécessaire, mais encore d'empêcher que des constructions ou réparations non autorisées n'aient pour résultat, contrairement aux sages dispositions de l'édit de 1607, de retarder l'exécution des alignements, c'est-à-dire l'embellissement des voies publiques urbaines.

(1) Cass., 25 août 1832 (Dev., 1833, p. 429; Dalloz, 1833, p. 75).

(2) Cass., 13 janvier 1844 (Dev., 1844, p. 638; *J. du Pal.*, 1844, t. II, p. 473).

(3) Cass., 14 août 1830 (*J. du Droit crim.*, t. III, p. 15).

(4) Cass., 9 février 1833 (Dev., 1833, p. 590).

(1) Cass., 21 juin 1844 (Dev., 1845, p. 141); 12 février 1848 (Dev., 1848, p. 577); 5 novembre 1853 (Dev., 1854, p. 77); 30 août 1855 (Dev., 1855, p. 762; ANN. DES JUST. DE PAIX, 1855, p. 368).

(2) Conseil d'Etat, 1er septembre 1832 (Dev., 1833, p. 166); 29 juin 1842 (Dev., 1842, p. 508); 21 juin et 6 décembre 1844 (Dev., 1845, p. 188 et 314).

Toutefois, la nécessité d'obtenir préalablement l'alignement n'existe qu'autant que la construction qu'il s'agit d'effectuer joint une *voie publique*. Il en est autrement lorsque le terrain le long duquel un propriétaire veut construire a été par lui livré à la circulation sans autorisation : un tel terrain ne cesse pas d'être une propriété privée, et n'est pas soumis, par conséquent, aux lois et règlements qui régissent la petite voirie (1).

Par suite du principe ci-dessus, un maire ne peut, sans sortir de la sphère de ses attributions, enjoindre à des particuliers de niveler et de paver à leurs frais les rues par eux ouvertes sur leur terrain sans l'autorisation de l'administration : l'arrêté qui contient une telle injonction est illégal et non obligatoire (2).

Le même principe est applicable alors même que les terrains particuliers sont destinés, d'après des plans réguliers et dûment approuvés, à l'établissement de rues nouvelles, et la Cour de cassation l'a consacré par plusieurs arrêts, en décidant :

1° Que l'autorisation préalable n'est pas nécessaire, lorsqu'il s'agit de constructions à élever le long d'une rue seulement projetée (3).

2° Que la défense de construire sans autorisation ou alignement préalable n'est applicable qu'autant que les constructions doivent être élevées sur un terrain joignant la voie publique actuelle, et ne saurait être étendue au cas où le terrain sur lequel ces constructions doivent être établies est contigu à l'emplacement d'une rue projetée et qui n'a pas encore été acheté (1).

3° Que les bâtiments qui se trouvent placés sur le tracé d'une rue à ouvrir ne sont pas soumis aux règlements de voirie en ce qui touche les constructions et réparations ; que, dès lors, il n'est pas nécessaire, en un tel cas, de demander à l'autorité administrative, soit un alignement, soit une autorisation, pour exécuter ces constructions ou réparations (2).

Mais il n'en est ainsi que lorsqu'il s'agit de l'ouverture d'une rue nouvelle. S'il s'agit d'une rue déjà existante, l'approbation du plan d'alignement dans lequel elle se trouve comprise a pour effet d'interdire aux propriétaires des maisons, bâtiments ou édifices qui y sont situés, et qui sont sujets à reculement, d'exécuter tous travaux sur la partie retranchable, ou même sur la partie non retranchable, si ces travaux sont de nature à consolider l'autre partie (3).

La même règle se retrouve dans di-

---

(1) Cass., 13 mai et 27 juillet 1854 (*J. du Pal.*, 1855, t. II, p. 401; ANN. DES JUST. DE PAIX, 1854, p. 352 et 362).

(2) Cass., 13 mai 1854 (*J. du Pal.*, 1855, t. II, p. 401; ANN. DES JUST. DE PAIX, 1854, p. 362).

(3) Cass., 24 novembre 1837 (Dev., 1837, p. 962; *J. du Pal.*, 1837, t. II, p. 528).

(1) Cass., 5 avril 1839 (*J. du Pal.*, 1839, t. II, p. 628); 10 juin 1843 (*J. le Juge de Paix*, t. XIII, p. 245, n. 566).

(2) Cass., 28 février 1846 (Dev., 1846, p. 243; *J. du Pal.*, 1846, t. I, p. 674); 4 juin 1858 (*Bulletin crim.*, n. 164).

(3) Cass., 16 juillet 1840 (Dev., 1840, p. 745).

vers arrêts par lesquels la Cour de cassation a décidé :

1° Que l'homologation des plans généraux d'alignement dressés en exécution de l'article 52 de la loi du 16 septembre 1807 a pour effet nécessaire, dans l'intérêt public, de grever de la servitude légale *non œdificandi* toute la partie des terrains que ces plans affectent à l'élargissement de la voie publique actuelle ; qu'aucune construction ne peut donc être élevée sur cette partie, dès l'instant que les plans ont été approuvés et dûment publiés, si elle n'a été préalablement autorisée dans les formes de droit par l'autorité municipale (1).

2° Que, dès l'instant que le plan d'alignement d'une ville a été rendu exécutoire par l'autorité compétente, les terrains qui s'y trouvent désignés pour être ultérieurement réunis à la voie publique sont censés en faire déjà partie, et, comme tels, sont soumis de plein droit, *ipso facto*, aux règlements de voirie, à ce point que les propriétaires de ces terrains ne peuvent y faire aucune construction sans avoir préalablement obtenu l'alignement de l'autorité municipale (2).

3° Que, lorsqu'il existe un plan d'alignement dûment approuvé, les propriétaires de terrains situés sur la voie publique, et qui doivent subir un retranchement pour la mise à exécution de ce plan, ne peuvent clore ces terrains sans avoir préala-

blement demandé et obtenu un alignement (1).

4° Que, dès l'instant que la fixation régulière de l'alignement des rues d'une ville a déterminé les retranchements qui doivent être opérés sur les propriétés riveraines pour élargir la voie publique actuellement existante, les parties retranchables sont frappées d'une servitude *non œdificandi*, qui a pour effet d'interdire toute construction, même non confortative, sans la permission de l'autorité municipale (2).

5° Que l'ordonnance royale ou le décret portant homologation du plan général d'une ville a pour effet de réunir de plein droit à la voie publique les terrains sur lesquels existent des bâtiments, dès l'instant que ces bâtiments viennent à être démolis, sauf tout droit à indemnité pour les propriétaires ainsi dépossédés ; que, dès lors, à partir de l'instant de cette démolition, ces propriétaires ne peuvent, sans autorisation, ni élever de nouvelles constructions sur les terrains dont il s'agit, ni faire aucun dépôt de matériaux, et cela bien que l'indemnité à eux due ne leur ait pas encore été payée (3).

6° Enfin que, quand une rue est ouverte et en voie d'exécution, les

(1) Cass., 3 décembre 1842 (*J. le Juge de Paix*, t. XIII, p. 177, n. 526).

(2) Cass., 27 janvier 1837 (Dev., 1837, p. 173; *J. du Pal.*, 1837, t. II, p. 134).

(1) Cass., 13 juillet 1838 (Dev., 1839, p. 146).

(2) Cass., 21 décembre 1844 (Dev., 1845, p. 281; *J. du Pal.*, 1845, t. I, p. 341); Chamb. réun., 6 avril 1846 (Dev., 1846, p. 330; *J. du Pal.*, 1849, t. II, p. 219; 6 avril 1854 (Ann. des J. de paix, 1854, p. 291); 18 janvier 1856 (*J. du Pal.*, 1858, p. 91).

(3) Cass., 19 juin 1857 (Dev., 1857, p. 871; *J. du Pal.*, 1858, p. 764).

arrêtés d'alignement relatifs à cette rue sont obligatoires. Que, dès lors, un propriétaire, poursuivi pour y avoir contrevenu, ne peut être relaxé de l'action du ministère public sous le prétexte qu'il ne s'agit que d'une rue projetée ; et cela alors surtout que ce propriétaire lui-même avait demandé l'alignement dans le but de clore sa propriété, qui se trouvait déclose par suite des travaux d'ouverture de la rue (1).

L'arrêté préfectoral portant approbation du plan général d'alignement d'une commune n'a pas pour effet immédiat d'enlever à la voie publique les portions de terrain qui se trouvent en dehors de l'alignement, et qui sont destinées à être réunies aux propriétés riveraines. Ce n'est qu'à partir de l'exécution même du plan que ces portions de terrain perdent le caractère de *voie publique*. Par suite, tant que cette exécution n'a pas eu lieu, elles restent soumises aux règles de la petite voirie, et, dès lors, aucune construction ou réparation ne peut être faite sur les propriétés qui les joignent, sans l'autorisation préalable exigée par les règlements (2).

Lorsqu'une rue, dont l'ouverture avait été autorisée, vient à être fermée avant son classement au nombre des voies publiques, par suite de l'inaccomplissement des conditions imposées aux entrepreneurs concessionnaires, cette rue doit être considérée comme n'étant jamais entrée

sous le régime de la voirie ; dès lors les particuliers peuvent y élever des constructions sans autorisation préalable (1).

Le règlement de police portant prohibition de construire ou reconstruire, sans avoir préalablement demandé et obtenu l'alignement, s'applique à l'agrandissement d'une croisée pratiquée dans un mur sujet à reculement, aussi bien qu'à une construction nouvelle ou à la reconstruction d'un bâtiment démoli (2).

La défense contenue d'une manière générale dans un arrêté municipal de faire, sans autorisation, aucune construction ou réparation sur la voie publique, s'applique à l'ouverture d'une simple porte (3).

La défense faite, par arrêté municipal, de retoucher au devant des maisons, *en aucune sorte ou de quelque manière que ce soit*, pour les raccommoder ou modifier en tout ou en partie, sans en avoir préalablement obtenu l'autorisation, comprend les simples travaux de badigeonnage et de peinture, aussi bien que ceux de reconstruction et de grosses réparations proprement dites (4) ; et une telle défense s'applique aux bâtiments qui se trouvent dans l'alignement, comme à ceux qui sont susceptibles de retranchement (5).

(1) Cass., 12 février 1852 (Ann. des just. de paix, 1852, p. 343).

(2) Cass., 31 mai 1855 (Dev., 1855, p. 763; J. du Pal., 1856, t. II, p. 88).

(1) Conseil d'Etat, 24 juillet 1848 (Dev., 1848, p. 767).

(2) Cass., 21 août 1835.

(3) Cass., 31 mai 1855 (Dev., 1855, p. 763; J. du Pal., 1856, t. II, p. 88).

(4) Cass., 20 juillet et 7 septembre 1838 (Dev., 1839, p. 68; J. du Pal., 1838, t. I, p. 222 et 223).

(5) Même arrêt du 7 septembre 1838.

Lorsque, muni seulement de l'autorisation de *gratter, blanchir et badigeonner* la façade de sa maison, un propriétaire la fait *recrépir*, il enfreint l'arrêté qui contient cette autorisation, et ne pourrait utilement prétendre que la permission accordée emporte celle de recrépir (1).

L'établissement, sans autorisation, d'une persienne à la fenêtre d'une maison faisant saillie sur la voie publique constitue une contravention punissable, lorsqu'un arrêté municipal interdit tous changements aux fenêtres des maisons (2).

Le propriétaire d'un bâtiment démoli pour cause de vétusté ne peut le reconstruire qu'à la charge de se conformer à l'alignement qu'il est tenu de demander et d'obtenir préalablement (3).

Un propriétaire qui, après avoir, contrairement aux lois et règlements de voirie, exhaussé un bâtiment ou un mur joignant la voie publique, a été condamné à supprimer l'œuvre nouvelle, c'est-à-dire à la démolition de la partie exhaussée, ne peut, sans autorisation préalable, replacer les choses dans leur ancien état. Il en est ainsi, par exemple, du cas où un mur exhaussé était, avant l'exhaussement, recouvert d'une toiture en chaume ou autres matériaux destinés à le garantir de la pluie et à en assurer la conservation (1).

Lorsqu'un arrêté municipal défend de reconstruire les maisons et de réparer les façades dans les rues sans avoir obtenu l'alignement et l'autorisation préalable, l'individu qui a été autorisé à convertir en porte une croisée de sa maison, et à établir un trottoir au-devant de ladite maison, ne peut, sans s'être pourvu d'une autorisation nouvelle, construire un escalier extérieur ; et la contravention ne saurait être excusée sur le motif que cet individu, en bâtissant l'escalier, n'a fait que rétablir l'état de lieux préexistant, qu'il n'avait modifié, sans pour cela y renoncer, que pour faciliter l'établissement du trottoir autorisé (2).

Un propriétaire ne peut, sans autorisation préalable, exécuter à sa maison les réparations devenues nécessaires par suite de dégradations occasionnées par la malveillance (3).

La défense de faire, sans autorisation préalable, aucune réparation ou reconstruction aux maisons sujettes à reculement, doit être observée alors même que ces réparations ou reconstructions ont été nécessitées par la démolition d'une maison contiguë qui avait mis l'autre en péril (4).

L'étaiement d'une maison, sur la

______

(1) Cass., 19 novembre 1840 (Dev., 1842, p. 72 ; *J. du Pal.*, 1841, t. II. p. 303).

(2) Cass., 20 octobre 1841 (*J. le J. de Paix*, t. XII, p. 211).

(3) Cass., 30 décembre 1826 (Dalloz, 1827, p. 367) ; 7 juillet 1829 (Dev. Sir., t. IX, p. 327).

(1) Cass., 4 décembre 1856 (Dev., 1857, p. 387 ; *J. du Pal.*, 1857, p. 1149).

(2) Cass., 10 septembre 1857 (ANN. DES JUST. DE PAIX, 1858, p. 98).

(3) Cass., 2 août 1839 (Dev., 1840, p. 190 ; *J. du Pal.*, 1841, t. I, p. 158).

(4) Cass., 4 janvier 1849 (Dev., 1850, p. 124 ; Dalloz, 1849, p. 398).

partie retranchable de cette maison, constitue une contravention punissable lorsqu'il a eu lieu sans autorisation, et cela alors même que l'étaiement aurait été ordonné par une décision judiciaire intervenue entre voisins, à l'occasion de la reconstruction d'un mur mitoyen (1).

L'autorité ne peut refuser l'autorisation de reconstruire ou réparer les étages supérieurs d'une maison, tant que les fondations et le rez-de-chaussée sont en bon état, la durée d'un bâtiment dépendant uniquement des fondations, du rez-de-chaussée et de la façade (2); mais le propriétaire d'une maison joignant la voie publique, et sujette à reculement, ne peut exhausser cette maison sans en avoir préalablement obtenu l'autorisation de l'autorité municipale (3). Et il en est ainsi, encore qu'il ne doive toucher ni aux fondations ni aux étages inférieurs, et que les travaux qu'il veut faire exécuter n'aient aucun caractère contestatif (4).

Celui qui a obtenu l'autorisation et l'alignement pour construire à neuf le rez-de-chaussée d'une maison jusqu'au premier étage n'a pas besoin d'une autorisation nouvelle pour construire les étages supérieurs, si d'ailleurs il n'existe aucun règlement particulier concernant ces étages (5).

Aucune autorisation n'est nécessaire pour réparer la toiture d'un bâtiment joignant la voie publique, lorsque le bâtiment se trouve dans l'alignement (1).

L'injonction faite à un propriétaire de démolir la façade de sa maison qui menace ruine, mesure dont nous aurons prochainement l'occasion de parler, n'emporte pas implicitement permission de la reconstruire sur le même alignement. En un tel cas, ce propriétaire ne peut en opérer la reconstruction sans, au préalable, avoir demandé et obtenu l'alignement, comme s'il s'agissait d'une contravention nouvelle (2).

Lorsqu'une autorisation de construire ou de réparer un édifice le long de la voie publique, accordée par l'autorité compétente, n'a pas déterminé le délai dans lequel les ouvrages devraient être exécutés, et lorsque le juge du fait reconnaît d'ailleurs que des travaux, à l'occasion desquels une poursuite est exercée, ne sont que la continuation et la suite nécessaire de réparations commencées bientôt après l'arrêté d'autorisation, et continuées depuis, le prévenu doit être relaxé, bien que cet arrêté remonte à plusieurs années (3).

De la démolition ou réparation des édifices menaçant ruine.

Parmi les mesures importantes qui

(1) Cass., 1er février 1845 (Dev., 1845, p. 611; *J. du Pal.*, 1845, t. I, p. 600).
(2) Garnier, *Traité des chem.*, p. 133.
(3) Cass., 12 juillet 1855 (ANN. DES JUST. DE PAIX, 1856, p. 76).
(4) Cass , 8 février 1845 (Dev., 1845, p. 610; *J. du Pal.*, 1845, t. I, p. 601).
(5) Cass., 28 mars 1845 (Dev., 1845, p. 610; Dalloz, 1845, p. 221).

(1) Cass., 15 octobre 1853 (Dev., 1854, p. 77).
(2) Cass., 8 octobre 1834 (Dev., 1835, p. 238).
(3) Cass., 11 juillet 1857 (ANN. DES JUST. DE PAIX, 1858, p. 144).

se rattachent à la petite voirie est celle qui consiste à enjoindre aux particuliers de démolir ou de réparer les maisons, bâtiments, murs, constructions et généralement tous les édifices joignant la voie publique qui menacent ruine et, par suite, compromettent la sûreté publique.

Du reste, indépendamment des prescriptions que l'autorité locale est appelée à édicter sous ce rapport, il existe un règlement général applicable à toute la France et maintenu en vigueur, comme l'édit de décembre 1607, dont nous avons parlé précédemment. Ce règlement est contenu dans une déclaration du roi, du 18 juillet 1729, qui dispose ainsi : « Le propriétaire d'une maison menaçant ruine, qui n'en a pas fait opérer la démolition dans le délai fixé par l'autorité administrative, est poursuivi devant le juge compétent pour être condamné à l'amende (1) et aux frais. »

Dans leur sollicitude pour les intérêts qui ont été placés sous leur protection, les maires ne sauraient donc avoir trop de vigilance, apporter trop de soin à prévenir les dangers ou les simples inconvénients qui peuvent résulter de l'existence, sur la voie publique, de bâtiments dont la ruine est imminente, et contre lesquels le législateur a voulu que les citoyens fussent garantis.

Et remarquons ici que la démoli-

tion ou la réparation de tels bâtiments sont des mesures qui intéressent à un si haut degré la sûreté et la sécurité publiques, que l'autorité municipale a le pouvoir de les prescrire, quelle que soit la cause qui ait mis l'édifice en péril.

Ainsi la réparation ou la démolition doit être ordonnée, non-seulement quand la ruine est rendue imminente par des dégradations accidentelles ou par la vétusté, mais encore quand le péril est occasionné par le défaut de solidité de l'édifice, qu'il provienne soit d'un vice de construction, soit de la mobilité du sol, d'un tassement, etc.

Ainsi encore, quand, par suite d'une contravention de voirie, un particulier a été condamné à détruire la partie d'un mur indûment exhaussée, si, cette destruction opérée, l'ancien mur, se trouvant ainsi dénudé par le haut, n'a plus de solidité suffisante et menace ruine, le maire a incontestablement le droit de prescrire, comme mesure de sûreté publique, la démolition de ce mur, si elle est jugée nécessaire (1).

La mesure dont il s'agit revêt ordinairement la forme d'un arrêté dont la notification est faite aux personnes qu'elle concerne. Mais cette forme n'est pas rigoureusement nécessaire pour constituer en contravention ceux qui refusent ou négligent d'exécuter les prescriptions municipales. Le n° 5 de l'article 471 du Code pénal exige simplement qu'il y ait sommation : il s'agit là d'un cas urgent pour lequel le

---

(1) En ce qui concerne la petite voirie, le juge compétent est et ne peut être aujourd'hui que le tribunal de simple police; et l'amende est celle de 1 à 5 francs, dont l'application est faite en conformité de l'article 471, n° 5, du Code pénal.

(1) Cass., 4 décembre 1856 (ANN. DES JUST. DE PAIX, 1857, p. 128).

législateur a dû permettre qu'on adoptât le mode le plus simple et le plus expéditif ; mais il est indispensable que cette sommation ait été notifiée (1).

A cet égard, il a été jugé :

1° Qu'une simple sommation faite par le maire et remise par le garde champêtre de la commune est suffisante pour constituer un propriétaire en demeure de réparer ou de démolir son édifice, dont la ruine est imminente (2) ;

2° Que la sommation est valablement remise au fondé de pouvoir du propriétaire, quand celui-ci n'habite pas les lieux, et alors surtout que le mandataire a déjà agi en cette qualité (3);

3° Qu'elle est même valablement notifiée, dans l'hypothèse ci-dessus, à la personne d'un principal locataire, ou à l'un des locataires, lorsqu'il n'existe point de locataire principal ou qu'il n'est point connu (4).

L'administration seule est investie du pouvoir d'apprécier si un édifice menace ruine et s'il y a lieu d'en prescrire la réparation ou la démolition totale. Les tribunaux sont essentiellement incompétents à cet égard ; ils ne sont juges que de la négligence ou du défaut d'exécution de la mesure, lorsqu'elle a été ordonnée; ils ne peuvent donc, quand une contra-

vention de ce genre leur est déférée, et lorsqu'ils en ont reconnu l'existence, que la constater et la punir.

C'est ainsi que la Cour de cassation a décidé :

1° Que, quand un arrêté municipal a ordonné à un particulier d'opérer la démolition d'un mur qui menace ruine, l'infraction à cet arrêté, résultant de ce que le particulier n'aurait opéré qu'une démolition partielle du mur, ne peut être excusée sous le prétexte que la partie restante ne présente aucun danger (1) ;

2° Que le tribunal ne pourrait surseoir à prononcer jusqu'à ce qu'il eût été vérifié par experts si le danger signalé par le maire existe réellement (2) ;

3° Qu'il ne pourrait, non plus, ordonner un sursis en se fondant sur le motif que des contestations civiles sont engagées entre le prévenu et l'autorité municipale, sur la question de savoir si la démolition de l'édifice devait être poursuivie par voie d'expropriation pour cause d'utilité publique, ce qui serait subordonner au jugement des contestations civiles le jugement d'une contravention qui doit être réprimée sur-le-champ (3).

De ce que le tribunal de répression ne peut apprécier le danger de

____

(1) Cass., 27 avril 1849 (ANN. DES JUST. DE PAIX, 1850, p. 143).

(2) Cass., 13 octobre 1820 (*Bullet. crimin.*, n. 135) et 28 avril 1827 (Dev. Sir., t. VIII, p. 584 ; *J. du Pal.*, t. XXI, p. 394).

(3) Cass., 30 août 1833 (Dev., 1834, p. 493; Dalloz, 1833, p. 383).

(4) Même arrêt.

(1) Arrêt du 28 avril 1827 (Dev. Sir., t. VIII, p. 584; *J. du Pal.*, t. XXI, p. 394).

(2) Cass., 30 janvier 1836 (Dev., 1836, p. 655). — Le Conseil d'Etat a rendu une décision identique en matière de grande voirie. V. ordonn. du 16 juin 1824 (Dev. Sir., t. VII, p. 382).

(3) Arrêt du 1er mars 1856 (ANN. DES JUST. DE PAIX, 1856, p. 379).

la ruine, l'urgence de la démolition, sans usurper les pouvoirs de l'autorité administrative, il faut conclure qu'il ne peut davantage ajouter au délai que cette autorité a cru devoir fixer elle-même pour l'exécution de la mesure par elle ordonnée.

Le tribunal est donc sans qualité pour accorder au contrevenant un délai autre que le temps matériellement nécessaire pour obéir à la sommation administrative qu'il a reçue (1).

Et il en est ainsi alors même qu'il serait justifié que l'arrêté municipal qui ordonne la réparation ou la démolition de l'édifice est l'objet d'un recours de la part des parties intéressées (2).

C'est là, du reste, l'application du principe d'après lequel les arrêtés municipaux sont exécutoires par provision, principe que nous exposerons plus tard et dont nous déduirons les conséquences.

De la sûreté et de la commodité du passage sur la voie publique.

Le pouvoir des maires, en matière de voirie, n'est pas limité au droit dont ils sont investis de donner ou refuser les autorisations de construire ou réparer les édifices joignant la voie publique, de prescrire les alignements qui doivent être observés dans les constructions et reconstructions, et d'effectuer

la réparation ou la démolition de ceux qui menacent ruine; ils ont reçu de l'article 3 du titre XI de la loi des 16-24 août 1790, nous l'avons déjà dit, la mission, et il est de leur devoir de prendre toutes les mesures qui leur paraissent nécessaires pour garantir la sécurité des personnes et assurer la commodité et la sûreté du passage dans les rues, quais, places et autres voies publiques qui sont de leur domaine.

L'autorité municipale puise donc dans la disposition dudit article le droit d'édicter par ses arrêtés les prescriptions qu'elle croit utiles pour satisfaire à ce double objet.

1° *Embarras de la voie publique.*

Parmi les mesures dont il s'agit, on doit placer en première ligne celles qui tendent à empêcher le dépôt et le stationnement des objets qui sont susceptibles d'embarrasser la voie publique et d'entraver ou gêner la circulation, et, dans le but de prévenir les accidents, à astreindre ceux qui, par nécessité, sont momentanément obligés de faire de tels dépôts, à les éclairer pendant la nuit.

Toutefois, il convient de faire ici quelques remarques importantes.

Le dépôt et le stationnement des choses qui sont de nature à embarrasser la voie publique et à empêcher ou diminuer la liberté ou la sûreté du passage, sont interdits et réprimés par l'article 471, n° 4, du Code pénal, lorsqu'ils ont lieu sans nécessité. C'est là un point que le législateur a réglé

(1) Cass., 3 octobre 1847 (Dalloz, 1847 p. 490).

(2) Cass., 7 novembre 1844 (Dev., 1845, p. 400).

lui-même par une disposition formelle que l'autorité municipale ne peut restreindre ni étendre arbitrairement et dont elle est seulement chargée d'assurer l'exécution.

Cette autorité est donc sans droit pour interdire tous dépôts sur la voie publique, soit d'une manière absolue, soit parce qu'elle ne les aurait point autorisés, comme elle est sans pouvoir pour les permettre, puisque, d'une part, la prohibition légale n'admet d'exception que pour le cas où la nécessité rend le fait légitime, et que, d'autre part, la loi ne subordonne nullement le droit qu'elle consacre, dans ce cas, à la circonstance que celui qui l'invoque produirait une autorisation émanant du pouvoir municipal.

Si donc de tels arrêtés étaient invoqués à l'appui de la prévention ou de la défense, le tribunal répressif devrait les considérer comme illégaux et non obligatoires et leur refuser toute sanction. Il doit se borner à rechercher s'il a été ou non contrevenu à la loi, et ne saurait considérer les autorisations accordées comme des excuses susceptibles d'affranchir les contrevenants des pénalités encourues.

Du reste, l'application de ces principes a été faite par de nombreux arrêts.

C'est ainsi que la Cour de cassation a décidé :

1° Que l'autorité municipale est sans droit pour interdire par ses arrêtés ou règlements tous dépôts sur la voie publique qu'elle n'aurait pas préalablement autorisés, les tribunaux de simple police ayant seuls compétence pour apprécier si ces dépôts embarrassent la voie publique et s'ils ont lieu ou non sans nécessité (1) ;

2° Que l'autorité municipale ne peut, sans excéder ses pouvoirs, défendre de laisser séjourner des matériaux sur la voie publique pendant plus de vingt-quatre heures (2);

3° Que les maires sont également sans pouvoir pour permettre aux particuliers de faire sur la voie publique des dépôts qui sont susceptibles d'embarrasser et de gêner ou empêcher la circulation, et que les tribunaux ne peuvent considérer de telles permissions comme des excuses légales (3) ;

4° Qu'ainsi, un particulier, convaincu d'avoir embarrassé la voie publique en y laissant séjourner des fumiers sans nécessité, ne peut être relaxé de la poursuite sur le motif qu'une permission du maire l'aurait autorisé à ne faire enlever ses fumiers qu'un certain nombre de fois par semaine (4).

(1) V. notamment : Arrêts des 10 décembre 1824 (Dev. Sir., t. VII, p. 589 ; *J. du Pal.*, t. XVIII, p. 1207); 15 février 1833 (Dev., 1833, p. 318; *J. du Pal.*, t. XXV, p. 177); 13 mars 1852 (Dev., 1852, p. 753; Ann. des just. de paix, 1852, p. 149); 14 mai 1853 (Ann. des just. de paix, 1854, p. 70); 17 septembre 1857 (Ann. des just. de paix, 1858, p. 100).

(2) Arrêt du 26 mars 1825 (Dev. Sir., t. VIII, p. 93 ; *J. du Pal.*, t. XIX, p. 360).

(3) Arrêt des 28 septembre 1827 (Dalloz, 1827, p. 503 ; 19 août 1847 (Dev., 1848, p. 95; Dalloz, 1847, p. 504); 17 juin 1852 (Ann. des just. de paix, 1853, p. 27) ; 8 août 1856 (Dev., 1857, p. 838; *J. du Pal.*, 1857, p. 427).

(4) Arrêt du 19 décembre 1833 (Dev., 1834, p. 262; Dalloz, 1834, p. 68).

2° Eclairage des matériaux et autres objets déposés sur la voie publique.

Mais, de ce que l'autorité municipale est sans pouvoir pour interdire les dépôts sur la voie publique, qu'elle n'aurait pas préalablement autorisés, s'ensuit-il qu'elle ne puisse, dans l'intérêt d'une bonne police, prescrire l'emploi de certaines mesures de précaution destinées à assurer la sécurité des personnes et à prévenir les accidents qui pourraient résulter même d'un stationnement que la nécessité commande et que la loi déclare légitime ? Evidemment non. Ainsi les maires ont incontestablement le droit d'enjoindre, par leurs arrêtés ou règlements, aux auteurs des dépôts et stationnements d'éclairer, pendant la nuit, les choses par eux placées ou laissées sur la voie publique. De telles prescriptions sont obligatoires et ceux qui les enfreignent encourent l'amende prononcée par l'article 471 du Code pénal, par application de la seconde partie du n° 4 dudit article.

Cette disposition punit, en effet, ceux qui, *en contravention aux lois et règlements*, négligent d'éclairer les matériaux par eux entreposés ou les excavations par eux faites sur la voie publique.

Les termes dans lesquels est conçue cette seconde partie du n° 4 de l'article 471, ces expressions : *en contravention aux lois et règlements*, ont fait naître la question de savoir si l'obligation d'éclairer pendant la nuit les matériaux déposés ou laissés sur la voie publique et les excavations qui y sont pratiquées résulte des prescriptions de la loi elle-même, ou si elle est subordonnée à l'existence d'un arrêté de police qui ait ordonné et réglementé cette mesure.

MM. Carnot (1), Carré (2) et de Champagny (3) ont adopté cette dernière opinion, en se fondant sur le texte précis de la loi. Mais la grande majorité des auteurs (4) enseignent la doctrine contraire que nous croyons préférable. Il faut distinguer, disent-ils, l'obligation générale d'éclairer pendant la nuit les dépôts de matériaux ou les excavations, et les dispositions particulières qui peuvent régler le mode de l'éclairage ; ces dispositions sont du domaine du règlement, mais leur absence ne peut détruire une obligation qui a son principe dans la loi elle-même et qui est fondée sur les motifs les plus impérieux de sûreté publique et d'humanité ; et c'est dans le sens de cette doctrine que la Cour de cassation s'est toujours prononcée.

Par un premier arrêt du 10 avril 1841 (5), cette Cour a décidé que la seconde disposition du n° 4 de

(1) *Comment. du Code pénal*, t. III, p. 498, n° 12.

(2) *Traité des Just. de paix*, t. IV, p. 439.

(3) *Traité de Police munic.*, t. I, p. 485.

(4) V. notamment MM. Dauhenton, *Code de la Voirie*, art. 198; Augier, *Encycl. des Juges de paix*, v° *Eclairage*, n° 2; Morin, *Rép. du droit crim.*, v° *Eclairage*; Chauveau et Hélie, *Théorie du Code pén.*, 2e édit., t. VIII, p. 307 et 308, et 3e édit., t. VI, p. 31; Dalloz, *Nouv. Rép.*, t. XIV, v° *Contrav.*, n°s 96 et 145.

(5) Dev., 1842, p. 43; Dalloz, 1841, p. 359; ANN. DES JUST. DE PAIX, 1re série, t. V, p. 359, v° *Voies publiq.*, n° 7.

l'article 471 du Code pénal impose indistinctement à tous les citoyens qui laissent séjourner sur la voie publique des matériaux qu'ils y ont déposés l'obligation de les éclairer pendant la nuit ; que, si l'autorité municipale a le droit de régler le mode d'éclairage dans chaque commune, selon les saisons et les circonstances, il ne s'ensuit point que l'absence de tout arrêté local à cet égard puisse dispenser de l'accomplissement de ce devoir.

Par un second arrêt, du 27 avril 1843 (1), la même Cour a jugé que le tribunal de police, saisi de la poursuite dirigée contre un individu prévenu d'avoir contrevenu à la seconde disposition du n° 4 de l'article 471 du Code pénal, en n'éclairant pas des déblais et des pierres de taille par lui entreposés sur la voie publique, commet une violation de cette disposition en relaxant ce prévenu, en se fondant sur le motif que le maire de la commune avait reconnu que l'éclairage n'était pas nécessaire.

Le même principe se retrouve dans un arrêt du 30 juin 1843 (2), qui décide que l'obligation imposée par la disposition du n° 4 de l'article 471 du Code pénal, aux propriétaires des matériaux placés sur la voie publique, de les éclairer pendant la nuit est d'ordre public, et que l'autorité municipale n'a point à la prescrire pour que les citoyens soient tenus de la remplir.

Ainsi, comme on le voit, la question

posée plus haut est parfaitement tranchée par la jurisprudence ; nul doute, nulle équivoque ne sauraient donc exister. L'obligation d'éclairer résulte du texte même de la loi. Générale, absolue et préexistante, elle n'est point subordonnée à la publication d'arrêtés locaux. L'autorité municipale n'a point à prévenir cette mesure, elle n'est chargée que du soin d'en assurer l'exécution, et, si elle le croit utile, de la réglementer. Cette autorité peut donc, ainsi que le décide l'arrêt du 10 avril 1841, régler le mode d'éclairage d'après les circonstances et suivant les saisons. Par exemple, elle peut prescrire les moyens qu'elle croit les plus propres à en assurer la durée et l'intensité, en disposant que la lumière sera placée dans un appareil fermé, tel qu'une lanterne ou un falot, et en exigeant que cet appareil sera pourvu d'un réflecteur. Elle peut aussi déterminer les heures pendant lesquelles l'éclairage devra être maintenu.

Toutefois il importe de remarquer que, même en l'absence de dispositions réglementaires sur ce dernier point, l'obligation d'éclairer, qui, comme nous venons de le dire, est d'ordre public, s'étend à la durée de la nuit tout entière. Ceux à qui elle est imposée ne sont pas seulement tenus d'établir l'éclairage dès la fin du jour, ils sont tenus, en outre, non-seulement de veiller à ce qu'aucun accident ne vienne l'interrompre, pendant la durée qu'il doit avoir, mais aussi de le rétablir aussitôt qu'un événement quelconque l'a fait cesser.

C'est ainsi qu'il a été jugé :

(1) Ann. des just. de paix. 1re série, t. V, p. 360, v° Voies publiq., n° 8.

(2) Journal le Juge de Paix, t. XIII, p. 282, n° 579.

Que la contravention résultant d'un défaut d'éclairage ne saurait être excusée sur le motif que les matériaux entreposés sur la voie publique ont été éclairés pendant une grande partie de la nuit (1) ;

....Ou que la lanterne allumée a été éteinte par le mauvais temps, et que cette circonstance constitue un cas de force majeure (2) ;

....Ni sous le prétexte que les matériaux se trouvaient placés près d'un réverbère qui les éclairait suffisamment (3) ;

....Ou que la clarté produite par la lune rendait l'éclairage inutile (4).

Le juge de police ne saurait trouver, non plus, un motif d'excuse dans la circonstance que les matériaux non éclairés n'embarrassaient pas la voie publique et ne pouvaient compromettre la sûreté du passage dans le lieu où ils étaient entreposés (5) ;

... Ni dans cette autre circonstance que la largeur de la voie publique était telle, là où le dépôt a été effectué,

qu'il ne pouvait en résulter aucun accident (1).

La loi, en effet, ne subordonne point à ces conditions ni l'obligation d'éclairer, ni l'existence de la contravention, lorsqu'elle n'a point été remplie.

Lorsqu'un arrêté municipal prescrit d'éclairer jusqu'au jour les voitures ou autres objets laissés sur la voie publique, cette disposition doit être entendue en ce sens que les personnes devant les maisons desquelles une voiture est arrêtée de leur consentement sont obligées d'éclairer le devant de leurs maisons. Lors donc qu'elles ne l'ont pas fait, elles sont passibles de l'application de l'article 471, n° 4, du Code pénal et ne sauraient être renvoyées des poursuites, par le motif que le propriétaire ou conducteur de la voiture était lui-même obligé de l'éclairer (2).

3° *Eclairage de la voie publique.*

L'éclairage des matériaux entreposés sur la voie publique n'est pas la seule mesure de ce genre que les maires aient mission de prescrire, dans l'intérêt de la sûreté et de la commodité du passage sur cette voie. On a vu, en effet, que, parmi les objets qu'il énumère, le n° 1er de l'article 3, titre XI de la loi des 16-24 août 1790 comprend, d'une manière géné-

---

(1) Cass., 15 février 1828 (Dev. Sir., t. IX, p. 36; Dalloz, 1828, p. 134).

(2) Cass., 23 décembre 1841 (Dev., 1842, p. 889; *J. du Pal.*, 1842, t. I, p. 668); 3 mars 1842 (Dalloz, *Nouv. Rép.*, t. IX, p. 472, v° *Commune*, n° 924, note 4).

(3) Cass., 3 septembre 1825 (Dev. Sir., t. VIII, p. 193); 19 mars 1835 (Dev., 1835, p. 871; Dalloz, 1835, p. 213; ANN. DES JUST. DE PAIX, 1re série, t. V, p. 357, v° *Voies publiq.*, n° 4); 9 juin 1846 et 18 août 1847 (Dalloz, 1846, p. 535 et 1847, p. 502).

(4) Cass., 1er mai 1823 (Dev. Sir., t. VII, p. 340; Dalloz, 1823, p. 270); 23 avril 1835 (Dalloz, *Nouv. Rép.*, t. IX, p. 472, v° *Commune*, n. 933, note 1).

(5) Cass., 6 mars 1845 (Dalloz, 1845, p. 44).

(1) Cass., 8 novembre 1840 (*Bullet. crim.*, n. 289).

(2) Cass., 2 février 1844 (Dalloz, 1845, p. 50).

rale, l'*illumination*. D'où la conséquence qu'en vertu de cette disposition, tous les habitants indistinctement et quelle que soit leur profession peuvent être assujettis, par des réglements ou arrêtés, à l'obligation d'éclairer le devant de leurs maisons lorsqu'elles joignent la voie publique.

A la vérité, la première disposition du n° 3 de l'article 471 du Code pénal, qui « punit les aubergistes *et autres* qui, obligés à l'éclairage, l'auront négligé, » a principalement en vue l'éclairage des lieux publics, tels que les auberges, hôtelleries, maisons de logeurs, restaurants, cafés, cabarets et autres établissements de ce genre ; mais, outre que cette expression : *et autres* permet de croire que cette disposition n'est pas restreinte aux seuls établissements publics, il nous paraît hors de doute qu'en vertu de la loi de 1790, la mesure de l'éclairage peut, ainsi que nous venons de le dire, et lorsque l'autorité municipale la croit utile, être étendue aux habitants quels qu'ils soient.

Toutefois, il faut bien prendre garde qu'il n'en est pas de la mesure dont il s'agit ici comme de l'obligation d'éclairer les matériaux déposés sur la voie publique. Si celle-ci existe par la seule force de la loi et indépendemment de toute disposition réglementaire, celle-là, même en ce qui concerne l'éclairage des établissements publics, n'est obligatoire pour les citoyens qu'autant qu'elle a été prescrite par l'autorité. Cette doctrine, fondée sur le texte précis du n° 3 de l'article 471, et qu'enseignent

MM. Carnot (1), Rauter (2), Chauveau et Hélie (3) et Dalloz (4), a été formellement consacrée par la Cour de cassation, dans un arrêt du 14 janvier 1853 (5), qui décide qu'un aubergiste, prévenu d'avoir négligé d'éclairer son établissement, et poursuivi comme ayant, par ce fait, contrevenu à la première disposition du n° 3 de l'article 471 du Code pénal, doit être relaxé de l'action du ministère public, lorsqu'il n'est justifié d'aucun règlement ni arrêté qui impose aux aubergistes l'obligation d'éclairer l'extérieur de leurs auberges.

Disons cependant qu'en ce qui concerne l'éclairage des lieux et des établissements publics, il existe un règlement rendu pour toute la France par le ministre de la police, et qui porte la date du 19 mars 1806 (6). Mais la Cour de cassation et les auteurs le considèrent ou comme n'étant pas obligatoire, ou comme tombé en désuétude,

(1) *Comm. du Code pén.*, t. II, sur l'article 471.

(2) *Traité du Droit crim.*, t. II, p. 228, n° 597.

(3) *Théorie du Code pén.*, 3ᵉ édit., t. VI, p. 305.

(4) *Nouv. Rép.*, t. XIV, vᵒ *Contrav.*, n° 96.

(5) ANN. DES JUST. DE PAIX, 1853, p. 255.

(6) Nous croyons utile de donner ici le texte de ce règlement qu'on ne trouve dans aucun recueil :

« Seront tenus d'avoir une lanterne allu-
« mée à la porte de leur maison, depuis le
« coucher du soleil jusqu'à dix heures du
« soir en hiver, et jusqu'à onze heures en
« été, les teneurs d'hôtels garnis, les auber-
« gistes, les cabaretiers, les cafetiers et gé-
« néralement toute espèce d'endroits ou-
« verts au public et où il y a rassemblement
« journalier et périodique ; le tout sous les
« peines de police. »

puisqu'ils exigent que la mesure soit prescrite à nouveau par l'autorité locale.

L'injonction faite aux aubergistes, par un règlement de police, d'éclairer la façade de leurs hôtelleries, n'emporte pas virtuellement celle d'éclairer les voitures des voyageurs qui stationnent devant ces établissements (1).

Les prescriptions réglementaires relatives à l'éclairage embrassent toute la durée du temps pendant lequel cette mesure est ordonnée. Les contrevenants ne sauraient utilement faire valoir, et les tribunaux admettre comme excuses, la circonstance qu'au moment où l'infraction a été constatée il faisait encore jour (2) ;

… Ni cette autre circonstance que la lumière s'est éteinte par suite de la violence du vent ou de toute autre intempérie. Nous avons rapporté ci-dessus plusieurs décisions qui ont sanctionné ce principe, relativement à l'éclairage des matériaux.

Ces circonstances, que le juge de police peut et doit même apprécier, sans doute, et qui, si elles sont reconnues être une cause d'atténuation, l'autorisent à modérer les peines encourues, ne sauraient être assimilées à un cas de force majeure constitutif d'une excuse légale et susceptible de faire disparaître l'infraction.

Les entrepreneurs de l'éclairage d'une ville peuvent-ils être poursuivis devant le tribunal de simple police lorsque, contrevenant aux engagements par eux contractés en l'acte d'adjudication de leur entreprise, ils négligent d'éclairer ?

Nous n'avons trouvé qu'un seul arrêt qui soit intervenu spécialement sur cette matière. Cet arrêt, qui porte la date du 26 juillet 1827 (1), a décidé que les entrepreneurs dont il s'agit ne sont passibles de l'application de l'article 471, n° 3, du Code pénal qu'autant que, par une des clauses du cahier des charges de l'adjudication, ils ont été subrogés aux habitants eux-mêmes et soumis, en cas d'infraction, aux pénalités édictées par ledit article. Mais la même question, dans une matière identique, celle du balayage, s'est fréquemment reproduite, et la Cour suprême l'a diversement résolue. Nous ferons connaître ces décisions, ainsi que les opinions des auteurs, lorsque nous nous occuperons des arrêtés municipaux relatifs au balayage.

4° Gouttières.

Sont obligatoires les arrêtés qui enjoignent aux propriétaires de maisons riveraines de la voie publique d'établir des gouttières sous les toits et des tuyaux de descente jusqu'au sol même de la rue (2).

Il en est de même des règlements qui ordonnent la suppression des

---

(1) Cass., 4 août 1850 (ANN. DES JUST. DE PAIX, 1851, p. 244).

(2) Cass., 12 juillet 1838 (Dev., 1838, p. 987; J. du Pal., 1839, t. Ier, p. 35); 16 septembre 1853 (ANN. DES JUST. DE PAIX, 1854, p. 167).

(1) Dev. Sir., t. VIII, p. 650; Dalloz, 1827, p. 328.

(2) Cass., 21 novembre 1834 (Dev., 1834, p. 802); 30 mai 1840 (Dalloz, Nouv. Rép., t. IX, p. 454, v° Commune, n° 861, note 2).

gouttières existantes et leur remplacement par des conduits destinés à transporter les eaux sur la voie publique (1).

Et l'infraction à de tels règlements ne saurait être excusée, sous le prétexte qu'une gouttière dont la suppression et le remplacement sont ordonnés se trouve au delà du mur mitoyen séparatif de la maison du prévenu et de celle de son voisin, alors qu'il est constant que celui-ci n'use point de cette gouttière, laquelle sert exclusivement au prévenu pour l'écoulement de ses eaux pluviales (2).

La contravention au règlement qui prescrit l'établissement de gouttières ne peut être excusée non plus, sous le prétexte que la maison du prévenu est située, non sur une rue fréquentée, mais dans une impasse hideuse où l'on ne peut arriver que par une ouverture voûtée (3).

5° Enseignes.

Est légal l'arrêté qui détermine le mode suivant lequel les enseignes doivent être établies sur la voie publique, et il en est de même du règlement qui défend d'en placer aucune sans une autorisation préalable (4).

6° Auvents.

Est légal le règlement municipal qui prescrit la réduction des auvents et même leur suppression totale (1).

7° Bornes.

Est également légal et, dès lors, obligatoire , l'arrêté municipal qui prescrit l'enlèvement des bornes placées le long des murs et des maisons ou bâtiments joignant la voie publique (2).

8° Entrées de caves.

Est obligatoire l'arrêté qui ordonne la suppression des entrées de caves placées sur la voie publique, lorsqu'elles deviendront en mauvais état (3).

Et il en est de même de l'arrêté qui défend d'en établir dans la façade des maisons (4).

9° Réparations devant les maisons. Trottoirs.

Est légal et pris dans le cercle des attributions municipales, l'arrêté qui oblige les habitants d'une ville à réparer la partie de la voie publique devant leurs maisons, de manière à faire disparaître les trous et ressauts

(1) Cass., 14 octobre 1813 (Dev. Sir, t. IV, p. 448).

(2) Cass., 3 avril 1841 (Dalloz, *Nouv. Rép.*, t. IX, p. 453, v° *Commune*, n° 859, note 1).

(3) Cass., 15 novembre 1839 (Dalloz, *Nouv. Rép.*, t. IX, p. 454, v° *Commune*, n° 860, note 1).

(4) Cass., 20 septembre 1839 (Dev., 1840. p. 256; *J. du Pal.*, 1839, t. II, p. 343); 26 février 1842 (ANN. DES JUST. DE PAIX, 1re série, t. Ier, p.207, v° *Affiches*, n° 10.)

(1) Cass., 9 février 1833 (Dev., 1833, p. 487; Dalloz, 1833, p. 180).

(2) Cass., 30 juin 1836 (Dev., 1836, p. 847; *J. du Pal.*, 1837, t. Ier, p. 32); 18 août 1847 (Dev., 1848, p. 95; *J. du Pal.*, 1847, t. II, p. 766).

(3) Cass., 20 février 1847 (Dev., 1847, p. 744; *J. du Pal.*, 1847, t. II, p. 333).

(4) Cass., 27 février 1846 (*Bullet. crimin.*, n° 57).

qui s'y trouvent et à rendre le passage sûr et commode (1).

Mais l'arrêté municipal prescrivant la construction de trottoirs, en vertu du n° 1er de l'article 3, titre XI de la loi des 16-24 août 1790, et se fondant sur l'usage pour en mettre les frais à la charge des propriétaires riverains, ne peut être considéré comme définitivement légal sous ce dernier rapport que si, l'existence de l'usage ayant été reconnue par l'autorité compétente ou n'étant pas contestée par les parties intéressées, le maire n'a fait qu'assurer ainsi effet à un usage réputé loi. Dès lors, en cas de contestation sur l'existence de l'usage, c'est à l'autorité administrative seule qu'il appartient de statuer conformément à l'avis du Conseil d'État du 25 mars 1807 (2).

10° *Clôture.*

Est obligatoire l'arrêté par lequel, dans l'intérêt de la sûreté publique, l'autorité municipale prescrit à un particulier de clore un terrain qui lui appartient et qui joint immédiatement la voie publique (3).

Est également obligatoire l'arrêté municipal qui enjoint au propriétaire d'une cour joignant immédiatement la voie publique, de fermer cette cour pendant la nuit, ou, s'il la laisse sans clôture et entièrement ouverte sur cette voie, d'éclairer les objets qui s'y trouvent, dans l'intérêt de la sûreté des personnes (1).

Et le tribunal de police ne pourrait se dispenser de réprimer les infractions à de tels arrêtés, en se fondant sur le motif que les obligations qu'ils imposent portent atteinte au droit de propriété (2).

11° *Extinction de chaux.*

Est légal et obligatoire l'arrêté qui, dans l'intérêt de la sûreté publique, interdit d'éteindre de la chaux sur la voie publique dans les enceintes habitées (3).

Et un tel arrêté s'applique aux rues qui, formant prolongement des grandes routes, dépendent de la grande voirie, aussi bien qu'à celles qui font exclusivement partie du domaine municipal (4).

12° *Etalages sur la voie publique.*

Est légal, comme ayant été pris dans la sphère d'attributions de l'autorité municipale, l'arrêté qui interdit à tout propriétaire de boutique de faire sur la voie publique un étalage

---

(1) Cass., 7 décembre 1826 (Dev. Sir., t. VIII, p. 477).

(2) Cass., 25 avril 1856 (Dev., 1856, p. 475; *J. du Pal.*, 1856, t. II, p. 67; ANN. DES JUST. DE PAIX, 1856, p. 377).

(3) Cass., 19 août 1836 (Dev., 1837, p. 406; Dalloz, 1837, p. 37); 2 février 1837 (Dev., 1837, p. 827; Dalloz, 1837, p. 242); 3 mai 1850 (ANN. DES JUST. DE PAIX, 1851, p. 91).

(1) Cass., 7 juillet 1854 (ANN. DES JUST. DE PAIX, 1854, p. 326).

(2) Arrêts des 19 août 1836 et 3 mai 1850, précédemment cités.

(3) Cass., 23 janvier 1841 (Dalloz, *Nouv. Rép.*, t. IX, p. 464, v° *Commune*, n° 912, note 1).

(4) Même arrêt.

d'une dimension supérieure à celle déterminée par l'arrêté (1).

Sont également obligatoires :

Les arrêtés ou règlements municipaux qui fixent et déterminent la largeur, la hauteur et la situation de l'étal des bouchers (2) ;

Les arrêtés qui défendent à tous marchands non propriétaires ou locataires de magasins dans la ville d'étaler des marchandises dans les rues (3).

Décidé même qu'on doit accorder force obligatoire à l'arrêté qui interdit d'une manière absolue de former aucun étalage sur la voie publique, et qu'une telle prohibition, ainsi faite d'une manière générale, s'applique aux marchands domiciliés aussi bien qu'à tous autres (4).

13° *Stationnement et conduite des voitures, chevaux et bestiaux.*

Est pris dans la sphère d'attributions de l'autorité municipale et, dès lors, pleinement obligatoire, l'arrêté qui défend, soit d'une manière absolue, aux entrepreneurs de voitures publiques chargés du transport en commun des voyageurs, soit à tous autres que les entrepreneurs autorisés à cet effet, de s'arrêter et de stationner dans les rues et sur les places pour y prendre et déposer des voyageurs (1).

De telles mesures, en effet, prises dans un intérêt de police et de sûreté, trouvent leur point d'appui dans les lois des 14 décembre 1789, 16-24 août 1790, et 19-22 juillet 1791, qui confient à la vigilance et à l'autorité des corps municipaux tout ce qui intéresse la commodité et la sûreté du passage dans les rues, quais, places et voies publiques ; et les règlements qui les prescrivent ne sont nullement contraires à la liberté de l'industrie proclamée par l'article 7 de la loi des 2-17 mars 1791 et qui n'existe d'ailleurs qu'à la charge de se conformer aux règlements de police existants ou qui peuvent intervenir.

Mais il importe de remarquer que les règlements ou arrêtés dont il s'agit, trouvant, comme nous venons de le dire, leur point d'appui dans les lois citées et particulièrement dans l'article 3, § 1er, titre XI de celle de 1790, ne s'appliquent qu'aux voies publiques communales, c'est-à-dire aux rues, quais, places et chemins de petite vicinalité, et ne sauraient être étendus aux routes impériales ou départementales et aux chemins de grande communication qui appar-

(1) Cass., 1er juin 1843 (*J. le Juge de Paix,* t. XIII, p. 338, n° 612); 5 février 1844 (Dev., 1844, p. 106; Dalloz, 1844, p. 124).

(2) Cass., 21 juin 1831 (Dev., 1831, p. 398; Dalloz, 1831, p. 278).

(3) Cass., 17 décembre 1836 (Dev., 1837, p. 255; *J. du Pal.,* 1837, t. Ier, p. 360).

(4) Cass., 29 mars 1856 (ANN. DES JUST. DE PAIX, 1856, p. 330).

(1) Cass., 8 octobre 1835 (Dalloz, *Nouv. Rép.,* t. IX, p. 466, v° *Commune,* n° 916, note 1); 14 mars 1836 (Dev., 1836, p. 588); 16 septembre et 2 décembre 1841 (*J. le Juge de Paix,* t. II, p. 355, et t. XII, p. 163); 7 et 14 juin 1849 (Dev., 1850, p. 78); 31 mai 1856 (ANN. DES JUST. DE PAIX, 1856, p. 418); 28 juin 1856 (Dev., 1856, p. 700); 21 février 1858 (ANN. DES JUST. DE PAIX, 1858, p. 216).

tiennent tous trois à la grande voirie, si ce n'est en ce qui concerne la traverse des villes, bourgs et villages, laquelle, ainsi que nous l'avons dit déjà, du reste, dans tous les cas, placée sous le régime des règlements locaux (1).

Le pouvoir municipal a le droit de subordonner à son autorisation préalable le stationnement des chevaux et des voitures, non-seulement sur la voie publique, mais encore dans les lieux ouverts et y attenants (2).

Sont légaux et obligatoires :

Les arrêtés qui défendent de donner à manger aux chevaux sur la voie publique (3) ;

Ceux qui déterminent le mode suivant lequel les chevaux doivent être conduits à l'abreuvoir (4);

....Par exemple, qui fixent à deux le nombre de ceux qui peuvent à la fois y être menés (5).

A plus forte raison, un arrêté municipal est-il légal et obligatoire lorsqu'il interdit de laisser les chevaux aller seuls à l'abreuvoir (6).

L'autorité municipale est également investie, dans un intérêt de sûreté publique, du droit de régler par arrêté le mode de conduite des chevaux dans les rues et places publiques (1).

Ainsi est légal l'arrêté qui interdit à toute personne de conduire dans les rues plus de trois chevaux, et d'en faire marcher plus de deux de front (2).

Il en est de même de l'arrêté qui contient défense de conduire dans les rues plus de deux chevaux à la fois et de les mener plus vite qu'au pas (3).

Mais l'arrêté qui détermine le nombre de chevaux qui peuvent à la fois être conduits ne saurait être obligatoire pour les maîtres de poste dans le lieu de leurs stations ou relais, la déclaration du roi du 28 avril 1782, qui les autorise formellement à faire conduire à l'abreuvoir, dans ce lieu, quatre chevaux par un seul postillon est toujours en vigueur et il ne peut être dérogé à ses dispositions par de simples règlements ou arrêtés locaux (4).

En réprimant l'infraction aux règlements contre le chargement, la rapidité ou la mauvaise direction des voitures, le n° 4 de l'article 475 du Code pénal, dont la disposition, générale et absolue, s'applique nécessairement à toutes les voies publiques qui sont du domaine municipal, reconnaît aux maires le droit qu'ils pui-

---

(1) Cass., 15 février 1856 (Dev., 1856, p. 632); et arrêts des 31 mai et 28 juin 1856 qui viennent d'être cités.

(2) Cass., 21 décembre 1838 (Dev., 1839, p. 117; 4 novembre 1841 (Dalloz, *Nouv. Rép.*, t. IX, p. 469, v° *Commune*, n° 922, note 1).

(3) Cass., 4 novembre et 3 décembre 1841 (*J. le Juge de Paix*, t. XII, p. 153 et 200).

(4) Cass., 26 mars 1842 et 15 mai 1845 (ANN. DES JUST. DE PAIX, 1re série, t. 1er, p. 3 et 4, v° *Abreuvoir*, n°s 5 et 7).

(5) Cass., 24 avril 1834 (Dalloz, *Nouv. Rép.*, t. IX, p. 497, v° *Commune*, n° 1025).

(6) Cass., 18 mai 1844 (Dalloz, 1845, p. 42).

(1) Cass., 18 novembre 1824 (ANN. DES JUST. DE PAIX, 1re série, t. V, p. 486, v° *Voitures*, n° 100).

(2) Même arrêt.

(3) Cass., 19 juin 1851 (ANN. DES JUST. DE PAIX, 1852, p. 33).

(4) Cass., 8 septembre 1808 (ANN. DES JUST. DE PAIX, 1re série, t. V, p. 487, v° *Voitures*, n° 101).

sent d'ailleurs dans la loi de 1790, de prescrire les mesures qu'ils croient utiles pour régler ces divers objets dans l'intérêt de la liberté de la circulation, de la commodité du passage et de la sûreté des individus. Et non-seulement ils peuvent exercer ce pouvoir à l'égard de toutes les voitures, quelles qu'elles soient, mais les prescriptions qu'ils édictent embrassent même les voies publiques qui dépendent de la grande voirie, telles que les routes impériales et départementales, et les chemins vicinaux de grande communication, lorsque ces voies sont placées dans la traverse des villes, bourgs et villages.

Aussi le décret d'administration publique du 10 août 1852, relatif à l'exécution de la loi du 30 mai 1851, après avoir, par ses articles 13 et 14, déterminé le nombre de voitures de roulage qui, eu égard au nombre de roues sur lesquelles elles sont montées et au nombre de chevaux qui composent leur attelage, peuvent faire partie d'un même convoi et être placées sous la conduite d'un seul individu, ce décret, disons-nous (article 14), autorise les maires à déroger à ces dispositions par des règlements de police municipale, en ce qui concerne la traverse des villes, bourgs et villages.

En outre, l'article 34 du même décret enjoint aux conducteurs et cochers des voitures de messageries d'observer, dans les parties de routes et chemins dont il s'agit, les règlements de police concernant la circulation dans les rues.

Ces prescriptions, qui ont leur point d'appui dans le n° 1er de l'article 3, titre XI de la loi de 1790, trouvent nécessairement leur sanction dans la disposition répressive de l'article 471, n° 15, du Code pénal.

Dans le même but de protection et de sécurité, l'autorité municipale est encore investie par l'article 15 du décret précité, concurremment avec les préfets, du droit d'assujettir à la mesure de l'éclairage les voitures servant à l'agriculture, lorsqu'elles circulent pendant la nuit sur quelque voie publique que ce soit, encore qu'il ne s'agisse point de la traverse des enceintes habitées. Mais les règlements relatifs à cet objet ne sont pas indifféremment sanctionnés par la même disposition pénale. Il faut distinguer entre le cas où ils assurent l'exécution de la loi du 30 mai 1851, sur la police du roulage, et le cas où ils sont pris en conformité de la loi des 16-24 août 1790 : si l'infraction est commise sur une voie publique dépendant de la petite voirie, la peine encourue est celle portée en l'article 471, n° 15, du Code pénal; si la contravention a lieu sur une route impériale ou départementale ou sur un chemin de grande communication, nul doute que la loi du 30 mai 1851 soit seule applicable. Ces divers points sont d'ailleurs examinés dans le *Traité de la police du roulage* (1).

(1) Voir notamment, *Supplément*, p. 7, 8, 12, 13, 27 et 28.—V. aussi BULL. DES COMM. DE POLICE, 1858, p. 195, 196 et suiv. et 200 à 220.

Article 2. — Sûreté publique.

Incendies. — Mesures préventives.

On a vu précédemment que le nᵒ 5 de l'article 3, titre XI de la loi de 1790, confie à l'autorité municipale le soin de prévenir, par des précautions convenables, les accidents et fléaux calamiteux, notamment les incendies. Les maires tiennent donc de cette disposition le pouvoir de prescrire les mesures qu'ils croient nécessaires dans ce but, qui intéresse à un si haut degré la sûreté et la sécurité publiques.

Comme complément de cette attribution générale, l'article 9 du titre II de la même loi impose aux maires l'obligation de faire, au moins une fois par an, la visite des fours et cheminées de toutes maisons et de tous bâtiments éloignés de moins de 100 *toises* (200 mètres) des habitations. Ces visites, qu'ils doivent annoncer huit jours d'avance, les mettent à même de prescrire toutes les mesures dont l'intérêt public leur démontre la nécessité.

Ajoutons que l'article 471, nᵒ 1ᵉʳ, du Code pénal prévoit et punit le fait d'avoir négligé d'entretenir, réparer ou nettoyer les fours, cheminées ou usines où l'on fait usage du feu, disposition générale, d'ailleurs, et dont l'application n'est nullement subordonnée à la condition d'une mise en demeure préalable de l'autorité : l'obligation d'entretenir, réparer ou nettoyer résulte de la seule prescription de la loi.

L'autorité municipale a incontestablement le droit d'ordonner aux particuliers d'effectuer, soit la réparation, soit même la destruction totale des fours et cheminées dont la construction vicieuse ou le mauvais état leur paraît constituer un danger permanent d'incendie. Ils peuvent aussi prescrire les mesures qu'ils croient utiles pour assurer l'opération du nettoiement ou ramonage, par exemple, fixer les époques auxquelles elle devra être exécutée, ordonner que la visite à laquelle ils sont eux-mêmes tenus sera faite aussi par des ramoneurs ou agents spéciaux par eux commis. Mais sont-ils investis du pouvoir d'imposer aux citoyens l'obligation de s'adresser, pour le ramonage de leurs fours et cheminées, à un individu, une Compagnie, une entreprise déterminée ?

Par arrêt du 24 août 1845, la Cour de cassation avait résolu affirmativement cette question en décidant que l'arrêté par lequel un maire, dans le but de prévenir les incendies, forme un établissement public de ramonage et astreint les particuliers à s'adresser à cet établissement, est légal et obligatoire, et que les tribunaux ne peuvent se dispenser de réprimer les infractions qui y sont commises.

Mais cette doctrine ne saurait être suivie. L'arrêté qui contiendrait une telle prescription constituerait un véritable privilége et serait attentatoire au principe de la liberté de l'industrie, proclamé par l'article 7 de la loi des 2-17 mars 1791.

Du reste, on verra à l'article suivant que la Cour suprême qui, par trois arrêts postérieurs, intervenus dans des espèces analogues, avait consacré la même doctrine, n'a pas persévéré dans sa jurisprudence, et qu'en matière de vidange de fosses d'aisances, cette Cour décide invariablement aujourd'hui que l'autorité municipale, investie, dans un intérêt de salubrité, du droit de prescrire certaines mesures, d'imposer certaines obligations, et même de réglementer l'exercice de la profession de vidangeur, excède ses pouvoirs lorsqu'elle confère à certaines personnes désignées le droit exclusif d'opérer la vidange des fosses.

Il faut donc tenir pour constant que le règlement ou arrêté par lequel l'autorité municipale établirait un bureau ou établissement de ramonage public, ou toute autre entreprise de ce genre, et obligerait les citoyens à n'employer que les agents de cette entreprise ou de ce bureau, serait entaché d'illégalité et dépourvu, dès lors, de toute force obligatoire.

Le n° 2 de l'article 471 du Code pénal punit ceux qui ont violé la défense de tirer, en certains lieux, des pièces d'artifice.

On voit que cette disposition suppose nécessairement une prohibition préalable, en sorte que la contravention qu'elle prévoit ne saurait exister qu'autant que cette prohibition résulterait, soit d'un règlement, soit d'un arrêté de l'autorité compétente. Cette doctrine, fondée sur le texte précis de la loi, et qu'admettent MM. Rogron (*Code pénal expliqué*, art. 471, n° 2), Chauveau et Hélie (*Théorie du Code pénal*, 2ᵉ édit., t. VIII, p. 298, 3ᵉ édit., t. VI, p. 304), Morin (*Rép. du droit criminel*, vᵒ *Artificier*), et Dalloz (*Nouv. Rép.*, t. XIV, vᵒ *Contrav.*, n° 89) a été formellement consacrée par deux arrêts de la Cour de cassation des 7 octobre 1826 (Dalloz, 1827, p. 362) et 25 novembre 1836 (Dev., 1837, p. 271; *J. du Pal.*, 1837, t. II, p. 237).

Les maires ont donc le droit, et il est même de leur devoir, au point de vue de la sûreté publique et dans le double but de prévenir les incendies et d'assurer la sécurité des individus, de prendre des arrêtés à l'effet de défendre de tirer des pièces d'artifice et des armes à feu, non-seulement dans les enceintes habitées, mais encore dans tous les lieux où ce fait peut être dangereux ou compromettant.

Aussi la Cour de cassation a-t-elle décidé :

1° Qu'on doit accorder force obligatoire à l'arrêté qui, dans le but de prévenir les incendies, défend de tirer des coups de fusil, de pistolet ou autres armes à feu, des pétards, fusées ou autres pièces d'artifice quelconques, sans une autorisation spéciale. — Arrêt du 4 août 1853 (ANNAL. DES J. DE PAIX, 1854, p. 60).

2° Que, lorsqu'un tel arrêté existe, les mots *pièces d'artifice* doivent s'entendre de tout travail fait avec de la poudre et pouvant, par son explosion ou son action, produire les effets que la loi a voulu réprimer. — Même arrêt.

3° Que la défense faite par l'autorité municipale d'établir, sans son autorisation, des tirs au pistolet est également obligatoire; mais que l'interdiction générale de tirer des coups de fusil et de pistolet dans l'intérieur d'une ville ne comprend pas nécessairement celle d'établir des tirs au pistolet. — Arrêt du 25 novembre 1836

(Dev., 1837, p. 270; *J. du Pal.*, 1837, t. II, p. 237).

La prohibition réglementaire de tirer des pièces d'artifice, fusées, pétards ou armes à feu dans l'intérieur d'une ville, doit être observée, non-seulement sur la voie publique, mais aussi dans les enclos et jardins situés dans l'enceinte de la ville. — Cass., 12 décembre 1846 (Dev., 1847, p. 478; Dalloz, 1847, p. 30).

Décidé également que la contravention à un arrêté municipal qui défend de tirer des coups de fusil dans l'intérieur d'une ville ne saurait être excusée sur le motif que les coups de fusil ont été tirés dans une propriété privée et pour la défendre contre des animaux qui y causaient du dommage. — Cass., 28 juillet 1855 (Dev., 1855, p. 862; *J. du Pal.*, 1856, t. II, p. 400).

L'arrêté par lequel un préfet ou un maire, dans le but de prévenir les incendies, défend de placer des meules de grain, fourrages ou autres matières inflammables à une distance déterminée des bâtiments servant à l'habitation ou à l'exploitation, est pris dans l'exercice légal du pouvoir municipal et est, par conséquent, obligatoire. — Cass., 20 septembre 1822 (Dev. Sir., t. VII, p. 138), 2 mars 1844 (*Bull. crimin.*, n° 82).

Et cette prohibition peut être édictée à l'égard des lieux clos aussi bien qu'à l'égard des lieux ouverts. Lors donc qu'un arrêté de police prescrit une telle mesure de précaution, il les embrasse, de plein droit, les uns et les autres. — Cass., 7 septembre 1848 (Dev., 1849, p. 538).

Mais l'autorité préfectorale ou municipale est sans pouvoir pour ordonner la fermeture d'un établissement industriel dans le but de prévenir les dangers d'incendie que cet établissement ferait courir aux propriétés voisines. Cette fermeture ne peut être prescrite que par décret de l'empereur en Conseil d'Etat. — Cass., 23 novembre 1850 (Dalloz, 1850, p. 305); Conseil d'Etat, 5 janvier 1854 (Aff. Joyer-Denis), 26 avril 1855 (*J. du Pal.*, 1855, p. 62).

Est légal et obligatoire l'arrêté municipal qui, dans ce même but, prescrit d'employer, pour la construction des maisons, et jusqu'aux combles, des pierres ou des briques bien cuites. — Cass., 29 décembre 1820 (Dev. Sir., t. VI, p. 355), 11 juin 1852 et 1er juillet 1853 (ANNAL. DES. J. DE PAIX, 1854, p. 63).

Il en est de même de l'arrêté qui fait défense, soit d'établir la toiture des maisons en chaume, paille, roseaux ou autres matières combustibles, soit de réparer les couvertures en employant ces mêmes matières. — Cass., 23 avril 1819 et 9 août 1828 (Dev. Sir., t. VI, p. 66, et t. IX, p. 154), 19 mars 1836 (*Bull. crimin.*, n° 86), 12 septembre 1845 (Dev., 1845, p. 852; Dalloz, 1845, p. 383), 9 novembre 1850 (ANNAL. DES J. DE PAIX, 1851, p. 161), 6 mai 1852 (ANNAL. DES J. DE PAIX, 1853, p. 22), 23 septembre 1853 (Dev., 1854, p. 221; *J. du Pal.*, 1854, t. II, p. 592), 12 septembre 1855 (*Bull. crimin.*, n° 286), 12 mars 1858 (ANNAL. DES J. DE PAIX, 1858, p. 211).

Et, lorsqu'un arrêté interdit de couvrir les bâtiments d'habitation avec des matières inflammables, l'appréciation des matières qui peuvent être considérées comme inflammables appartient au juge de police qui peut, notamment, décider que l'emploi du carton-bitume pour toitures rentre dans les prohibitions de l'arrêté. — Cass., 12 mars 1858 (ANNAL. DES J. DE PAIX, 1858, p. 211).

Lorsqu'un arrêté de la nature de ceux dont nous venons de parler a été pris par l'administration, cet arrêté est obligatoire, non-seulement à l'égard du propriétaire qui fait construire ou réparer, mais encore pour les ouvriers qu'il emploie à ses constructions ou réparations. — Cass., 1er juillet 1853 (ANNAL. DES J. DE PAIX, 1854, p. 163).

Le droit dont l'autorité municipale est investie, de prescrire des mesures de précaution dans le but de prévenir les incendies, ne va pas jusqu'à lui conférer le pouvoir d'ordonner la démolition des maisons et baraques construites en bois, planches ou autres matières combustibles. Cette autorité peut seulement interdire pour l'avenir de telles constructions, ainsi que la réparation, avec l'emploi des mêmes matières combustibles, de celles établies antérieurement. — Cass., 28 novembre 1856 (Dev., 1857, p. 222; J. du Pal., 1857, p. 1245).

Décidé, par application du même principe, qu'on ne saurait considérer comme légalement pris et comme rentrant dans le cercle des attributions municipales, l'arrêté qui prescrit la destruction des toitures en chaume ou autres matières inflammables, et leur remplacement par des couvertures en tuiles ou en ardoises. — Cass., 3 décembre 1840 (Dev., 1841, p. 83; J. du Pal., 1841, t, Ier, p. 613).

Cet arrêt a rejeté le pourvoi formé contre un jugement du tribunal de police du canton de Melle, qui, dans des motifs d'une grande netteté, avait fait une application aussi saine que complète des vrais principes de la matière. Voici ces motifs, qu'on nous saura gré de reproduire ici : « Considérant que, si l'autorité municipale « peut, par des motifs de sûreté publique, défendre pour l'avenir la « construction de couvertures de bâtiments en paille, chaume et roseaux; « que si elle peut même prohiber la « réparation de celles existantes autrement qu'avec des tuiles ou ardoises, afin de les faire disparaître « progressivement, ce droit ne peut « cependant être étendu jusqu'à lui « permettre d'ordonner la destruction des couvertures des bâtiments « faites avec des pailles, chaumes ou « roseaux, à une époque où aucune « loi ni aucun règlement n'en proscrivait l'emploi ; — Considérant « qu'en donnant une sanction pénale « à un arrêté qui sortirait ainsi des « limites tracées au pouvoir administratif et municipal, ce serait non-« seulement porter une grave atteinte « au droit sacré de propriété reconnu « et proclamé par nos lois civiles « et constitutionnelles, mais encore « anéantir le principe conservateur « de la non-rétroactivité, sans lequel « il n'y aurait dans la société que trouble et perturbation ; — Considérant « que les prévenus ne sont pas pour-

« suivis pour avoir, contrairement « aux dispositions prohibitives de l'ar- « rêté dont il s'agit, construit ou ré- « paré des couvertures de bâtiments « avec des chaumes, pailles ou ro- « seaux, mais bien parce qu'ils n'a- « vaient pas détruit des couvertures « ainsi faites longtemps avant la pu- « blication de cet arrêté ; — Considé- « rant qu'aucun arrêté antérieur à ce- « lui dont l'exécution est aujourd'hui « demandée ne défendait aux habi- « tants de la ville de Melle et de ses « faubourgs de couvrir leurs bâti- « ments avec des pailles, chaumes ou « roseaux ; — Considérant qu'un fait « licite, lors de sa perpétration, ne « peut devenir punissable par l'effet « d'un acte postérieur de l'autorité « publique, et qu'en refusant d'exé- « cuter le deuxième paragraphe de « l'article 31 de l'arrêté dont il s'agit, « les prévenus n'ont commis ni délit « ni contravention. »

Est légal et obligatoire l'arrêté qui règle et détermine la hauteur que doivent avoir les tuyaux de poêle qui sortent à l'intérieur. — Cass., 17 janvier 1845 (Dalloz, 1845, p. 44), et 19 juin 1857 (ANNAL. DES J. DE PAIX, 1858, p. 69).

...Même sur les cours particulières des maisons.—Même arrêt du 17 janvier 1845.

Est également obligatoire l'arrêté municipal qui défend aux propriétai- res de faire construire et même de *conserver* des cheminées qui n'au- raient pas une largeur suffisante pour l'introduction des ramoneurs.—Cass., 13 avril 1849 (*J. du Pal.*, 1850, t. 1er, p. 620).

Il en est de même des règlements ou arrêtés qui défendent :

De transporter de la braise, dans l'intérieur d'une ville, sans que le vase qui la renferme soit couvert. — Cass., 28 mars 1844 (Dalloz, *Nouv. Rép.*, t. IX, p. 578, v° *Commune*, n° 1297, note 2).

De n'approcher des foins, pailles et autres matières inflammables avec une lumière, qu'autant que cette lu- mière est renfermée dans une lan- terne. — Cass., 5 décembre 1833 (Dal- loz, *Ibid.*, p. 499, n° 1037, note 1).

De fumer dans les rues avec une pipe non couverte. — Cass., 5 sep- tembre 1812 (Dalloz, *Ibid.*, p. 578, n° 1299).

Et même on doit regarder comme légal l'arrêté qui défend, d'une ma- nière absolue, de fumer auprès des fermes, granges et meules de grains, pailles et fourrages. — Cass., 15 dé- cembre 1827 (Dalloz, *Ibid.*, p. 578, n° 1298, note 3).

Mais un tel arrêté doit être entendu en ce sens qu'il ne concerne que ceux qui fument à l'extérieur et sur la voie publique. La prohibition ne saurait être réputée s'étendre aux individus qui fument dans l'intérieur des gran- ges et des maisons. — Même arrêt.

Les maires ont encore le droit d'interdire aux individus de griller des porcs, brûler des herbes, et géné- ralement d'allumer du feu soit dans les enceintes habitées, soit à une dis- tance moindre que celle déterminée des maisons, bâtiments, hangars, etc., ou des bois et forêts, des meules de grains, pailles, fourrages ou autres matières combustibles.

Il importe toutefois de faire observer ici que les infractions aux arrêtés de ce genre trouvent quelquefois encore leur sanction, soit dans l'article 10 du titre II de la loi des 28 septembre-6 octobre 1791, soit dans l'article 148 du Code forestier.

En effet, l'article 10 de la loi de 1791 punit d'une amende égale à la valeur de douze journées de travail et d'un emprisonnement facultatif toute personne qui allume du feu dans les champs, plus près que 50 toises (100 mètres) des maisons, bruyères, vergers, haies, meules de grains, de paille ou de foin, et l'article 148 du Code forestier réprime de peines correctionnelles (amende de 20 à 100 francs) le fait de porter et allumer du feu dans l'intérieur et à la distance de 200 mètres des bois et forêts.

Il n'est donc pas besoin qu'un règlement existe pour que ces dispositions soient applicables dans la limite des prohibitions qu'ils contiennent, et ce n'est qu'en dehors de ces prohibitions que les arrêtés municipaux relatifs à cet objet trouvent leur sanction dans l'article 471, n° 15, du Code pénal.

Une autre remarque importante trouve également ici sa place.

, L'article 458 du Code pénal punit correctionnellement l'incendie des propriétés mobilières ou immobilières d'autrui, lorsqu'il a été causé par la vétusté ou le défaut soit de réparations, soit de nettoyage des fours, cheminées, forges, maisons ou usines prochaines, ou par des feux allumés dans les champs à moins de 100 mè-tres des maisons, édifices, forêts, bruyères, bois, vergers, plantations, haies, meules, tas de grains, pailles, foins, fourrages, ou tout autre dépôt de matières combustibles, ou par des feux ou lumières portés ou laissés sans précaution suffisante, ou par des pièces d'artifice allumées ou tirées par négligence ou imprudence.

Il en résulte que les infractions aux règlements ou arrêtés dont les dispositions prohibitives ont pour but de prévenir les incendies constituent des délits punissables correctionnellement toutes les fois que le fait rentre dans l'incrimination de l'article 458 du Code pénal; c'est seulement dans les autres cas qu'il y a simple contravention et que ceux qui la commettent doivent être poursuivis devant les juges de simple police.

Fermeture des portes extérieures.

Est légal et pris dans le cercle des attributions municipales, l'arrêté qui, par mesure de sûreté publique, fixe l'heure à laquelle les portes d'entrée de toutes les maisons d'une ville devront être fermées. — Cass., 31 mars 1815 (Dev. Sir., t. V, p. 32), 2 février 1837 et 9 mars 1838 (Dev., 1837, p. 168, et 1838, p. 803; *J. du Pal.*, 1837, t. II, p. 137, et 1838, t. II, p. 309), 18 décembre 1840 (Dev., 1841, p. 80), 27 août 1842 (Dev., 1843, p. 96), 8 juin et 21 août 1850 (*Mémor. des J. de paix*, 1851, p. 268 et 378), 1er juin 1855 (ANNALES DES J. DE PAIX. 1855, p. 344) et 13 décembre 1856 (Dev., 1857, p. 71; *J. du Pal.*, 1857, p. 290; ANNALES DES J. DE PAIX, 1857, p. 361).

La fermeture des portes est-elle toujours et nécessairement une charge de la propriété?

Il est évident que les charges de ville et de police et particulièrement celles qui sont imposées, soit dans l'intérêt de la sûreté publique, comme la fermeture des portes extérieures des maisons qui joignent la voie publique, soit dans un intérêt de salubrité, comme le nettoiement ou balayage des rues, places et trottoirs, sont une conséquence directe et nécessaire du droit de propriété, car ce sont, en quelque sorte, les édifices eux-mêmes qui y sont soumis, plus encore que les individus. D'où la conséquence qu'un propriétaire ne saurait ni se soustraire à l'exécution de ces mesures locales, ni s'affranchir des pénalités que la loi attache à l'inobservation des prescriptions de l'autorité, en justifiant que sa maison est louée, même en totalité, qu'il n'y a pas son habitation, etc.

Toutefois, il n'en faut pas conclure, croyons-nous, que les infractions aux arrêtés municipaux qui contiennent ces prescriptions doivent toujours être poursuivies contre ceux auxquels les maisons ou bâtiments appartiennent et ne peuvent jamais l'être contre les individus qui les habitent ou les occupent.

Les locataires ou autres personnes qui les détiennent à un titre quelconque, subrogés, quant à la jouissance, aux droits du propriétaire, sont subrogés aussi à ses obligations; ils sont donc assujettis à l'observation des règlements et deviennent punissables lorsqu'ils refusent ou négligent de s'y conformer. Mais cette obligation qu'il leur incombe de remplir au lieu et place du propriétaire n'anéantit pas celle à laquelle ceux-ci sont personnellement tenus vis-à-vis de l'autorité qui, en définitive, les connaît seuls et peut toujours agir contre eux lorsqu'elle manque d'éléments pour atteindre le véritable auteur de la contravention.

Si donc il est manifeste que l'action répressive à laquelle donne lieu l'inobservation d'un règlement municipal qui prescrit la fermeture des portes extérieures des maisons peut être dirigée contre les locataires ou autres individus qui les habitent, le ministère public, lorsqu'il se trouve dans l'impossibilité de reconnaître lequel d'entre eux a commis l'infraction, peut incontestablement agir aussi contre le principal locataire ou le propriétaire responsable aux yeux de la loi de la négligence de ceux par lesquels il est représenté.

Ces principes, dont la Cour de cassation a assuré le maintien par de nombreux arrêts intervenus en matière de balayage, et que nous aurons l'occasion de citer à l'article suivant, ont été spécialement consacrés dans la matière que nous examinons ici.

Ainsi cette Cour a décidé :

1° Que l'obligation imposée par un arrêté municipal, de fermer, avant une certaine heure, les portes extérieures des maisons est nécessairement une charge de la propriété... alors surtout qu'une maison est occupée par de nombreux locataires; car, s'il en était autrement, l'autorité, dans ce cas, serait, le plus souvent, dans l'impossibilité de connaître et de poursuivre l'auteur direct de la contravention.— Arrêts des 18 décembre 1840, 27 août 1842, 8 juin 1850 et 13 décembre 1856, précédemment cités. V. aussi Cass., 3 octobre 1851 (*Mémor. des J. de paix*, 1852, p. 144).

2° Que la circonstance que le propriétaire n'habite pas la maison ne saurait le mettre à l'abri des poursuites, ni, par conséquent, l'affranchir des pénalités encourues en cas d'infraction..., alors surtout qu'il ne met point en cause celui de ses locataires par lequel cette infraction a été commise.—Arrêts des 18 décembre 1840, 27 août 1842 et 13 décembre 1856.

3° Que les contraventions à un règlement de police qui prescrit à tous les propriétaires ou locataires de fermer la porte de l'allée de leurs maisons à une heure déterminée, peuvent être poursuivies, soit contre le propriétaire, soit contre un seul ou plusieurs des locataires, sans qu'il soit besoin de mettre en cause tous les locataires indistinctement. — Cass., 9 mars 1838 (Dev., 1838, p. 803; *J. du Pal.*, 1838, t. II, p. 309), et 23 août 1850 (ANNALES DES J. DE PAIX, 1850, p. 378).

Une ordonnance du 8 novembre 1780, art. 15, impose aux propriétaires domiciliés *dans la ville ou dans les faubourgs de Paris*, l'obligation de tenir les portes de leurs maisons fermées pendant la nuit, après huit heures du soir depuis le 1er novembre jusqu'au 31 mars; mais cette obligation, applicable seulement à la ville de Paris et à ses faubourgs, ne saurait être étendue aux communes rurales du département de la Seine. En conséquence, et ainsi que la Cour de cassation l'a décidé par arrêt du 1er mars 1856 (*J. du Pal.*, 1857, p. 288; Dev., 1857, p. 71), le fait par un propriétaire de n'avoir pas tenu fermée la porte de sa maison située dans l'une de ces communes ne constitue aucune contravention, s'il n'existe aucun règlement ni arrêté rendant obligatoires pour ses habitants les injonctions que renferme l'article 15 de l'ordonnance de 1780.

Depuis cet arrêt, et à la date du 20 décembre 1856, est intervenue une ordonnance du préfet de police, par laquelle il est défendu à *tous propriétaires et locataires*, dans la *banlieue de Paris* et dans les communes rurales du ressort de la préfecture de police, de laisser les portes de leurs maisons, cours ou allées ouvertes pendant la nuit, c'est-à-dire à partir de neuf heures du soir du 1er novembre au 1er avril, et à partir de onze heures, du 1er avril au 1er novembre. — Toutefois, sont exceptés de cette obligation les établissements publics dont les heures de fermeture sont réglées par une ordonnance spéciale.

Passage de rivière.

Est légal et, par conséquent, obligatoire l'arrêté de police qui, par mesure de sûreté publique et dans le but de prévenir les accidents, interdit le passage d'une rive à l'autre dans un certain endroit d'une rivière.—Cass., 16 octobre 1835 (Dalloz, *Nouv. Rép.*, t. IX, p. 494, v° *Commune*, n° 1013, note 2), 19 mars 1836 (Dev., 1836, p. 624; Dalloz, 1836, p. 192), Chamb. réun., 18 avril 1837 (Dev., 1837, p. 460; Dalloz, 1837, p. 514).

Mais, au contraire, est illégal et dépourvu de force obligatoire le règlement de police qui oblige les habitants riverains d'un cours d'eau à se munir d'une permission pour avoir des bateaux sur cette rivière, et leur défend de les louer et de les mettre à la disposition des tiers sans une autorisation préalable. — Cass., 8 avril 1848 (Dev., 1848, p. 457).

Chiens. — Divagation.

Sont pris dans la sphère d'attributions de l'autorité municipale, et dès lors obligatoires, les règlements ou arrêtés qui prescrivent le musèlement des chiens, ou qui obligent ceux à qui ils appartiennent ou qui les ont sous leur garde, soit à les munir d'un collier indiquant le nom de leur propriétaire, soit à les tenir en laisse. — Cass., 15 décembre 1827 (Dev. Sir., t. VIII, p. 724), 1er juillet 1842 (Dev., 1842, p. 672), 4 octobre 1845 (Dalloz, 1845, p. 42), 8 août 1846 (Dalloz, 1846, p. 32), 14 mai 1853 (Dev., 1853, p. 795; *J. du Pal.*, 1854, t. Ier, p. 300).

Lorsqu'un arrêté municipal prescrivant le musèlement des chiens dispose d'une manière générale et sans établir de distinction, son application n'est pas restreinte à une seule classe de chiens, par exemple, aux chiens errants ou abandonnés, les dispositions s'étendent à tous, même à ceux qui sont dressés pour la garde des troupeaux. — Cass., 15 décembre 1827 et 1er juillet 1842.

Les arrêtés ou règlements dont nous venons de parler s'appliquent indistinctement aux personnes qui habitent la commune et à celles qui y sont étrangères, dès l'instant que les chiens appartenant à celles-ci y sont trouvés en contravention. — Cass., 14 mai 1853.

Et l'infraction à de tels arrêtés ne saurait être excusée :

Ni sur le motif que l'animal se serait momentanément échappé des mains de son maître, encore qu'il traînât après lui le cordon qui le retenait. — Cass., 15 décembre et 4 octobre 1845, précédemment cités.

Ni sur le motif que le chien non muselé et non tenu en laisse n'avait pas cessé d'être sous la garde et la surveillance de son maître, et, par conséquent, ne se serait pas trouvé en état de divagation. — Cass., 24 juin 1843.

Ni sous le prétexte que l'animal était très-jeune et se trouvait à une faible distance de son maître.—Cass., 5 août 1841 (Dalloz , *Nouv. Rép.*, t. IX, p. 582, vo *Commune,* no 1318, note 2).

N'est point obligatoire l'arrêté préfectoral qui défend dans le département la divagation des chiens lévriers en toute saison : une telle disposition ajoute à la disposition de la loi (Code pénal, art. 475, no 7) qui n'interdit d'une manière absolue que la divagation des animaux malfaisants ou féroces. — Cass., 16 décembre 1826 (Dev. Sir, t. VIII, p. 486) et 1er juillet 1842 (Dev., 1842, p. 672).

Ajoutons que le fait d'avoir excité ou de n'avoir pas retenu un chien qui attaque ou poursuit les passants constitue la contravention réprimée par l'article 475, n° 7, du Code pénal, et il en est de même du seul fait de divagation d'un chien qui se jette sur quelqu'un sans avoir été excité : cette circonstance, ainsi qu'un grand nombre d'arrêts l'ont décidé, le fait considérer comme un animal malfaisant.

Article 3. — Propreté, salubrité publiques.

Nettoiement ou balayage de la voie publique.

Au nombre des mesures que l'autorité municipale a le droit et qu'il est de son devoir de prendre dans l'intérêt de la salubrité et de la propreté, viennent se placer en première ligne celles qui concernent le balayage ou nettoiement des rues, places et voies publiques, objets énumérés au n° 1er de l'article 3 du titre II de la loi des 16-24 août 1790.

Remarquons tout d'abord que l'article 471, n° 3, du Code pénal punit : ceux qui négligent de nettoyer les rues ou passages dans les communes *où ce soin est laissé à la charge des habitants.*

On voit par ce texte que le défaut de balayage ne constitue une contravention punissable qu'autant que, dans cette commune, le soin d'une telle opération est laissé à leur charge.

Ainsi donc, dans les localités où le nettoiement des rues, ruelles, places, etc., est opéré, soit par les soins de l'administration, soit par un ou plusieurs entrepreneurs, aucune poursuite ne pourrait être dirigée contre les habitants ou les propriétaires eux-mêmes, si le balayage n'était point effectué.

Mais du texte de l'article 471, n° 3, du Code pénal naissent deux questions importantes et controversées, que les tribunaux de simple police sont fréquemment appelés à résoudre.

La première est celle de savoir si l'obligation du balayage existe pour les habitants, alors même qu'elle ne leur est imposée par aucun arrêté ou règlement de l'autorité municipale.

Les auteurs, et nous devons dire qu'ils sont unanimes (V. Carnot, *Comment. du Code pén.*, t. II, p. 496 ; Rauter, *Traité du dr. crimin.*, t. II, n° 597 ; Carré, *Traité des just. de paix*, t. IV, p. 430 ; Chauveau et Hélie, *Th. du Code pén.*, 2e édit., t. VIII, p. 300 ; Dalloz, *Nouv. Rép.*, t. XIV, v° *Contrav.*, n° 103), se fondant sur le texte que nous venons de faire connaître, enseignent que l'obligation de nettoyer les rues, places et autres voies publiques, n'existe pour les habitants que dans les localités où l'autorité a pris des arrêtés relatifs à cette partie importante de la propreté et de la salubrité publiques, et soutiennent, par suite, qu'à défaut de règlement ou arrêté, l'individu, poursuivi pour n'avoir point opéré le balayage de la voie publique, au devant de son habitation, ne saurait encourir aucune condamnation.

Il est assurément peu de localités de quelque importance où la mesure du balayage n'ait point été prescrite et réglementée par un arrêté municipal. Aussi n'existe-t-il, sur la question que nous examinons en ce moment, qu'un bien petit nombre de monuments de jurisprudence. Toutefois, nous avons recueilli deux arrêts, déjà anciens puisqu'ils remontent à une époque antérieure au Code pénal actuel, par lesquels la Cour de cassation s'est prononcée contrairement à la doctrine des auteurs que nous venons de citer.

Ces deux arrêts, rendus le même jour (7 avril 1809) décident que, pour rendre punissable le défaut de nettoiement de la voie publique, il n'est pas besoin que cette mesure soit ordonnée par un règlement ou arrêté spécial ; que la contravention existe dès l'instant que le soin du balayage est laissé à la charge des habitants.

Cette décision nous paraît conforme aux vrais principes, car elle est la seule, à notre avis, qui donne à la loi une saine interprétation.

Les auteurs qui ne l'adoptent point raisonnent, ce nous semble, comme si, n'imposant point elle-même aux habitants l'obligation du balayage, la loi exigeait qu'ils y fussent astreints par l'autorité compétente, comme si la disposition finale du n° 3 de l'article 471 portait : *dans les communes où ce soin est prescrit aux habitants,* au lieu de dire : *dans les communes où ce soin est* LAISSÉ *à la charge des habitants,* ce qui serait bien différent.

La loi, suivant nous, a fait du balayage une obligation préexistante et nullement subordonnée à la publica-

tion de règlements ou arrêtés locaux. Mais, prévoyant le cas où d'autres que les habitants en seraient chargés, elle a voulu, ce qui est de toute justice, que, dans cette hypothèse, ceux-ci ne fussent pas responsables, ne portassent point la peine d'une négligence bui ne proviendrait pas de leur fait ; c'est pourquoi elle a dit : *dans les communes où ce soin est* LAISSÉ *à la charge des habitants ,* c'est-à-dire dans les communes où l'administration ne charge point un entrepreneur de l'opération du balayage, ou ne le fait point effectuer elle-même par des ouvriers ou préposés.

Nous croyons donc que, dans les localités où le nettoiement de la voie publique n'est pas mis en adjudication ou confié à une entreprise spéciale, où, soit des ouvriers, soit des préposés, n'en sont point chargés, les habitants en sont tenus, car alors le balayage est LAISSÉ *à leur charge,* selon l'expression de la loi ; d'où nous concluons, avec les deux arrêts précédemment cités, que, même en l'absence d'un arrêté municipal qui le prescrive, tout habitant qui se soustrait à cette obligation est passible de l'amende prononcée par l'article 471.

La seconde question que nous avons à examiner est celle de savoir si l'adjudicataire du droit exclusif d'enlever les boues d'une ville ou commune, et d'opérer le nettoiement des rues et places, se trouve, par le fait du contrat, subrogé aux obligations des habitants eux-mêmes et soumis personnellement aux peines de police encourues pour défaut de balayage.

La première raison de douter se

puise dans le texte même du n° 3 de l'article 471 qui paraît restreindre l'application de la disposition aux communes où le soin du nettoiement est laissé à la charge des habitants, d'où il faudrait induire, par argument *a contrario*, qu'elle est inapplicable, à l'égard de celles où ce soin n'est pas laissé à la charge des habitants.

Mais cette interprétation serait fautive, ce nous semble, car la loi a dû vouloir, et a voulu, en effet, que l'obligation du balayage fût absolue et que toute personne, habitant ou autre, qui, y étant tenue, ne l'exécute point, fût punissable.

La seconde raison de douter se tire du caractère de l'acte administratif d'où découlent les obligations de l'adjudicataire, caractère essentiellement civil, disent les auteurs, et d'où ils concluent que l'inexécution d'un tel acte ne peut donner lieu qu'à une action purement civile.— V. de Champagny. *Traité de pol. municip.*, t. V, p. 141 et suiv. ; Gillon et Stourm, *Traité de la voirie*, p. 287 ; Serrigny, *Organ. admin.*, t. 1, p. 563 et 626 ; Morin, *Rép. du droit crimin.*, v° *Entrepreneur* ; Chauveau et Hélie, *Th. du Code pén.*, 2ᵉ édit., t. VIII, p. 352 et 353, et 3ᵉ édit., t. IV, p. 349 et suiv. ; Dalloz, *Nouv. Rép.*, t. XIV, v° *Contrav.*, n° 120.

Cette doctrine a même été consacrée par deux arrêts de la Cour de cassation, des 26 juillet 1837 (Dalloz, 1837, p. 324) et 2 mars 1844 (Dalloz, *Nouv. Rép.*, t. IX, p. 492, v° *Commune*, n° 1007, note 3).

Par le premier de ces arrêts, la Cour a jugé que l'infraction à la clause d'un bail, par laquelle l'adjudicataire s'est engagé à faire l'enlèvement des boues et immondices des rues d'une ville, ne saurait rendre cet adjudicataire passible de peines de police, attendu qu'un tel acte ne peut participer à l'autorité ni aux effets que la loi accorde aux règlements ou arrêtés émanés du pouvoir administratif ou municipal.

Le second décide également que le cahier des charges de l'adjudication des boues d'une ville ne peut être assimilé, quant à l'entrepreneur, à un règlement municipal ; que, par suite, l'inexécution des conditions de l'adjudication, ou la négligence dans le service de l'enlèvement des immondices ne rend pas cet entrepreneur justiciable de la juridiction répressive.... , alors d'ailleurs qu'aucune clause du cahier des charges ne l'a soumis à l'application des peines de police.

Un grand nombre d'autres arrêts, les uns antérieurs à ceux que nous venons de citer, les autres intervenus postérieurement, ont décidé que l'entrepreneur de l'enlèvement des boues et du nettoiement des rues qui néglige de remplir ses obligations est passible des peines de police, comme le seraient les habitants eux-mêmes, lorsque, par une des clauses de son adjudication, cet entrepreneur s'est soumis, en cas de contravention, aux peines prononcées par la loi ; qu'une telle stipulation n'a rien d'illicite, et que les tribunaux appelés à connaître de la poursuite ne peuvent refuser de les appliquer sous le prétexte que des peines ne peuvent être l'objet d'une convention. — V. arrêts des 31 juillet 1830 (Dev. Sir., t. IX, p. 566; Dalloz, 1830, p. 326), 4 février 1831 (Dev., 1831, p. 271; Dalloz, 1831, p. 91), 28 mai 1831 (*Journ. du droit crimin.*, t. III, p. 164), 10 juillet 1835 (Dev., 1835, p. 932; Dalloz, 1835, p. 392), 13 juillet 1838 (Dev., 1838, p. 106; *J. du Pal.*, 1842, t. IV, p. 306), 23 mars 1848 (Dev., 1848, p. 583; *J. du Pal.*, 1848, t. Ier, p. 384), 31 août 1854 (Dev., 1854, p. 818; *J. du Pal.*, 1856, t. II, p. 370).

Adoptant même une doctrine plus absolue, la Cour suprême est allée plus loin en décidant que la clause d'un cahier des charges de l'adjudication de l'enlèvement des boues d'une ville, par laquelle il est enjoint à l'entrepreneur de balayer et nettoyer les rues et places comprises dans son adjudication, a toute la force d'un règlement municipal qu'il est tenu d'exécuter au lieu et place des habitants, sous la sanction des pénalités édictées par l'article 471, n° 3, du Code pénal. — Arrêts des 15 septembre 1841 et 10 mai 1842 (Dalloz, *Nouv. Rép.*, t. IX, p. 491, v° *Commune*, n°s 1004, note 3, et 1005, note 1), 27 juin 1856 (Dev., 1856, p. 764; ANNAL. DES JUST. DE PAIX, 1856, p. 458).

Du reste, il est à remarquer que, par la dernière de ces décisions, la Cour suprême puise le principe de la responsabilité qu'elle fait peser sur l'adjudicataire dans les dispositions d'un ancien arrêt du Conseil du roi, du 21 novembre 1577, auquel elle reconnaît le caractère de loi toujours subsistante.

La même Cour avait déjà jugé, par un arrêt antérieur à tous ceux qui viennent d'être cités, que l'arrêté par lequel un maire met en adjudication le nettoiement des rues et l'enlèvement des boues a pour effet de subroger l'adjudicataire aux obligations des habitants, et de le soumettre personnellement aux peines de police encourues pour défaut de balayage. — Arrêt du 12 novembre 1813 (Dev. Sir., t. IV, p. 464).

Ainsi, comme on le voit, la jurisprudence qui domine aujourd'hui est celle qui étend la disposition du n° 3 de l'article 471 du Code pénal aux adjudicataires. Seulement, la majeure partie des arrêts exigent, pour qu'il en soit ainsi, que, par l'une des clauses du contrat administratif, ces adjudicataires soient soumis aux pénalités en cas d'infraction.

La même disposition n'est pas restreinte aux seuls adjudicataires, elle s'applique aussi à leurs cessionnaires, lorsque ceux-ci ont été agréés par l'administration. — Cass., 24 avril 1845 (Dev., 1845, p. 524; *J. du Pal.*, 1845, t. II, p. 698).

Mais elle ne saurait être étendue :

Ni aux tiers avec lesquels un entrepreneur ou son cessionnaire agréé aurait passé des traités particuliers. — Même arrêt du 24 avril 1845.

Ni aux individus qui ont traité avec les particuliers eux-mêmes. — Cass., 31 août 1854 (Dev., 1854, p. 818).

Dans ces divers cas, la répression de la contravention résultant d'un défaut de balayage doit être poursuivie, soit contre l'adjudicataire ou son cessionnaire agréé, soit contre les particuliers, lesquels restent légalement assujettis au nettoiement envers l'administration.

Nous avons dit, à l'article précédent, que l'obligation de nettoyer la voie publique, bien qu'elle doive être remplie par ceux qui occupent les bâtiments situés le long de cette voie, est cependant, en principe, une charge de la propriété et que, dès lors, le propriétaire peut être poursuivi personnellement, soit pour ne l'avoir point exécutée, soit pour n'avoir point veillé à ce qu'elle le fût par ceux qu'il s'est substitués. Nous avons dit aussi que c'est là une sorte de responsabilité qui lui est imposée dans le but de donner à l'autorité la possibilité d'agir quand l'auteur direct de la contravention ne lui est pas connu. Il nous reste à rapporter ici les décisions qui fixent la jurisprudence sur ce point.

La Cour de cassation a jugé :

1° Que l'obligation du balayage existe alors que la propriété n'est point habitée.—Cass., 4 mai 1848 (Dev., 1849, p. 223; *J. du Pal.*, 1848, t. II, p. 496), 1er mars 1851 (Dev., 1851, p. 703; *J. du Pal.*, 1852, t. Ier, p. 192), 6 novembre 1857 (ANNALES DES JUST. DE PAIX, 1858, p. 101).

2° Que, par voie de conséquence, un propriétaire poursuivi pour n'avoir point balayé ne saurait être relaxé sous le prétexte qu'il n'habite pas sa maison.—Cass., 6 avril 1833 (Dev., 1833, p. 713) 4 mai 1848, 4 mars 1851 et 6 novembre 1857, qui viennent d'être cités.

.... Ni sous le prétexte que ce propriétaire n'habite même pas la ville dans les rues de laquelle cette opération devait être effectuée. — Cass., 17 décembre 1824 (Dalloz, 1825, p. 116), 9 juin 1832 (Dev., 1833, p. 80; Dalloz, 1832, p. 305), 31 mars 1848 (Dev., 1849, p. 223; Dalloz, 1848, p. 20).

3° Que les propriétaires sont représentés, quant à l'obligation du balayage, par un locataire principal.— Cass., 10 août 1833 (Dalloz, 1833, p. 336) et 31 août 1854 (Dev., 1854, p. 818).

.... Et même par un simple locataire, lorsque ce locataire occupe seul la maison; que s'il en était autrement, les locataires, qui sont des *habitants*, dans le sens du n° 3 de l'article 471 du Code pénal, n'en seraient jamais tenus.

4° Mais que le locataire même du rez-de-chaussée n'est pas tenu de balayer la rue sur le devant de la maison, quand le propriétaire en occupe lui-même une partie, s'il n'a pas contracté envers lui l'obligation d'effectuer ce balayage.—Cass., 11 septembre 1847 (Dev., 1848, p. 31).

5° Qu'en principe, cependant, l'obligation de nettoyer la voie publique est une charge de la propriété; en sorte qu'un propriétaire poursuivi pour n'avoir point rempli cette obligation et comme ayant contrevenu, par ce fait, à la disposition du n° 3 de l'article 471, ne peut être relaxé de l'action du ministère public sur le motif que la contravention est le fait de son locataire.—Arrêts des 13 février 1834 (Dev., 1834, p. 554; Dalloz, 1834, p. 170), 24 avril 1834 (Dev., 1834, p. 555; Dalloz, 1834,

p. 352), 13 novembre 1834 (Dev., 1835, p. 653), 25 juillet 1845 (Dalloz, 1845, p. 43), 4 mai 1848 (Dev., 1849, p. 223; *J. du Pal.*, 1848, t. II, p. 496), 19 février 1858 (ANNALES DES JUST. DE PAIX, 1858, p. 214).

6° Que le tribunal de police saisi de la poursuite contre un propriétaire prévenu de n'avoir point balayé le devant de sa maison ne peut, sur l'allégation de ce propriétaire que la contravention doit être imputée à son locataire, surseoir à statuer en fixant au ministère public un délai pour mettre ce locataire en cause ; que le tribunal doit immédiatement réprimer l'infraction.—Arrêt du 24 avril 1834, précédemment cité.

7° Qu'en supposant que la circonstance qu'une propriété est louée en entier exonérât le propriétaire de l'obligation d'opérer le balayage de la voie publique sur le devant de cette propriété, celui auquel elle appartient, s'il est poursuivi personnellement, ne peut être relaxé de la prévention sur le motif que l'existence de la location, simplement alléguée et non établie par des preuves soit écrites, soit testimoniales, est de notoriété publique.—Arrêt du 19 février 1858 (ANNALES DES JUST. DE PAIX, 1858, p. 214).

L'obligation imposée par un règlement de police aux propriétaires ou locataires de balayer ou faire balayer la voie publique devant leurs maisons doit, en cas de faillite, être remplie par le syndic, sous la sanction des peines de police édictées par la loi.—Cass., 23 mai 1846 (Dev., 1846, p. 847; Dalloz, 1846, p. 30).

En aucun cas, l'obligation du balayage ne peut être imposée aux domestiques des propriétaires ou locataires. — Cass., 6 septembre 1822 (Dev. Sir., t. VII, p. 136).

Mais cette obligation doit être remplie par les concierges d'établissements publics, lesquels sont réputés de plein droit être substitués aux propriétaires ou locataires. — Cass., 30 mai 1846 (Dev., 1846, p. 857; *J. du Pal.*, 1846, t. II, p. 533).

Nous croyons avoir démontré précédemment que l'obligation du balayage, préexistante et imposée par la loi elle-même, n'est subordonnée à la publication d'aucun arrêté local. Mais il ne suit pas de là que l'autorité doive se dispenser de prescrire cette mesure, ni surtout de la réglementer. Il est utile, au contraire, qu'en l'ordonnant, et dans le double but de faciliter la surveillance de l'administration et de faire connaître aux citoyens l'étendue de leurs obligations et de leurs devoirs, les maires fixent et déterminent, non-seulement les jours de la semaine, mais encore les heures où le nettoiement de la voie publique doit être opéré, qu'ils indiquent les diverses parties de cette voie où il doit avoir lieu.

Et, à cet égard, il a été jugé que quand un arrêté enjoint à toutes les personnes dont les habitations sont riveraines de la voie publique de balayer une fois par semaine, le tribunal de police ne peut condamner un prévenu par le seul motif que, tel dimanche du mois, le devant de sa maison n'était pas balayée. Il suffit, en effet, que le balayage soit effectué un jour quelconque de la semaine pour que l'arrêté municipal soit réputé avoir reçu son exécution. — Cass., 28 mai 1825 (Dalloz, 1825, p. 376).

Mais lorsqu'un règlement fixe et précise le jour où l'opération du balayage doit être effectuée, et qu'un procès-verbal régulier constate qu'un particulier n'a pas balayé le devant de sa maison, cette constatation se réfère évidemment au balayage qui devait avoir lieu le jour indiqué. En conséquence, le tribunal, saisi de la poursuite, viole la foi due au procès-verbal, les dispositions règlementaires et celles de la loi elle-même en relaxant le prévenu sur l'unique motif qu'il n'est point établi que celui-ci n'ait pas balayé le devant de sa maison au jour désigné. — Cass., 11 juillet 1857 (ANNALES DES J. DE PAIX, 1858, p. 187).

Lorsque l'enlèvement des boues provenant du balayage de la voie publique appartient à un adjudicataire, l'autorité municipale peut défendre à toutes personnes étrangères à l'adjudication de ramasser aucune parcelle de boues ou immondices, et l'arrêté qui contient une telle prohibition trouve sa sanction dans la disposition générale du nº 15 de l'article 471 du Code pénal. — Cass., 4 et 24 avril 1829 (Dev. Sir., t. IX, p. 277), 31 mars 1848 (Dev., 1848, p. 581), Rouen, 27 décembre 1849 (Dev., 1850, p. 173).

Les pouvoirs de l'autorité municipale ne se bornent point à prescrire l'opération du balayage et à fixer les jours et heures de son exécution ;

cette autorité peut aussi enjoindre d'enlever tout ce qui nuit à la propreté de la voie publique, par exemple, l'herbe qui croît devant les maisons, dans les rues et les ruelles. — Cass., 17 décembre 1824 (Dev. Sir., t. VII, p. 597 ; Dalloz, 1825, p. 116).

Les maires peuvent encore prescrire l'emploi d'un mode particulier d'enlèvement des boues ou immondices et déterminer les endroits où ces immondices doivent être déposées.—Cass., 6 octobre 1832 (*Bull. crimin.*, nº 386).

Ils peuvent enjoindre aux habitants de faire balayer la neige au devant de leurs habitations et de la faire mettre en tas pour en faciliter l'enlèvement. —Cass., 15 décembre 1855 (Dev., 1855, p. 624 ; *J. du Pal.*, 1857, p. 64).

Mais ils sont sans pouvoir pour leur imposer l'obligation de fournir des chevaux et des voitures destinés à effectuer cet enlèvement. De telles prescriptions auraient pour résultat de soumettre les citoyens à des charges inégales et à des taxes, et le règlement qui les contiendrait ne serait légal et obligatoire qu'autant qu'une grande quantité de neige tombant inopinément et venant interrompre les communications, cette circonstance pourrait être assimilée à un cas de calamité publique et donner lieu à l'application du nº 12 de l'article 475 du Code pénal. — Même arrêt.

En principe, l'obligation du nettoiement n'existe qu'à l'égard des rues, quais, places, ruelles, qui dépendent de la voie publique. C'est donc quant à ces voies seulement que les mesures qui le prescrivent ou qui s'y rattachent doivent, en général, être réglementées.

Toutefois, il ne faut pas oublier que, dans l'intérêt de la salubrité publique, les maires tiennent de la loi des pouvoirs extrêmement étendus, et que, comme nous avons eu l'occasion de le dire déjà, ils peuvent exercer ces pouvoirs même à l'égard de propriétés purement privées, pourvu, bien entendu, que les prescriptions qu'ils édictent, bien que renfermant des injonctions purement individuelles, aient un but d'intérêt public et général.

L'application de cette règle, qui ne saurait d'ailleurs souffrir de difficulté, a été faite par plusieurs arrêts ; ainsi, la Cour de cassation a décidé :

1° Qu'une impasse, livrée pendant le jour à la circulation, bien qu'elle soit une propriété particulière, est soumise aux mesures prescrites par l'autorité pour le balayage. — Cass., 2 juin 1837 (Dev., 1838, p. 905; *J. du Pal.*, 1838, t. Ier, p. 330).

2° Que l'autorité municipale peut prescrire le nettoiement des cours communes non closes, ni séparées de la voie publique, bien que ces cours soient propriétés purement privées, et encore qu'elles ne servent point à un usage public. Cass., 22 avril 1842 (Dev., 1843, p. 138; *J. du Pal.*, 1842, t. II, p. 156).

3° Que cette autorité peut également défendre de jeter des ordures, non-seulement dans les rues et places, mais encore dans les cours non closes dont il vient d'être parlé. —

Cass., 21 juillet 1838 (Dev., 1839, p. 79).

4° Qu'on doit considérer comme parfaitement légal et obligatoire, sous la sanction de l'article 471, n° 15, du Code pénal, l'arrêté par lequel l'autorité municipale enjoint à un particulier d'opérer l'enlèvement de matières insalubres par lui déposées sur sa propriété. — Cass., 18 germinal an X (Dev. Sir., t. Ier, p. 62), 11 février 1830 (Sir., 1830, p. 268).

5° Qu'il en est de même des arrêtés ou règlements qui prohibent les cloaques et dépôts de fumiers, ordures et autres matières, même sur des terrains particuliers, lorsque ces terrains sont voisins des habitations, ou qui interdisent de faire dans les cours des maisons aucun dépôt de fumiers ou autres objets de nature à répandre de mauvaises odeurs. — Cass., 6 février 1823 (Dev. Sir., t. VII, p. 191), 29 mai 1840 (*J. le Juge de paix*, t. XI, p. 38), 19 janvier 1856 (*J. du Pal.*, 1857, p. 155; Dev., 1856, p. 697).

6° Que la défense portée par un règlement de police d'étendre sur *les voies publiques, les chemins vicinaux et autres, les rues et passages quelconques, classés ou non classés,* des pailles, fougères et autres fourrages destinés à être convertis en fumier, n'est pas restreinte aux rues et chemins faisant partie de la petite voirie; qu'elle s'étend, au contraire, par la généralité de ses termes, à tout passage, toute voie quelconque, servant à l'usage des habitants, sous quelque dénomination et à quelque titre que ce soit; qu'en conséquence, ne peut être relaxé des poursuites l'individu prévenu d'avoir étendu du fourrage destiné à être converti en fumier, sur un terrain servant de passage et livré à la circulation générale, bien que ce terrain soit une propriété privée. — Cass., 15 mai 1856 (ANNALES DES J. DE PAIX, 1856, p. 421).

Est également obligatoire l'arrêté qui défend do faire dans les rues, cours, ruelles et passages, aucun dépôt de boues, de fumiers ou autres objets de nature à entretenir l'humidité et à répandre de mauvaises odeurs. Mais la prohibition ainsi conçue ne s'appplique point aux jardins, lesquels ne sont pas énoncés dans la désignation limitative des lieux où le dépôt des objets spécifiés est interdit. — Cass., 19 juin 1857 (ANNALES DES J. DE PAIX, 1858, p. 70).

Matières insalubres. — Dépôts.
Déplacement.

On vient de voir que l'autorité municipale peut interdire le dépôt de fumiers et autres matières insalubres même dans les cours et sur des terrains qui sont des propriétés purement privées. La Cour de cassation a encore décidé, par application du même principe :

1° Qu'on doit considérer comme ayant été pris dans l'exercice régulier du pouvoir municipal et comme ayant, dès lors, force obligatoire :

Les arrêtés qui prohibent, même à l'intérieur des maisons particulières, les dépôts de suifs ou graisses fraîches. — Arrêt du 18 mai 1850 (Dev., 1850, p. 765).

Les arrêtés qui défendent d'opérer le déplacement des matières insalubres. — Arrêt du 21 décembre 1848 (*Bull. crimin.*, n° 325).

2° Que l'arrêté qui interdit aux tanneurs de vider, avant une heure déterminée, les fosses dans lesquelles ont été macérés les cuirs non encore tannés, est légal et par conséquent obligatoire. — Arrêt du 15 novembre 1838 (Dev., 1839, p. 906).

3° Qu'il en est de même de l'arrêté qui fait défense à un fabricant de donner aux eaux de son établissemen un écoulement qui serait de nature à nuire à la santé publique. — Cass., 12 nov. 1813 (Dalloz, *Rép.*, 1er édit., t. III, p. 145), 2 octobre 1824 (Dev. Sir., t. VII, p. 539; *J. du Pal.*, t. XVIII, p. 1053).

Est également obligatoire l'arrêté municipal qui défend de jeter les résidus du balayage de la voie publique dans la rivière dont une ville est traversée. — Cass., 17 février 1855 (Dev., 1855, p. 235; *J. du Pal.*, 1855, t. Ier, p. 435).

Fosses d'aisances. — Vidange.

L'autorité municipale use légalement du pouvoir réglementaire dont elle est investie, lorsque, dans l'intérêt de la salubrité, elle prescrit certaines mesures et impose certaines obligations aux individus qui sont chargés de la vidange des fosses d'aisances.

Ainsi les maires peuvent valablement prescrire l'emploi de tinettes au lieu de barriques ou autres vaisseaux pour recevoir les matières extraites, et l'emploi de voitures couvertes, au lieu de voitures ordinaires, pour en effectuer le transport. — Cass., 1er décembre 1838 (Dalloz, *Nouv. Rép.*, t. IX, p. 476, v° *Comm.*, n° 944).

Ils peuvent défendre de transporter des bailles d'aisances autrement que dans des voitures hermétiquement fermées, et construites en forme de caissons et suivant un modèle adopté par l'administration municipale. — Cass., 23 août 1839 (Dalloz, *Ibid.*, t. IX, p. 403, n° 674, note 1).

Idem. Enjoindre de vider pendant la nuit les fosses d'aisances, de renfermer le produit de la vidange dans des tonneaux fermés et de faire sortir ces tonneaux aussitôt après l'ouverture des portes de la ville. — Cass., 23 avril 1841 (Dalloz, *Ibid.*, t. IX, p. 477, n° 945, note 1).

Idem. Déterminer les heures où les matières devront être extraites des fosses, et le lieu où elles doivent être déposées. — Cass., 31 décembre 1846 (Dalloz, 1847, p. 35).

Idem. Imposer aux vidangeurs l'obligation de tenir leurs voitures constamment pourvues d'ustensiles désignés. — Cass., 13 août 1847 (Dalloz, 1847, p. 317).

Est obligatoire l'arrêté de police qui, par mesure de salubrité, impose aux entrepreneurs de vidange l'emploi de certains moyens dans l'exercice de leur profession, par exemple l'obligation de ne se servir que de pompes aspirantes et foulantes, dites soufflets hydrauliques, pour l'extraction des matières. — Cass., 30 avril 1852 (ANNALES DES JUST. DE PAIX, 1852, p. 370).

Est également obligatoire le règlement municipal qui enjoint aux entrepreneurs de vidange : 1° d'avoir un ou plusieurs bureaux destinés à recevoir les déclarations pour les bailles d'aisances que les habitants veulent faire vider par leurs soins ; 2° de tenir un registre pour l'inscription des déclarations, et de communiquer ce registre au commissaire de police toutes les fois qu'il en fera la demande. — Cass., 4 février 1858 (ANNALES DES JUST. DE PAIX, 1858, p. 180).

En effet, comme le décide l'arrêt, un tel règlement trouve sa base dans les dispositions générales des lois des 16-24 août 1790 et 18 juillet 1837, et le tribunal de police appelé à en sanctionner les dispositions par l'application des peines encourues au cas d'infraction ne pourrait, sans commettre un excès de pouvoir et sans violer la loi, refuser aux prescriptions dont s'agit la force obligatoire, sous le prétexte qu'elles étendent illégalement l'obligation du registre que l'article 475, n° 2, du Code pénal, n'impose qu'aux aubergistes, hôteliers et logeurs.

L'article 7 de la loi des 2-17 mars 1791 autorise toute personne à faire tel négoce ou exercer telle profession, art ou métier qu'elle trouve bon, à la charge de se conformer aux règlements alors en vigueur et à ceux qui seraient faits ultérieurement.

Cette disposition a donné naissance à la question de savoir si, en vertu des attributions qu'elle tient de l'article 3, titre XI, de la loi des 16-24 août 1790, l'autorité municipale est investie du droit de conférer à certaines personnes qu'elle désigne l'exercice exclusif de la vidange des fosses d'aisances.

Plusieurs arrêts de la Cour de cassation, dont la doctrine est adoptée par M. Augier (*Encyclopédie des jug. de paix*, t. III, p. 219 et 220, v° *Fosses d'aisances*, n° 5), ont consacré l'affirmative en décidant qu'un règlement qui défend à tous individus autres que l'entrepreneur, de faire l'ouverture et la vidange des fosses, est pris dans la sphère d'attributions du pouvoir municipal. — V. arrêts du 20 pluviôse an XII (Dev. Sir., t. Ier, p. 934), décembre 1832 (Dalloz, *Nouv. Rép.*, t. IX, p. 474, v° *Commune*, n° 943, note 2), 19 juillet 1833 (Dev., 1833, p. 896 ; Dalloz, 1833, p. 342), 22 août 1834 (Dalloz, *Nouv. Rép.*, t. IX, p. 474, n° 943, note 4).

Mais la Cour suprême est revenue sur cette jurisprudence et décide invariablement aujourd'hui que si, dans un intérêt de salubrité, les maires peuvent réglementer l'exercice de la profession de vidangeur, et imposer à ceux qui l'exercent certaines obligations, prescriptions et défenses, leur pouvoir ne va pas jusqu'à conférer, par leurs arrêtés ou règlements, à certaines personnes désignées, le droit exclusif d'opérer la vidange des fosses ; que de tels actes sont manifestement entachés d'illégalité, en ce qu'ils portent atteinte à la liberté de l'industrie et créent un monopole au mépris des dispositions de l'article 7 de la loi des 2-17 mars 1791. — Cass., 18 janvier 1838 (Dev., 1838, p. 319 ; *J. du Pal.*, 1838, t. II, p. 82), 4 janvier 1839

(Dev., 1839, p. 709; *J. du Pal.*, 1839, t. Ier, p. 77), 28 juin 1839 et 5 mars 1840 (Dalloz, *Nouv. Rép.*, t. IX, p. 475 et 476, v° *Commune*, n° 943, notes 1 et 2).

Cette doctrine, que nous avons précédemment exposée en matière de ramonage, est d'ailleurs enseignée par MM. Curasson, *Compét. des jug. de paix*, t. Ier, p. 50 et 51, n° 19, et Dalloz, *Nouv. Rép.*, t. IX, n° 943.

Urinoirs.

Est légal et obligatoire l'arrêté municipal qui prescrit aux limonadiers, cafetiers et débitants de boissons, d'établir des urinoirs pour le service de leurs établissements, mais on devrait regarder comme illégale la disposition qui leur enjoindrait d'établir des urinoirs publics. — Cass., 12 octobre 1850 (ANNALES DES JUST. DE PAIX, 1851, p. 225).

Bestiaux morts. — Enfouissement.

L'autorité municipale est chargée, par l'article 13 du titre II de la loi des 28 septembre 6 octobre 1791, de désigner l'endroit où doivent être enfouis, à *quatre pieds* de profondeur, les bestiaux morts ; et il a été jugé que celui qui, au mépris d'un arrêté du maire déterminant ce lieu, enlève un cheval mort de la morve et en opère l'enfouissement ailleurs que dans l'endroit désigné, commet une contravention qui doit être réprimée par application du n° 15 de l'article 471 du Code pénal. — Cass., 7 juin 1839 (Dalloz, *Nouv. Rép.*, t, IX, p. 483, v° *Commune*, n° 978, note 3).

Pour assurer la complète exécution dudit article 13 de la loi de 1791, l'autorité municipale est investie du droit de prescrire aux propriétaires ou détenteurs d'animaux morts d'en faire, avant l'enfouissement, la déclaration au bureau de police; et l'infraction à une telle disposition entraîne également contre ceux qui la commettent l'application de l'article 471, n° 15, du Code pénal.— Cass., 26 septembre 1839 (Dalloz, *Ibid.*, p. 484, n° 979, note 1).

Écuries. — Étables.

Est obligatoire et pris dans les limites du pouvoir municipal, l'arrêté qui défend de placer des écuries et des étables le long de la voie publique. — Cass., 1er mars 1851 (Dev., 1851, p. 546); ANN. DES J. DE PAIX, 1852, p. 25, et *réimpression*, p. 17.

Rouissage de chanvre.

Est également obligatoire l'arrêté qui, par des motifs de salubrité publique, interdit le rouissage du chanvre dans des lieux voisins des habitations agglomérées. — Cass., 5 février 1847 (Dev., 1847, p. 235; Dalloz, 1847, p. 58).

Mais l'autorité municipale, non plus que l'autorité préfectorale, ne peuvent, par des règlements faits dans le seul intérêt de la conservation du poisson, interdire le rouissage du chanvre et du lin dans les rivières navigables et flottables ainsi que dans les ruisseaux qui y affluent. A cet égard, l'administration ne saurait remettre en vigueur les anciens règlements abrogés par l'article 83 de la loi du 15 avril 1829, sur la pêche fluviale. — Même arrêt.

Article 4.—Bon ordre, tranquillité publique.

Police des établissements publics.

1° Ouverture et fermeture des cafés, cabarets et autres débits de boissons.

Aucun café, cabaret ou autre débit de boissons, ne peuvent être ouverts sans une autorisation préalable de l'autorité administrative qui, dans certains cas déterminés, peut ordonner la fermeture de ceux existants; et toute infraction à ces dispositions doit être poursuivie devant les tribunaux de police correctionnelle. — **Décret du 29 décembre 1851, art. 1, 2 et 3.**

A Paris, les marchands de vin ne peuvent ouvrir leurs établissements ni exercer leur profession, **sans en avoir fait leur déclaration et avant d'en avoir obtenu l'autorisation du préfet de police, sous peine de 500 francs d'amende qui doit être prononcée également par la juridiction correctionnelle.** — Loi du 1er brumaire an VII, art. 38; décret imp. du 15 décembre 1813, art. 4.

Il est essentiel de remarquer :

1° Que l'autorisation dont il s'agit est nécessaire même au cas d'un simple débit accidentel.—Cass., 12 février 1857 (Dev., 1857, p. 613), 29 août 1857 (*J. du Pal.*, 1858, p. 376).

2° Que la même autorisation doit être préalablement demandée et obtenue par les logeurs et restaurateurs qui joignent à leur profession principale celle accessoire de débiter des boissons à consommer sur place en dehors des repas qu'ils peuvent servir. — Même arrêt du 12 février 1857.

3° Mais que les aubergistes, logeurs, hôteliers et restaurateurs qui se bornent à fournir le vin aux personnes qui mangent dans leurs établissements, ne sont pas soumis à l'obligation de se pourvoir d'une autorisation préalable. — Cass., 21 juillet 1853 (Dev., 1853, p. 800), 19 mai 1854 (*Bullet. crimin.*, n° 165), 11 août 1854 (Dev., 1854, p. 579), 28 mars 1856 (*Bullet. crimin.*, n° 125).

Par arrêt du 6 février 1847 (AN-NALES DES JUST. DE PAIX, 1847, p. 138), la Cour de cassation avait décidé que les dispositions de la loi du 1er brumaire an VII et du décret impérial du 15 décembre 1813 étaient restreints à la ville de Paris; que, partout ailleurs, l'autorité municipale ne pouvait, sous prétexte d'analogie, imposer, par des règlements ou arrêtés, à ceux qui veulent ouvrir un café ou autre débit de boissons, l'obligation d'obtenir d'elle un permis préalable d'ouverture. Il existait donc, à cet égard, une lacune dans la législation, et c'est cette lacune que le décret du 29 décembre 1851 est venu combler.

Mais il a toujours été hors de doute, avant comme depuis ce décret, que les maires, pour leurs communes, comme les préfets, pour le département tout entier, sont investis du pouvoir de déterminer par des règlements ou arrêtés les heures d'ouverture et de fermeture des cafés, cabarets, bals et autres lieux ou établissements publics; et il n'est pas moins constant que l'ad-

ministration peut aussi enjoindre aux citoyens qui fréquentent ces établissements d'en sortir à une certaine heure; ce sont là des mesures corrélatives sans lesquelles la tranquillité et le bon ordre ne sauraient être assurés et garantis. Les arrêtés pris dans ce but trouvent leur sanction dans la disposition générale et répressive de l'article 471, n° 15, du Code pénal.

C'est ainsi qu'il a été décidé :

1° Que les arrêtés ou règlements des préfets et des maires qui fixent et déterminent les heures d'ouverture et de fermeture des lieux et établissements publics, tels que cafés, cabarets, salles de danse, etc., sont essentiellement pris dans le cercle des attributions de l'autorité municipale. — Cass., 17 février 1814 (Dev. Sir., t. IV, p. 538), 10 avril 1819 (ANNA-LES DES JUST. DE PAIX, 1re série, t. V, p. 228, v° *Tribun. de police,* n° 86), 29 mars 1821, 8 et 28 mars et 5 octobre 1822, 4 et 10 avril et 7 novembre 1823, 21 février 1824, 17 juin et 3 décembre 1825 (Dev. Sir., t. VI, p. 408, t. VII, p. 37, 46, 145, 220, 224, 333 et 401, et t. VIII, p. 138 et 229), 19 juillet et 10 août 1833 (Dalloz, 1833, p. 339 et 340), 24 février 1842 (ANNALES DES JUST. DE PAIX, 1re série, t. Ier, p. 280, v° *Aubergiste,* n° 21), 26 janvier 1856 (ANNALES DES JUST. DE PAIX, 1856, p. 242).

2° Qu'il en est de même des dispositions par lesquelles il est défendu aux particuliers d'aller boire, manger ou jouer dans les cabarets ou autres lieux publics avant ou après une certaine heure déterminée.— Cass., 3 décembre 1825 (Dev., Sir., t. VIII, p. 225 ; Dalloz, 1826, p. 145), 8 décembre 1832 (Dev., 1833, p. 320 ; Dalloz, 1833, p. 108), 16 octobre 1844 (Dalloz, *Nouv. Rép.*, t. IX, p. 540, v° *Commune*, n° 1159, note 2), 4 mars 1848 (ANNALES DES JUST. DE PAIX, 1re série, t. III, p. 374, v° *Lieux publics*, n° 5), 15 juillet 1852 (ANNALES DES JUST. DE PAIX, 1853, p. 56).

La même solution résulte implicitement des nombreuses décisions que nous allons avoir bientôt l'occasion de citer.

L'arrêté municipal qui fixe l'heure de fermeture des cafés, cabarets et débits de boissons est général et absolu et ne comporte aucune distinction. Il s'applique au cas où les boissons doivent être emportées au dehors, aussi bien qu'au cas où elles sont ou doivent être consommées sur place ; en ordonnant cette fermeture, l'arrêté proscrit nécessairement tout débit pendant le temps de sa durée, puisque la vente ne pourrait avoir lieu qu'en ouvrant l'établissement.--Cass., 16 juin 1855 (ANNALES DES JUST. DE PAIX, 1856, p. 81).

Aussi a-t-il été décidé, par application de ce principe, qu'en interdisant l'ouverture des cabarets pendant la nuit, un règlement de police prohibe, par une conséquence nécessaire, tout débit, toute vente de boissons pendant le temps qu'il détermine ; qu'ainsi un cabaretier, poursuivi pour avoir enfreint un tel règlement, ne peut être relaxé des poursuites sous le prétexte qu'il aurait livré une bouteille d'eau-de-vie, non dans l'intérieur de son établissement, mais par la fenêtre. —

Cass., 3 août 1855 (*J. du Pal.*, 1856, t. II, p. 262).

Lorsqu'un nouveau règlement fixe l'heure de fermeture des lieux publics, sans disposer quant à l'heure de l'ouverture, les anciens règlements qui déterminent l'heure à partir de laquelle cette ouverture était permise continuent, de plein droit, de subsister sur ce point. — Cass., 19 juillet et 19 août 1833 (Dalloz, 1833, p. 339 et 340).

Quand un règlement ou arrêté n'impose que l'obligation aux maîtres des établissements de fermer à une certaine heure, les maîtres seuls sont passibles, en cas d'infraction, des pénalités encourues ; aucune condamnation ne saurait atteindre les individus qui sont trouvés dans ces établissements après l'heure de fermeture. — Cass., 5 octobre 1822 et 2 juin 1825 (Dev. Sir., t. VII, p. 145, et t. VIII, p. 131).

De même l'infraction aux dispositions d'un règlement de police qui défendent aux citoyens de rester dans les cabarets et autres lieux publics, passé une certaine heure, sans enjoindre aux cabaretiers eux-mêmes de fermer leurs établissements à cette heure, ne peut donner lieu à l'application d'aucune peine contre ceux-ci; la poursuite ne peut être utilement intentée que contre les consommateurs en contravention. — Cass., 13 avril 1833 (Dev., 1833, p. 717; Dalloz, 1833, p. 203).

Les règlements ou arrêtés ayant pour objet l'ouverture et la fermeture des cafés, cabarets ou autres lieux publics, sont inapplicables aux cercles ou réunions dans lesquels les sociétaires peuvent seuls être admis, et cela, encore que des rafraîchissements y soient vendus à ces sociétaires ; cette circonstance ne saurait faire attribuer aux cercles le caractère d'établissements publics. — Cass., 21 juin 1851 (ANNALES DES JUST. DE PAIX, 1852, p. 31), 12 septembre 1851 (Dev., 1851, p. 804; *J. du Pal.*, 1852, t. I⁰ʳ, p. 512), 12 septembre 1852 (Dev., 1853, p. 797).

C'est par application du même principe qu'il a été décidé que le pouvoir dont l'autorité municipale est investie par l'article 3, titre XI de la loi des 16-24 août 1790, ne lui attribue exclusivement que la police des lieux et réunions publics, et ne saurait légalement lui donner le droit de l'étendre aux réunions purement privées qui peuvent avoir lieu dans des maisons particulières ; d'où il suit que l'arrêté qui interdit les réunions dites *veillées* est pris en dehors des attributions municipales et dépourvu de toute force obligatoire. — Cass., 21 juin 1855 (*J. du Pal.*, 1856, t. II, p. 212).

Le local occupé par un limonadier entrepreneur de bals est réputé *lieu public* dans toutes ses parties. Une location partielle et momentanée à un ou plusieurs particuliers, avec la destination d'employer le local à donner un bal, ne peut effacer ce caractère et ne saurait soustraire ce lieu public à la surveillance de la police et à l'exécution des règlements. En conséquence, lorsqu'un bal y a été tenu après l'heure réglementaire de fermeture, sans autorisation valable, le propriétaire de l'établissement ne peut être renvoyé des poursuites sur le motif que le bal aurait été donné, non par lui, mais par une société de jeunes gens, et qu'il s'est borné à louer son local à cet effet. — Cass., 30 avril 1846 (Dev., 1848, p. 255 ; Dalloz, 1847, p. 35).

Et il en est ainsi alors surtout que le limonadier ou les personnes de sa maison paraissent avoir été chargés de donner leurs soins à la tenue du bal.— Cass., 2 mai 1835 (Dev., 1835, p. 740).

Le règlement de police qui prescrit la fermeture à des heures déterminées des cafés, cabarets et autres *lieux publics*, est applicable au *magasin d'un confiseur* qui vend des pâtisseries et des liqueurs dont la consommation s'opère dans l'établissement, alors surtout que ce commerçant est soumis à la licence comme débitant de vins étrangers et de liqueurs. — Cass., 4 mars 1853 (ANNALES DES JUST. DE PAIX, 1853, p. 342).

Est légal et obligatoire, comme ayant pour objet le maintien du bon ordre et de la tranquillité, l'arrêté préfectoral ou municipal qui enjoint aux cafetiers, cabaretiers et autres débitants de boissons, d'avertir immédiatement l'autorité des scènes de désordre qui auraient lieu dans leurs établissements, ainsi que des refus qui pourraient être faits d'en sortir aux heures prescrites. — Cass., 15 mars 1855 (ANNALES DES JUST. DE PAIX, 1855, p. 246).

Est pareillement obligatoire l'arrêté de police par lequel il est défendu aux marchands de vin, cabaretiers et débitants, de recevoir dans leurs établissements des individus en état d'ivresse, et qui leur prescrit d'en faire sortir ceux chez lesquels se manifestent, après leur entrée, des symptômes d'ivresse. — Cass., 2 juin 1855 (ANNALES DES JUST. DE PAIX, 1856, p. 57).

Et il y a contravention à un tel arrêté lorsqu'un homme ivre est trouvé dans un jeu de quilles dépendant d'un cabaret ; le maître du cabaret ne saurait être renvoyé des poursuites sous le prétexte que cet individu n'était point dans l'intérieur de l'établissement. — Même arrêt.

Est légal et, dès lors, obligatoire l'arrêté municipal qui interdit aux cafetiers, cabaretiers, maîtres de billard, de recevoir dans leurs établissements aucun enfant mineur sans qu'il soit accompagné de son tuteur ou d'un parent. — Cass., 19 février 1858 (ANNALES DES JUST. DE PAIX, 1858, p. 223).

Et l'infraction à un tel arrêté, poursuivie contre le maître de l'établissement, ne saurait être excusée sur le motif qu'il était absent de chez lui au moment où des mineurs y ont été admis, sans qu'il ait été établi que le prévenu avait pris les précautions nécessaires pour que son établissement ne fût point ouvert aux personnes qui ne devaient pas y être reçues. — Même arrêt.

Cette solution, bien que rigoureuse en apparence, est néanmoins exacte en principe, car elle est l'application de la règle d'après laquelle les obligations qui sont la suite de l'exercice d'une profession que l'autorité administrative ou municipale a le droit de réglementer, pèsent sur celui qui l'exerce alors même que l'inobservation des mesures prescrites ne proviendrait pas directement de son fait.

Sont légaux et obligatoires les arrêtés ou règlements préfectoraux ou municipaux qui défendent 1° aux cafetiers, cabaretiers et autres débitants de boissons, d'ouvrir leurs établissements et d'y recevoir, les dimanches et jours de fêtes reconnus par la loi, pendant le temps des offices, des personnes étrangères à leur maison pour y boire ou manger ; 2° à toute personne de rester dans ces établissements aux heures prohibées. — Cass., 24 décembre 1850 (ANNALES DES JUST. DE PAIX, 1851, p. 257), 10 juillet 1856 (ANNALES, 1856, p. 478).

Et une telle prohibition qui, relativement aux chefs d'établissements, n'est d'ailleurs que la reproduction de celle établie par la loi du 28 novembre 1814, sur l'observation des fêtes et dimanches, dont les dispositions sont toujours en vigueur, comprend la défense de donner à jouer aussi bien que celle de donner à boire et à manger. — Même arrêt du 10 juillet 1856.

L'infraction à de tels arrêtés entraîne-t-elle toujours l'application de l'article 471, n° 15, du Code pénal ?

Cette question doit être résolue par une distinction.

L'article 3 de la loi du 18 novembre 1814 dispose que dans les villes dont la population est au-dessous de cinq mille âmes, ainsi que dans les bourgs et villages, il est défendu aux cabaretiers, marchands de vins, débitants de boissons, traiteurs, limonadiers, maîtres de paume et de billards, de tenir leurs maisons ouvertes et d'y donner à boire et à jouer les jours de fête et les dimanches pendant l'office divin, et cette disposition trouve sa sanction dans les articles 5 et 6 de ladite loi; d'où il suit que la disposition répressive de l'article 471, n° 15, du Code pénal ne doit recevoir application que dans les cas autres que ceux prévus par la loi de 1814.

Or, la prohibition de cette loi, comme on vient de le voir, ne concerne que les chefs d'établissements et n'atteint pas les consommateurs, d'où la conséquence que la peine encourue par ceux-ci ne peut être puisée que dans l'article 471, n° 15, du Code pénal, qui sanctionne les règlements et arrêtés légalement faits.

Peut-être n'est-il point inutile d'ajouter que les prescriptions réglementaires dont nous venons de parler ne peuvent être légalement édictées que pour les villes dont la population est inférieure à cinq mille habitants; appliquer la même prohibition aux localités dont la population est plus élevée, ce serait régler la matière autrement que le législateur a entendu le faire lui-même, ce qui n'est point permis. Tout arrêté pris dans ce but serait donc illégal, croyons-nous, et dépourvu de toute force obligatoire.

Il est de principe que les tribunaux de police ne peuvent se dispenser de réprimer les contraventions qui leur sont déférées, en admettant en faveur de ceux qui les ont commises des excuses autres que celles formellement autorisées par la loi. La Cour de cassation a fait l'application de ce principe, dans la matière qui nous occupe, par un grand nombre d'arrêts.

Ainsi un cabaretier chez lequel plusieurs personnes sont trouvées après l'heure fixée pour la fermeture des lieux publics, ne peut être renvoyé de la poursuite dont il est l'objet, par le motif que ces personnes n'ont pas été surprises à boire : il suffit, pour qu'il y ait contravention punissable, que le cabaretier ait reçu ou conservé quelqu'un dans son établissement après l'heure indiquée. — Cass., 8 mars 1822, 4 avril 1823, 21 février 1824 (Dev. Sir., t. VII, p. 37, 220 et 401), 7 février 1857 (ANNALES DES JUST. DE PAIX, 1857, p. 190).

Un limonadier, marchand de vin ou cabaretier dans l'établissement duquel des individus sont trouvés après l'heure réglementaire de fermeture ne peut être excusé, non plus, sous le prétexte que ces individus sont :

Ou des parents ou amis admis à sa table particulière. — Cass., 5 octobre 1822, 7 novembre 1823 (Dev. Sir., t. VII, p. 145 et 333), 14 février 1820) Dev., 1840, p. 891; *J. du Pal.*, 1840, t. II, p. 763), 24 février 1842 (ANNALES DES JUST. DE PAIX, 1re série, t. Ier, p. 280, v° *Aubergiste*, n° 21), 18 avril 1825 (ANNALES, *Ibid.*, p. 281, n° 22), 5 février 1846 (Dev., 1846, p. 592; *J. du Pal.*, 1846, t. II, p. 468), 7 mai 1853 (ANNALES DES JUST. DE PAIX, 1854, p. 64).

Ou des voisins du maître de l'établissement, et non des consommateurs. — Cass., 12 janvier 1850 (AN-

NALES DES JUST. DE PAIX, 1851, p. 205).

Ou des ouvriers qui avaient été appelés dans la maison pour l'exécution de certains travaux. — Cass., 10 mars 1848 (Dev., 1849, p. 667).

Ou des personnes occupées à traiter d'affaires avec le débitant. — Cass., 4 février 1831 (Dev., 1831, p. 272, et Dalloz, 1831, p. 91).

La contravention ne saurait être exercée, non plus, sous le prétexte que, l'établissement étant une auberge, le maître attendait des voyageurs, les besoins de l'auberge n'exigeant nullement que la porte en soit laissée ouverte pendant la nuit, puisque celui qui la tient peut l'ouvrir aux voyageurs qui se présenteraient chez lui pour y prendre gîte. — Cass., 26 janvier 1856 (ANNALES DES JUST. DE PAIX, 1856, p. 242).

Ni sous le prétexte que l'aubergiste pouvait croire que les personnes venues chez lui, et qui sont trouvées, après l'heure, dans son établissement, avaient l'intention d'y coucher. — Cass., 6 mars 1845 (ANNALES DES JUST. DE PAIX, 1re série, t. Ier, p. 281, vo *Aubergiste*, no 23), 28 janvier 1853 (ANNALES DES JUST. DE PAIX, 1853, p. 256).

Cependant, lorsqu'il est établi que les personnes trouvées après l'heure de fermeture chez un aubergiste ou chez un limonadier exerçant en même temps la profession d'aubergiste y sont réellement venues pour y loger, aucune infraction n'est commise, et le maître de l'établissement n'encourt aucune pénalité. — Cass., 14 août 1845 (Dalloz, 1846, p. 46). 15 mars

1855 (ANNALES DES JUST. DE PAIX, 1855, p. 257).

Lorsqu'un règlement préfectoral dispose que les cabaretiers, cafetiers et débitants de boissons seront tenus de fermer leurs établissements à une certaine heure, et leur interdit d'y garder, pendant le temps de fermeture, des personnes étrangères à leur habitation, *autres que les voyageurs qui viennent y prendre gîte*, ce règlement doit être entendu en ce sens que les citoyens qui exercent simultanément et *notoirement* la profession d'aubergiste, hôtelier ou logeur et celle de cabaretier, peuvent, sans y contrevenir, recevoir dans leurs établissements, après l'heure où ils doivent être fermés, non-seulement les individus qu'ils logent et nourrissent, mais les voyageurs qui s'y présentent *en cours de route*, soit pour y faire une pause ou un séjour, *uniquement dans le but de se sustenter*, soit *pour y prendre gîte*, dans le sens légal de cette locution proverbiale. Il leur suffit, dès lors, dans ces trois hypothèses, de justifier de leur double industrie, pour être renvoyés de la poursuite intentée contre eux. — Cass., 4 juin 1858 (ANNALES DES JUST. DE PAIX, 1858, p. 431).

Un aubergiste, prévenu d'avoir tenu son établissement ouvert après l'heure fixée par le règlement, ne peut être relaxé sur le motif que les personnes trouvées chez lui auraient été reçues par les pensionnaires de l'auberge et dans leurs chambres particulières. — Cass., 24 décembre 1824 (Dev. Sir., t. VII, p. 603).

Mais si ces personnes sont les pensionnaires eux-mêmes, aucune contravention n'a été commise, car les pensionnaires doivent être considérés comme étant de la maison et presque de la famille. — Cass., 20 janvier 1837 (*J. du Pal.*, 1837, t. Ier, p. 467), 15 mars 1855 (ANNALES DES JUST. DE PAIX, 1855, p. 257), 4 juin 1858 (ANNALES, 1858, p. 431).

Décidé également que les dispositions réglementaires qui défendent aux maîtres des établissements publics de conserver du monde chez eux après une certaine heure sont inapplicables à l'égard des pensionnaires qui y logent, lesquels peuvent indifféremment demeurer, après l'heure de fermeture, soit dans leurs chambres, soit dans toute autre partie de l'établissement. — Cass., 8 janvier 1857 (ANNALES DES JUST. DE PAIX, 1857, p. 180) .

Le marchand de vin dans l'établissement duquel des individus sont trouvés à boire après l'heure fixée pour la fermeture des lieux publics ne peut être relaxé de la poursuite sur le motif qu'il joint à sa profession de marchand de vin celle d'entrepreneur d'un service de voitures publiques partant dans la nuit, s'il n'est pas formellement constaté que ces individus étaient réellement des voyageurs attendant le départ de la voiture. — Cass., 30 mai 1840 (Dalloz, *Nouv. Rép.*, t. IX, p. 542, v° *Commune*, n° 1163, note 2).

Les individus trouvés dans un café ou autre lieu public après l'heure de fermeture, au mépris d'un règlement ou arrêté qui comprend les consommateurs dans la prohibition qu'il établit, ne peuvent être relaxés de la prévention :

Ni sous le prétexte que leur présence dans l'établissement a été déterminée par une cause accidentelle et totalement étrangère au but de cet établissement. — Cass., 15 juillet 1852 (ANNALES DES JUST. DE PAIX, 1853, p. 56).

Ni sous le prétexte qu'ils ignoraient l'heure et qu'ils se sont d'ailleurs retirés à la première invitation qui leur en a été faite. — Cass., 3 décembre 1825 (Dev. Sir., t. VIII, p. 229; Dalloz, 1826, p. 145).

Ni sous le prétexte qu'ils ne sont restés que quelques minutes après l'heure, et n'ont pas prolongé leur séjour dans l'établissement contre le gré du propriétaire. — Cass., 16 octobre 1844 (Dalloz, *Nouv. Rép.*, t. IX, p. 540, v° *Commune*, n° 1159, note 2).

Ni encore sur le motif qu'ils se trouvaient, non dans la salle du café, mais dans la chambre à coucher du maître de l'établissement, dont ils auraient d'ailleurs été les invités. — Cass., 8 déc. 1832 (Dev., 1833, p. 320; Dalloz, 1833, p. 108).

Toutefois, si la loi défend d'excuser les contrevenants hors les circonstances où elle-même déclare le fait excusable, elle suppose qu'ils ont eu toute la liberté nécessaire pour se conformer aux prescriptions qui leur étaient faites ; en sorte que, s'ils se sont trouvés dans un cas de force majeure, ils ne sont passibles d'aucune peine.

C'est par application de ce principe qu'il a été jugé :

1° Qu'un directeur de théâtre, prévenu de n'avoir opéré la fermeture du spectacle qu'après l'heure fixée par les règlements, doit être renvoyé des poursuites, lorsqu'il justifie que le retard constitutif de la contravention qui lui est reprochée provient de faits totalement étrangers tant à lui qu'à la troupe dramatique, et qu'il n'a pas été en son pouvoir de prévenir ni d'empêcher. — Cass., 8 août 1840 (Dev., 1841, p. 549; *J. du Pal.*, 1841, t. Ier, p. 726).

2° Qu'un marchand de vin n'encourt aucune condamnation pour n'avoir pas fermé son établissement à l'heure prescrite, lorsqu'il est constant et parfaitement établi qu'il a été mis dans l'impossibilité de le faire par les consommateurs eux-mêmes. — Cass., 7 juillet 1827 (Dalloz, *Nouv. Rép.*, t. IX, p. 539, v° *Commune*, n° 1155, note 2).

Mais il faut bien prendre garde que ce cas de contrainte ou de force majeure doit être juridiquement prouvé, et qu'il ne suffirait pas qu'il fût seulement justifié que les personnes trouvées dans l'établissement ont simplement refusé d'en sortir. — Cass., 1er février 1833 (Dev., 1833, p. 592 ; Dalloz, 1833, p. 175).

2° Organisation et tenue de bals publics, banquets ou réunions.

Est légal et obligatoire l'arrêté municipal qui défend d'établir des bals *publics* sans en avoir préalablement obtenu l'autorisation du maire. — Cass., 11 mai 1832 (Dev., 1833, p. 647; Dalloz, 1832, p. 189), 13 avril 1833 (Dev., 1833, p. 648; Dalloz, 1833, p. 224),

Chamb. réun., 7 novembre 1833 (Dev., 1833, p. 879; Dalloz, 1834, p. 14) ; Paris, 6 janvier 1834 (Dev., 1834, p. 133), 2 mai 1835 et 18 novembre 1836 (Dalloz, *Nouv. Rép.*, t. IX, p. 548, v° *Commune*, n° 1184, note 1, et n° 1185, note 2), 19 janvier 1837 (Dev., 1838, p. 906; *J. du Pal.*, 1837, t. Ier, p. 461), 30 avril 1846 (Dev., 1848, p. 255 ; Dalloz, 1846, p. 53).

Sont également obligatoires :

L'arrêté par lequel un maire interdit à tous particuliers autres que les entrepreneurs des établissements des jeux et divertissements de la fête patronale de la localité, d'établir, le jour de cette fête, des bals et autres divertissements publics. — Cass., 19 janvier 1837 (Dev., 1838, p. 906; *J. du Pal.*, 1837, t. Ier, p. 461), 25 septembre 1841 (*J. du Pal.*, 1841, t. II, p. 576).

L'arrêté portant que, le jour de la fête patronale, les danses ne pourront s'établir qu'en plein air et sur une place déterminée, avec défense aux habitants de faire danser *le public* dans leurs propres maisons. — Cass., 1er août 1823 (Dev. Sir., t. VII, p. 304), 23 décembre 1842 (Dev., 1843, p. 421).

Décidé encore que les danses ouvertes à tout le monde, sur un terrain non clos joignant la voie publique, devant la grange d'un particulier, sont des danses publiques qui ne peuvent avoir lieu sans autorisation, lorsqu'il existe un règlement ou arrêté qui défend ces danses ailleurs que dans les endroits déterminés par l'autorité municipale. — Cass., 8 décembre

1842 (Dalloz, *Nouv. Rép.*, t. IX, p. 548, v° *Commune*, n° 1187).

Mais l'arrêté d'un maire qui défend d'une manière absolue les jeux et les danses, le jour de la fête patronale du pays, ne se rattache à aucune des dispositions de la loi des 16-24 août 1790, et ne pourrait être considéré comme ayant été pris pour assurer l'exécution de la loi du 18 novembre 1814, sur l'observation des fêtes et dimanches, qu'autant que la prohibition serait restreinte aux heures de l'office divin. — Cass., 18 juillet 1823 (Dev. Sir., t. VII, p. 295).

Est légal et obligatoire l'arrêté municipal qui interdit aux chefs d'établissements ou salle de danse, de les ouvrir tout autre jour que le dimanche, s'ils n'y ont préalablement autorisés par l'administration.—Cass., 15 mai 1851 (ANNALES DES JUST. DE PAIX, 1852, p. 35).

Toutes les mesures qui sont de nature à maintenir l'ordre et la tranquillité doivent être expressément mentionnées dans les arrêtés de police publiés dans ce but ; autrement celui qui serait poursuivi pour n'avoir pas pris ces mesures ne serait point punissable. C'est ainsi que, par arrêté du 14 juillet 1838 (Dalloz, *Nouv. Rép.*, t. IX, p. 548, v° *Commune*, n° 1186), la Cour de cassation a décidé qu'en l'absence d'un arrêté qui en contienne l'injonction formelle, un entrepreneur de bals publics ne peut être déclaré passible d'une peine pour n'avoir pas fait afficher dans son établissement les mesures d'ordre à observer pendant la durée du bal.

Le pouvoir réglementaire des mai-res ne va pas jusqu'à leur conférer le droit de prendre des arrêtés pour interdire les réunions de plus de vingt personnes dans des maisons particulières et pour des bals particuliers : de tels arrêtés excèdent les limites des attributions municipales, et n'ont, dès lors, aucune force obligatoire. — Cass., 16 août 1834 (Dev., 1835, p. 122).

Mais on doit considérer comme parfaitement légal l'arrêté préfectoral qui interdit dans le département tous banquets ou réunions qui n'auraient point été préalablement autorisés. — Cass., 7 mai 1851 (*Bullet. crimin.*, n° 164).

Il en est de même de l'arrêté qui prohibe dans les cercles, cafés, cabarets, auberges et autres lieux publics, les réunions qui peuvent s'y former sous les noms de *clubs, banquets, réunions chantantes*, ou sous prétexte de *discussions* ou *lectures publiques*. — Cass., 18 juin 1851 (ANNALES DES JUST. DE PAIX, 1852, p. 97).

Est légal et obligatoire, l'arrêté qui interdit aux ouvriers, dits *compagnons du devoir*, etc., de se produire en groupes dans les lieux publics, armés de cannes et décorés de rubans. C'est là une mesure qui intéresse essentiellement le bon ordre et la tranquillité, ce qui rentre, par conséquent, dans la sphère d'attributions de l'autorité municipale. — Cass., 5 août 1836 (Dalloz, *Nouv. Rép.*, t. IX, p. 503, v° *Commune*, n° 1055, note 2), 18 mai 1844 (Dalloz, 1845, p. 43).

3° Registre des aubergistes, hôteliers et logeurs. Prescriptions diverses.

Nous avons eu précédemment l'occasion de rappeler que l'article 475, n° 2, du Code pénal, sous la sanction des peines qu'il prononce, impose aux aubergistes , hôteliers et logeurs , l'obligation d'inscrire sur un registre à la tenue duquel ils sont assujettis, les noms, qualités et domicile, ainsi que la date d'entrée et de sortie des personnes qui couchent ou qui passent la nuit dans leur établissement, et de représenter ce registre aux époques déterminées par les règlements.

Les maires sont investis du pouvoir d'assurer par leurs règlements ou arrêtés l'exécution de cette disposition.

Ainsi, ils peuvent assujettir les aubergistes, logeurs, etc., à l'obligation de présenter leur registre à la mairie et même de le communiquer *à domicile* aux commissaires et agents de police. — Cass., 14 octobre 1847 (ANNALES DES JUST. DE PAIX, 1re série, t. Ier, p. 279, vo *Aubergiste*, n° 20), 15 mai 1856 (ANNALES, 1856, p. 383).

Et l'arrêté qui contient cette prescription trouve sa sanction, non dans l'article 471, n° 15, du Code pénal, mais dans l'article 475, n° 2. —Mêmes arrêts.

Décidé pareillement que le tribunal de simple police fait une fausse application de la loi en prononçant, contre un aubergiste prévenu de n'avoir pas représenté au visa du commissaire de police le registre à la tenue duquel il est obligé, une simple amende de 1 franc, par application du n° 15 de l'article 471, sur le motif que cette représentation était prescrite par un arrêté préfectoral. L'infraction étant

prévue par l'article 475, n° 2, la pénalité établie par cette disposition est la seule qui doive être prononcée. — Cass., 18 décembre 1857 (ANNALES DES JUST. DE PAIX, 1858, p. 149).

Est obligatoire, sous la même sanction, l'arrêté municipal qui prescrit à tout logeur de profession de remettre ou faire remettre tous les jours, avant une certaine heure, à la police, un bulletin du mouvement de sa maison, lors même qu'il n'aurait reçu personne dans la journée. — Cass., 13 janvier 1837 (Dev., 1837, p. 832; Dalloz, 1837, p. 228).

Sont légaux et obligatoires les arrêtés municipaux qui enjoignent aux aubergistes, hôteliers et logeurs :

De se faire représenter les passeports des voyageurs qu'ils reçoivent dans leur établissement. C'est là une mesure sage en elle-même, en ce qu'elle tend à assurer l'efficacité des prescriptions de la loi et à empêcher l'emploi de noms faux ou supposés : elle rentre donc évidemment dans les attributions de l'autorité municipale et dans les limites des pouvoirs que la loi générale lui confie pour la sûreté publique et pour la surveillance des lieux publics. — Cass., 8 mai 1858 (ANNALES DES JUST. DE PAIX, p. 375).

D'inscrire sur le registre à la tenue duquel ils sont assujettis, outre le nom et la qualité de chaque voyageur, la désignation contenue en son passeport; d'y indiquer la date de ce passeport et du dernier visa, l'autorité qui l'a délivré et la destination qu'il constate.— Cass., 6 octobre 1832 (*Bullet. crimin.*, n° 382).

De remettre tous les jours avant midi au commissaire de police les passe-ports des voyageurs qui arrivent chez eux et qu'ils logent. — Cass., 10 avril 1841 (ANNALES DES JUST. DE PAIX, 1re série, t. Ier, p. 282, v° *Aubergiste*, n° 249).

En effet, ainsi que nous l'avons dit déjà (1), de telles injonctions n'ont rien d'inconciliable avec les prescriptions de l'article 475, n° 2, du Code pénal ; ce sont des mesures de police, ajoutées à d'autres mesures, et qui ont pour objet la protection du même intérêt, et le même but de sécurité. Mais il importe de remarquer que, ne trouvant plus leur point d'appui dans la disposition spéciale dudit article, les contrevenants ne sont passibles que de l'amende édictée par l'article 471, n° 15, ainsi que l'ont d'ailleurs décidé les deux arrêts des 10 avril 1841 et 8 mai 1858, qui viennent d'être cités.

L'autorité municipale, bien qu'investie du droit de surveiller les maisons des logeurs, les auberges et les hôtels garnis, ne peut, par des arrêtés ou règlements, leur interdire de recevoir dans leurs établissements une certaine catégorie d'individus, par exemple, des mendiants. De telles dispositions excèdent les limites du pouvoir réglementaire confié aux maires dans l'intérêt de la sûreté publique et de la tranquillité générale. — Cass., 12 juin 1845 (Dev., 1846, p. 157; *J. du Pal.*, 1846, t. Ier, p. 270).

Décidé, par application du même principe, que, si les maires tiennent

de la loi le pouvoir de réglementer la police des lieux publics, et spécialement des auberges et des hôtelleries, cependant ce droit ne peut aller jusqu'à indiquer, soit les voyageurs que les aubergistes ou les hôteliers pourraient seuls recevoir, soit ceux qu'ils sont tenus de loger, ou encore les personnes qu'il leur est interdit d'admettre, pourvu toutefois que lesdits hôteliers et aubergistes se conforment aux mesures de police prises pour constater le séjour des voyageurs qu'ils reçoivent dans leurs établissements. — Cass., 2 juillet 1857 (ANNALES DES JUST. DE PAIX, 1857, p. 416).

N'est point obligatoire le règlement de police qui enjoint aux habitants d'une ville de déclarer à la police les étrangers qui logent chez eux. — Cass., 30 août 1833 (Dev., 1833, p. 874; Dalloz, 1833, p. 308), 17 mai 1838 (Dev., 1838, p. 979; Dalloz, 1838, p. 462).

De telles injonctions, en effet, n'ont de caractère obligatoire qu'en tant qu'elles s'adressent à ceux dont les maisons sont ouvertes au public, les seules dont la police appartienne à l'administration.

C'est par application du même principe que la Cour de cassation a décidé qu'on doit refuser toute force obligatoire :

1° A l'arrêté municipal par lequel il est enjoint aux personnes étrangères à la localité et qui veulent y demeurer, de se présenter à la mairie et d'en faire la déclaration pour y être inscrites sur un registre établi à cet effet; d'y déposer leurs passe-ports, certificat-

(1) V. *suprà*, § 2 de la présente section.

ou autres pièces dont elles sont munies, en échange d'une carte de sûreté qui leur serait délivrée. — Cass., 1er août 1845 (Dev., 1845, p. 238 ; *J. du Pal.*, 1845, t. II, p. 686) ;

2° A l'arrêté, qui, d'une part, enjoint à tout individu qui vient fixer son domicile dans la commune d'en faire la déclaration à la mairie dans la huitaine, ou, quittant la commune, d'en faire la déclaration trois jours avant son départ, ou, changeant de logement, d'en faire la déclaration dans la huitaine ; et, d'autre part, déclare les propriétaires responsables du défaut de déclaration de leurs locataires. — Cass., 8 octobre 1846 (Dev., 1847, p. 479 ; Dalloz, 1847, p. 33).

De telles mesures excèdent évidemment les bornes du pouvoir réglementaire, et c'est avec grande raison, qu'en rapportant les deux arrêts qui en déclarant l'illégalité, M. Dalloz (*Nouv. Rép.*, t. IX, p. 506, v° *Commune*, n° 1064) en approuve la doctrine dans les termes suivants : « Tout individu « qui n'est pas sous la surveillance de « la police, dit ce jurisconsulte, a le « droit de transporter son domicile où « bon lui semble. La liberté des per- « sonnes est consacrée par nos lois ; « et, si l'on peut dire que cette liberté « n'est pas et ne peut pas être absolue « dans un Etat, il faut aussi recon- « naître que les lois seules peuvent « apporter une modification au prin- « cipe. »

Est pareillement sans effet obligatoire l'arrêté préfectoral qui prescrit aux propriétaires ou directeurs des maisons d'accouchement de tenir un registre sur lequel devront être inscrites toutes les femmes et filles qui y séjourneront, soit pendant leur grossesse, soit pour y faire leurs couches. Un tel arrêté est illégal, soit en ce que les sages-femmes et directeurs de maisons d'accouchement ne peuvent être assimilés aux aubergistes ou logeurs, soit en ce qu'une telle prescription est contraire à la loi du secret qui leur est imposé dans l'exercice de leur profession, par l'article 378 du Code pénal. — Cass., 30 août 1833 (Dalloz, 1833, p. 308), 22 août 1845 (Dalloz, 1846, p. 46), 18 juin 1846, (Dalloz, 1846, p. 233), 12 septembre et 1er octobre 1846 (Dalloz, 1846, p. 233).

Est illégal et dès lors inobligatoire l'arrêté par lequel il est défendu aux personnes qui n'exercent pas la profession d'aubergiste ou logeur, de louer des appartements, chambres, boutiques, ateliers, à tout individu qui ne serait pas porteur d'une permission de séjour délivrée par l'autorité municipale. — Cass., 6 août 1841 (Dev., 1841, p. 766 ; Dalloz, 1841, p. 430).

En effet, un tel arrêté ne trouve son point d'appui ni dans l'article 3, titre XI de la loi des 16-24 août 1790, ni dans aucune autre disposition postérieure, et les citoyens ne sauraient être considérés comme ressortissant au pouvoir municipal dans l'usage qu'ils font de leur propriété.

Est pareillement illégal l'arrêté qui interdit aux habitants de la commune de prendre, comme domestiques, des individus étrangers à la localité qui ne seraient pas munis :

Soit d'une carte de police. —Cass., 16 avril 1825 (Dev. Sir., t. VIII, p. 106; Dalloz, 1825, p. 446).

Soit d'un livret délivré par le maire. — Cass., 14 novembre 1840 (*J. du Pal.*, 1841, t. II, p. 244), 5 février 1841 (*J. du Pal.*, 1843, t. Ier, p. 592), 9 novembre 1843 (Dev., 1844, p. 382).

Décidé encore qu'on ne doit point accorder force obligatoire à un arrêté municipal qui impose aux domestiques l'obligation de se munir d'un livret; les dispositions de la loi du 22 germinal an II et de l'arrêté du 9 frimaire an XII (aujourd'hui la loi du 22 juin 1854 et le décret réglementaire du 30 avril 1855) ne leur sont point applicables, puisqu'ils ne s'occupent que des ouvriers et apprentis, et que la loi n'a d'ailleurs accordé le droit de réglementation à cet égard ni au pouvoir municipal, ni à l'administration supérieure elle-même. — Cass., 15 juillet 1854 (*J. du Pal.*, 1855, t. II, p. 553).

Est également dépourvu de toute force obligatoire l'arrêté municipal qui prescrit aux chefs d'atelier de ne recevoir aucun ouvrier non muni d'une carte de sûreté, et sans en avoir préalablement fait la déclaration au bureau de police. — Cass., 18 juillet 1839 (Dev., 1839, p. 631 ; *J. du Pal.*, 1839, t. II, p. 200).

Mais les ouvriers de l'un et de l'autre sexe, attachés aux manufactures, fabriques, usines, mines, minières, carrières, chantiers, ateliers ou autres établissements industriels sont astreints à l'obligation d'être pourvus d'un livret conforme aux prescriptions du règlement d'administration publique du 30 avril 1855, sous peine d'une amende de 1 franc à 15 francs, et, suivant les circonstances, d'un emprisonnement d'un à cinq jours. — Loi du 22 juin 1854, articles 1er et 11.

4° Billards. — Jeux.

Est légal et obligatoire le règlement de police qui soumet la tenue des billards publics à la nécessité d'une autorisation préalable de l'autorité municipale. — Cass., 6 et 30 décembre 1833 (Dalloz, *Nouv. Rép.*, t. IX, p. 545, v° *Commune*, n° 1177, note 1), 13 décembre 1834 (Dev., 1835, p. 298) 23 avril 1835 (Dalloz, *Ibid.*, n° 1177, note 1).

Il en est de même de l'arrêté qui défend de jouer de l'argent aux jeux de cartes, dans les cafés, cabarets et autres établissements publics, une telle prohibition rentre dans l'exercice légal du pouvoir dont l'article 3, n° 3, titre XI de la loi des 16-24 août 1790 a investi l'autorité municipale. — Cass., 3 juin 1848 (ANNAL. DES JUST. DE PAIX, 1re série, t. III, p. 325, v° *Jeu*, n° 8).

La Cour de cassation est allée plus loin en décidant, par arrêt du 19 janvier 1837 (ANNALES, *Ibid.*, p. 324, n° 7), que la défense de jouer *toute espèce de jeux de cartes* dans les établissements publics rentre dans la catégorie des mesures que les maires ont le droit de prescrire dans l'intérêt du bon ordre et de la tranquillité publique.

Mais, par une décision plus récente, cette Cour a jugé que la disposition d'un arrêté de police qui défend de jouer dans les établissements publics, soit aux *cartes*, soit à aucun *jeu de hasard*, ne saurait s'appliquer au *jeu de piquet*, qui n'est point un jeu de hasard ; que la prohibition dont il s'agit n'a pu vouloir s'étendre qu'à ces jeux de hasard ou de loteries pour lesquels seuls a disposé la loi pénale, dans le n° 4 de l'article 475. — Arrêt du 8 janvier 1857 (ANNAL. DES JUST. DE PAIX, 1857, p. 212).

La doctrine de cet arrêt paraît être une déviation de celle qui résulte des autres décisions de la Cour suprême sur cet objet, lesquelles considèrent comme absolue, la défense de jouer toute espèce de jeux de cartes, tandis que le dernier arrêt, malgré les termes généraux de la prohibition : *soit aux cartes*, la restreint à ceux qui doivent être réputés *jeux de hasard*.

Peut-être serait-il bien rigoureux de reconnaître à l'autorité locale le droit de proscrire tous jeux de cartes, sans exception, et quelque innocents qu'ils fussent, et serait-ce se conformer mieux à la pensée et au vœu du législateur, en adoptant la restriction dont il s'agit ; mais alors, s'il en était ainsi, les règlements ou arrêtés locaux n'auraient plus la même raison d'être, puisque la tenue des *jeux de hasard* est formellement prohibée et rendue punissable par la loi elle-même (Code pénal, art. 475, n° 5), et qu'il serait indifférent qu'elle l'eût été ou non par un règlement, la disposition de cet article devenant, dès lors, applicable dans l'un comme dans l'autre cas.

Quoi qu'il en soit, lorsqu'aucun rè-glement ni arrêté n'a interdit les jeux de cartes dans les cafés ou autres lieux publics, aucune poursuite ne saurait être exercée contre un individu prévenu d'avoir joué dans un établissement de ce genre, à un jeu de cartes qui ne peut être réputé *jeu de hasard*, par exemple, au *piquet*. — Cass., 28 mai 1841 (ANNAL. DES JUST. DE PAIX, 1re série, t. III, p. 326, v° *Jeu*, n° 9).

Il n'est point inutile de faire connaître ici les jeux qui, suivant les décisions de la jurisprudence, doivent être réputés ou non *jeux de hasard* dans le sens de l'article 475, n° 5, du Code pénal.

Sont compris sous la dénomination de *jeux de hasard*, à la fois ceux où le hasard seul préside, tels que : *la roulette, le lansquenet*, etc., et ceux dans lesquels le hasard n'a que le principal rôle, par exemple, les jeux de *bouillotte*, d'*écarté*, de *douze points*, de *creps*, etc. — Rennes, 30 mai et 2 septembre 1839 (Dev., 1845, p. 546; *J. du Pal.*, 1839, t. II, p. 574); Paris, 8 novembre 1839 (Dalloz, 1840, p. 39; *J. du Pal.*, 1839, t. II, p. 516); Cass., 14 novembre 1840 (ANNAL. DES JUST. DE PAIX, 1re série, t. III, p. 326, v° *Jeu*, n°. 10); Nîmes, 16 février 1843 (*J. du Pal.*, 1843, t. Ier, p. 302); Bordeaux, 7 décembre 1843 (Dev., 1844, p. 323; *J. du Pal.*, 1844, t. II, p. 458); Paris, 10 mai 1844 (*J. du Pal.*, 1844, t. II, p. 458); Cass., 3 juillet 1852 (ANNAL. DES JUST. DE PAIX, 1853, p. 186).

Décidé, cependant, que, si le *creps* doit être considéré comme jeu de hasard, il n'en est point ainsi du *jeu d'é-*

carté. — Bordeaux, 18 avril 1844 (Dev., 1845, p. 546).

La *mouche* exige, de la part des joueurs, de l'habileté et certaines combinaisons. On ne saurait donc la ranger dans la catégorie des jeux de hasard auxquels s'applique la disposition de l'article 475, n° 5, du Code pénal. — Cass., 18 février 1858 (ANNAL. DES JUST. DE PAIX, 1858, p. 188).

Ne peuvent, non plus, être considérés comme jeux de hasard :

Le jeu de *piquet.* — Cass., 28 mai 1841 (ANNAL. DES JUST. DE PAIX, 1re série, t. III, p. 326, v° *Jeu*, n° 9), 8 janvier 1857 (ANNAL. DES JUST. DE PAIX, 1857, p. 212).

Le jeu de *béxi...* alors d'ailleurs qu'il ne résulte d'aucun élément du procès qu'au point de vue légal ce jeu puisse être considéré comme jeu de hasard. — Cass., 2 avril 1853 (ANNAL. DES JUST. DE PAIX, 1853, p. 373).

Le jeu de *quilles* ne peut être considéré que comme un jeu d'adresse, qui ne rentre point, dès lors, dans la prohibition de la loi. — Cass., 26 mai 1855 (ANNAL. DES JUST. DE PAIX, 1856, p. 86).

Chants, musique.

Sont obligatoires les règlements ou arrêtés municipaux qui défendent à tous entrepreneurs de cafés, cabarets et autres établissements publics de même genre, d'y tenir à poste fixe des musiciens, chanteurs et baladins. Cass., 7 juillet 1838 (Dev., 1838, p. 744 ; *J. du Pal.*, 1838, t. II, p. 185).

.....Ou même qui prohibent, d'une manière absolue, toute espèce de chants ou de musique vocale dans les cafés. — Cass., 12 juin 1846 (Dev., 1846, p. 757 ; Dalloz, 1846, p. 276), 5 décembre 1846 (Dalloz, 1847, p. 31).

Est également obligatoire l'arrêté de police qui fait défense de sonner du cor de chasse dans l'intérieur d'une ville. — Cass., 24 avril 1834 (Dalloz, 1834, p. 358).

Du reste, le fait de sonner du cor pendant la nuit, de manière à troubler le repos et la tranquillité des habitants, est punissable encore qu'il n'existe aucune prohibition réglementaire à cet égard, car il constitue la contravention de bruit et tapage nocturne que prévoit et réprime l'article 479, n° 8, du Code pénal.

C'est ainsi que la Cour de cassation a décidé que la disposition répressive de cet article est applicable :

Au fait par un individu de sonner du cor de chasse dans un appartement dont les fenêtres sont laissées ouvertes dans la soirée. — Arrêt du 16 novembre 1854 (ANNALES DES JUST. DE PAIX, 1855, p. 130).

Au fait par un conducteur de diligence de sonner du cor pendant la nuit, lors de son arrivée dans les rues. — Cass., 21 août 1857 (ANNALES DES JUST. DE PAIX, 1858, p. 55).

Mascarades.

Est légal et par suite obligatoire l'arrêté municipal qui défend de parcourir les rues, places et autres voies publiques, étant masqué ou seulement travesti ; et la contravention à une telle prohibition ne saurait être excusée par des considérations tirées de l'ancienneté de tels usages en temps de carnaval, ni sous le prétexte de la bonne foi des contrevenants, excuses qui ne sont pas autorisées par la loi. — Cass., 9 mars 1838 (*J. du Pal.*, 1840, t. Ier, p. 345).

Professions bruyantes et incommodes.

Le principe de la liberté de l'industrie, consacré, comme nous l'avons dit, par l'article 7 de la loi des 2-17 mars 1791, met obstacle à ce que l'autorité municipale puisse interdire l'exercice de quelque profession que ce soit. Mais comme le devoir de cette autorité est de concilier les droits des citoyens avec les intérêts qu'elle est chargée de protéger, il en résulte que, dans le but d'assurer le repos et la tranquillité publique, les maires ont le droit de déterminer, par leurs règlements ou arrêtés, l'heure avant et après laquelle certaines professions bruyantes ne pourront être exercées dans les enceintes habitées.

Ainsi, est légal et obligatoire, comme étant pris dans le cercle des attributions municipales, l'arrêté qui fixe le temps pendant lequel tous ceux qui exercent dans une ville des professions à marteau seront tenus d'interrompre leurs travaux afin de ne pas troubler le repos et la tranquillité des habitants. — Cass., 18 mars 1847 (ANNALES DES JUST. DE PAIX,

1re série, t. IV, p. 186, v° *Pouv. municip.*, n° 70), 9 janvier 1857 (ANNALES, 1857, p. 315), 29 janvier 1858 (ANNALES, 1858, p. 177).

Est également obligatoire l'arrêté de police qui, dans le même but, enjoint à ces artisans (aux chaudronniers, par exemple) de n'exercer leur profession que dans des ateliers fermés et couverts. — Cass., 4 août 1853 (ANNALES DES JUST. DE PAIX, 1854, p. 104).

Mais aucune loi ne confère à l'autorité municipale le droit de déterminer les lieux dans lesquels l'exercice des professions dont il s'agit sera seul autorisé. Les maires ne pourraient imposer une telle restriction sans usurper les pouvoirs que le décret impérial du 15 octobre 1810 et l'ordonnance royale du 14 janvier 1815 n'accordent qu'à l'autorité administrative supérieure (1) de faire suspendre la formation ou l'exploitation des établissements qui paraissent de nature à être considérés comme insalubres ou incommodes. — Cass., 18 mars 1847 (ANNALES DES JUST. DE PAIX, 1re série, t. IV, p. 186, n° 70), 4 août 1853 (ANNALES, 1854, p. 104), 25 novembre 1853 (ANNALES, 1854, p. 141), 1er juin 1855 (ANNALES, 1855, p. 318), 9 janvier 1857 (ANNALES, 1857, p. 315).

Ainsi encore sont illégaux et non obligatoires les arrêtés municipaux qui obligent les chaudronniers à placer leurs ateliers dans des locaux clos de murs en maçonnerie, leur défen-

____

(1) V. *suprà*, section 1re.

dent d'y pratiquer d'autres ouvertures que celles garnies de fenêtres vitrées ou hermétiquement closes, et portent enfin que les jours à air libre de ces ateliers ne pourront être pris qu'au moyen de cheminées ou toute autre ouverture pratiquée dans la toiture. De telles mesures, permanentes, et qui touchent au mode selon lequel les ateliers dont il s'agit devront être édifiés et fermés, sont excessives et sortent du cercle d'attributions du pouvoir municipal. — Cass., 29 janvier 1858 (ANNALES DES JUST. DE PAIX, 1858, p. 177).

Est légal et obligatoire l'arrêté par lequel un maire interdit de teiller du lin et du chanvre avant ou après une certaine heure déterminée, dans le but d'assurer le repos et la tranquillité des citoyens pendant la nuit. — Cass., 12 novembre 1812 (Dev. Sir., t. IV, p. 224).

L'autorité municipale peut encore prohiber d'une manière absolue, pendant la nuit, les bruits que ne comporte pas nécessairement l'exercice de certaines professions, tels, par exemple, que les cris poussés par les boulangers en pétrissant leur pain. — Cass., 21 novembre 1828 (Dalloz, 1829, p. 25 ; *J. du Pal.*, t. XXII, p. 370).

L'infraction aux arrêtés dont nous venons de parler, lorsque les faits qui la constituent ont le caractère de bruits ou tapages nocturnes et troublent la tranquillité des habitants, doit-elle trouver sa répression dans la disposition de l'article 479, n° 8, du Code pénal, qui punit ces bruits ou tapages, ou entraîne-t-elle seulement l'application de l'article 471, n° 15, du Code pénal, comme contravention à un arrêté ou règlement légalement fait ?

La première solution résulte des deux décisions qui viennent d'être citées en dernier lieu et d'un autre arrêt de la Cour de cassation du 15 avril 1825 (Dalloz, 1825, p. 306), qui décident que l'infraction dont il s'agit est punissable conformément à l'article 479, n° 8, du Code pénal.

Il nous semble bien rigoureux d'assimiler les bruits qui ne cessent d'être légitimes et n'ont un caractère punissable que parce qu'ils sont défendus par un arrêté de police, à ceux que la loi elle-même déclare répréhensibles et prohibe d'une manière absolue.

Sans doute, il est de principe qu'on ne doit recourir à la disposition générale de l'article 471, n° 15, qu'autant que le fait poursuivi n'est réprimé par aucune disposition spéciale, ce fait eût-il été l'objet de prescriptions réglementaires.

Ainsi, l'on conçoit parfaitement, comme l'a jugé récemment la Cour de cassation, par deux arrêts des 24 novembre 1855 (ANNALES DES JUST. DE PAIX, 1856, p. 129) et 27 août 1857 (ANNALES, 1858, p. 142), que le fait par des individus d'avoir, pendant la nuit, dans les rues d'une ville, poussé des hurlements ou chanté de manière à causer un tapage et à troubler la tranquillité des habitants, trouve sa répression, non dans cette dernière disposition, mais dans celle de l'article 479, n° 8, encore bien qu'il existe un arrêté municipal faisant défense de jeter l'inquiétude ou l'alarme parmi les habitants, soit par des cris, soit par des chants, soit par des sons d'instruments, car un tel fait rentre bien dans la prohibition de l'article 479, n° 8, du Code pénal, à laquelle les actes de l'autorité municipale ne sauraient apporter aucune dérogation. Mais en est-il de même des bruits que la loi ne défend pas, et qui, comme nous l'avons dit, ne cessent d'être licites que parce qu'ils sont interdits par un règlement ou par un arrêté? Cela nous semble fort douteux, et, dans un tel cas, nous sommes disposé à croire que les contrevenants n'encourent d'autre peine que l'amende édictée par l'article 471, n° 15.

Quêtes à domicile.

Les maires sont sans droit pour interdire aux citoyens de faire des quêtes publiques dans la commune, au domicile des citoyens, sans une autorisation préalable. Un arrêté de cette nature est dépourvu de toute force obligatoire, car son objet n'intéresse ni la sûreté, ni la salubrité publique, ni l'ordre, ni la viabilité, ni la police des lieux publics. Il ne se rattache donc à aucun des intérêts que l'autorité municipale est chargée de protéger. — Cass., 16 février 1833 (Dev., 1833, p. 776 ; Dalloz, 1833, p. 262), 2 juin 1847 (Dev., 1848, p. 256), 1er août 1850 (ANNALES DES JUST. DE PAIX, 1851, p. 161), 13 août 1858 (*Bullet. crimin.*, p. 377, n° 233).

Ventes publiques.

Est illégal et par conséquent non obligatoire l'arrêté municipal qui restreint la faculté de vendre à l'encan à certains jours et pendant un nombre d'heures déterminé. — Cass., 28 août 1841 (Dalloz, *Nouv. Rép.*, t. IX, p. 533, v° *Commune*, n° 1137, note 5).

Il en est de même, à plus forte raison, de l'arrêté qui prohibe toutes ventes à l'encan, même avec le ministère d'officiers publics, à la seule exception de celles qui ont lieu par autorité de justice ou par suite de décès. — Cass., 3 décembre 1840 (Dalloz, *Ibid.*, n° 1136, note 4).

Mais, au contraire, est parfaitement légal, comme ayant pour but le maintien du bon ordre dans un lieu public, l'arrêté municipal portant que les ventes à l'encan ne pourront être faites ou continuées à la lumière, et qu'elles devront avoir lieu en plein jour. Vainement on prétendrait que de telles prescriptions sont contraires au principe de la liberté de l'industrie proclamé par l'article 7 de la loi des 2-17 mars 1791, cet article réservant tout effet aux règlements de police qui seraient faits à cet égard, par l'autorité compétente. — Cass., 16 octobre 1847 (Dev., 1847, p. 850; Dalloz, 1848, p. 36).

Les ventes en détail de marchandises neuves, à cri public, faites avec ou sans l'assistance d'un officier ministériel, sont interdites lorsque la vente n'est pas prescrite par la loi, ou n'a pas lieu, soit par autorité de justice, soit après décès, faillite ou cessation de commerce, soit lorsque la nécessité n'en a pas été reconnue par le tribunal de commerce. — Loi du 25 juin 1841, art. 1 et 2.

Les ventes publiques aux enchères après cessation de commerce ou dans les autres cas exceptionnels de nécessité ne peuvent être effectuées qu'après autorisation préalable du tribunal de commerce. — *Ibid.*, art. 5.

Les infractions à ces dispositions sont punissables d'une amende de 300 à 3,000 francs, qui doit être prononcée par le tribunal de police correctionnelle, tant contre les vendeurs que contre les officiers publics qui les auraient assistés. — *Ibid.*, art. 7 et 8.

Si donc des arrêtés municipaux, pris en cette matière, n'avaient d'autre but que de rappeler les citoyens à l'observation de ces règles et d'assurer l'exécution des dispositions ci-dessus, les infractions qui y seraient commises, n'étant autres que des contraventions aux prescriptions de la loi elle-même, seraient punissables correctionnellement et ne pourraient être déférées aux tribunaux de simple police.

Affiches, afficheurs.

Sont légaux et obligatoires :

Les règlements ou arrêtés qui interdisent d'apposer aucune affiche, aucuns placards ou avis au public, dans la commune, sans l'autorisation préalable de l'autorité municipale. — Cass., 25 mars 1830 (ANNALES DES JUST. DE PAIX, 1re série, t. V, p. 186, vo *Théâtres*, no 7), 3 janvier 1834 (ANNALES, *Ibid.*, p. 185, no 4), 13 février 1834 (Dev., 1834, p. 665 ; Dalloz, 1834, p. 171), 25 mars 1839 (Dalloz, *Nouv. Rép.*, t. IX, p. 594, vo *Commune*, no 1354, note 2), 26 février 1842 (ANNALES DES JUST. DE PAIX, 1re série, t. Ier, p. 207, vo *Affiches*, no 10), 28 décembre 1855 (ANNALES DES JUST. DE PAIX, 1856, p. 206).

Les règlements ou arrêtés qui défendent d'apposer des placards ou affiches avant qu'un exemplaire n'ait été visé par le maire. — Cass., 3 janvier 1834, ci-dessus cité, et 9 janvier 1838 (Dalloz, *Nouv. Rép.*, t. IX, p. 593, no 1353, note 4).

Lorsqu'un arrêté défend d'afficher sans l'autorisation ou le visa de l'autorité municipale, le fait d'avoir placardé une affiche constitue une contravention punissable, lors même que le visa ou l'autorisation auraient été demandés. Le prévenu ne pourrait être renvoyé de la poursuite qu'autant que l'autorisation aurait été obtenue. — Cass., 3 janvier 1834.

Lorsqu'après avoir réservé un emplacement aux affiches de la mairie et de l'autorité administrative et judiciaire, un arrêté municipal interdit aux *particuliers* d'apposer aucune affiche sans la permission du maire, il en résulte qu'on doit réputer *affiches des particuliers* toutes celles qui ne sont ordonnées ni par loi ni par l'autorité administrative ou judiciaire ; et l'huissier chargé d'une vente *volontaire* de meubles est réputé *particulier* dans le sens de l'arrêté. En conséquence, il ne peut faire afficher cette vente sans se conformer aux prescriptions ci-dessus ; s'il les enfreint, le tribunal de police saisi de la poursuite ne peut l'en relaxer sous le prétexte qu'il a agi en qualité d'officier ministériel, alors qu'il ne doit être regardé que comme simple mandataire du vendeur. — Cass., 28 décembre 1855 (ANNALES DES JUST. DE PAIX, 1856, p. 206).

Est légal et pris dans la sphère des attributions municipales, l'arrêté qui défend de faire placarder des affiches et avis au public par une personne autre que l'afficheur de la commune. — Cass., 13 février 1834 (Dev., 1834, p. 665 ; Dalloz, 1834, p. 171), 26 février 1842 (ANNALES DES JUST. DE PAIX, 1re série, t. Ier, p. 207, v° *Affiches*, n° 10), 12 novembre 1847 (Dev., 1848, p. 170; Dalloz, 1847, p. 501).

Et, lorsqu'un tel arrêté existe, l'ouvrier qui peint une affiche ou annonce sur la façade d'une maison commet personnellement une infraction qui le rend punissable des peines de police. — Même arrêt du 26 février 1842.

Distribution d'écrits.

La distribution à domicile d'écrits non politiques ne saurait être subordonnée par l'autorité municipale à son autorisation préalable. Le règlement de police renfermant une telle disposition est illégal et dépourvu de toute sanction. — Cass., 1er juin 1849 (Dev., 1849, p. 574).

Ainsi, est pris en dehors des attributions municipales, et, par conséquent, sans effet obligatoire, l'arrêté faisant défense à toute personne de porter des billets de faire part, annonces de naissance ou de décès, ou de les faire porter par d'autres que ceux désignés à cet effet par l'adminis-

tration. — Cass., 1er avril 1826 (Dev. Sir., t. VIII, p. 309).

Toutefois, la loi du 27 juillet 1849 interdit la distribution et le colportage de livres, écrits, brochures, gravures et lithographies, si ce colportage et cette distribution n'ont été préalablement autorisés, pour le département de la Seine, par le préfet de police, et, pour les autres départements, par les préfets, sous la sanction d'un emprisonnement d'un mois à six mois et d'une amende de 25 à 500 francs.

En supposant que les annonces dont nous venons de parler rentrent dans la prohibition de la loi de 1849, ce qui nous paraît au moins fort douteux, l'infraction, comme on le voit, ne pourrait être poursuivie devant le tribunal de simple police.

L'arrêté préfectoral qui interdit toutes distributions de cartes, adresses, affiches ou prospectus dans l'intérieur d'un établissement d'eaux thermales, puise son principe dans l'article 8 de l'arrêté consulaire du 3 floréal an VIII, et dans les articles 8 et 9 de l'ordonnance royale du 18 juin 1823. Un tel arrêté a donc le caractère de règlement fait dans les limites légales de l'autorité administrative, et trouve sa sanction dans l'article 471, n° 15, du Code pénal. — Cass., 26 septembre 1856 (*J. du Pal.*, 1857, p. 1147).

Et, lorsque de telles distributions sont interdites d'une manière générale et absolue, la prohibition s'applique à toutes personnes, sans distinction, aussi bien aux propriétaires, fermiers ou gens attachés au service de l'établissement, qu'aux individus qui y sont étrangers. — Même arrêt.

Article 5. — Décence, morale publique.

Bains. — Baigneurs.

Est légal et pris dans la sphère d'attributions de l'autorité municipale, l'arrêté par lequel, pour prévenir toute atteinte à la décence et à la morale publique, le maire déclare une partie de rivière spécialement affectée aux bains des femmes, et fait défense aux hommes de s'y baigner. — Cass., 15 octobre 1824 (Dev. Sir., t. VII, p. 543).

Est également obligatoire l'arrêté municipal qui, dans le même but, interdit aux individus de se baigner dans un périmètre déterminé, sans être vêtus de caleçons, et qui leur défend de parcourir en batelets un certain espace de la rivière, sans être couverts décemment. — Cass., 7 octobre 1852 (ANNALES DES JUST. DE PAIX, 1853, p. 185).

Maisons de tolérance. — Filles publiques.

La police sur les maisons de débauche, ainsi que sur les femmes qui se livrent à la prostitution, intéresse essentiellement le maintien du repos et de la tranquillité publique. Elle exige, non-seulement des dispositions toutes spéciales dans l'intérêt de la sécurité, de l'ordre et de la morale, mais encore des mesures particulières concernant l'hygiène publique. Sous chacun de ces rapports, cette matière rentre dans la classe des objets confiés à la vigilance de l'autorité municipale par les lois des 16-24 août 1790, 19-22 juillet 1791 et 18 juillet 1837.

Les maires peuvent donc, par leurs arrêtés, réglementer la police des maisons de débauche, dites de tolérance. — Cass., 6 août 1857 (ANNALES DES JUST. DE PAIX, 1858, p. 146).

Ainsi sont légaux et obligatoires :

Les arrêtés municipaux qui assujettissent les filles publiques, soit isolées, soit habitant les maisons de tolérance, à l'obligation de se faire visiter périodiquement à certaines époques déterminées. — Cass., 3 décembre 1847 (ANNALES DES JUST. DE PAIX, 1re série, t. IV, p. 182, v° *Pouv. municip.*, n° 67).

Les arrêtés qui prescrivent aux individus qui tiennent des maisons de prohibition, de conduire, à la visite du dispensaire, tous les jours, le matin, les filles dont la santé deviendrait suspecte dans l'intervalle des visites hebdomadaires. — Cass., 28 septembre 1849 (ANNALES DES JUST. DE PAIX, 1850, p. 179).

Les maires peuvent même interdire l'ouverture et la tenue de telles maisons tant qu'elles n'ont point été autorisées par l'administration municipale. — Cass., 25 février 1858 (ANNALES DES JUST. DE PAIX, 1858, p. 209).

Et, lorsqu'un tel arrêté existe, il est applicable, non-seulement aux maisons à ouvrir, mais encore à celles déjà ouvertes à l'époque de sa publication. En conséquence, la tenue, sans autorisation, d'une maison de tolérance précédemment existante, constitue, chaque jour, une infraction aux prohibitions réglementaires, et le tribunal de simple police ne pourrait, sans commettre une violation de la loi, relaxer le prévenu des poursuites en se fondant, en fait, sur une autorisation tacite antérieure à la publication de l'arrêté, et en droit, sur le principe que les arrêtés, comme les lois, ne disposent que pour l'avenir et n'ont pas d'effet rétroactif. — Même arrêt.

Est pris dans la sphère du pouvoir municipal et, par conséquent, est obligatoire, l'arrêté qui, dans l'intérêt de l'ordre public et des bonnes mœurs, défend aux filles publiques de stationner, pendant le jour, sur la voie publique, et de sortir de leurs demeures après certaines heures déterminées. — Cass., 23 avril 1842 (Dev., 1842, p. 510; *J. du Pal.*, 1842, t. II, p. 163), 23 juillet 1842 (Dalloz, *Nouv. Rép.*, t. IX, p. 514, v° *Communes*, n° 1080).

Mais, de ce que des femmes notoirement connues pour se livrer à la prostitution étaient absentes de leur domicile aux heures où un arrêté de police leur défendait de sortir de leur demeure et de se montrer sur la voie publique, il n'en résulte pas nécessairement qu'elles ont contrevenu aux dispositions de cet arrêté. — Cass., 23 juillet 1842, ci-dessus.

Et même, lorsqu'il est démontré par l'instruction que des filles publiques, trouvées hors de leur domicile à une certaine heure de la soirée où un règlement municipal leur défend de sortir de chez elles, ne s'étaient absentées que pour se procurer des aliments ou autres choses nécessaires à la vie, elles doivent être relaxées des poursuites dont elles sont l'objet, ... alors d'ailleurs qu'elles n'ont point été trou-

vées sur la voie publique, qu'elles n'y ont occasionné ni pu occasionner aucun scandale. — Cass., 29 mars 1844 (Dalloz, *Nouv. Rép.*, t. IX, p. 514, v° *Commune*, n° 1080, note 3).

Sont légaux et obligatoires :

Les règlements et arrêtés municipaux qui défendent aux logeurs en garni de louer aucune chambre à des filles publiques.—Cass., 21 septembre 1840 (Dalloz, *Ibid.*, t. IX, p. 553, v° *Commune*, n° 1202, note 2).

Ceux qui interdisent aux cafetiers, cabaretiers et autres débitants, de loger chez eux des filles publiques, et d'établir des communications intérieures entre les établissements qu'ils tiennent et les chambres qu'elles habitent. — Cass., 3 juillet 1835 (Dev., 1836, p. 955; Dalloz, 1836, p. 331).

Est également obligatoire l'arrêté de police qui impose aux particuliers, non aubergistes, hôteliers, cafetiers, logeurs ni cabaretiers, lorsqu'ils veulent loger des filles publiques dans leurs maisons, l'obligation d'en faire préalablement la déclaration à la police. — Cass., 30 mai 1844 (Dev., 1844, p. 856).

Décidé même qu'on ne peut refuser force obligatoire à un arrêté municipal qui interdit, d'une manière absolue, à tous propriétaires ou locataires non logeurs, aubergistes, etc., de louer aucune chambre aux filles publiques, ainsi qu'aux gens de mauvaise vie et de les loger ou recueillir chez eux. — Cass., 19 juin 1846 (Dalloz, 1846, p. 36; *J. du Pal.*, 1849, t. 1er, p. 447).

Mais cette doctrine, que critique M. Dalloz (*Nouv. Rép.*, t. IX,

p. 553, v° *Commune*, n° 1205), nous semble accorder une grande extension au pouvoir réglementaire, et la Cour de cassation est récemment revenue sur sa jurisprudence en décidant que, si l'autorité municipale a le droit de réglementer la prostitution dans ses rapports avec le bon ordre, la morale publique et la police des lieux publics, ce droit ne saurait s'étendre jusqu'à interdire, d'une manière absolue, à tous propriétaires, même non aubergistes, cafetiers ou loueurs en garni, de louer aucun appartement aux femmes de mauvaise vie ou filles publiques, de les loger et de les recueillir chez eux. — Cass., 18 juillet 1857 (*J. du Pal.*, 1858, p. 519).

Ajoutons que les maisons de tolérance où les filles publiques sont logées et nourries doivent être assimilées aux établissements des aubergistes et des logeurs; que, dès lors, les personnes qui tiennent ces maisons sont assujetties à l'obligation de tenir le registre prescrit par l'article 475, n° 2, du Code pénal, et qu'en cas d'infraction, elles sont passibles des peines portées par ledit article. — Cass., 29 novembre 1844 (Dalloz, 1845, p. 47).

Article 6. — Débit de substances alimentaires et autres denrées.

Au nombre des mesures qui intéressent à un haut degré l'ordre public, et que la loi impose à l'autorité municipale le devoir de prendre, sont celles qui consistent à assurer la fidélité du débit des denrées et la salubrité des comestibles. Ce devoir résulte du numéro 4 de l'article 3, titre XI de la loi des 16-24 août 1790, qui range dans la catégorie des objets confiés à la vigilance des corps municipaux : « *l'inspection sur la fidélité du débit des denrées qui se vendent au poids, à l'aune ou à la mesure, et sur la salubrité des comestibles exposés en vente publique.* »

Parmi ces mesures, doit être placé en première ligne le droit conféré au pouvoir municipal d'établir la taxe du pain. Ce droit, qui ressort déjà de la disposition que nous venons de transcrire, résulte plus formellement encore de l'article 30, titre Ier de la loi des 19-22 juillet 1791, portant: « La « taxe des subsistances ne pourra « provisoirement avoir lieu dans aucune ville ou commune du royaume, « que *sur le pain et la viande de boucherie*, sans qu'il soit permis, en « aucun cas, de l'étendre sur le vin, « sur le blé, les autres grains, ni autre espèce de denrées, et ce sous « peine de destitution des officiers « municipaux. »

Taxe et poids du pain.— *Obligations qui peuvent être imposées aux boulangers.*

1° Taxe du pain.

La taxe du pain est une mesure d'ordre public : il n'est pas permis aux boulangers et aux consommateurs d'y déroger par des conventions particulières. Toutes stipulations, à cet égard, sont illicites et nulles. Ce principe incontestable a été consacré par plusieurs arrêts.

Ainsi la Cour de cassation a décidé qu'un boulanger prévenu d'avoir enfreint l'arrêté concernant la taxe du pain ne saurait être accusé sous le prétexte qu'en cela il y avait accord entre lui et l'acheteur. — Arrêt du 23 août 1839 (Dev., 1839, p. 870; *J. du Pal.*, 1839, t. II, p. 259) et 3 juillet 1847 (ANNALES DES JUST. DE PAIX, 1ʳᵉ série, t. Iᵉʳ, p. 356, vᵒ *Boulangers*, nᵒ 22).

Deux arrêts identiques que nous rapporterons plus loin ont été rendus dans le même sens en ce qui concerne la viande de boucherie, lorsqu'elle est soumise à la taxe.

Il importe de remarquer, du reste, que les infractions aux arrêtés municipaux concernant la taxe du pain, infractions qui résultent du fait d'avoir vendu au-dessus du prix de cette taxe, sont punissables non par application de l'article 471, nᵒ 15, du Code pénal, mais conformément à l'article 479, nᵒ 6, qui les réprime spécialement. Le juge peut, en outre, selon les circonstances, infliger aux contrevenants la peine de 1 à 5 jours d'emprisonnement, en vertu de l'article 480, nᵒ 3, du même Code.

Mais pour qu'il en soit ainsi, il est indispensable que la taxe périodique soit légalement faite et publiée, ainsi qu'il est prescrit par cette dernière disposition; un usage local immémorial ne saurait la remplacer. Aussi a-t-il été décidé qu'un boulanger, poursuivi pour avoir vendu du pain au-dessus de la taxe *résultant de l'usage*, doit être relaxé de la prévention. — Cass., 14 nov. 1840 (Dev., 1841, p. 480; Dalloz, 1841, p. 148).

La taxe n'est instituée qu'en faveur des consommateurs; elle n'a d'autre objet que de déterminer le prix au-dessus duquel le pain ne peut être vendu; d'où il suit que les boulangers ont le droit de vendre leur pain au-dessous de cette taxe. — Cass., 28 juin 1851 (ANNALES DES JUST. DE PAIX, 1852, p. 31) et 11 mars 1852 (ANNALES, 1852, p. 163).

Remarquons d'ailleurs qu'un règlement municipal qui interdirait aux boulangers de vendre leur pain, même au-dessous de la taxe, ne trouverait sa sanction ni dans la disposition spéciale de l'article 479, nᵒ 6, du Code pénal ni dans la disposition générale de l'article 471, nᵒ 1. — Il ne puiserait pas sa sanction dans l'article 479, nᵒ 6, qui ne réprime que le fait d'avoir vendu *au delà* du prix fixé par la taxe; il ne la puiserait pas non plus dans l'article 471, nᵒ 15, car l'autorité municipale n'est point investie du droit de prescrire une telle défense; elle n'est chargée par l'article 30 du titre Iᵉʳ de la loi des 19-22 juillet 1791, sainement entendu, que de fixer le *maximum* du prix des subsistances dont la taxe est confiée à ses soins. Un tel règlement ne trouverait son point d'appui dans aucune loi et serait, dès lors, dépourvu de toute force obligatoire.

Un boulanger qui cumule avec cette profession celle d'aubergiste, peut, sans contrevenir à la taxe publiée par l'autorité municipale, et par conséquent sans être passible des peines édictées en l'article 479, nᵒ 6, du Code pénal, vendre au-dessus de cette taxe le pain qu'il livre avec d'autres aliments aux consommateurs qui viennent s'attabler et manger chez lui. —

Cass., 27 sept. 1844 (ANNALES DES JUST. DE PAIX, 1847, p. 301).

En un tel cas, en effet, le marchand agit, non plus comme boulanger, mais comme aubergiste ; et, n'étant point soumis à la taxe à raison de cette dernière profession, la disposition dont il s'agit ne lui est point applicable.

Les boulangers qui refusent de vendre du pain au prix fixé par l'arrêté ou le règlement qui en détermine la taxe commettent une contravention, cela est hors de doute. La profession qu'ils exercent intéresse l'ordre public à un si haut degré, qu'ils ne peuvent s'affranchir des obligations qui leur sont imposées par les règlements ; il n'en est pas d'un boulanger, vendant une denrée alimentaire de première nécessité, comme de tout autre marchand qui, au nom de la liberté de l'industrie, refuserait de vendre les objets de son commerce. Mais s'agit-il là d'une infraction à l'arrêté concernant cette taxe, punissable par application de l'article 471, n° 15, du Code pénal, ou d'une contravention identique à celle résultant de la vente faite à un prix supérieur, et qui doit trouver sa répression dans l'article 479, n° 6 ?

La Cour de cassation a résolu cette question en sens divers.

Par un premier arrêt du 20 juin 1846 (ANNALES DES JUST. DE PAIX, 1re série, t. Ier, p. 358, vo *Boulangers*, n° 24), cette Cour a jugé que l'arrêté municipal fixant la taxe du pain impose aux boulangers l'obligation de vendre ce pain moyennant le prix indiqué ; que le refus de le vendre à des individus qui offrent de payer comptant, fondé sur ce que la taxe n'est pas assez élevée, constitue une infraction à l'arrêté qui l'établit, et doit être réprimé par l'application de l'article 471, n° 15, du Code pénal.

Mais, par deux arrêts postérieurs, l'un du 13 août 1847 (ANNALES DES JUST. DE PAIX, *ibid.*, p. 389, n° 26), l'autre du 12 mai 1854 (ANNALES, 1854, p. 320), la Cour suprême a décidé que le fait, de la part d'un boulanger, de vendre son pain au delà du prix fixé par la taxe, prévu et réprimé par l'article 479, n° 6, du Code pénal, est, non pas seulement analogue, mais tout à fait identique avec le fait du boulanger qui, ayant du pain dans sa boutique, refuse d'en vendre à la taxe ; que l'un et l'autre sont également une désobéissance à l'arrêté municipal qui établit cette taxe, arrêté d'où dérivent deux conséquences, à savoir : l'obligation pour l'acheteur de donner le prix déterminé par la taxe, et l'obligation pour le boulanger de livrer son pain au consommateur moyennant ce prix ; que décider le contraire, ce serait, dans plusieurs circonstances graves, mettre ainsi, pour un aliment indispensable à la vie, le consommateur à la merci du boulanger ; que le droit de refuser du pain au prix de la taxe neutraliserait l'effet de la taxe plus sûrement que le droit de vendre au-dessus du prix qu'elle détermine, puisque le refus du boulanger d'accepter ce prix aurait toujours pour résultat nécessaire de forcer le consommateur, par l'aiguillon de la faim, à élever ses offres jusqu'à ce qu'il eût triomphé de la cupidité et de la résistance du vendeur; que, dès lors, le fait dont il s'agit doit être réprimé conformément à l'article 479, n° 6, du Code pénal.

La même doctrine a été consacrée, à l'égard des bouchers, par un arrêt qui a décidé que le fait, de la part d'un boucher, de refuser de vendre de la viande au prix de la taxe, alors que son étal est garni de celle qui lui est demandée, constitue, non une simple infraction à l'arrêté municipal qui soumet les bouchers à la taxe, infraction qui ne serait punissable que de l'amende portée en l'article 471, n° 15, du Code pénal, mais la contravention prévue par l'article 479, n° 6. — Cass., 2 août 1837 (Dev., 1857, p. 839; *J. du Pal.*, 1857, p. 953).

Les motifs donnés par la Cour à l'appui de ses dernières décisions, motifs que nous avons cru utile de rapporter en entier, ne permettent pas de penser que la question puisse recevoir désormais une solution différente.

2° Poids. — Pesage du pain.

Sont pris dans le cercle des attributions conférées à l'autorité municipale, et comme tels obligatoires, sous la sanction de l'amende édictée par l'article 471, n° 15, du Code pénal :

Le règlement ou arrêté par lequel un maire fixe le poids que doit avoir chacun des pains qui seront débités dans la commune. — Cass., 15 octobre 1818 (Dev. Sir., t. V, p. 537), 1er juillet 1842 (ANNALES DES JUST. DE PAIX, 1re série, t. 1er, p. 353, v° *Boulanger*, n° 17), 15 juillet 1843 (ANNALES, *ibid.*, p. 350, n° 14),

19 juin 1846 (ANNALES, *ibid.*, p. 351, n° 15), 3 juillet 1847 (ANNALES, *ibid.*, p. 356, n° 22), 13 novembre 1847 (Dev., 1848, p. 141 ; Dalloz, 1847, p. 362).

L'arrêté qui, après avoir fixé le poids respectif des différents pains qui peuvent être débités, défend aux boulangers d'en fabriquer d'un poids différent. — Mêmes arrêts des 15 octobre 1818 et 15 juillet 1843.

Décidé même que les arrêtés municipaux qui fixent le poids du pain interdisent virtuellement aux boulangers la fabrication et la vente de toutes sortes de pains de fantaisie ayant un poids différent du poids réglementaire. — Cass., 15 juillet 1843 et 19 juin 1846, ci-dessus cités.

Et il en est ainsi, encore que l'usage de la localité autorisât la fabrication et la vente de tels pains. — Mêmes arrêts des 3 juillet et 13 novembre 1847.

Sont légaux et obligatoires les règlements de police qui enjoignent aux boulangers de peser les pains qu'ils livrent aux consommateurs, sans qu'il soit besoin d'aucune réquisition de la part de ceux-ci. — Cass., 19 juin 1841 (Dev., 1842, p. 229), 26 février 1842 (ANNALES DES JUST. DE PAIX, 1re série, t. 1er, p. 350, v° *Boulanger*, n° 13), 18 février 1858 (ANNALES DES JUST. DE PAIX, 1858, p. 208), 24 juin 1858 (ANNALES, 1858, p. 411).

Il en est de même des règlements qui prescrivent aux boulangers de pourvoir leurs porteurs en ville, ou d'être pourvus eux-mêmes des instruments nécessaires pour peser leurs pains. — Cass., 25 février 1842 (*J. du*

Pal., 1842, t. II, p. 258), 16 février 1854 (Dev., 1854, p. 337).

Mais de tels règlements ne sont point applicables au cas où un boulanger porte lui-même, ou fait porter au domicile de l'acheteur des pains que celui-ci a fait peser en sa présence dans la boutique en en prenant livraison. — Même arrêt du 16 février 1854.

Lorsqu'un arrêté prescrit aux boulangers de munir leurs porteurs ou préposés des poids et balances nécessaires pour opérer le pesage des pains vendus entiers ou par fractions, il y a contravention punissable de la part du boulanger qui n'a pas remis à son préposé tous les poids nécessaires pour le pesage d'un pain entier, et il ne saurait être relaxé des poursuites sur le motif que, à l'aide des poids dont le préposé était pourvu, et des fractions de pain dont le débit est autorisé, il pouvait opérer ce pesage. — Cass., 25 mai 1855 (ANNALES DES JUST. DE PAIX, 1856, p. 79).

La loi du 27 mars 1851, tendant à la répression de certaines fraudes dans la vente des marchandises, punit de peines correctionnelles ceux qui ont trompé ou tenté de tromper sur la quantité des choses livrées les personnes auxquelles ils vendent ou achètent. Il en résulte que, dans certains cas, et lorsque la fraude est établie, le boulanger qui livre ou qui seulement expose en vente des pains dont le poids est inférieur à celui qu'ils doivent avoir ou que leur forme indique, commet, non plus la contravention prévue par le numéro 15 de l'article 471 du Code pénal, ni celle punie par les articles 479 et 480 (vente au-dessus de la taxe), mais le délit de tromperie ou de tentative de tromperie, que la loi du 27 mars 1851 entend réprimer.

Les décisions assez nombreuses auxquelles l'application de cette loi a déjà donné lieu, et que nous rapporterons en même temps que celles intervenues antérieurement, aideront à discerner les cas où le boulanger commet un délit correctionnel, de ceux où il n'est passible que des peines de police pour avoir simplement contrevenu aux règlements.

Lorsqu'un règlement ou arrêté de police prescrit aux boulangers de peser les pains qu'ils vendent en boutique, sans qu'il soit besoin d'aucune réquisition, le seul fait d'avoir livré, sans le peser, *même du consentement de l'acheteur*, un pain cuit de la veille, constitue une contravention punissable, alors même que le boulanger a a été de bonne foi, et que, sur l'observation du commissaire de police, il a repris le pain et en a livré un autre après l'avoir pesé. — Cass., 26 février 1842 (ANNALES DES JUST. DE PAIX, 1re série, t. IV, p. 350, vo *Boulanger*, no 13).

Il en serait de même, encore que le boulanger eût lui-même offert de peser le pain tout d'abord, et en aurait été dispensé par l'acheteur. — Cass., 16 décembre 1842 (*J. du Pal.*, 1844, t. Ier, p. 156).

Lorsqu'un arrêté municipal prescrivant le pesage des pains, sans qu'il soit besoin de réquisition, réserve en même temps aux consommateurs le droit de ne payer que la quantité de pain indiquée par le pesage, la contravention résultant du défaut de pesage ne peut être excusée, non plus, par le motif qu'il n'est point établi que l'acheteur ait requis cette opération, et qu'il ait payé un prix supérieur à celui de la quantité de pain réellement livrée. — Cass., 18 février 1858 (ANNALES DES JUST. DE PAIX, 1858, p. 208).

Ces décisions, rigoureusement exactes, sont l'application du principe précédemment exposé déjà, d'après lequel les dispositions réglementaires relatives au poids, au pesage, comme au prix du pain, sont d'ordre public, en ce qu'elles ont pour but d'assurer la fidélité et la loyauté de la vente et du débit, et qu'aucune dérogation ne saurait y être apportée, même du consentement des consommateurs. Nous aurons l'occasion de citer plusieurs autres arrêts qui ont consacré la même règle.

Lorsqu'un arrêté municipal prescrit aux boulangers de donner aux pains qu'ils fabriquent un poids déterminé, et leur impose en outre l'obligation de peser ceux qu'ils livrent dans leur boutique, sans qu'il soit besoin de réquisition, cette dernière disposition, loin de contrarier la première, a pour but d'en assurer l'exécution en garantissant l'exactitude du pesage. En conséquence, le tribunal de police viole la loi en relaxant un boulanger prévenu d'avoir contrevenu à cette première disposition de l'arrêté, en se fondant sur ce qu'ayant seulement pour objet de réglementer le poids des pains pour la plus grande commodité des consommateurs, sans vou-

loir indiquer, d'une manière exacte, le poids des pains mis en vente, elle est sans force obligatoire. — Cass., 24 juin 1858 (ANNALES DES JUST. DE PAIX, 1858, p. 411).

Quand la prévention ne porte que sur l'exposition en vente de pains n'ayant pas le poids fixé par les règlements, il y a seulement violation des règlements municipaux, qui ne permettent que la fabrication et l'exposition de pains ayant un poids déterminé. En un tel cas, le boulanger contrevenant est passible, non des peines portées par l'article 479, n° 6, du Code pénal, qui n'est relatif qu'à la *vente* au-dessus de la taxe, mais de l'amende édictée par l'article 471, n° 15, qui réprime l'infraction aux règlements ou arrêtés légalement faits.

Cette doctrine, consacrée par plusieurs arrêts de la Cour de cassation des 1er février 1833 (ANNALES DES JUST. DE PAIX, 1re série, t. 1er, p. 362, v° *Boulanger*, n° 30), 4 août 1838 (Dev., 1838, p. 744; Dalloz, 1838, p. 473), 4 octobre 1839 (Dev., 1840, p. 189; Dalloz, 1840, p. 351), et 21 octobre 1841 (*J. du Pal.*, 1841, t. II, p. 699), nous paraît incontestable. Cependant, par arrêt du 21 avril 1837 (*J. du Pal.*, 1840, t. II, p. 50), la même Cour a décidé, au contraire, que la disposition du numéro 6 de l'article 479 est applicable à un boulanger chez lequel il est trouvé des pains d'un poids inférieur à celui qu'ils doivent avoir.

Dans l'espèce, il s'agissait de pains dont le poids réglementaire devait être de 500 grammes, et qui ne pesaient en réalité que 430 grammes chacun. Or, cette décision est évidemment erronée, car un fait simple d'exposition ne saurait, même par assimilation, être regardé et puni comme le fait de vente au-dessus de la taxe.

Aujourd'hui, d'ailleurs, l'exposition en vente de pains d'un poids inférieur au poids réglementaire, ou même à celui qu'indiquent leur forme, leur marque, ou la place qu'ils occupent à l'étalage ou dans la boutique du boulanger, peut, suivant les circonstances, ainsi que nous l'avons dit déjà, et que le décident les arrêts que nous rapporterons bientôt, constituer le délit de tentative de tromperie sur la quantité de la marchandise vendue, réprimé par l'article 1er de la loi du 27 mars 1851.

La vente de pains d'un poids inférieur peut aussi, à raison des circonstances, constituer le délit de tromperie punissable en conformité du même article. Mais, lorsque l'intention frauduleuse manque ou n'est point établie, ce fait, qui ne constitue qu'une simple contravention de police, trouve-t-il sa répression dans la disposition de l'article 479, n° 6, du Code pénal, ou dans celle de l'article 471, n° 15 ?

La doctrine se prononce généralement dans ce dernier sens, et la même solution peut s'induire de la jurisprudence. Les auteurs et les tribunaux ne voient toujours, dans le fait dont il s'agit, qu'une infraction aux règlements ou arrêtés municipaux qui fixent et déterminent le poids que les pains doivent avoir.

Cependant, la Cour de cassation a décidé, par arrêt du 5 mars 1842

(*J. du Pal.*, 1842, t. II, p. 322), que le fait par un boulanger d'avoir livré un pain du poids réel de 950 grammes, alors que ce pain devait peser 1 kilogramme, constitue la contravention prévue et punie par l'article 479, n° 6, du Code pénal.

Cette décision satisfait mieux notre raison. Donner pour le prix de la taxe une quantité de pain inférieure à celle que l'acheteur a le droit d'exiger, c'est vendre au delà du prix légal. En un tel cas, le boulanger réalise, aux dépens du consommateur, un bénéfice illicite, tout aussi bien que s'il eût vendu un pain ayant le poids réglementaire, moyennant un prix supérieur à celui que la taxe a déterminé.

Fabriquer des pains d'un poids inférieur au poids que les arrêtés exigent, les exposer en vente, ce sont là des infractions à ces arrêtés, infractions qui ne peuvent trouver leur répression que dans l'article 471, n° 15 ; mais vendre ces pains, ne pesant, par exemple, que 450 grammes, moyennant le prix fixé pour ceux de 500 grammes, c'est enfreindre la taxe, contrevenir à la défense de la loi elle-même, et se rendre passible des peines portées par l'article 479, n° 6, et, s'il y a lieu, de l'emprisonnement autorisé par l'article 480.

S'il en était autrement, et qu'aucun règlement ou arrêté n'eût fixé le poids des pains, il en résulterait qu'un tel fait, alors qu'il n'aurait été accompagné d'aucune intention frauduleuse, ne serait pas punissable. C'est là, croyons-nous, une raison décisive pour repousser l'application de l'article 471.

Du reste, la même doctrine nous semble résulter d'un autre arrêt du 1er février 1833, cité déjà, et par lequel, dans une espèce où le tribunal de police, saisi de la poursuite contre un boulanger prévenu d'avoir exposé en vente plusieurs pains qui n'avaient pas le poids réglementaire, avait refusé d'appliquer l'article 479, n° 6, du Code pénal, la Cour de cassation a rejeté le pourvoi formé contre ce jugement, après avoir décidé que ce fait d'exposition en vente ne rendait son auteur passible que de l'amende édictée par l'article 471, n° 15.

Un boulanger qui livre des pains ayant un déficit de poids, et qui s'abstient de les peser, alors qu'il existe un règlement ou arrêté municipal enjoignant à la fois aux boulangers de ne fabriquer que des pains d'un certain poids, et de n'en délivrer aucun sans le peser, commet une double infraction aux dispositions du règlement, et encourt une double peine. —Cass., 12 décembre 1844 (*J. du Pal.*, 1845, t. 1er, p. 565).

Lorsque le règlement affranchit de la taxe une certaine catégorie de pains, en maintenant néanmoins à leur égard l'obligation du pesage, et que le boulanger livre un de ces pains, ayant un déficit de poids sans compenser le déficit en nature, ce boulanger est passible d'amende, et ne peut être excusé sur le motif qu'il aurait consenti une réduction sur le prix.—Cass., 16 décembre 1842 (*J. du Pal.*, 1844, t. 1er, p. 756).

Le boulanger dans la boutique duquel ont été trouvés un certain nombre de pains n'ayant pas le poids fixé par le règlement doit être condamné à autant d'amendes qu'il y avait de pains d'un poids inférieur au poids légal, et cela, alors même que tous ces pains seraient provenus de la même fournée. — Tribun. correct. de Roubaix, 20 janvier 1853 (ANNALES DES JUST. DE PAIX, 1853, p. 186); Cass., 16 septembre 1853 (Dev., 1854, p. 151; *J. du Pal.*, 1854, t. II, p. 171).

Décidé, par application du même principe, que, lorsqu'un procès-verbal constate qu'un certain nombre de pains ont été saisis pour n'être pas suffisamment cuits, contrairement aux dispositions d'un arrêté municipal, la saisie de chacun de ces pains constitue une contravention distincte, et que le juge doit prononcer autant d'amendes qu'il y a eu de pains saisis. — Cass., 18 février 1858 (ANNALES DES JUST. DE PAIX, 1858, p. 208).

Néanmoins, il a été jugé que, quand l'arrêté ou le règlement qui fixe le poids du pain porte que tout boulanger qui aura exposé en vente *un ou plusieurs pains* d'un poids inférieur au poids réglementaire sera puni des peines portées par la loi, l'exposition en vente de plusieurs pains ne constitue qu'une seule contravention, et, dès lors, il ne doit être prononcé qu'une seule amende. — Cass., 28 avril 1854 (Dev., 1854, p. 501).

Nous avons peine à comprendre cette solution, et nous ne saurions admettre que, dans l'espèce où elle est intervenue, les termes dans lesquels est conçu l'arrêté pussent avoir de l'influence sur l'application des pénalités. L'autorité municipale, après avoir déterminé le poids que les pains doivent avoir, a bien le droit, quoiqu'une telle prohibition paraisse superflue, d'interdire l'exposition des pains dont le poids est inférieur à celui qu'elle a cru devoir fixer ; mais là, croyons-nous, s'arrête son pouvoir. Elle ne peut, ni déroger aux principes, ni régler le mode d'application de la loi pénale. Peu importe, d'ailleurs, que le maire indique la peine dont les contrevenants seront passibles, ou que, d'une manière générale, il dispose qu'ils encourront celles édictées par les lois : de telles dispositions sont illégales ou surabondantes, c'est à l'autorité judiciaire seule, qu'il appartient de se prononcer sur ce point. Or, dès l'instant que la contravention existe à l'égard de plusieurs pains, il est manifeste, ce semble, que, par application de la règle du cumul des peines de simple police, consacrée par une multitude d'arrêts, et notamment en matière de boulangerie, par ceux des 12 décembre 1844, 16 septembre 1853 et 18 février 1858, que nous venons de citer, il doit être prononcé autant d'amendes qu'il a été commis d'infractions.

La contravention résultant de ce qu'il a été trouvé dans la boutique d'un boulanger des pains d'un poids inférieur à celui déterminé par le règlement, ne saurait être excusée sous le prétexte que les acheteurs étaient toujours libres de faire peser ceux qui leur seraient livrés. — Cass., 14 juillet 1853 (Dev., 1854, p. 337).

La simple exposition en vente de pains n'ayant pas le poids déterminé par les règlements peut, lorsqu'il y a indication frauduleuse, suffire pour constituer le délit de tentative de tromperie sur la quantité de la marchandise, réprimé par l'article 1er de la loi du 27 mars 1851. — Bordeaux, 3 août 1853 (*J. du Pal.*, 1853, t. II, p. 537) ; Cass., 10 février 1854 (Dev., 1854, p. 335 ; *J. du Pal.* 1855, t. Ier, p. 104).

Il y a indication frauduleuse du poids du pain, tendant à faire croire à un pesage antérieur, lorsque des pains d'un poids moindre que le poids fixé par les règlements portent une marque indicative du poids qu'ils devraient avoir, et que, d'ailleurs, ils n'ont pas été *écroûtés*, signe impérativement prescrit par ces règlements pour indiquer aux acheteurs les pains n'ayant pas le poids et assurer ainsi la loyauté de la vente et la fidélité du débit. — Cass., 4 février 1854 (Dev., 1854, p. 337 ; *J. du Pal.*, 1854, t. II, p. 256).

Et il en est ainsi, alors surtout que le déficit est assez considérable et que la conduite du boulanger, depuis la vente des pains, révèle de sa part une pensée frauduleuse. — Rouen, 26 mai 1853 (ANNALES DES JUST. DE PAIX, 1853, p. 295).

Quand les règlements déterminent la forme et fixent le poids des pains, la forme de ceux fabriqués fait nécessairement supposer le poids voulu, et, si les pains n'ont réellement pas ce poids, il y a indication frauduleuse, constitutive du délit de tromperie ou de tentative de tromperie dans le sens de la loi du 27 mars 1851. — Orléans, 11 novembre 1851 (Dev., 1852, p. 19, *J. du Pal.*, 1852, t. Ier, p. 61) ; Douai, 18 août 1853 et 14 mars 1854.

Décidé même qu'en l'absence de tout règlement à cet égard, la forme des pains peut, *d'après les usages locaux*, être regardée comme une indication de ces pains, et, s'ils ont un poids moindre, constituer le délit prévu et puni par l'article 1er de ladite loi. — Bourges, 18 juillet 1851 (Dev., 1852, p. 140; *J. du Pal.*, 1851, t. II, p. 254); Bordeaux, 3 août 1853 (*J. du Pal.*, 1853, t. II, p. 537); Douai, 22 août 1853 (aff. Crunelle); Bordeaux, 22 juin 1853 (ANNALES DES JUST. DE PAIX, 1853, p. 254); Poitiers, 12 janvier 1854 (aff. Martin); Orléans, 17 septembre 1855 (*J. du Pal.*, 1857, p. 48; Dev., 1856, p. 92).

Jugé également que l'exposition en vente par un boulanger, dans sa boutique, de pains d'un poids inférieur à celui qu'indiquent leur forme et leur volume, *d'après l'usage* établi dans la localité, constitue la tentative de tromperie réprimée par cette même loi. — Tribun. correct. de Saint-Amand, 22 novembre 1853 (ANNALES DES JUST. DE PAIX, 1854, p. 15) ; Cass., 30 juin 1854 (Dev., 1854, p. 501; *J. du Pal.*, 1855, t. Ier, p. 105).

Et il en est ainsi, alors même qu'il existe un arrêté municipal prescrivant la vente du pain au poids constaté entre le vendeur et l'acheteur, s'il est constant que, nonobstant cet arrêté, des habitants ont continué, comme précédemment, à considérer la forme du pain comme indicative de son poids. — Cass., 12 décembre 1856 (Dev., 1857, p. 237, *J. du Pal.*, 1858, p. 45).

Néanmoins, le fait par un boulanger d'avoir vendu, pour le poids qu'indique leur forme, des pains d'un poids inférieur, peut être considéré comme ne constituant pas le délit de tromperie, lorsque l'acheteur n'a pas exigé le pesage auquel un arrêté municipal soumettait le boulanger en l'obligeant à compléter le déficit, et que, d'ailleurs, rien n'établit que des moyens frauduleux aient été employés par celui-ci dans le but de faire croire à un pesage antérieur et exact de ces pains. — Angers, 13 février 1854, et Cass., 17 mars 1854 (Dev., 1854, p. 738; *J. du Pal.*, 1854, t. Ier, p. 544, et 1855, t. Ier, p. 102).

Jugé, dans le même sens, que le seul fait d'exposition en vente de pains d'un poids inférieur ne saurait constituer le délit de tentative de tromperie, lorsqu'un règlement prescrit la vente au poids et fixe le prix du pain par chaque kilogramme et non par pains entiers. En ce cas, la fraude dans le pesage ou dans l'indication du poids du pain peut seule constituer ce délit. — Paris, 5 juillet 1851 (Dev., 1852, p. 19; *J. du Pal.*, 1852, t. II, p. 191).

3° Tolérance de poids. — Excusabilité.

Est légal et obligatoire l'arrêté par lequel l'autorité municipale fixe et détermine la tolérance qui peut être admise, en certains cas, sur le poids du pain. — Cass., 1er juillet 1842 (ANNALES DES JUST. DE PAIX, 1re série, t. Ier, p. 353, v° *Boulanger*, n° 17).

Mais l'administration peut seule admettre cette tolérance; si elle ne l'a pas expressément admise et déterminée dans ses arrêtés ou règlements, le juge de police ne peut suppléer à son silence. Si donc un tribunal acquitte, dans ce cas, un boulanger, il doit déclarer dans son jugement non pas simplement que le déficit reproché au contrevenant rentre dans les dispositions du règlement, mais, en termes explicites, que le déficit n'excédait pas la tolérance admise, et qu'il a été occasionné par la cause que le règlement a déterminée. — Cass., 30 août 1838 (Dev., 1839, p. 73; *J. du Pal.*, 1839, t. Ier, p. 348).

La latitude accordée par l'autorité municipale n'admet ni extension ni interprétation. Ainsi, dans le cas où un règlement dispose qu'un certain déficit dans le poids des pains sera toléré, mais seulement pour ceux dont la cuisson remonte à vingt-quatre heures, le juge de police ne peut admettre un déficit proportionnel pour les pains cuits depuis un moindre délai. — Cass., 7 mars 1835 (aff. Gendre).

Ainsi encore, lorsque le règlement municipal n'admet de tolérance de poids que sur le pain d'une certaine qualité, et dispose expressément que les pains de qualités autres devront peser le poids prescrit ou le poids indiqué par la marque, le tribunal de police ne peut excuser un boulanger contrevenant, sous le prétexte que le règlement n'est applicable qu'aux pains cuits dans le jour même, et que le *léger* déficit constaté dans le poids des pains saisis est dû au desséchement, et doit faire présumer qu'ils pesaient le poids voulu, le jour où ils ont été cuits. — Cass., 1er juillet 1842 (ANNALES DES JUST. DE PAIX, 1re série, t. Ier, p. 353, v° *Boulanger*, n° 17).

Le juge de police ne peut non plus excuser un boulanger :

Soit parce que la farine particulière employée à la fabrication des pains les aurait exposés davantage à l'action du feu et aurait occasionné le déchet. — Cass., 1er avril 1826 (affaire Bousquet).

Soit parce que le déficit est tellement *minime* qu'il écarte toute idée de fraude. — Même arrêt.

Soit sous le prétexte qu'à raison du plus ou du moins de cuisson, le boulanger se trouve dans l'impossibilité matérielle de donner à chaque pain un poids fixe et invariable. — Cass., 14 juillet 1853 (Dev., 1854, p. 337; *J. du Pal.*, 1855, t. Ier, p. 385).

Soit enfin à raison du temps qui se serait écoulé depuis la cuisson. — Cass., 6 juin 1835 (Dev., 1835, p. 871; Dalloz, 1835, p. 325), 1er juillet 1842, précédemment cité.

Lorsqu'un arrêté municipal a déterminé le poids que doivent avoir indistinctement tous les pains mis en vente, le boulanger qui contrevient à cet arrêté ne peut être excusé sous le prétexte que le pain n'ayant pas le poids prescrit est un pain de fantaisie. — Cass., 30 mai 1844 (ANNALES DES JUST. DE PAIX, 1re série, t. Ier, p. 357, v° *Boulanger*, n° 23), 25 mars 1854 (ANNALES DES JUST. DE PAIX, 1854, p. 261).

Ni sous le prétexte que les pains saisis en contravention avaient été fabriqués pour des personnes qui les avaient ainsi commandés, et que, d'ailleurs, le boulanger n'avait pas l'intention de tromper. — Cass., 24 mai 1832 (ANNALES DES. JUST. DE PAIX, 1re série, t. 1er, p. 356, vo *Boulanger*, no 21), 3 juillet 1847 (ANNALES, *ibid.*, no 22), 13 octobre 1854 (ANNALES, 1855, p. 95).

Ou que ces personnes toléraient et autorisaient même le déficit constaté. — Cass., 27 décembre 1831 (Dev., 1832, p. 617), 7 septembre 1844 (Dev., 1845, p. 317; *J. du Pal.*, 1845, t. 1er, p. 709).

Ni sous le prétexte que l'acheteur aurait lui-même choisi de préférence un pain d'un poids inférieur, par la raison qu'il était plus cuit, et cela, malgré l'observation à lui faite que ce pain n'était pas destiné à être vendu, et qu'au contraire il avait été mis de côté pour la consommation particulière de la maison du boulanger. — Cass. 9 août 1838 (Dev., 1839, p. 73; *J. du Pal.*, 1839, t. 1er, p. 357).

Toutes ces décisions, on le voit, sont une nouvelle consécration du principe précédemment exposé, à savoir que les prescriptions et défenses concernant l'exercice de la profession de boulanger, et particulièrement le poids et la taxe du pain sont d'ordre public, et que les tribunaux appelés à réprimer les infractions qui y sont commises ne sauraient trouver un motif d'excuse en faveur des contrevenants dans des stipulations ou conventions particulières illicites et nulles, car elles auraient pour effet de neutraliser l'effet des mesures ordonnées par l'administration au point de vue de l'intérêt général.

4° Marque du pain.

Est légal et obligatoire l'arrêté municipal qui prescrit aux boulangers de marquer leurs pains : la marque exigée a pour but de faire reconnaître l'établissement dans lequel les pains vendus ont été fabriqués et d'assurer par ce moyen la répression des infractions qu'ils pourraient présenter aux règlements qui régissent la boulangerie. — Cass., 13 mars 1834 (Boulang. de Montauban), 28 janvier 1837 (*J. du Pal.*, 1840, t. II, p. 282), 23 février 1841 (Dev., 1842, p. 228), 13 septembre 1850 (ANNALES DES JUST. DE PAIX, 1851, p. 230), 22 juillet 1852 (ANNALES, 1852, p. 184), 25 mars 1854 (ANNALES, 1854, p. 261).

Est également obligatoire le règlement ou arrêté qui astreint les boulangers à l'obligation de présenter à la mairie, avant une certaine époque déterminée, la marque dont l'usage lui est imposé. — Même arrêt du 23 février 1841.

L'arrêté municipal qui, réglementant d'une manière générale le commerce de la boulangerie, assujettit les boulangers à l'obligation d'imprimer sur les pains une marque et un numéro, s'applique non-seulement aux boulangers qui confectionnent le pain, mais à tous ceux qui, à un titre quelconque, sont autorisés à le débiter, et, par conséquent, aux revendeurs. — Cass., 9 avril 1858 (ANNALES DES JUST. DE PAIX, 1858, p. 339).

L'infraction aux arrêtés qui prescrivent aux boulangers de marquer leurs pains d'un signe déterminé ne peut être excusée par le motif que le prévenu s'est conformé à l'usage ordinaire, en ne marquant pas les pains d'une certaine espèce, et parce que la marque ordonnée ferait d'ailleurs perdre à ces pains leur forme primitive et nuirait à leur débit. — Cass., 28 janvier 1827 (*J. du Pal.*, 1840, t. II, p. 424).

L'application de la marque n'est point une opération complexe dont l'omission sur plusieurs pains ne soit de nature à présenter qu'une seule et même contravention. Ainsi, le boulanger qui enfreint un règlement de police, par lequel il est prescrit d'appliquer une marque sur tout pain taxé ou non taxé, est passible d'autant d'amendes qu'il a été saisi de pains dépourvus de la marque exigée. — Cass., 22 juillet 1852 (ANNALES DES JUST. DE PAIX, 1852, p. 184), 12 mai 1854 (ANNALES, 1854, p. 345).

Ces décisions concordent avec celles rapportées ci-dessus relativement à la saisie de plusieurs pains insuffisamment cuits ou d'un poids inférieur au poids réglementaire, et toutes se lient au principe d'après lequel la prohibition du cumul des peines ne s'étend point aux simples contraventions de police.

5° Affiche du prix du pain.

Est légal et obligatoire l'arrêté municipal qui prescrit aux boulangers d'afficher le prix du pain dans leurs boutiques. — Cass., 29 novembre 1828 (*J. du Pal.*, 1843, t. II, p. 702).

Et lorsqu'un tel arrêté existe, le boulanger qui, à dix heures et un quart du matin, n'a pas encore affiché une taxe publiée la veille entre deux heures et cinq heures et demie du soir, ne peut être relaxé des poursuites dont il est l'objet, sous le prétexte, soit que l'arrêté relatif à la taxe n'a pas été affiché par le maire, lorsque l'usage n'est pas d'afficher ces sortes d'actes, soit qu'il ne se serait pas écoulé un temps suffisant pour que le prévenu eût pu s'en procurer un exemplaire. — Même arrêt.

Mais il en est autrement lorsque, par suite d'une erreur involontaire de l'administration municipale ou d'un oubli, un exemplaire de la taxe n'a point été remis au boulanger, ainsi qu'il est d'usage de le faire. En un tel cas, celui-ci s'est trouvé dans l'impossibilité absolue d'afficher cette taxe, et n'a, dès lors, commis aucune contravention. — Cass., 21 mars 1846 (ANNALES DES JUST. DE PAIX, 1re série, t. 1er, p. 359, v° *Boulanger*, n° 25).

6° Approvisionnements.

Dans le but de pourvoir à l'alimentation des populations, d'assurer d'une manière régulière le service des subsistances de première nécessité, l'administration est investie du droit d'astreindre les boulangers aux réserves et approvisionnements qu'elle croit utiles à la consommation locale. C'est là, bien évidemment, une mesure qui intéresse à un haut degré le bon ordre, la tranquillité et la sûreté publique.

Les approvisionnements qui peuvent être exigés sont de deux sortes et sont relatifs aux grains ou farines nécessaires à la fabrication du pain, aux quantités ou qualités de pain nécessaires à la consommation.

Mais une remarque importante doit trouver sa place ici.

Il est un grand nombre de villes en France où la boulangerie est réglementée par l'autorité souveraine elle-même (1). Or, un décret impérial du 16 novembre 1858 a disposé : 1° que, dans ces villes, l'approvisionnement de réserve des boulangers est fixé à la quantité de grains ou de farine nécessaire pour alimenter la fabrication journalière de chaque établissement de boulangerie pendant trois mois ; 2° que les préfets seraient seuls chargés, après avoir pris l'avis des administrations municipales, du soin de déterminer, par des arrêtés spéciaux, si les approvisionnements seront établis en grains ou en farines, et de fixer, dans la même forme, les délais dans lesquels ils devront être constitués, ainsi que la portion de ces approvisionnements qui pourra être déposée dans les magasins publics.

Il en résulte que, pour les villes dont il s'agit, les maires, dont, comme nous l'avons déjà dit, les pouvoirs s'arrêtent devant les actes réglementaires de l'autorité souveraine, sont aujourd'hui sans attribution ni qualité pour prescrire des approvisionnements ou réserves dont cette autorité elle-même a pris le soin de fixer l'importance, et dont elle a conféré aux préfets seuls le droit de déterminer la nature et le dépôt.

Mais l'autorité municipale conserve incontestablement ce pouvoir, en ce qui concerne les autres localités, de même qu'elle peut, pour quelque ville ou commune que ce soit, obliger les boulangers à être toujours approvisionnés du pain nécessaire à la consommation, et déterminer les diverses qualités dont l'approvisionnement doit être composé, ainsi que la Cour de cassation l'a décidé par arrêts des 11 ventôse an XII (aff. Manche), 1er avril 1830 (aff. Cujis), 9 juin 1833 (aff. Ménard), 21 janvier et 27 août 1853 (Dev., 1854, p. 337, 8e et 9e espèce ; J. du Pal., 1855, t. Ier, p. 383, 1re et 2e espèce), 20 juillet 1854 (ANNALES DES JUST. DE PAIX, 1854, p. 339), 27 juillet 1854 (Dev., 1854, p. 737 ; J. du Pal., 1855, t. Ier, 4e espèce), 17 février 1855 (Dev., 1855, p. 238 ; J. du Pal., 1855, t. Ier, p. 383, 5e espèce), 28 septembre 1855 (ANNALES DES JUST. DE PAIX, 1856, p. 130).

Lorsqu'un règlement ou arrêté a fixé le prix et déterminé les qualités de pain que les boulangers doivent livrer à la consommation, le boulanger prévenu d'infraction à cette prescription, pour avoir fabriqué du pain d'une qualité différente et vendu cette qualité à un autre taux, ne peut être relaxé des poursuites sous le prétexte que l'arrêté ne défend point de confectionner des qualités autres que celles qui y sont spécifiées. — Cass., 9 juin 1832 (aff. Ménard).

_____

(1) Les villes où l'exercice de la profession de boulanger est réglementée par décret impérial ou par ordonnance royale sont au nombre de 161 ; elles appartiennent à 67 départements. Le tableau, annexé au décret du 16 novembre 1858, a été rapporté aux ANNALES DES JUSTICES DE PAIX, 1858, p. 414 et 415.

Lorsqu'un règlement prescrit aux boulangers d'être constamment approvisionnés, et qu'il est constaté qu'un boulanger n'avait point de pain dans sa boutique au moment où un individu s'est présenté pour en acheter, le tribunal saisi de la poursuite ne peut se dispenser d'infliger au contrevenant la peine encourue :

Soit sous le prétexte qu'à ce moment celui-ci faisait cuire une nouvelle fournée, et qu'il aurait invité l'acheteur à attendre quelques minutes, le pain qui se trouvait au four étant sur le point d'être cuit. — Cass., 21 janvier 1853 (Dev., 1854, p. 337, 1re espèce; *J. du Pal.*, 1855, t. Ier, p. 383, 1re espèce).

Soit sous le prétexte que la fournée de la nuit aurait été enlevée dès le matin par des gens venus des villages voisins. — Cass., 27 août 1853 (Dev., 1854, p. 337, 2e espèce; *J. du Pal.*, 1855, t. Ier, p. 383, 2e espèce), 17 février 1855 (Dev., 1855, p. 238; *J. du Pal.*, 1855, t. Ier, p. 383, 5e espèce).

Soit sous le prétexte que le boulanger aurait vendu du pain toute la journée et qu'on ne saurait exiger qu'il en fût encore fourni à huit heures et demie du soir, heure à laquelle on s'est présenté pour en acheter. — Cass., 20 juillet 1854 (ANNALES DES JUST. DE PAIX, 1854, p. 339).

Cependant un boulanger, prévenu d'avoir enfreint le règlement de police qui oblige les boulangers à être pourvus d'une réserve de 30 kilogrammes de pain de diverses qualités, doit être relaxé des poursuites, lorsqu'il est établi en fait que cette réserve se trouvait complétée par le pain qui, au moment où le procès-verbal a été dressé, était à cuire dans le four. — Cass., 24 février 1855 (ANNALES DES JUST. DE PAIX, 1855, p. 187).

Décidé encore que, bien que la boutique d'un boulanger ait été trouvée n'avoir plus de pain exposé en vente, il n'y a pas contravention à l'arrêté municipal qui prescrit aux boulangers d'être constamment approvisionnés de pain, s'il est établi que cette absence de pain provenait de ce que, par suite de l'affluence des consommateurs, le pain était aussitôt enlevé que cuit, et que les fournées du boulanger se sont succédé sans interruption dans tout le cours de la journée. — Cass., 22 août 1856 (Dev., 1856, p. 841; *J. du Pal.*, 1853, p. 32).

Lorsqu'un règlement municipal prescrit aux boulangers d'avoir leur boutique *convenablement garnie* de pains taxés, il résulte de ces termes que la convenance de la quantité de pains qui doivent se trouver dans la boutique est laissée à l'appréciation du tribunal de simple police, suivant les circonstances dans lesquelles le fait est constaté, circonstances sur lesquelles ce tribunal peut se fonder pour relaxer le prévenu, sans commettre aucune violation, ni du règlement, ni de la loi pénale qu'il est chargé d'appliquer. — Cass., 9 novembre 1855 (ANNALES DES JUST. DE PAIX, 1856, p. 120).

On a vu précédemment que les décrets et ordonnances par lesquels l'exercice de la profession de boulanger est réglementé dans certaines villes ont imposé l'obligation d'un approvisionnement. La plupart de ces décrets et ordonnances disposent, en outre, que, faute de remplir cette condition, « il sera procédé contre les contreve- « nants, par le maire, qui, suivant les « circonstances, pourra prononcer, « par voie administrative, une inter- « diction momentanée ou absolue de « leur profession, sauf le recours au « préfet et au ministre de l'intérieur. »

Après 1830, et surtout depuis la loi de révision du Code pénal (28 avril 1832), cette disposition parut à l'autorité administrative supérieure déroger aux principes de la liberté de l'industrie. En conséquence, d'après les instructions, les boulangers con- trevenants étaient traduits devant le tribunal de simple police pour qu'il leur fût fait application de l'article 471, nº 15, du Code pénal.

Cependant certains tribunaux de police refusaient de statuer sur la poursuite, et des conflits surgissaient entre l'autorité judiciaire et l'admi- nistration. Un conflit négatif de ce genre s'est élevé entre le tribunal de simple police et le maire de Toulon qui, l'un et l'autre, se déclarèrent incompétents pour prononcer contre deux boulangers poursuivis pour avoir manqué à la condition de l'ap- provisionnement qui leur était im- posé par l'ordonnance royale du 11 juillet 1814. M. le ministre de la jus- tice crut devoir en référer au Conseil d'État pour faire cesser ce conflit, et, au nombre des moyens qu'il invo- quait, il faisait valoir l'abrogation virtuelle d'une attribution judiciaire faite au maire d'une commune, con- trairement à l'ordre légal des juridic- tions. M. le ministre soutenait qu'une

interdiction d'industrie n'est point une peine qui puisse être aujourd'hui prononcée administrativement.

Par arrêt du 14 décembre 1837 (ANNALES DES JUST. DE PAIX, 1re sé- rie, t. 1er, p. 349, vº *Boulanger*, nº 11), le Conseil d'État a statué con- trairement à ces conclusions, en dé- cidant que la disposition par laquelle les maires sont investis du pouvoir de prononcer l'interdiction des boulan- gers contrevenants, prise dans un intérêt général et pour assurer l'ap- provisionnement des villes, n'a été rapportée par aucune loi ni ordon- nance postérieure, et qu'elle doit être exécutée jusqu'à ce qu'il en ait été autrement ordonné.

Cependant cette décision a été cri- tiquée. On a continué de soutenir que l'administration était sans droit pour décréter par voie réglementaire la pénalité de l'interdiction d'une pro- fession, même à l'égard des boulan- gers, bien qu'ils soient placés sous sa surveillance, car aucun texte de loi ne lui confère un pouvoir aussi exorbitant, pouvoir qu'on ne saurait puiser dans les dispositions combi- nées de l'article 3, nº 4, titre XI de la loi des 16-24 août 1790, de l'ar- ticle 7 de la loi des 2-17 mars 1791 et de l'article 46, titre 1er, de celle des 18-22 juillet 1791.

Mais deux arrêts de la Cour de cas- sation, l'un du 10 septembre 1840 (ANNALES DES JUST. DE PAIX, 1re sé- rie, t. Ier, p. 360, vº *Boulanger*, nº 28); l'autre du 7 mars 1856 (ANNALES, 1856, p. 372), ont adopté la doctrine du Conseil d'État.

Le premier a jugé qu'un boulanger

qui a contrevenu à la disposition d'une ordonnance royale qui lui impose l'obligation d'un approvisionnement, et qui le déclare passible, suivant les circonstances, de l'interdiction momentanée ou absolue de sa profession, interdiction qui doit être prononcée par le maire, sauf recours à l'autorité supérieure, ne peut être traduit, à raison de cette contravention, devant le tribunal de simple police , incompétent pour en connaître.

Le second décide que les articles 137 et 138 du Code d'instruction criminelle n'attribuent aux tribunaux de simple police que la connaissance des contraventions de police prévues et punies par le Code pénal ou par des lois spéciales ; d'où il suit que ces tribunaux doivent, d'office, s'abstenir de réprimer l'infraction de toute disposition administrative qui n'a pas été prescrite comme mesure réglementaire de police proprement dite, et qui, dès lors, n'a point pour unique sanction légale les peines édictées par l'article 471, n° 15, du Code pénal ; que, dès lors, les juges de police sont incompétents pour connaître de la contravention commise par un boulanger aux dispositions d'une ordonnance royale qui, comme condition de l'autorisation à lui accordée d'exercer sa profession, lui impose l'obligation d'avoir constamment en réserve dans son magasin un approvisionnement de farines déterminé, lorsque ladite ordonnance veut expressément que ce fait n'entraîne, contre le contrevenant, que la mesure administrative de l'interdiction momentanée ou ab-

solue de sa profession, et donne au maire le pouvoir de la prononcer, sauf le recours au préfet et au ministre de l'intérieur.

La question nous paraît donc résolue *in terminis*, et l'on doit conclure des décisions que nous venons de citer, que les tribunaux de simple police ne sont compétents pour connaître des infractions résultant d'un défaut absolu d'approvisionnement ou d'un approvisionnement insuffisant, qu'autant que les décrets ou ordonnances qui le prescrivent ne contiennent eux-mêmes aucune sanction par voie administrative. En un tel cas, ces infractions trouvent leur sanction dans la disposition répressive de l'article 471, n° 15, du Code pénal.

7° Regrat ou revente du pain.

Est obligatoire l'arrêté municipal qui interdit aux boulangers le droit de faire vendre leurs pains par des revendeurs. — Cass., 29 mai 1834 (ANNALES DES JUST. DE PAIX, 1re série, t. Ier, p. 349, v° *Boulanger*, n° 12).

8° Boulangers étrangers ou forains.

Les maires peuvent, sans porter atteinte à la liberté des professions et du commerce, fixer et déterminer les jours de la semaine, ainsi que les lieux où les boulangers forains devront vendre leurs pains. — Cass., 3 janvier 1835 (aff. Mauconduit); 18 août 1853 (ANNALES DES JUST. DE PAIX, 1854, p. 114).

Ils peuvent notamment prescrire

à ces boulangers de porter directement, et dès leur entrée en ville, le pain de leur fabrication au marché de la halle, désigné pour la vente des comestibles de toute nature par les arrêtés municipaux. — Même arrêté du 18 août 1853.

En effet, c'est là une mesure ayant pour but d'assurer l'inspection sur le débit et la vente du pain, dont l'autorité municipale est chargée ; loin donc d'excéder les attributions qu'elle tient de la loi des 16-24 août 1790, et des dispositions postérieures, elle rentre expressément, au contraire, dans les limites des pouvoirs dont elle est investie.

Le boulanger forain qui a contrevenu à un arrêté municipal par lequel il est défendu de colporter du pain dans les rues, et d'en vendre ailleurs qu'aux places déterminées, ne peut être excusé sous le prétexte que les pains qu'il a portés lui avaient été antérieurement commandés par ses pratiques, et qu'ils n'étaient pas destinés à être vendus publiquement. — Cass., 11 juin 1830 (aff. Aubry), 22 juin 1832 (aff. Hamel et Crettet).

Et il en est ainsi alors même que le préfet aurait invité le maire à modifier son arrêté, si, de fait, aucune modification n'y a été apportée. — Même arrêt du 22 juin 1832.

La Cour de cassation, par arrêt du 5 janvier 1838 (*J. du Pal.*, 1840, t. Ier, p. 163), a toutefois décidé que le boulanger forain devrait être renvoyé des poursuites s'il existe une décision ministérielle *expliquant* que la défense contenue en l'arrêté ne peut s'étendre jusqu'à la prohibition du droit de porter du pain chez des pratiques attitrées. Mais la doctrine de cette décision nous paraît contestable. Les décisions ou circulaires ministérielles interprétant une loi ou un règlement de police peuvent et doivent même être consultées par les juges, sans aucun doute, mais elles ne sauraient, croyons-nous, en modifier le sens ni en atténuer les effets. Du reste, l'opinion que nous émettons ici nous semble résulter de l'arrêt du 18 août 1853, précédemment cité, qui décide qu'une lettre ministérielle contestant aux maires le droit d'interdire aux boulangers forains le droit de porter leurs pains directement chez le consommateur n'a, en droit, que la valeur d'une opinion individuelle, et ne saurait avoir pour effet légal d'invalider la force obligatoire d'un arrêté pris dans les limites des attributions municipales.

Le boulanger forain prévenu d'avoir, dans la même journée, et contrairement à la prohibition établie par un arrêté ou règlement de police, colporté des pains dans les rues, doit être considéré comme ayant commis autant de contraventions qu'il a effectué de transports, alors d'ailleurs que ces transports ont eu lieu à des heures et dans des rues différentes, et qu'ils ont été constatés par des procès-verbaux différents. — Cass., 18 août 1853 (ANNALES DES JUST. DE PAIX, 1854, p. 114).

Cette dernière circonstance, relevée par l'arrêt, établit surabondamment l'existence de plusieurs contraventions distinctes, mais il n'en faudrait pas induire que, si un seul procès-verbal avait été dressé pour les constater toutes, le tribunal de police devrait n'appliquer qu'une seule peine. Toutes les fois qu'il y a pluralité d'infractions, qu'elles aient été l'objet de constatations séparées ou d'une seule, le contrevenant encourt plusieurs amendes. Ceci est d'ailleurs élémentaire, nous ne croyons pas qu'il soit besoin de plus amples démonstrations.

L'arrêté municipal portant fixation du poids des pains est applicable à l'égard des pains fabriqués hors de la commune et qui y sont exposés ou vendus, aussi bien qu'à ceux confectionnés dans la commune même. Un tel arrêté est, dès lors, obligatoire pour les boulangers forains. Aussi a-t-il été décidé que le tribunal de police, saisi d'une poursuite contre un boulanger de cette catégorie, ne peut se déclarer incompétent pour connaître de la contravention commise, en se fondant sur le motif que la fabrication des pains qui en font l'objet a eu lieu hors de son ressort. — Cass., 7 mars 1845 (ANNALES DES JUST. DE PAIX, 1re série, t. 1er, p. 353, v° *Boulanger*, n° 18).

9° Autorisation préalable, Restrictions, Obligations, Mesures diverses.

Les nombreuses solutions rapportées sous le présent article établissent péremptoirement le droit qu'a l'autorité municipale, en vertu du numéro 4 de l'article 3, titre XI de la loi des 16-24 août 1790, d'assujettir la profession de boulanger aux mesures que lui paraît exiger l'intérêt public, et de soumettre ceux qui l'exercent à certaines conditions et obligations déterminées. Mais une question, sur laquelle d'ailleurs la Cour de cassation s'est toujours prononcée d'une manière uniforme, et qui cependant divise les auteurs, est celle de savoir si cette autorité est investie du pouvoir d'interdire aux boulangers d'exercer leur profession sans avoir préalablement demandé et obtenu une autorisation préalable.

Pour la négative, on invoque la disposition de l'article 7 de la loi des 2-17 mars 1791 qui proclame la liberté de l'industrie ; on soutient que la partie finale de cette disposition, et celle du numéro 4 de l'article 3, titre XI de la loi de 1790, n'accordent aux municipalités qu'un simple droit de surveillance et d'inspection, et l'on en conclut que toute mesure comme celle de l'autorisation préalable serait attentatoire à cette liberté, car elle aurait nécessairement et arbitrairement pour effet de restreindre et même d'exclure le droit de vente. — Voir, notamment, une dissertation de M. Bassinet, juge de paix de Donzy (Nièvre), insérée aux ANNALES DES JUST. DE PAIX, 1851, p. 281 à 285.

Mais la Cour de cassation a constamment repoussé cette doctrine en décidant invariablement que le pouvoir réglementaire de police municipale dont les articles 3 et 4, titre XI de la loi des 16-24 août 1790, maintenus par les lois postérieures, spécifient et déterminent les attributions, n'a point été modifié par l'article 7 de la loi des 2-17 mars 1791, dont la disposition le laisse, au contraire, pleinement subsister, puisqu'elle n'accorde à toute personne la liberté de faire tel commerce ou exercer telle industrie qu'elle trouve bon, qu'à la charge de se conformer aux règlements qui étaient en vigueur lors de sa promulgation ou qui seraient faits ultérieurement ; que la réglementation de l'exercice de la profession de boulanger rentre essentiellement dans la sphère de l'autorité municipale, et qu'au nombre des mesures qu'elle a le droit de prescrire dans l'intérêt public doit être comprise celle qui soumet cet exercice à une autorisation préalable du maire.—Arrêts des 29 mai 1834 (ANNALES DES JUST. DE PAIX, 1re série, t. Ier, p. 349, vo *Boulanger*, no 12), 30 mai 1834 (aff. Félix), 16 juillet 1840 (Dev., 1840, p. 746; *J. du Pal.*, 1840, t. II, p. 124), 19 août 1848 (Dev., 1849, p. 287; *J. du Pal.*, 1850, t. Ier, p. 190), 19 juillet 1850 (ANNALES DES JUST. DE PAIX, 1851, p. 192), 28 septembre 1850 (ANNALES, 1851, p. 231) ; Conseil d'État, 14 décembre 1850 (Dev., 1851, p. 298), 15 juin 1855 (ANNALES, 1856, p. 68), 26 novembre 1857 (ANNALES, 1858, p. 94).

Les motifs sur lesquels se fondent ces nombreuses décisions démontrent bien que l'opinion contraire ne saurait se soutenir.

Lorsqu'un règlement relatif à l'exercice de la profession de boulanger dans une ville subordonne cet exercice à une autorisation préalable et dispose que cette autorisation énoncera le quartier dans lequel chaque boulanger sera circonscrit, un boulanger autorisé pour un quartier ne peut, sans commettre une infraction punissable, former un second établissement dans un autre quartier sans se pourvoir d'une seconde autorisation.— Cass., 16 avril 1841 (*J. le Juge de paix*, t. XII, p. 47).

Un édit de février 1776 porte ce qui suit : « Voulons que les maîtres « actuels des boucheries et autres, « dont le commerce a pour objet la « subsistance journalière de nos su-« jets, ne puissent quitter leur pro-« fession qu'un an après la déclara-« tion qu'ils sont tenus de faire de-« vant le lieutenant général de police, « qu'ils entendent abandonner leur « profession et commerce, à peine de « 500 livres d'amende et de plus forte « peine s'il y échet. »

Or, nous avons rapporté ci-dessus, chapitre 1er, plusieurs arrêts par lesquels il a été décidé :

1o Que ces dispositions, évidemment applicables aux boulangers, sont encore en pleine vigueur, même en ce qui concerne l'amende de 500 francs édictée contre les contrevenants ;

2o Qu'elles ne pourraient être rapportées ni modifiées par des règlements émanés du pouvoir municipal.

Nous n'avons point à revenir sur cet objet.

Est légal et obligatoire l'arrêté municipal qui oblige les boulangers à placer leurs pains dans leurs boutiques, sur des étagères, d'une manière apparente, et en les disposant de telle sorte que les diverses qualités de pain soient séparées les unes des autres. — Cass., 16 septembre 1853 (ANNALES DES JUST. DE PAIX, 1854, p. 112).

Et, lorsqu'il est constaté en fait qu'un boulanger a placé ses pains dans un placard étant *dans sa boulangerie* et faisant *partie de sa boulangerie*, le tribunal de police saisi de de la poursuite commet un excès de pouvoir et une violation de la loi, en relaxant le prévenu sur le motif que le placard n'était pas fermé à clef, que, la porte en restant constamment ouverte, les pains restaient exposés à la vue de ceux qui venaient en acheter. — Même arrêt.

Lorsqu'un boulanger a des cases différentes pour l'exposition au public des pains de divers poids qu'il fabrique, cette circonstance devient une indication frauduleuse, dans le sens de la loi du 27 mars 1851, si les pains n'ont pas réellement le poids indiqué par leur forme, leur volume, leurs dimensions et la case dans laquelle ils sont exposés. — Bourges, 18 juillet 1851 (Dev., 1852, p. 140; *J. du Pal.*, 1851, t. II, p. 254).

Est légal et obligatoire l'arrêté municipal qui enjoint aux boulangers de souffrir les visites du commissaire de police, relativement au pesage, à la marque, à la qualité et à la salubrité du pain. — Cass., 1er février 1851 (ANNALES DES JUST. DE PAIX, 1852, p. 22).

10° Responsabilité personnelle des boulangers.

Les obligations qui sont la suite de l'exercice d'une profession, d'un commerce ou d'une industrie soumise à des règlements, dans un intérêt de salubrité, de sûreté, de tranquillité, de sécurité publiques, pèsent directement sur le titulaire qui, seul, présente à l'administration ou à la loi qui les impose les garanties dont elle a besoin, et qui doit d'ailleurs veiller à ce que les prescriptions qu'il doit suivre soient observées par les agents qu'il emploie dans son établissement.

Ces principes, que la Cour de cassation a sanctionnés par de nombreux arrêts, sont évidemment et surtout applicables en matière de boulangerie. Ainsi cette Cour a décidé :

1° Que la vente du pain au-dessus de la taxe, fait prévu par le numéro 6 de l'article 479 du Code pénal, entraîne la condamnation du boulanger lui-même, encore que l'infraction soit le fait personnel d'un préposé. — Arrêt du 27 septembre 1839 (Dev., 1839, p. 871; *J. du Pal.*, 1839, t. II, p. 555).

2° Qu'un boulanger est personnellement passible d'amende pour n'avoir pas tenu sa boutique approvisionnée de pain, en contravention à un arrêté municipal qui le lui prescrivait, encore bien que le refus de vendre ait été fait, non par le boulanger lui-même, mais par un domestique. — Arrêt du 20 juillet 1854 (ANNALES DES JUST. DE PAIX, 1854, p. 339).

Jugé également que la circonstance que des pains exposés dans la boutique d'un boulanger ont été vendus, non par lui, mais par sa femme, ne fait point obstacle à ce qu'il soit considéré comme le véritable auteur de l'infraction, lorsque d'ailleurs la femme n'était qu'un simple intermédiaire préposé à la vente de la marchandise. — Bourges, 18 juillet 1851

(Dev., 1852, p. 140; *J. du Pal.*, 1851, t. II, p. 254).

Toutefois, il n'en est ainsi qu'autant que les prescriptions réglementaires s'appliquent aux chefs d'établissement eux-mêmes, ou que, si elles sont imposées à leurs préposés, ils ont à se reprocher de n'avoir pas mis ceux-ci en mesure de les exécuter. Aussi a-t-il été décidé que les boulangers de la ville de Paris, qu'une ordonnance de police du 2 novembre 1840 autorise à faire distribuer le pain au domicile des consommateurs par des porteurs spéciaux, sous la condition que ceux-ci seront toujours munis de balances et de poids, et qui ont remis ces balances et ces poids à leurs porteurs, ont, pour leur part, satisfait aux prescriptions réglementaires; que, dès lors, si les porteurs s'en dessaisissent et en sont trouvés non munis, la contravention qu'ils commettent leur est toute personnelle, et que leurs maîtres n'en sont que civilement responsables. — Cass., 25 février 1842 (*J. du Pal.*, 1842, t. Ier, p. 258).

Viande de boucherie. — Salubrité des comestibles.

1° Taxe.

La taxe du pain a lieu dans toutes les communes de l'Empire, mais il n'en est point ainsi de la viande : les bouchers ne sont soumis à la taxe que dans un bien petit nombre de localités. Cependant l'autorité municipale a le droit de taxer la viande de boucherie, comme elle est investie du pouvoir d'opérer la taxe du pain : cela résulte formellement de l'article 30,

titre Ier de la loi des 19-22 juillet 1791, dont nous avons précédemment rapporté le texte. Ainsi d'ailleurs l'a décidé la Cour de cassation par trois arrêts, l'un du 17 mars 1841 (ANNALES DES JUST. DE PAIX, 1re série, t. Ier, p. 341, v° *Boucher*, n° 7), les deux autres des 18 et 25 mai 1855 *J. du Pal.*, 1855, t. II, p. 309 (ANNALES DES JUST. DE PAIX, 1855, p. 346).

Comme la taxe du pain, celle de la viande de boucherie est d'ordre public. Il n'est donc permis ni aux bouchers ni aux consommateurs d'y déroger par des conventions particulières, lesquelles sont illicites et nulles. Aussi a-t-il été jugé par ces deux arrêts : qu'un boucher prévenu d'avoir enfreint l'arrêté municipal en vendant sa viande au delà de la taxe ne peut être relaxé des poursuites par le motif que l'acheteur aurait consenti à payer un prix supérieur pour avoir un morceau de son choix.

En nous occupant des arrêtés qui fixent le prix du pain, nous avons fait connaître un arrêt de la Cour de cassation du 27 septembre 1844 (ANNALES DES JUST. DE PAIX, 1847, p. 301), qui a décidé que le boulanger qui cumule avec cette profession celle d'aubergiste peut, sans commettre d'infraction, vendre au-dessus de la taxe le pain qu'il livre avec d'autres aliments aux consommateurs qui s'attablent chez lui. Il faudrait en dire autant d'un boucher qui cumulerait avec sa profession celle d'aubergiste ou de restaurateur; il aurait incontestablement aussi le droit de livrer, en l'une de ces deux dernières qualités, sa viande au prix convenu entre lui et le consommateur.

Un autre arrêt de la Cour suprême, du 8 mars 1845 (ANNALES DES JUST. DE PAIX, 1845, p. 226), a décidé que les bouchers ne sont point assujettis à la taxe à raison des fournitures qu'ils font en vertu d'un traité consenti avec une administration publique. Ces traités, en effet, sont, en général, consentis moyennant un prix unique et invariable pour tout le temps assigné à leur durée. Il est presque superflu d'ajouter qu'il en serait autrement si, par impossible, les conventions ne fixaient aucun prix, ou s'il était stipulé que les livraisons auraient lieu au prix courant ou au taux ordinaire. En un tel cas, la vente au delà de la taxe serait évidemment punissable.

On a vu précédemment que les boulangers et les bouchers qui vendent le pain ou la viande au-dessus de la taxe sont punissables, non pas seulement de l'amende de 1 à 5 francs édictée par l'article 471, n° 15, du Code pénal, mais d'une amende de 11 à 15 francs et, suivant les circonstances, d'un emprisonnement de cinq jours au plus, par application des articles 479, n° 6, et 480, n° 3, du même Code.

Nous venons de dire que la taxe périodique de la viande ne s'opère que dans un petit nombre de localités. Partout ailleurs, l'exercice de la profession de boucher est, sous ce rapport du moins, complétement libre.

La ville de Paris, à raison de l'importance de sa population, a été longtemps soumise à un régime exceptionnel.

Afin d'y assurer régulièrement le service de l'alimentation, au double point de vue de la tranquillité et de la santé publique, un arrêté consulaire du 8 vendémiaire an XI et un décret impérial du 6 février 1811 qui vint le compléter dérogèrent au principe de la liberté commerciale et professionnelle consacré par l'article 7 de la loi des 2-17 mars 1791 que, plusieurs fois déjà, nous avons eu l'occasion de rappeler, en limitant le nombre des bouchers qui furent, en outre, assujettis à diverses obligations, notamment à celle de se munir d'une autorisation du préfet de police.

Une ordonnance royale du 12 janvier 1825 substitua au système de la limitation un système mixte qui fut à peine expérimenté, en sorte qu'une autre ordonnance du 18 octobre 1829 vint rétablir le régime qu'avait créé l'arrêté de l'an X et qui avait fonctionné pendant plus de vingt ans.

Dans ces dernières années, on le sait, une crise alimentaire sévit en France, et notamment dans les grands centres, avec une extrême violence. Cette crise, dont la cause principale était une succession de récoltes insuffisantes, appela nécessairement l'attention de l'autorité et éveilla sa vigilance. Pour la combattre, l'administration crut devoir user du droit dont elle est investie, comme on l'a vu, par l'article 30, titre II de la loi des 19-22 juillet 1791, en taxant la viande de boucherie dans la ville de Paris. La taxe fut instituée par ordonnance du préfet de police du 1er octobre 1855.

La taxe étant le correctif ordinaire du monopole, il était permis d'espérer que, fonctionnant avec sincérité, elle produirait de bons résultats ; mais, après une épreuve de près de trois années, il a fallu reconnaître qu'elle ne contenait pas en elles le conditions d'une exécution sincère, en ce qu'elle ne pouvait pas prévoir toutes les habiletés du métier à l'aide desquelles les bouchers pouvaient détruire et détruisaient en effet l'économie de ses calculs, s'assurant ainsi des bénéfices considérables au détriment des consommateurs, et en quelque sorte sous le couvert de l'administration.

Il fallut donc renoncer à la taxe et, en y renonçant, le gouvernement ne pouvait vouloir que le monopole subsistât sans contre-poids ; il a donc été conduit à renoncer à un système qui n'avait d'ailleurs jamais été admis que comme une exception et à rentrer dans le droit commun en proclamant le principe de la liberté de la boucherie dans la ville de Paris. C'est ce qu'a fait le décret impérial du 24 février 1858.

Ce décret, après avoir prononcé l'abrogation de l'ordonnance du 18 octobre 1829, qui, comme nous l'avons dit, avait remplacé les dispositions précédentes, oblige, par son article 2, tout individu qui veut exercer la profession de boucher dans la ville de Paris, à faire préalablement, à la préfecture de police, une déclaration de la rue ou place et du numéro de la maison ou des maisons dans lesquelles il a l'intention d'exercer le commerce de la boucherie.

Le décret contient d'autres dispositions de détail ayant pour objet, soit de faciliter l'approvisionnement et d'assurer l'inspection de la boucherie, soit de maintenir les droits de l'administration à l'égard de la surveillance qu'il lui appartient d'exercer dans l'intérêt de la fidélité du débit et de la salubrité des viandes vendues dans les étaux ou sur les marchés.

Une ordonnance rendue par le préfet de police de Paris, le 16 mars 1858, ayant pour but d'assurer l'exécution du décret impérial du 24 février, renouvelle les prescriptions de l'article 2 de ce décret, en ce qui concerne l'obligation d'une déclaration préalable, et fixe à quinze jours le délai à l'expiration duquel, à défaut d'opposition de la part de l'administration, la profession de boucher pourra être exercée, et l'étal ouvert au public.

L'ordonnance détermine ensuite les conditions d'appropriation des locaux et les mesures de salubrité auxquelles l'ouverture des étaux demeure subordonnée.

Enfin, elle abroge l'ordonnance du 1er octobre 1855, par laquelle la taxe de la viande avait été instituée, et dispose qu'à partir du 31 mars 1858, le prix de cette marchandise sera désormais librement débattu entre les bouchers et les consommateurs.

Le décret du 24 février 1858 ne contient aucune sanction pénale, et ne pouvait d'ailleurs en contenir aucune, à moins qu'il s'agît de mesures purement administratives, puisqu'il est de principe, ainsi que nous l'avons dit déjà, que les peines ne peuvent être établies que par la loi. Nul doute, dès lors, que l'individu qui, contrairement à l'article 2, créerait dans Paris un établissement de boucherie, et se livrerait à ce commerce sans avoir préalablement fait à la préfecture de police la déclaration exigée, de même que celui qui n'exécuterait pas les autres dispositions réglementaires du décret, ou enfreindrait les prescriptions de l'ordonnance de police du 16 mars 1858, encourrait l'amende prononcée par l'article 471 du Code pénal, par application du numéro 15 de cet article, qui réprime les contraventions aux règlements et arrêtés légalement faits.

2° Approvisionnements.

Nous avons rapporté plusieurs arrêts par lesquels il a été décidé que l'autorité municipale, investie du droit de réglementer la profession de boulanger, a le pouvoir d'astreindre ceux qui l'exercent à l'obligation d'être constamment approvisionnés des quantités et qualités de pain nécessaires aux besoins de l'alimentation. C'est là, avons-nous dit, une mesure qui intéresse essentiellement l'ordre, la tranquillité générale, la santé et la salubrité publiques. Les motifs qui appellent, à cet égard, toute la sollicitude de l'administration et justifient son intervention et sa vigilance, ne sont pas moins impérieux en ce qui concerne la vente et le débit des viandes de boucherie. Aussi a-t-il été décidé qu'on doit accorder force obligatoire à l'arrêté qui enjoint aux bouchers d'être approvisionnés en quantités et qualités suffisantes pour satisfaire aux besoins journaliers de la consommation, eu égard à la diversité des viandes qu'ils sont tenus d'exposer en vente. — Cass., 17 mars 1841 (AN-NALES DES JUST. DE PAIX, 1ʳᵉ série, t. 1ᵉʳ, p. 341, v° *Boucher*, n° 7).

Le même principe a été sanctionné par les deux arrêts que nous allons citer.

L'infraction à un tel arrêté ne peut être excusée sur le motif que le boucher contrevenant aurait tué la veille une quantité d'animaux suffisante pour satisfaire à la vente présumée du lendemain, qui se serait trouvée plus considérable qu'elle ne devait l'être d'après ses prévisions. — Cass., 12 juin 1856 (Dev., 1856, p. 840).

Elle ne saurait être excusée, non plus, sur ce motif que le boucher aurait fait son approvisionnement ordinaire. — Cass., 26 décembre 1857 (ANNALES DES JUST. DE PAIX, 1858, p. 149).

Des excuses du même genre, présentées par des boulangers poursuivis pour contraventions identiques, ont été rejetées, comme on l'a vu, par un grand nombre de décisions. On conçoit, en effet, que de telles allégations, fussent-elles vérifiées et reconnues exactes, ne peuvent décharger les marchands dont il s'agit des conséquences de l'obligation d'avoir leurs boutiques suffisamment approvisionnées pour satisfaire aux exigences quotidiennes de la consommation locale, obligation qui leur est imposée légalement, et qui, on ne saurait trop le répéter, se rattache intimement au maintien de l'ordre public et à l'intérêt général.

De pareilles excuses, si elles étaient admises, auraient pour résultat de mettre les prescriptions de l'autorité municipale à la merci et à la discrétion de ceux qui sont astreints à les exécuter. En outre, l'appréciation plus ou moins exacte des besoins de l'approvisionnement, faite par un boulanger ou par un boucher, ne saurait être assimilée à un cas de force majeure.

3° Mesures diverses. — Salubrité
des comestibles.

Sont légaux et obligatoires :

L'arrêté municipal qui enjoint aux bouchers de ne donner aux acheteurs pour surpoids, ni poids, ni pieds, ni fressure, ni tête, et qui fixe et détermine le taux de ce surpoids, par exemple à 1 hectogramme par kilogramme. — Cass., 10 juin 1836 (Dalloz, 1836, p. 373).

L'arrêté municipal qui défend la viande de boucherie autrement qu'en boutique ou dans les lieux à ce destinés, et en interdit le colportage à domicile. — Cass., 12 octobre 1850 (ANNALES DES JUST. DE PAIX, 1851, p. 229), 25 juin 1851 (ANNALES, 1852, p. 19).

Et une telle prohibition met obstacle au transport à domicile, non-seulement des viandes dont la vente est proposée, mais encore de celles vendues d'avance et apportées aux pratiques en exécution d'une commande antérieure. — Même arrêt du 25 juin 1851.

La rigueur d'une telle décision se justifie par cette considération toute-puissante que les marchands ne sauraient, à l'aide de conventions particulières, se soustraire à l'obligation qui leur est imposée d'exposer les viandes et comestibles qu'ils débitent dans les marchés publics et aux places indiquées par l'autorité, afin qu'ils soient soumis aux inspections et vérifications exigées dans l'intérêt de la santé publique.

Sont, au contraire, illégaux et inobligatoires :

1° Le règlement de police qui astreint les bouchers *sédentaires* d'une ville à ne vendre la viande qu'à la halle, les jours de marché, pendant toute sa durée, et qui leur interdit d'en débiter à leur domicile pendant cet espace de temps. — Cass., 12 juillet 1849 (Dalloz, 1849, p. 205).

Une telle disposition, en effet, contient un abus du droit de réglementation, car la boutique des bouchers est ouverte à la police, en sorte que la prohibition dont il s'agit ne justifie plus les droits de surveillance et d'inspection que l'administration peut y exercer toutes les fois qu'elle le croit nécessaire.

2° L'arrêt qui, sous le prétexte de veiller à la salubrité du commerce de la boucherie, soumet les bouchers au payement d'une taxe destinée à rétribuer les agents chargés par l'autorité d'en faire l'inspection. — Cass., 22 février 1825 (Dev. Sir., t. VIII, p. 54).

Est légal et obligatoire l'arrêté municipal qui défend aux bouchers d'égorger des bestiaux qui seraient affectés de maladie. Et, lorsqu'un tel arrêté existe, le boucher, prévenu d'avoir introduit dans la commune un cochon mort du croup, ne peut être relaxé des poursuites sur le motif que, l'arrêté n'ayant eu pour but que d'empêcher la vente de la viande insalubre et dangereuse, il n'est point établi que le porc ait été livré à la consommation, ni même étalé pour être vendu. — Cass., 24 juin 1843.

N'est point obligatoire l'arrêté municipal qui, directement ou indirectement, interdit aux habitants d'une commune de s'approvisionner, en dehors de la localité, de la viande dont ils ont besoin pour leur consommation personnelle. — Cass., 11 août 1842 (Dalloz, 1842, p. 424).

Sont pris dans la sphère des attributions municipales :

L'arrêté qui, pour remédier aux inconvénients des grandes chaleurs et d'une température extraordinaire régnant à l'époque où il est pris, défend d'introduire en ville des bestiaux abattus au dehors. — Cass., 22 décembre 1842.

L'arrêté portant que le poisson appartenant aux maîtres de barques étrangers au port de la localité est soumis à l'inspection de la police avant toute exposition en vente. — Cass., 20 avril 1828 (Dev. Sir., t. IX, p. 82).

Celui qui fait défense aux particuliers d'acheter de ce poisson avant que la vente en ait été autorisée. — Cass., 8 juillet 1837.

Les dispositions des numéros 6 et 14 de l'article 475 du Code pénal punissaient de l'amende édictée par cet article : « ceux qui auront vendu ou débité des boissons falsifiées, ne contenant aucune mixtion nuisible à la santé, » et « ceux qui exposent en vente des comestibles gâtés, corrompus ou nuisibles. »

Ces deux dispositions ont été formellement abrogées par l'article 9 de la loi du 27 mars 1851, et par l'article 2 de celle du 5 mai 1855, et remplacées par les dispositions que nous allons faire connaître.

L'article 1er de la loi du 27 mars 1851 punit d'un emprisonnement de trois mois à un an et d'une amende qui ne peut être moindre de 50 francs ni excéder le quart des restitutions et dommages-intérêts : 1° ceux qui falsifieront des substances ou denrées alimentaires ou médicamenteuses destinées à être vendues ; 2° ceux qui vendront ou mettront en vente des substances ou denrées alimentaires ou médicamenteuses *qu'ils sauront* être falsifiées ou corrompues.

L'article 3 de la même loi punit d'une amende de 16 francs à 25 francs et d'un emprisonnement de six à dix jours, ou de l'une de ces deux peines seulement, ceux qui, sans motifs légitimes, auront dans leurs magasins, boutiques, ateliers ou maisons de commerce, ou dans les halles, foires ou marchés....., des substances alimentaires ou médicamenteuses *qu'ils sauront* être falsifiées ou corrompues.

Enfin, l'article 1er de la loi du 5 mai 1855 porte que les dispositions de celle du 27 mars 1851 sont applicables aux boissons.

Le temps était venu d'assurer mieux la loyauté du commerce et de protéger, d'une manière plus efficace, les intérêts des consommateurs, en réprimant plus sévèrement des fraudes d'autant plus coupables qu'elles s'exerçaient à l'occasion du débit des substances nécessaires à l'alimentation. Les dispositions des numéros 6 et 14 de l'article 475 du Code pénal étaient manifestement insuffisantes et les lois dont nous venons de parler sont venues satisfaire à ce besoin pressant et généralement senti.

Toutefois, nous croyons que le législateur n'eût pas dû prononcer l'abrogation de ces dispositions, car il ne les a pas remplacées dans leur intégrité.

En effet, la seconde (celle du numéro 14), conçue en termes généraux et absolus, prévoyait le fait d'exposition en vente de comestibles gâtés, corrompus et nuisibles, sans exiger qu'il eût été commis avec connaissance de cause : l'existence de l'infraction, comme celle de la plupart des contraventions de police d'ailleurs, résultait donc du fait matériel d'exposition ou de vente, quelles que fussent l'ignorance, la bonne foi, la loyauté du marchand.

La loi nouvelle, au contraire (et cela est logique puisqu'il s'agit de délits), après avoir puni le fait de falsification, n'atteint ceux de vente, d'exposition ou de détention qu'autant que le vendeur ou détenteur a agi sciemment, qu'il n'ignore point que les substances ou denrées qu'il vend, expose ou détient, sont falsifiées, gâtées ou corrompues. Il en résulte que, s'il établit sa bonne foi, s'il prouve ou s'il ressort des circonstances qu'il est étranger à la falsification et qu'il ne connaissait pas la mauvaise qualité de ces denrées, il n'a commis ni délit ni contravention, et se trouve à l'abri de toute pénalité.

Il faut en dire autant du numéro 6 de l'article 475.

D'après les lois nouvelles, la vente, le débit, l'exposition en vente, la détention de boissons falsifiées ne constituent un délit qu'autant que l'intention frauduleuse se joint au fait matériel, puisqu'elles exigent que le vendeur ou détenteur ait connaissance de la falsification, tandis que la disposition du numéro 6, de même que celle du numéro 14, punissait le fait de débit ou de vente, abstraction faite de toute pensée coupable.

Ajoutons que, bien que ce numéro 6 parût n'incriminer que ces deux faits de vente et de débit, la Cour de cassation décidait invariablement que la simple exposition en vente ou la détention de boissons falsifiées, aussi bien que la vente elle-même, constituait une contravention punissable (1).

Nous le répétons donc, les dispositions des deux numéros 6 et 14 de l'article 475 n'ont pas été complètement remplacées ; le législateur eût dû les modifier, les mettre en harmonie avec les lois de 1851 et de 1855, dont elles eussent été le complément, non les abroger d'une manière complète, car la vente, l'exposition en

(1) V. arrêts des 12 août 1841 (ANNALES DES JUST. DE PAIX, 1re série, t. Ier, p. 409, v° *Comestibles*, n° 9), 14 octobre 1843, 15 juin 1844 (ANNALES, *eod verb.*, p. 410, n° 10), 10 mars 1844 (*J. du Pal.*, 1845, t. Ier, p. 436), 12 sept. 1846 (*J. du Pal.*, 1847, t. Ier, p. 715), 30 nov. 1850 (ANNALES, 1851, p. 264) et 18 août 1853 (Dev., 1854, p. 217).

vente, la détention de boissons, comestibles et autres substances ou denrées nécessaires à l'alimentation, lorsqu'elles sont falsifiées, corrompues ou nuisibles, sont des faits toujours graves, dont il importe, dans tous les cas, de prévenir la possibilité dans l'intérêt de la santé publique; ils ne devraient donc pas rester sans répression, même alors que la falsification ou l'état de corruption de ces boissons, denrées ou substances sont ignorés du vendeur ou détenteur.

Quoi qu'il en soit, et jusqu'à ce que le législateur, en réparant l'omission qu'il nous paraît avoir commise, ait fait disparaître une lacune que nous regardons comme extrêmement regrettable, il appartient à l'autorité municipale d'user des pouvoirs dont elle est investie, pour la combler autant que possible. Cette autorité peut, en effet, en vertu des attributions qui lui sont conférées par l'article 3, titre XI de la loi des 16-24 août 1790, défendre, par un règlement ou arrêté de police, le débit, l'exposition en vente et la détention des substances et denrées falsifiées, gâtées ou corrompues, et toutes les fois que cette prohibition n'aura pas été violée sciemment, que le vendeur ou détenteur, étant reconnu n'être point l'auteur de la falsification et avoir ignoré l'état de ces denrées ou substances, n'encourra pas les pénalités que prononcent les lois de 1851 et de 1855, le fait constituera, du moins, une infraction à l'arrêté municipal, dont la répression devra être poursuivie et prononcée par l'application de la disposition générale contenue au nu-

méro 15 de l'article 471 du Code pénal.

C'est, du reste, ce qui résulte d'un arrêt de la Cour de cassation du 18 avril 1856 (ANNALES DES JUST. DE PAIX, 1856, p. 374), qui a décidé que le fait par un individu d'avoir, contrairement à la prohibition contenue dans un règlement municipal par lequel il est défendu d'exposer en vente des comestibles gâtés, corrompus ou nuisibles, exposé en vente des œufs pourris sur la place du marché, sans qu'il soit établi que cet individu ait eu connaissance de l'état de corruption de ces œufs, constitue la contravention prévue par le numéro 15 de l'article 471 du Code pénal, et non le délit réprimé par la loi du 27 mars 1851, qui abroge et remplace la disposition du numéro 14 de l'article 475.

Toutefois, la doctrine que ses arrêts consacrent était repoussée par MM. Carré, *Traité des just. de paix*, t. IV, p. 211, 212 et 485, nᵒˢ 3036, 3037 et 3400; Chauveau et Hélie, *Théorie du Code pénal*, 2ᵉ édit., t. V, p. 450, et t. VIII, p. 379. Suivant ces jurisconsultes, la simple exposition en vente de boissons falsifiées, n'étant pas incriminée par l'article 475, nᵒ 6, du Code pénal, ne pouvait être assimilée à la vente et au débit, seuls prévus par cette disposition; elle ne pouvait donc constituer qu'une simple tentative de contravention, non punissable, car la loi ne réprime, dans certains cas, que la tentative de crimes ou délits.

Cette opinion s'appuyait, il faut le reconnaître, sur la rigueur du texte, mais il peut paraître douteux qu'elle interprétât bien fidèlement l'esprit de la loi.

Article 7. — Police des halles et marchés.

Etablissement des marchés.

L'établissement des marchés peut être autorisé par les préfets, à la seule exception de ceux qui ont pour objet la vente des bestiaux. — Décret du 25 mars 1852, art. 2, et tableau B, y annexé, n° 1er.

Et les maires peuvent aussi, en exécution des instructions qu'ils reçoivent de l'autorité préfectorale, en autoriser la tenue, sous les conditions énoncées dans ces instructions. En conséquence, l'ouverture d'un marché sans l'accomplissement des conditions imposées, par exemple celle de n'y vendre que des comestibles et de le fermer à une certaine heure, constitue une infraction punissable par application de l'article 471, n° 15, du Code pénal. — Cass., 6 déc. 1855 (ANNALES DES JUST. DE PAIX, 1856, p. 251).

Approvisionnements.

Les maires sont investis du droit de faire des règlements concernant l'approvisionnement des marchés ; les injonctions et les défenses que ces règlements contiennent sont des actes parfaitement légaux du pouvoir municipal. — Cass., 13 déc. 1821 (Dev. Sir., t. VI, p. 538).

Ainsi sont obligatoires :

Les règlements portant que les grains ou les farines ne pourront être introduits et vendus que dans les gre-niers publics destinés à les recevoir. — Cass., 3 mai 1811 (Dev. Sir., t. III, p. 340).

Les règlements qui prescrivent de conduire sur le marché pour y être vendus tous les grains autres que ceux à destination particulière. — Cass., 24 fév. 1820 (Dev. Sir., t. VI, p. 188), 12 avril 1834 (ANNALES DES JUST. DE PAIX, 1re série, t. III, p. 421, v° *Marchés*, n° 8).

Ceux qui, outre une pareille défense, disposent que les grains devront être conduits directement sur le marché, et ne pourront être reçus dans les maisons particulières, soit pour y être vendus, soit pour y être mesurés ou entreposés. — Cass., 23 janv. 1841, 25 avril 1851 (ANNALES DES JUST. DE PAIX, 1852, p. 27).

Les règlements qui interdisent la vente et l'achat des grains en dehors des marchés, sur les places et sur la voie publique, et qui défendent aux commerçants et revendeurs, de se transporter sur les routes et chemins pour y acheter les grains avant leur arrivée au marché, — Cass., 21 août 1857 (*J. du Pal.*, 1858, p. 495), 17 juill. 1858 (*Bullet. crimin.*, p. 339, n° 205).

Le règlement de police qui défend de vendre des grains en dehors des marchés, sur les places et sur les voies publiques, interdit par là même de se livrer, sur ces places et voies, aux actes préliminaires ayant pour but d'assurer la conclusion de la vente. — Cass., 28 sept. 1855 (*J. du Pal.*, 1856, t. 1er, p. 592).

L'obligation de conduire des grains sur le marché, aux heures d'ouverture, est applicable aux meuniers qui font moudre, aussi bien qu'aux meuniers qui font le commerce des grains, si, d'ailleurs, les premiers se livrent aussi à des actes de commerce. — Cass., 5 déc. 1846 (Dalloz, 1847, p. 36).

Lorsqu'un arrêté dispose que les grains ne pourront être vendus ailleurs que sur le marché, et qu'une vente a été opérée dans une maison particulière, il n'y a infraction punissable que de la part du vendeur : la personne qui achète ne commet aucune contravention punissable, dès l'instant que c'est seulement la vente et non l'achat qui était interdit. — Arrêt du 23 janv. 1841, ci-dessus cité.

Mais lorsque le règlement défend l'introduction dans les maisons particulières, le prévenu de contravention à une telle prohibition ne peut être relaxé des poursuites, sur les motifs que les grains n'auraient fait que stationner dans une maison et auraient ensuite été conduits au marché où la vente en aurait été effectuée à une personne autre que celle qui habite cette maison. — Cass., 25 avr. 1851 (ANNALES DES JUST. DE PAIX, 1852, p. 27).

Quand l'arrêté défend d'exposer des grains en vente ailleurs que sur le marché, le fait par un individu de vendre des grains dans ses propres magasins ne constitue aucune contravention. — Cass., 19 avril 1834 (Dalloz, 1834, p. 384).

Décidé, par application du même principe, que la défense faite par un règlement municipal d'exposer en vente des grains, farines et autres denrées sur toute partie de la voie publique, autre que celles spécialement désignées par le règlement à la tenue de la halle, des foires et des marchés, n'emporte pas pour les marchands prohibition de vendre dans leurs magasins le blé qui s'y trouve renfermé ; qu'ils peuvent donc en faire livraison aux acheteurs les jours de foire ou de marché, aussi bien que les autres jours. — Cass., 29 mars 1856 (*J. du Pal.*, 1857, p. 421).

L'achat de grains, fait hors la ville, longtemps avant leur introduction (un mois par exemple), et pour être, non pas revendus, mais convertis en farine, ne constitue pas une contravention au règlement municipal qui en prohibe la vente hors des marchés. — Cass., 2 octobre 1847 (Dalloz, 1848, p. 35).

Un arrêt récent, du 28 novembre 1856 (*J. du Pal.*, 1857, p. 1149), paraît contraire à quelques-unes des décisions qui viennent d'être rapportées. Cet arrêt porte que l'arrêté municipal qui défend la vente *en public* des céréales et autres comestibles, ailleurs que dans l'enceinte des halles et marchés, est légal et obligatoire, en ce qu'il a pour but d'assurer l'approvisionnement et de permettre à l'autorité de veiller à la fidélité du débit des denrées et marchandises ; qu'à ce double titre, il sert à la fois l'intérêt de la population et les intérêts du commerce ; mais qu'il en est autrement de l'arrêté préfectoral qui interdit, dans toute l'étendue du territoire départemental, de vendre et d'acheter, en dehors des marchés généraux et spéciaux, des grains et autres denrées, de quelque nature qu'ils soient ; qu'une telle prohibition, faite d'une manière générale et absolue, et qui ne distingue pas entre les ventes et achats faits publiquement dans les rues ou sur les voies publiques et les ventes et achats qui se traitent de gré à gré entre l'acheteur et le vendeur dans leurs demeures ou magasins, apporte des entraves au libre essor des transactions commerciales, excède les limites du pouvoir de l'autorité administrative ou municipale, le commerce des grains et des céréales devant rester libre en dehors des marchés.

Est légal et obligatoire, comme ayant pour objet d'assurer la fidélité du débit des marchandises qui se vendent au poids ou à la mesure, l'arrêté municipal qui défend de déposer sur le marché aux grains des sacs autres que ceux contenant l'hectolitre et les divisions légales de l'hectolitre. Et, lorsqu'un tel arrêté existe, il y a contravention punissable dans le fait de déposer des sacs de grains contenant un hectolitre et des excédants qui ne répondent pas aux divisions légales de l'hectolitre. — Cass., 10 avril 1856 (*J. du Pal.*, 1857, p. 1045).

Est légal et obligatoire le règlement contenant injonction à tous individus qui amènent des comestibles et des denrées destinés à l'approvisionnement de la commune, même aux marchands revendeurs qui achètent ces denrées au dehors, de les conduire directement au marché pour y être soumis à l'inspection de la police et au droit de plaçage. — Cass., 15 juillet 1830 (Dalloz, 1830, p. 348).

Et il y a contravention au règlement dans le fait d'un individu qui, étranger à la localité, y loue une chambre, et s'y livre à la vente des marchandises. — Cass., 30 juillet 1829, et 25 mars 1830 (Dev. Sir., t. IX, p. 339 et 478).

La contravention ne saurait être excusée sous le prétexte que le prévenu, qui a acheté des denrées au dehors et qui les a conduites directement chez lui, ne les vend, en réalité, qu'au marché, où il paye un droit de plaçage. — Arrêt du 15 juillet 1830, ci-dessus.

Est légal et obligatoire le règlement municipal qui, dans le double intérêt de la salubrité des comestibles et de l'approvisionnement du marché, interdit d'acheter et de vendre des fruits, ailleurs qu'au marché. — Cass., 13 décembre 1844 (ANNALES DES JUST. DE PAIX, 1re série, t. IV, p. 180, vo *Pouv. municip.*, no 64), 3 juin 1858 (*Bullet. crimin.*, no 163).

Une telle disposition, lorsqu'elle est générale, est obligatoire pour les simples particuliers, aussi bien que pour les revendeurs de profession, et elle met obstacle à ce que des fruits destinés à entrer en ville comme objet de trafic soient achetés sur pied dans des communes voisines, et à ce que la livraison puisse en être faite directement par le producteur, au domicile de l'acheteur, alors même que la vente faite sur pied aurait eu lieu à cette condition. — Même arrêt du 13 décembre 1844.

Sont obligatoires :

Les règlements ou arrêtés par lesquels il est défendu à toutes personnes de recevoir en dépôt, chez elles, les denrées destinées à l'approvisionnement du marché et enjoint aux marchands de déposer dans une resserre publique les denrées qui n'ont point été vendues au marché du jour, pour y être remises en vente à celui du lendemain. — Cass., 31 mars 1838 (*J. du Pal.*, 1838, t. II, p. 162).

L'arrêté qui oblige les vivandiers, coquetiers, etc., à porter leurs marchandises sur le marché et qui interdit aux aubergistes, cabaretiers, etc., de les recevoir en dépôt dans leurs établissements. — Cass., 8 décembre 1827 (Dev. Sir., t. VIII, p. 719).

L'individu qui apporte ses comestibles ou denrées dans un hôtel, et l'hôtelier qui les reçoit, enfreignent l'un et l'autre la disposition du règlement qui prohibe la vente de ces marchandises ailleurs que sur le marché. — Cass., 25 décembre 1847 (Dalloz, 1848, p. 35).

L'arrêté municipal qui, dans le double but d'assurer l'approvisionnement et de prévenir le renchérissement des denrées, interdit, les jours de foire et de marché, la vente des beurres, œufs et autres denrées de même nature, ailleurs que sur la place du marché, s'applique, non-seulement au marchand qui vend ces denrées en dehors du marché, mais encore à celui qui les achète pour en faire commerce. Aussi a-t-il été jugé qu'un individu, prévenu d'avoir enfreint un tel arrêté en achetant des œufs à son domicile un jour de marché, est passible de condamnation, et ne saurait être relaxé des poursuites sous le pré-

texte qu'il ne fait pas le commerce de beurre et d'œufs dans la localité, et qu'il les achète pour les exporter. — Cass., 23 juillet 1858 (*Bullet. crimin.*, p. 352, n° 214).

Toutefois, il importe de remarquer que les dispositions réglementaires qui prescrivent de conduire et déposer sur les marchés les denrées et marchandises introduites en ville, ne sont applicables qu'aux objets destinés à l'approvisionnement de cette ville. C'est ainsi qu'il a été jugé que l'individu poursuivi pour avoir introduit des châtaignes, sans les avoir conduites au marché, doit être relaxé de la prévention, lorsqu'il est établi en fait que ces objets sont destinés, non à l'approvisionnement des habitants, mais à l'exportation, genre de commerce auquel se livre habituellement le prévenu, qui ne vend jamais en détail sur les marchés de la ville. — Cass., 26 février 1858 (ANNALES DES JUST. DE PAIX, 1858, p. 221).

Lorsqu'un règlement municipal, après avoir prescrit que les denrées et marchandises destinées à l'approvisionnement d'une ville seront portées directement aux places qui leur sont assignées sur les marchés publics, excepte de cette disposition les denrées amenées à destination particulière, l'exception ne comprend que les denrées dont la vente est certaine et préalable à la livraison ; et l'on ne peut considérer comme affranchies de l'obligation du transport à la halle, celles à l'égard desquelles il n'existe entre les parties qu'une convention qui ne crée entre elles aucun lien de droit. — Cass., 1er mai 1858 (*Bullet. crimin.*, n° 142).

Les dispositions réglementaires ayant pour but d'assurer l'approvisionnement des marchés et la salubrité des denrées alimentaires et notamment les dispositions des ordonnances de police relatives à la ville de **Paris**, qui, par exception, affranchissent de l'obligation d'être apportés et vendus sur le carreau des halles, les fruits et légumes expédiés *du dehors à destinations particulières*, s'appliquent aux envois faits même à des marchands ou négociants de ces denrées, non-seulement à titre d'acheteurs, mais encore à titre de *simples commissionnaires ou consignataires*. Ces négociants peuvent donc recevoir directement dans leurs magasins et y vendre pour le compte de leurs commettants, comme pour le leur, les denrées qui leur sont ainsi expédiées, et cela, sans qu'il soit besoin de les transporter préalablement à la halle. — Cass., 24 mars 1858 (*J. du Pal.*, 1858, p. 829).

Cette décision, émanant des Chambres réunies de la Cour suprême, a été rendue dans une affaire qui a eu un certain retentissement, celle concernant le vaste établissement des frères Lesage, marchands de fruits et de légumes à Paris.

Nous croyons utile de rapporter les faits de cette affaire.

Les frères Lesage, négociants patentés, reçoivent chaque jour dans leurs magasins des quantités considérables de fruits et de légumes, les unes, à titre de consignation, qu'ils vendent pour le compte et au profit des expéditeurs, moyennant un droit de commission ; les autres, achetées par eux des producteurs des départements et même de l'étranger, qu'ils revendent pour leur propre compte et à leur profit personnel, le tout sans que ces marchandises passent par le carreau des halles.

Or, ces opérations ont été incriminées en ce que, contrairement aux dispositions réglementaires contenues aux ordonnances de police des 15 février 1721, 17 juin 1778, 14 thermidor an IV, 25 novembre 1817, 31 octobre 1825 et 18 mai 1855, d'une part, les frères Lesage n'auraient pas le droit de recevoir des fruits et légumes en consignation et de les vendre pour le compte des expéditeurs ; d'autre part, en ce qu'ils n'auraient pas, non plus, le droit de vendre chez eux les denrées qu'ils ont achetées, lesquelles ne pourraient être vendues qu'à la criée, à la halle, ou au moins en ce que ces mêmes denrées, si la vente en pouvait avoir lieu au domicile des frères Lesage, devaient préalablement passer par le carreau des halles pour y être soumises à la visite des employés de l'administration, dans l'intérêt de la salubrité.

Poursuivis pour ces faits devant le tribunal de simple police de **Paris**, qui avait accueilli le système de la prévention, les frères Lesage avaient été frappés d'une condamnation dont ils ont relevé appel, et, le 6 août 1856, le tribunal correctionnel de la Seine, infirmant le jugement, décida que l'obligation imposée par les ordonnances de police, soit de faire vendre à la criée, sur le carreau des halles, les denrées introduites dans la ville de Paris, soit de les y conduire pour qu'elles soient soumises à la visite des employés de l'administration, ne s'applique point à celles qui sont expédiées à destinations particulières, et qu'on doit considérer comme étant à destinations particulières les denrées dont l'expédition est faite, soit à des commerçants qui les achètent pour leur propre compte et les revendent en gros ou en détail, soit à des commissionnaires ou consignataires qui les mettent en vente dans leur établissement pour le compte des expéditeurs.

Le ministère public se pourvut en cassation, et, par arrêt du 16 avril 1857 (ANNALES DES JUST. DE PAIX, 1857, p. 310), la Chambre criminelle a décidé : 1° que, par ces mots : *destinations particulières*, de l'ordonnance de police du 30 octobre 1825, qui affranchit les denrées alimentaires de la vente sur le carreau de la halle, on devait, sans doute, entendre les envois faits à des marchands établis et pour les besoins de leur commerce, aussi bien que les envois faits à des consommateurs pour leur usage personnel ; mais que, toutefois, ces marchands ne pouvaient recevoir dans leurs magasins les denrées par eux achetées au lieu même de production qu'après qu'elles avaient été déposées sur le marché pour être soumises à la vérification des agents administratifs ; 2° que l'exception dont il s'agit, à l'obligation de la vente sur le carreau de la halle, n'était point applicable à ceux des marchands qui ne recevaient les denrées qu'à titre de commissionnaires ou

consignataires, en sorte que ceux-ci ne pouvaient vendre ces denrées dans leurs magasins pour le compte de leurs commettants ; et, cassant le jugement du tribunal correctionnel de la Seine, la Cour a renvoyé l'affaire devant le tribunal correctionnel de Versailles.

Le 8 juillet 1857, jugement de ce tribunal, remarquablement motivé, qui statue dans le même sens que le tribunal de la Seine.

Nouveau pourvoi en cassation par le ministère public, porté cette fois, et en conformité de l'article 1er de la loi du 1er avril 1837, devant les Chambres réunies qui l'ont rejeté contrairement aux conclusions de M. le procureur général Dupin, par l'arrêt dont nous avons donné le sommaire en commençant. Le réquisitoire de M. le procureur général, magnifique d'idées et de style, comme tout ce qui émane de ce savant magistrat, se termine ainsi : « Si le nouveau procédé des frères Lesage, de recevoir des denrées en commission et de les vendre en gros comme courtiers et entrepositaires, était une fois déclaré licite et affranchi des dispositions établies par les règlements de la halle centrale, bientôt d'autres maisons semblables ne tarderaient pas à se former ; et, au lieu de ce magnifique établissement d'une halle centrale qui ne laisse plus à surveiller que quelques boutiques particulières, peu considérables, on verrait des halles particulières, des marchés privés se substituer au marché public, et le système de surveillance, manquant d'unité, perdrait par là même sa principale garantie, au grand détriment du public, car la police n'a pas ici d'autre intérêt. »

Heures d'ouverture et de fermeture. — Entrée des marchés. — Introduction.

Est légal et obligatoire le règlement qui fixe les heures d'ouverture et de fermeture des marchés, et qui défend d'y exposer en vente aucune espèce de marchandises après l'heure déterminée. De telles dispositions rentrent essentiellement dans la sphère d'attributions du pouvoir municipal. —Cass., 18 oct. 1816 (Dev. Sir., t. V, p. 243), 6 déc. 1855 (ANNALES DES JUST. DE PAIX, 1856, p. 251).

Sont également obligatoires les règlements ou arrêtés qui interdisent l'entrée du marché pendant un certain temps après son ouverture, à certains individus qui achètent pour revendre. De tels règlements rentrent nécessairement dans le cercle d'attributions de l'autorité municipale en ce qu'ils ont pour but de faciliter les approvisionnements, d'empêcher la surélévation des prix, et de protéger la consommation locale contre les achats faits en vue du dehors. Ces principes ont été consacrés par un grand nombre d'arrêts.

C'est ainsi que la Cour de cassation a décidé :

Que l'entrée du marché peut être interdite pendant les deux premières heures de son ouverture aux meuniers, boulangers et blatiers.—Cass., 23 avril 1841 (Dev., 1841, p. 877), 25 mai 1855 (ANNALES DES JUST. DE PAIX, 1856, p. 85), 26 déc. 1857

(ANNALES DES JUST. DE PAIX, 1858, p. 221).

Qu'il peut être défendu aux marchands revendeurs de s'y introduire avant l'heure fixée. — Cass., 24 mai 1851 (ANNALES DES JUST. DE PAIX, 1852, p. 26), 1er mai 1858 (*Bullet. crimin.*, n° 142).

Que l'autorité municipale peut également enjoindre aux revendeurs de ne point acheter au marché avant une certaine heure déterminée et de ne point aller hors des portes de la ville attendre les marchands.—Cass., 6 février 1824, 4 février 1826, 13 mai 1830 (Dev. Sir., t. VII, p. 391, t. VIII, p. 273, et t. IX, p. 518), 15 juillet 1830 (Dev. Sir., t. IX, p. 558), 24 juin 1831 (Dev., 1831, p. 411), 6 oct. 1832 (Dev., 1833, p. 334), 18 juillet 1840 et 27 nov. 1841, 24 mai 1851 (ANNALES DES JUST. DE PAIX, 1852, p. 26), 1er juin 1855 (ANNALES, 1855, p. 320), 17 nov. 1855 (ANNALES, 1856, p. 129), 29 févr. 1856 (ANNALES, 1856, p. 334), 1er mai 1858 (*Bullet. crimin.*, n° 142).

Lorsqu'un arrêté municipal, après avoir disposé que le marché aux grains sera ouvert à une certaine heure aux habitants et aux boulangers de la localité, qui ne joignent pas à leur profession celle de commerçant en grains, ne permet ensuite qu'une heure après l'entrée du marché aux commerçants de grains et aux meuniers, les boulangers d'une autre localité ne peuvent, sans contrevenir aux dispositions de l'arrêté, s'introduire dans le marché à l'heure fixée par la première disposition, qui ne concerne que les habitants et les boulangers du pays. — Cass., 17 février 1855 (ANNALES DES JUST. DE PAIX, 1855, p. 158).

De même, lorsque, après avoir fixé l'heure à partir de laquelle l'entrée du marché est permise aux *boulangers* et aux *meuniers*, un arrêté dispose que les *marchands de grains* ne pourront s'y introduire que deux heures après, cette dernière prohibition s'applique nécessairement à toute personne qui se livre au commerce des grains, encore qu'elle exerce en même temps la profession de boulanger et celle de meunier, profession dont elle ne saurait se prévaloir pour réclamer son entrée au marché à l'heure déterminée pour les meuniers et les boulangers. — Cass., 26 déc. 1857 (ANNALES DES JUST. DE PAIX, 1858, p. 147).

La doctrine de ces décisions est incontestable. Les restrictions auxquelles l'autorité croit devoir astreindre le commerce des grains dans le but de pourvoir à l'approvisionnement des habitants sont absolues et ne peuvent être éludées. S'il en était autrement, les mesures de précaution prises en vue de l'intérêt public tourneraient infailliblement au profit d'un intérêt purement privé.

Est obligatoire l'arrêté municipal qui, dans le but de mettre le consommateur en rapport direct avec le producteur, et de le garantir contre tout renchérissement susceptible d'être occasionné par les manœuvres des revendeurs, défend à ceux-ci l'achat de légumes et de fruits avant que, mises en vente au marché, ces denrées y aient été exposées pendant un certain nombre d'heures. —Cass., 19 juin 1840 (*J. le Juge de paix*, t. II, p. 108).

Est également obligatoire l'arrêté qui, pour que les habitants ne soient point exposés, ou à ne pouvoir pas facilement subvenir à leur approvisionnement, ou à subir le prix auquel les revendeurs élèveraient les denrées ou comestibles, interdit à ces marchands d'acheter ailleurs qu'au marché. — Cass., 12 avril 1834 (ANNALES DES JUST. DE PAIX, 1re série, t. III, p. 421, v° *Marchés*, n° 8).

Il y a contravention punissable de la part du revendeur qui achète avant l'heure fixée par le règlement, alors même que l'achat aurait eu lieu dans son propre domicile et que les marchands s'y seraient rendus de leur propre mouvement. — Cass., 13 mai 1830 (Dev. Sir., t. IX, p. 518).

La contravention existe également par cela seul qu'un revendeur s'est introduit dans le marché avant l'heure réglementaire, encore qu'il n'ait ni acheté ni même marchandé aucune denrée, le fait seul d'introduction suffit pour la constituer. — Cass., 24 juin 1831 (Dev., 1831, p. 411), 29 février 1856 (ANNALES DES JUST. DE PAIX, 1856, p. 334).

Décidé, par application du même principe, que des meuniers qui se sont introduits dans la halle aux grains avant l'heure où un règlement municipal leur permettait d'y entrer ne sauraient être relaxés de la poursuite, sur le motif qu'ils n'ont fait aucun achat de grains. Subordonner à cette condition l'existence de la contravention, c'est méconnaître la disposition du règlement et violer les dispositions de la loi dont il doit être fait application. — Cass., 25 mai 1855 (ANNALES DES JUST. DE PAIX, 1856, p. 85).

S'il appartient à l'autorité municipale, dans l'intérêt d'une bonne police, de défendre aux revendeurs de s'introduire dans les marchés avant une heure déterminée, une telle prohibition, lorsqu'elle ne résulte d'aucun arrêté ni règlement, ne saurait être suppléée par les tribunaux, ce serait empiéter sur les attributions de l'autorité administrative. — Cass., 23 déc. 1841 (Dalloz, *Nouv. Rép.*, t. IX, p. 532, v° *Commune*, n° 1129, note 1).

Au surplus, on ne doit entendre par *revendeurs* que ceux qui achètent des denrées pour les revendre en nature et sans leur avoir fait subir aucune préparation. Ainsi un *pâtissier* qui, par l'exercice de sa profession, n'est ni aubergiste ni logeur, ne peut être compris dans la catégorie des revendeurs, ce mot signifiant, dans son sens grammatical usuel, la profession des individus qui achètent en gros des quantités plus ou moins considérables et les revendent en détail, sans changer la nature de la denrée ou de la marchandise. — Cass., 9 sept. 1825 (Dalloz, *ibid.*, n° 1130, note 2).

Il en est de même des confiseurs. — Cass., 1er oct. 1846 (Dalloz, 1847, p. 38).

Sont légaux et obligatoires :

Les arrêtés ou règlements municipaux qui déterminent les places sur lesquelles chaque nature de marchandises doit être exposée en vente les jours de foire et de marché. — Cass.,

9 févr. 1821, 18 oct. 1823 (Dev. Sir., t. VI, p. 380, et t. VII, p. 327), 6 janv. 1827, 8 sept. 1837, 12 juill. 1838 (Dalloz, 1847, p. 518, n° 1091, note 2, et n° 1092, note 3), 23 février 1855 (ANNALES DES JUST. DE PAIX, 1855, p. 159).

Ceux qui astreignent les marchands forains à n'étaler et ne vendre leurs marchandises qu'aux places qui leur ont été assignées, avec défense de vendre ailleurs. — Cass., 17 sept. 1836 (Dev., 1837, p. 255), 22 déc. 1838 et 18 juillet 1839 (*J. du Pal.*, 1839, t. II, p. 223 et 559), 6 mars 1840 (Dalloz, *Nouv. Rép.*, v° *Commune*, n° 1090, note 3), 12 oct. 1850 (*Bullet. crimin.*, n° 356), 25 juin 1851 (Dev., 1851, p. 460).

Ceux qui défendent aux marchands de comestibles et autres denrées d'en débiter ailleurs qu'aux places qui leur ont été désignées dans les halles et marchés. — Cass., 8 déc. 1827 (Dev. Sir., t. VIII, p. 719), 7 mai 1840, et 25 sept. 1841; 12 mai 1843 (ANNALES DES JUST. DE PAIX, t. III, p. 227, v° *Halles*, n° 7).

Le maire, agissant comme administrateur des biens de la commune, a incontestablement le droit de fixer le prix de la location des places que les marchands occupent sous les halles ou dans les foires et marchés ; mais, si l'infraction aux arrêtés qui déterminent les places où les marchandises doivent être vendues est punissable, conformément à l'article 471, n° 15, du Code pénal, il en est autrement du refus de payer la taxe, qui ne lèse que les intérêts privés de la commune ou des adjudicataires.

Cette inobservation du règlement, nous l'avons dit au commencement du présent paragraphe, ne peut donner lieu qu'à une contestation et à une action purement civiles.

Sont légaux et pris dans la sphère d'attributions du pouvoir municipal, les arrêtés qui prescrivent aux marchands forains ou colporteurs de mesurer au mètre les objets dont ils effectuent la vente, et qui leur interdisent toute vente de coupons sans indication d'aunage. — Cass., 7 mai 1841 (ANNALES DES JUST. DE PAIX, t. IV, p. 186, v° *Pouv. municip.*, n° 74).

Il en est de même des arrêtés qui leur défendent de vendre publiquement leurs marchandises sans qu'au préalable elles aient été pesées ou mesurées en présence de l'acheteur. — Cass., 8 mai 1841 (Dev., 1842, p. 256).

Sont, au contraire, dépourvus de force obligatoire et de sanction :

Les arrêtés qui assujettissent les marchands forains à l'obligation de produire, préalablement à toute exposition en vente de leurs marchandises, soit les factures de ces marchandises, dûment légalisées, soit les passeports et patentes dont ils doivent être munis. — Cass., 8 mai 1841 (Dev., 1841, p. 871).

Sont également inobligatoires les arrêtés qui prescrivent aux colporteurs de soumettre les marchandises qu'ils mettent en vente à une vérification préalable d'experts, à l'effet de faire constater les défectuosités et les tares desdites marchandises, et d'indiquer sur chaque objet l'existence de ces tares et défectuosités. — Cass.,

21 mars 1846 (Dev., 1846, p. 514).

Pesage et mesurage publics.

On a vu précédemment que les prescriptions qui tendent à assurer la fidélité du débit des denrées qui se vendent au poids ou à la mesure rentrent essentiellement dans la clause des objets de police confiés à la vigilance et à l'autorité du pouvoir municipal par l'article 3 du titre XI de la loi des 16-24 août 1790.

L'établissement de bureaux de pesage et mesurage publics dans les marchés, halles et ports, est un de ces objets que l'autorité municipale est investie du droit de régler, non-seulement en vertu de la disposition dont nous venons de parler, mais encore en exécution d'un arrêté consulaire du 7 brumaire an IX et de la loi complémentaire du 29 floréal an X, comme on va le voir.

L'administration est investie du droit d'établir, dans les localités où les besoins du commerce les rendent nécessaires, des bureaux de pesage, mesurage et jaugeage publics; et même, lorsque l'établissement de bureaux publics n'est pas jugé utile, de confier les fonctions de peseur, mesureur et jaugeur à des particuliers. — Arrêté des consuls du 7 brumaire an IX, art. 1er et 3; loi du 29 floréal an X, art. 1er.

Lorsque les fonctions de peseur, mesureur et jaugeur ont été confiées à des préposés spéciaux ou à des particuliers, aucune autre personne ne peut exercer cette profession dans l'enceinte des marchés, halles et ports, laquelle doit être désignée d'une manière apparente par l'administration municipale. — Arrêté du 7 brumaire an IX, art. 4.

Toutefois, nul ne peut être contraint à recourir aux bureaux publics, si ce n'est dans les cas de contestation. — Loi du 29 floréal an X, art. 1er.

Les tarifs des droits de pesage, mesurage et jaugeage sont proposés par les Conseils municipaux (arrêté du 7 brumaire an IX, art. 1er). Arrêtés autrefois en Conseil d'Etat (*ibid.*), ils le sont aujourd'hui par les préfets. — Décret sur la décentralisation administrative du 25 mars 1852, art. 1er, et n° 34 du tableau A, y annexé.

Remarquons, en outre, que ces magistrats n'ont point désormais à recourir, pour cet objet, à l'autorisation du ministre de l'intérieur, ainsi que l'a décidé la Cour de cassation, par arrêt du 16 mai 1857 (*J. du Pal.*, 1858, p. 489).

Lors donc que des préposés ont été chargés exclusivement du pesage, du mesurage et du jaugeage des marchandises, nul autre que ces préposés publics ne peut, au cas de contestation entre le vendeur et l'acheteur, procéder à cette opération dans l'enceinte des marchés, halles et ports. — Cass., 15 oct. 1840 (Dev., 1841, p. 553), 7 déc. 1849 (Dev., 1850, p. 573), 4 nov. 1850 (ANNALES DES JUST. DE PAIX, 1851, p. 344), 21 août 1857 (ANNALES DES JUST. DE PAIX, 1858, p. 141).

En conséquence, l'autorité municipale peut imposer à ceux qui fréquentent les ports, halles et marchés, le ministère des préposés publics pour le pesage, le mesurage et le jaugeage des marchandises vendues au public, et l'infraction à l'arrêté ou au règlement qui contient cette disposition est punissable des peines portées en l'article 471 du Code pénal, par application du numéro 15 de cet article. — Cass., 13 novembre 1842 (ANNALES DES JUST. DE PAIX, 1re série, t. IV, p. 163, v° *Poids public*, n° 3), 2 juin 1854 (ANNALES, 1854, p. 369), et 21 août 1857, ci-dessus cité.

Mais cette autorité ne peut, par ses règlements, astreindre, d'une manière absolue, les citoyens à l'obligation de faire peser et mesurer au bureau public toutes les marchandises qu'ils exposent en vente, ni interdire, également d'une manière absolue, aux citoyens, le droit de se livrer au pesage et au mesurage. De telles dispositions ne sont obligatoires qu'autant qu'elles se renferment dans les termes de l'article 4 de l'arrêté du 7 brumaire an IX et de l'article 1er de la loi du 29 floréal an X, c'est-à-dire lorsqu'il y a contestation, et que l'opération doit avoir lieu dans l'enceinte des ports, halles ou marchés. — Cass., 15 avril 1833 (Dev., 1833, p. 713), 7 mars 1835 (ANNALES DES JUST. DE PAIX, 1re série, t. IV, p. 162, v° *Poids public*, n° 1er), 15 octobre 1840, ci-dessus cité, 29 juin 1844 (Dalloz, *Nouv. Rép.*, v° *Commune*, n° 1232, note 2), 29 août 1850 (ANNALES DES JUST. DE PAIX, 1851, p. 235), 7 novembre 1851 (ANNALES, 1852 p. 102) 17 juillet 1855 (*J. du Pal.*, 1856, t. II, p. 285) et 22 février 1856 (ANNALES, 1856, p. 381).

Ainsi est inobligatoire l'arrêté municipal qui étend l'obligation du pesage ou du mesurage public aux ventes qui seraient faites dans les maisons particulières. — Cass., 21 août 1829 (Dalloz, 1829, p. 344).

Et, nonobstant un tel arrêté, le tribunal de police saisi de la connaissance d'une contravention doit relaxer de l'action du ministère public l'individu poursuivi pour avoir pesé lui-même, dans son habitation, des marchandises par lui achetées. — Cass., 4 février 1853 (ANNALES DES JUST. DE PAIX, 1853, p. 311).

Ainsi encore ne peut être poursuivi comme ayant contrevenu aux lois et règlements qui enjoignent de recourir, pour le mesurage, aux employés du poids public, le marchand qui, *pour sa propre satisfaction*, pèse lui-même ses marchandises avant de les emmagasiner. — Cass., 17 mars 1848 (*J. du Palais*, 1849, t. II, p. 202).

Jugé, par application du même principe, que l'arrêté municipal portant établissement d'un bureau de poids public n'est obligatoire, quant aux pesages ou mesurages faits sur des voies publiques autres que celles qui, par leur nature, sont affectées d'une manière permanente à la vente des marchandises de toute espèce, que pendant la durée des foires et marchés légalement établis. — Cass., 16 mai 1857 (*J. du Pal.*, 1858, p. 489).

Néanmoins, est légal et obligatoire, mais seulement pendant le temps et à raison de la circonstance particulière qui l'a motivé, l'arrêté municipal qui, en considération de l'importance d'une foire, défend à tous autres qu'aux préposés publics d'exercer la profession de peseur, mesureur ou jaugeur, même dans un lieu autre que celui où se tient la foire. — Cass., 24 juin 1843.

Au surplus, les dispositions des règlements et arrêtés municipaux qui, par des motifs d'intérêt général, dérogent au droit qu'a tout marchand de peser et mesurer lui-même, en tout temps et en tout lieu, les marchandises qu'il vend, tant qu'il n'y a pas contestation entre lui et l'acheteur, et qui prescrivent l'intervention forcée des préposés publics, doivent être strictement renfermées dans les limites qu'elles indiquent. — Cass., 29 mars 1821 (Dev. Sir., t. VI, p. 409).

Ainsi, lorsque le règlement restreint l'obligation du pesage, du mesurage et du jaugeage publics au cas de vente et achat, pour régler les droits entre vendeurs et acheteurs, aucune contravention n'est commise par l'individu qui, chargé du transport de marchandises, en opère le mesurage au moment du débarquement et au lieu même de l'expédition, pour le compte des destinataires, sans s'interposer entre les vendeurs et les acheteurs, mais seulement pour d'autres causes étrangères à cet objet, par exemple, pour s'assurer de la fidélité des agents de transport. — Cass., 22 février 1856 (ANNALES DES JUST. DE PAIX, 1856, p. 381).

Les rivières qui se trouvent dans l'intérieur d'une ville sont réputées faire partie du port de déchargement.

En conséquence, lorsqu'il existe un arrêté qui oblige à faire usage des peseurs et mesureurs publics, cet arrêté s'applique même à la vente des marchandises qui sont dans les bateaux placés sur ces rivières. — Cass., 12 novembre 1842 (Dalloz, 1843, p. 240).

Le marchand de grains qui, contrairement à un arrêté municipal défendant à toute personne autre que le fermier des droits de pesage, mesurage et jaugeage publics d'exercer sur les halles, chantiers, boulevards et autres voies publiques, la profession de peseur, mesureur ou jaugeur, a procédé, sur le marché d'une ville, au mesurage de grains par lui vendus, ne peut être relaxé des poursuites sur le motif unique qu'il était propriétaire de ces grains et que l'arrêté ne lui était pas applicable : c'est là admettre une excuse qui ne se trouve ni dans la loi, ni dans l'arrêté auquel il a été contrevenu. — Cass., 2 juin 1854 (ANNALES DES JUST. DE PAIX, 1854, p. 369).

La disposition d'un arrêté municipal qui défend à toutes personnes autres que les préposés au poids public d'exercer, dans l'enceinte des marchés, halles et ports de la localité, les fonctions de peseur et mesureur pour *autrui*, est générale et absolue. Elle a pour but d'assurer l'exécution de l'article 4 de l'arrêté consulaire du 7 brumaire an IX, et réserve aux préposés publics tout acte de pesage, mesurage et jaugeage qui a lieu pour tout autre motif que l'intérêt privé et exclusif, soit du consignataire, soit du propriétaire des marchandises. Le tribunal de police saisi de la poursuite d'une infraction à cet arrêté ne peut, pour relaxer celui qui l'a commise, se fonder sur cette circonstance que les marchandises mesurées lui sont arrivées en consignation, qu'il en est d'ailleurs propriétaire et qu'en outre le mesurage a été effectué, non dans le but d'une vente, mais avec la douane et afin de satisfaire aux lois et règlements douaniers. — Cass., 14 juin 1855 (ANNALES DES JUST. DE PAIX, 1856, p. 131).

Avant le décret du 25 mars 1852, sur la décentralisation administrative, les règlements et tarifs concernant le pesage et le mesurage publics n'étaient obligatoires et ne pouvaient recevoir leur exécution qu'après que ces tarifs avaient reçu l'approbation du gouvernement. Il en résultait que les infractions commises avant cette approbation ne pouvaient donner lieu à l'application d'aucune peine, ainsi que la Cour de cassation l'a décidé par arrêt du 12 mars 1847 (Dev., 1847, p. 751). Or, on doit décider aujourd'hui que ces mêmes règlements ne sont obligatoires et que les tribunaux ne peuvent leur accorder de sanction qu'après que les tarifs ont été arrêtés par l'autorité préfectorale, en conformité de l'article 1er du décret précité et du numéro 34 du tableau A qui y est annexé.

Il a été virtuellement dérogé aux dispositions de l'article 4 de l'arrêté consulaire du 7 brumaire an IX et à la disposition finale de l'article 1er de la loi du 29 floréal an X, en ce qui concerne les divers quartiers et les ports de la ville de Toulouse, par un décret impérial du 26 septembre 1813 qui, ayant été publié et affiché dans cette ville, a, aux termes de l'article 21 de l'acte constitutionnel du 22 frimaire an VIII, force de loi. Ce décret, après avoir créé l'établissement de cinq bureaux de pesage et de mesurage, interdit à tout individu d'établir des bureaux ou maisons de pesage et mesurage, ou d'exercer pour autrui les fonctions de peseur, mesureur ou jaugeur dans l'étendue de la commune de Toulouse, ainsi qu'à tout acheteur ou vendeur de l'employer. En outre, le décret réserve aux seuls employés publics le droit exclusif de peser, mesurer et jauger même les marchandises vendues *dans les maisons, boutiques ou magasins des particuliers,* quand le pesage ou mesurage n'est pas fait par l'un des intéressés à la vente ou à l'achat.

Il en résulte, et c'est ce qu'a jugé la Cour de cassation par deux arrêts, l'un du 24 février 1855 (Annales des just. de paix, 1855, p. 218), l'autre du 13 juin 1857 (*J. du Pal.*, 1858, p. 168), que l'individu, poursuivi pour avoir contrevenu aux dispositions dudit décret, en mesurant des marchandises dans l'intérêt d'autrui, dans la commune de Toulouse, ne peut être relaxé de l'action sur le motif que le mesurage a été opéré au domicile des particuliers, et que l'arrêté de brumaire an IX et la loi de floréal an X ne rendent obligatoire et forcé le ministère des préposés de l'administration que dans l'enceinte des marchés, halles et ports, et ne l'imposent spécialement au vendeur et à l'acheteur, quand la vente a lieu hors de cette enceinte, que dans le seul cas où il y a contestation.

Du reste, nous ne rapportons ici ces décisions qu'à cause du principe, car la connaissance des infractions au décret du 26 septembre 1813, concernant spécialement la commune de Toulouse, est expressément déférée par l'article 22 de ce même décret aux tribunaux correctionnels. Les juges de simple police ne pourraient donc, dans aucun cas, être appelés à les réprimer.

Il en est de même à l'égard du poids public de la ville de Bordeaux. L'article 12 du règlement annexé au décret du 22 avril 1811 (lesquels ont force de loi et doivent être exécutés, même dans ce qu'ils auraient de contraire aux lois antérieures), déclare que nul ne peut exercer les fonctions de peseur, jaugeur et mesureur pour autrui à peine d'être poursuivi par voie de police correctionnelle.

DEUXIÈME PARTIE. — *Police rurale.*

La police rurale, avons-nous dit, a été placée dans les attributions du pouvoir municipal par les lois des 16-24 août 1790 et 28 septembre-6 octobre 1791, et les maires en ont été spécialement chargés par l'article 10 de celle du 18 juillet 1837, dont le texte a été rapporté ci-dessus.

Article 1er. — Vaine pâture et parcours.

Parmi les objets qui se rattachent à la police rurale, dont le but principal tend à la protection des intérêts agricoles et à la conservation des récoltes, il faut placer en première ligne la vaine pâture et le parcours, servitudes que le législateur a récemment abolies pour le département de la Corse.

En France, ou plutôt sur le territoire continental, la servitude de parcours n'a continué de subsister que provisoirement et dans les localités où elle est fondée soit sur un titre, soit sur une possession autorisée par les lois et les coutumes. A tous autres égards, elle est abolie. — Loi du 28 septembre, 6 octobre 1791, t. I⁰ʳ, sect. IV, art. 2.

Quant au droit de vaine pâture, il ne peut exister que dans les lieux où il est fondé sur un titre particulier, ou autorisé par la loi ou par un usage local immémorial. — *Ibid.*, art. 3.

Il importe tout d'abord de bien saisir la différence légale qui existe entre la servitude de *parcours* et le droit de *vaine pâture*, qui, comme toutes les servitudes, sont modificatifs du droit de propriété.

Le *parcours* engendre une réciprocité de droits entre deux communes ou un plus grand nombre, droits qui consistent à envoyer paître le bétail sur leurs territoires respectifs, dans le temps du pâturage. Ils s'exercent donc entre plusieurs communes au profit de tous leurs habitants réciproquement obligés de souffrir l'exercice de cette servitude.

La *vaine pâture* est le pâturage commun aux bestiaux des habitants d'une même commune ou d'une section de commune, exercé sur les terres de cette commune ou de cette section.

D'où il suit que, si le droit de vaine pâture peut exister sans la servitude de parcours, cette servitude entraîne forcément l'existence du droit de vaine pâture.

L'exercice de ces droits est réglé par les dispositions de la section IV du titre I⁰ʳ de la loi du 28 septembre-6 octobre 1791.

*Des héritages soumis au parcours
et à la vaine pâture.*

En premier lieu, il importe de remarquer que certains héritages en sont exceptionnellement affranchis, à raison du genre d'exploitation auquel ils sont soumis et de la nature de leurs productions.

Ainsi, en aucun cas et dans aucun temps, le droit de parcours ni celui de vaine pâture ne peuvent s'exercer sur les prairies artificielles. Telle est la prohibition formelle de l'article 9, section IV, titre I⁰ʳ de la loi de 1791, prohibition reproduite et sanctionnée par l'article 24 du titre II de la même loi, dont la disposition a été introduite par la loi du 28 avril 1832 dans l'article 479 du Code pénal, comme on va le voir.

La vaine pâture et le parcours ont également été interdits dans les vignes et dans certaines plantations par le même article 24 de la loi de 1791, portant : « Il est défendu de mener sur le terrain d'autrui des bestiaux d'aucune espèce, et *en aucun temps* dans les prairies artificielles, dans les vignes, oseraies, dans les plants de câpriers, dans ceux d'oliviers, de mûriers, de grenadiers, d'orangers et arbres du même genre, dans tous les plants et pépinières d'arbres fruitiers ou autres, faits de main d'homme. »

La loi du 28 avril 1832 a introduit

cette disposition dans l'article 479 du Code pénal, dont elle forme le numéro 10. Seulement il existe, entre les termes de l'une et de l'autre, une différence assez notable, quoique paraissant de peu d'importance au premier abord. Le numéro 10 est ainsi conçu : « Seront punis, etc..., ceux qui mèneront sur le terrain d'autrui des bestiaux de quelque nature qu'ils soient, *et notamment* dans les prairies artificielles, dans les vignes, etc. »

Le texte de l'article 24 de la loi de 1791 indiquait mieux quelle était la pensée du législateur de cette époque. Après avoir édicté une prohibition générale de pacage sur le terrain d'autrui, il a pris le soin de faire connaître qu'il entendait interdire aux bestiaux l'accès des prairies artificielles, vignes, oseraies et autres plantations, *en tout temps*, c'est-à-dire même alors que les droits de parcours et de vaine pâture sont ouverts. Le législateur de 1832, en substituant à ces mots : *en tout temps*, ceux-ci : *et notamment*, a été moins heureux.

Quoi qu'il en soit, il est manifeste que la disposition du numéro 10 de l'article 479 du Code pénal a la même signification et la même portée que l'ancien article 24 de la loi rurale, et que, aujourd'hui comme alors, les vignes, oseraies et autres plantations qu'il détermine, sont affranchies de la vaine pâture et du parcours tout aussi bien que les prairies artificielles.

Dans les localités où les prairies naturelles sont sujettes au parcours ou à la vaine pâture, ces droits ne peuvent y être exercés que dans le temps autorisé par les lois et coutumes, et jamais tant que la première herbe n'a pas été récoltée. — L. de 1791, tit. 1er, sect. IV., art. 10.

Il résulte de l'article 9 de ladite loi, que les bestiaux ne peuvent être envoyés au pâturage sur les terres ensemencées ou couvertes de quelques productions que ce soit, qu'après la récolte.

Mais de ce que cet article subordonne l'exercice de la vaine pâture et du parcours à l'enlèvement des récoltes, il n'en faudrait pas induire qu'aussitôt que l'enlèvement a eu lieu, les bestiaux peuvent être envoyés au pâturage. La disposition dudit article doit être combinée avec celle de l'article 22 du titre II de la même loi, qui, sous la sanction de pénalités que l'article 2 de la loi du 23 thermidor an IV a portées à une amende de la valeur de trois journées de travail ou à un emprisonnement de trois jours, interdit aux pâtres et aux bergers de mener les troupeaux dans les champs moissonnés et ouverts, moins de deux jours *après la récolte entière*.

Observons ici que cette restriction à l'exercice du pâturage a été apportée dans l'intérêt du glanage et du râtelage, en faveur des pauvres et autres gens nécessiteux, dans les lieux où l'usage en est autorisé; la disposition dont il s'agit concorde avec celle de l'article 21, qui a maintenu et qui réglait cet usage, et elle en est, en quelque sorte, le complément nécessaire ; d'où résultent ces deux conséquences :

1° Que la prohibition établie par l'article 22, malgré la généralité de ses termes, n'est applicable que dans les localités où l'usage de glaner et râteler est demeuré subsistant, en sorte que, dans celles où cette faculté n'a jamais été exercée ou a cessé de l'être, l'envoi des bestiaux ou troupeaux au pacage avant les deux jours qui suivent l'enlèvement de la récolte est parfaitement licite ;

2° Que la défense dont il s'agit est absolue en ce sens que, dans les lieux où le glanage et le râtelage sont autorisés par l'usage, elle s'applique au propriétaire, détenteur ou fermier, aussi bien qu'à tous autres individus. C'est ce que la Cour de cassation a décidé fréquemment. — V. arrêts des 18 octobre 1807 (Dalloz, *Rép.*, 1re édit., t. IV, p. 771); 13 octobre 1836 (*J. du Pal.*, 1837, t. Ier, p. 127); 19 octobre 1836 (ANNALES DES JUST. DE PAIX, 1re série, t. III, p. 172, v° *Glanage*, n° 11); 13 janvier 1844, (Dalloz, 1844, p. 133); 28 novembre 1844 (Dalloz, 1845, p. 140).

Ajoutons, toutefois, qu'aucune peine ne serait encourue par le propriétaire du terrain qui le cultiverait dans les deux jours qui suivent la récolte. Ce fait de *culture* aurait sans doute pour conséquence les inconvénients que la loi a entendu prévenir, mais il ne peut être assimilé au *pacage* que l'article 22 a seul entendu prohiber. — Cass., 14 septembre 1844.

Les mots *champs moissonnés*, qu'emploie cet article ne doivent pas être pris dans un sens restrictif. La disposition de la loi est applicable aux prés naturels aussi bien qu'aux terrains dans lesquels ont été récoltées des céréales. — Arrêt du 19 octobre 1836, cité ci-dessus ; Cass., 17 janvier 1845 (ANNALES DES JUST. DE PAIX,

1re série, t. II, p. 234, v° *Délit rural*, n° 65), 30 janvier 1846 (Dev., 1847, p. 321), et 15 octobre 1851 (ANNALES DES JUST. DE PAIX, 1852, p. 206).

En effet, l'article 22 se coordonne et se combine, comme nous l'avons dit, avec l'article 21 dont la disposition, en réglant le temps pendant lequel le glanage et le râtelage peuvent être exercés, mentionne, non-seulement les *champs*, mais aussi les *prés*.

La même disposition doit-elle être étendue aux prairies artificielles ?

L'affirmative résulte de l'arrêt du 19 octobre 1836, qui décide que l'expression *champs moissonnés* ne saurait être considérée comme excluant de ses prévisions les *terres cultivées en fourrages*, et cela par le motif que l'article 21, en déterminant les obligations des glaneurs et râteleurs, détermine aussi l'époque de leur entrée dans les *prés* comme dans les *champs* proprement dits, et qu'aucune distinction ne peut, dès lors, être faite à l'égard des pièces cultivées en fourrages là où l'usage d'y râteler est reçu.

Cette doctrine, qu'adopte M. Dalloz (*Nouv. Rép.*, t. IV, v° *Contravention*, n° 210), nous paraît rationnelle et conforme au vœu de la loi, car elle tend à protéger l'exercice du râtelage partout où l'usage l'autorise. Cependant le contraire résulte formellement de l'arrêt du 17 janvier 1845, par lequel la Cour suprême a décidé que les mots *champs moissonnés*, et ceux-ci : *la récolte entière*, établissent que l'interdiction portée en l'article 22 ne s'applique pas aux champs exploités en prairies artificielles, puisque, d'une part, le mot *moisson* ne s'entend que des produits en céréales, et que les expressions *récolte entière* ne peuvent s'appliquer à chacune des diverses coupes des herbes des prairies artificielles, et que, d'autre part, la récolte entière n'est complétée qu'après la totalité des coupes ; que, d'ailleurs, l'article 21, qui emploie seulement le mot *prés* et ne parle pas des prairies artificielles, ne doit s'entendre que des prés naturels ; qu'enfin, le droit qu'a le propriétaire de faire paître ses bestiaux dans son champ dépouillé de la récolte qui le couvrait, est un droit inhérent à la propriété qui ne peut être restreint que par une disposition formelle de la loi, disposition qui n'existe pas à l'égard des prairies artificielles ; que priver le propriétaire de la faculté de faire manger sur pied par ses bestiaux le produit de ses prairies artificielles, serait anéantir la principale utilité que puisse offrir ce genre de culture.

La première décision nous semble préférable et plus conforme, répétons-le, à la pensée du législateur. Les motifs sur lesquels la seconde est appuyée pourraient être invoqués pour affranchir de la prohibition les prairies naturelles tout aussi bien que les prairies artificielles, car celle-là comme celle-ci donnent plusieurs coupes et produisent ce qu'on appelle du *regain*.

De plus, il n'est peut-être pas parfaitement exact de dire qu'*en privant un propriétaire de la faculté de faire manger sur pied par ses bestiaux les produits de ses prairies artificielles, ce serait anéantir* LA PRINCIPALE UTILITÉ QUE PUISSE OFFRIR CE GENRE DE CULTURE. L'extension et le développement considérables qu'a pris la culture des prairies artificielles prouvent qu'elle n'a pas pour utilité principale de nourrir les bestiaux sur place, et une attente de deux jours pour les envoyer au pâturage, et qui permet à de pauvres gens de recueillir, par le moyen du râtelage, quelques bribes de fourrages, ne nous semble pas une bien grave atteinte au droit de propriété.

Quoi qu'il en soit, la solution de cette question dans l'un ou dans l'autre sens intéresse le propriétaire seul, puisque, comme on l'a vu, ni le parcours ni la vaine pâture ne peuvent, *en aucun temps*, être exercés dans les prairies artificielles.

Le délai de deux jours qui doit s'écouler entre l'enlèvement des récoltes et le pacage des bestiaux doit-il être franc ?

Suivant M. Coin-Delisle (*Encyclopéd. des jug. de paix*, t. III, p. 300, v° *Glanage*, n° 6), par ces mots : *que deux jours après la récolte entière*, la loi entend qu'il doit y avoir *un jour franc* entre l'enlèvement complet de la récolte et l'introduction des bestiaux dans le champ. Cette interprétation peut trouver sa base dans une ordonnance du roi Louis IX, portant que : *Nul ne soffre mettre bestes en étcule en autruy bled, jusqu'au tiers jour que la moisson sera ramassée, et le tiers jour est entendu comme sy bled était porté le lundy, les bestes peuvent aller le mercredy après.*

Néanmoins, elle est, à notre avis, contraire au texte de l'article 22. Les expressions *deux jours après la récolte entière* signifient évidemment que les deux jours qui suivent celui où les champs ont été complétement dépouillés et vidés de leurs récoltes sont exclusivement consacrés au glanage.

Telle est d'ailleurs la doctrine de la Cour de cassation, qui a décidé que, l'article 22, titre II, de la loi de 1791, ne parlant point d'heures mais de jours, ces expressions *deux jours après la récolte* comportent *deux jours francs*, indépendamment de celui où il a été procédé à l'enlèvement des récoltes, interprétation, dit l'arrêt, conforme, non-seulement au texte de la loi, mais encore aux sentiments d'humanité qui ont inspiré le législateur, puisque c'est dans l'intérêt des pauvres, qui profitent du glanage, que le délai a été fixé. — V. arrêt du 2 janvier 1857 (ANNALES DES JUST. DE PAIX, 1857, p. 205).

La vaine pâture et le parcours ne peúvent être exercés sur les héritages en état de clôture. C'est la disposition formelle de l'article 5, section IV, titre Ier, de la loi de 1791.

Et il en est ainsi, même à l'égard des prairies, dans les lieux où, d'après l'usage, elles deviennent communes à tous les habitants, soit immédiatement après la récolte de la première herbe, soit dans tout autre temps déterminé. — *Ibid.*, art. 2.

Mais pour que les héritages soient affranchis de l'un et de l'autre de ces droits, il est indispensable que cette clôture soit conforme à l'un des modes prescrits par l'article 6, portant :
« L'héritage sera réputé clos lorsqu'il
« sera entouré d'un mur de *quatre pieds*
« de hauteur avec barrière ou porte,
« ou lorsqu'il sera exactement fermé

« et entouré de palissades, ou de
« treillages, ou d'une haie vive, ou
« d'une baie sèche faite avec des
« pieux ou corde liée avec des bran -
« ches ou de toute autre manière de
« faire les haies en usage dans la lo-
« calité ; ou enfin d'un fossé de *qua-*
« *tre pieds* de large au moins à l'ou-
« verture, et de *deux pieds* de pro-
« fondeur. »

La Cour de cassation a fait l'application de cette règle en décidant que la disposition de l'article 5, d'après laquelle les héritages clos de la manière déterminée par l'article 6 sont affranchis de la vaine pâture et du parcours, est absolue en ce sens que toute clôture autre que celle prescrite n'aurait pas l'effet d'opérer l'affranchissement ; qu'ainsi ne saurait être considéré comme clôture, dans le sens légal, le cordon d'herbe non coupée qu'un propriétaire aurait laissé autour de son pré, après en avoir fauché l'intérieur. — Arrêt du 26 mars 1841 (ANNALES DES JUST. DE PAIX, 1re série, t. V, p. 292, v° *Vaine pâture*, n° 33).

Le droit de se clore, résultant de l'article 5 de la loi précitée, et qui confirme l'article 647 du Code Napoléon, est d'ailleurs absolu, et, par arrêt du 9 février 1849 (*J. du Pal.*, 1851, t. II, p. 386), la Cour impériale de Nancy a décidé qu'il ne peut être entravé par une délibération du Conseil municipal attribuant à certains habitants de la commune, à raison de l'isolement de leurs habitations, un cantonnement séparé en échange duquel ils auraient consenti l'abandon de leur droit à la vaine pâture sur des terres leur appartenant dans des cantons éloignés.

Ajoutons que ce n'est que pendant tout le temps que l'héritage est clos conformément à la loi qu'il cesse d'être assujetti à la servitude du parcours et au droit de vaine pâture ; d'où il suit que la clôture suspend l'exercice du droit et n'en détermine pas l'affranchissement définitif. C'est, du reste, ce qu'il faut inférer du texte même dudit article : « Tout le temps qu'un héritage sera clos, il ne pourra être assujetti..., etc. »

Ainsi que l'enseigne Proudhon (*Traité du droit d'usage*, t. Ier, n° 340), lorsqu'un propriétaire a clos son héritage pour l'affranchir du droit de parcours ou de celui de vaine pâture, l'état de défense de l'héritage peut, d'après les circonstances, être considéré comme ayant cessé par suite du défaut d'entretien et du mauvais état de la clôture.

Des conditions imposées par la loi à l'exercice de la vaine pâture et du parcours.

La quantité de bétail que chaque propriétaire ou fermier peut envoyer au parcours ou à la vaine pâture sur les héritages qui y sont soumis, doit être proportionnelle à l'étendue des terres qu'il exploite ou cultive dans la commune où il exerce son droit. Telles sont les dispositions des articles 12 et 13, section IV, titre Ier, de la loi de 1791 ; et, suivant ce dernier article, cette quantité, qui doit être déterminée à tant de bêtes par arpent, lorsqu'elle ne peut l'être à l'aide de règlements, usages locaux ou autres

documents positifs, doit être fixée par le Conseil municipal.

Toutefois l'article 14 contient une dérogation à ces dispositions en faveur des petits agriculteurs et de ceux même qui ne possèdent ni ne cultivent aucun terrain dans la commune où ils sont domiciliés. Cet article porte :
« Néanmoins, tout chef de famille do-
« micilié, qui ne sera ni propriétaire,
« ni fermier d'aucun des terrains
« sujets au parcours ou à la vaine pâ-
« ture, et le propriétaire ou fermier
« à qui la modicité de son exploitation
« n'assurerait pas l'avantage qui va
« être déterminé, pourront mettre sur
« lesdits terrains, soit par troupeau
« séparé, soit en troupeau commun,
« jusqu'au nombre de six bêtes à laine
« et d'une vache avec son veau... »

La disposition de l'article 13 de la loi de 1791 qui, comme nous venons de le dire, confie au corps municipal le droit de fixer le nombre de têtes de bétail qui peuvent être envoyées au parcours et à la vaine pâture, et l'article 19 de la loi du 18 juillet 1837 portant que le Conseil municipal délibère sur..... le parcours et la vaine pâture, laissent aux Conseils municipaux toute latitude dans cette limitation. Ces lois leur permettent, par suite, de prendre en considération le plus ou le moins d'abondance des pâturages selon les saisons. C'est ainsi que, par arrêt du 3 mai 1850 (ANNALES DES JUST. DE PAIX, 1851, p. 203), la Cour de cassation a déclaré valable et obligatoire le règlement qui fixe le nombre de têtes de bétail qui doivent être envoyées au pâturage, selon les diverses époques de l'année où a lieu l'exercice de la servitude, par exemple, à quinze moutons ou brebis par hectare, du 1er juillet au 1er décembre, et à douze seulement du 1er décembre au 1er juillet.

Les Conseils municipaux peuvent également, après avoir déterminé le nombre des têtes de bétail qui doivent être admises à la vaine pâture, les distribuer, selon les différentes espèces, sur les diverses parties du territoire soumis à la servitude. — Cass., 11 octobre 1821 et 20 août 1824 (Dev. Sir., t. VI, p. 503, et t. VII, p. 521).

Mais les Conseils municipaux sont sans droit pour déterminer et limiter, eu égard à l'étendue des terres soumises à la vaine pâture, la quantité de bétail que les propriétaires ou fermiers peuvent avoir. Le règlement qui contiendrait une telle limitation contreviendrait aux dispositions de l'article 1er de la section IV, titre Ier, de la loi de 1791, d'après lesquelles tout propriétaire est libre d'avoir chez lui telle quantité et telles espèces de troupeaux qu'il croit utiles à la culture et à l'exploitation de ses terres. — Cass., 10 mars 1854 (ANNALES DES JUST. DE PAIX, 1854, p. 286).

Quand un règlement municipal a déterminé le nombre de têtes de bétail que chaque propriétaire ou fermier peut envoyer à la vaine pâture, nul ne peut, sans contravention, en envoyer un nombre supérieur à celui qui lui est assigné, alors même que le nombre total ne serait pas dépassé, à raison de ce que certains individus n'auraient pas usé de leurs droits. — Cass., 23 février 1855 (ANNALES DES JUST. DE PAIX, 1855, p. 151).

On a vu ci-dessus que, suivant les dispositions combinées des articles 12 et 13, section IV, titre Ier, de la loi de 1791, la quantité de bétail que chaque propriétaire ou fermier peut envoyer au parcours ou à la vaine pâture doit être fixée proportionnellement à l'étendue des terres qu'il exploite dans la commune.

Cependant, ces termes de la loi ne doivent pas être pris dans un sens absolu. Le droit au pâturage est fondé sur la règle équitable de la *réciprocité*, en sorte qu'il est exact de dire que la fixation dont il s'agit doit, en réalité, avoir pour base, non pas l'importance de l'exploitation, mais bien l'étendue des terrains que chacun apporte à la communauté. D'où la conséquence que, pour établir la répartition dont ils sont chargés, les Conseils municipaux ne doivent avoir égard qu'aux héritages sur lesquels le parcours ou la vaine pâture peuvent être exercés. Ainsi, ils ne doivent comprendre ni les vignes, oseraies et autres plantations, ni les terres cultivées en prairies artificielles, ni celles qui sont en état de clôture, puisque, comme on l'a vu précédemment, les unes et les autres sont affranchies de ces deux servitudes.

Telle a été évidemment la pensée du législateur de 1791, pensée que les rédacteurs du Code Napoléon ont nettement formulée dans l'article 648 portant : « Le propriétaire qui veut se « clore perd son droit au parcours et « à la vaine pâture, *en proportion du* « *terrain qu'il y soustrait.* »

Si donc l'exploitation d'un propriétaire ou fermier dans une commune soumise à la vaine pâture ou au parcours, se composait exclusivement de terrains affranchis de l'un et de l'autre de ces droits, il ne pourrait envoyer ses bestiaux au pâturage que sur ces terrains, et n'aurait aucun droit sur ceux de la communauté.

En principe, le droit de vaine pâture et la servitude de parcours sur les terres qui y sont assujetties, ne peuvent être exercés qu'à l'égard des troupeaux ou bestiaux appartenant aux individus qui sont domiciliés dans la commune. Toutefois, l'article 15 de la loi de 1791 a établi une exception en faveur de ceux qui, quoique n'habitant pas cette commune, y ont une ou plusieurs exploitations. Cet article dispose ainsi : « Les propriétaires ou « fermiers exploitant des terres sur « les paroisses sujettes au parcours « et à la vaine pâture, et dans lesquelles ils ne seraient pas domiciliés, auront le droit de mettre dans « le troupeau commun, ou de faire « garder par troupeau séparé, une « quantité de têtes de bétail proportionnée à l'étendue de leur exploitation, et suivant les dispositions de « l'article 13 de la présente section. »

Or, cette disposition est générale et absolue, et ne distingue pas entre les bestiaux qui appartiennent à une exploitation située dans la commune même et ceux qui seraient attachés à une ferme ou métairie placée au dehors. Le propriétaire ou fermier puise son droit dans cette seule circonstance, qu'il cultive des terres dans la commune sur le territoire de laquelle il prétend l'exercer. L'application de ce principe a été faite suivant un ar-

rêt du 13 avril 1855 (ANNALES DES JUST. DE PAIX, 1856, p. 255), par lequel la Cour de cassation a formellement décidé que le droit de parcours et celui de vaine pâture peuvent être exercés par un propriétaire ou fermier, non domicilié dans une commune, à raison des terres qu'il y cultive, et alors même que les bestiaux qu'il y envoie au pâturage appartiennent à une exploitation dépendant d'une autre commune.

Les bestiaux doivent être envoyés au pâturage, soit en troupeau commun, et sous la conduite d'un pâtre appartenant à la commune, soit, même dans les pays soumis à l'usage du troupeau commun, sous la conduite d'un gardien particulier. — Loi du 28 septembre-6 octobre 1791, tit. Ier, sect. IV, art. 12.

Et il importe de remarquer que tout propriétaire ou fermier qui n'use pas individuellement de la faculté que lui accorde cet article de participer par troupeau séparé au droit de parcours ou à celui de vaine pâture, ne peut en jouir qu'en mettant son bétail dans le troupeau commun. Aussi la Cour de cassation a-t-elle décidé qu'il n'est pas permis à deux particuliers, ou à un plus grand nombre, de rendre cette disposition inefficace en plaçant les bestiaux qui leur appartiennent sous la conduite d'un berger par eux choisi, et de former ainsi un second troupeau commun. — Arrêts des 9 février 1838 (ANNALES DES JUST. DE PAIX, 1re série, t. **V**, p. 305, v° *Vaine pâture*, n° 305), et 20 juillet 1839 (*J. du Pal.*, 1839, t. II, p. 446).

Mais il y a exception à cette règle dans le cas prévu par l'article 14 de ladite loi. En effet, on a vu que cet article autorise la réunion en troupeau commun des bestiaux pour lesquels il accorde le droit de pâturage aux petits cultivateurs et aux individus qui ne possèdent ni ne cultivent aucun terrain dans les communes sujettes au parcours ou à la vaine pâture.

La Cour de cassation a même décidé que cette faculté peut être exercée aussi par les propriétaires et fermiers dont s'est occupé l'article 15, lesquels seraient autorisés à réunir les troupeaux en un seul, sous la garde d'un pâtre de leur choix. — Arrêt du 8 mai 1838 (ANNALES DES JUST. DE PAIX, 1re série, t. Ier, p. 41, vo *Action*, no 61).

Mais la doctrine qui ressort de cet arrêt, et qu'adopte M. Coin-Delisle (*Encyclop. des juges de paix*, t. **V**, p. 265, vo *Vaine pâture*, sect. II, no 47), nous paraît contestable. L'article 15 n'est pas conçu dans les mêmes termes que l'article 14. Cet article dispose formellement que les particuliers dont il s'occupe pourront mettre sur les terrains du parcours ou de la vaine pâture leurs bestiaux, soit par troupeau séparé, soit *en troupeau en commun*, tandis que l'article 15 porte que les propriétaires ou fermiers non domiciliés auront le droit de mettre leurs bestiaux *dans* LE *troupeau commun* ou de les faire garder par troupeau séparé. Mettre ses bestiaux *dans* LE *troupeau commun* n'est autre chose, croyons-nous, que de les placer sous la conduite du pâtre com-

munal. Cette faculté, concédée aux cultivateurs forains, est la même que celle accordée par l'article 12 aux propriétaires et fermiers domiciliés. Pas plus que ceux-ci, ceux-là n'ont, ce nous semble, le droit de former, pour eux seuls ou pour plusieurs d'entre eux, un second troupeau commun.

L'article 15 porte, dans sa partie finale, que les propriétaires ou fermiers ne pourront céder leurs droits à d'autres.

Ce principe, bien qu'énoncé seulement à l'égard des ayants droit non domiciliés, s'applique également aux agriculteurs ayant leur domicile dans la commune assujettie, puisque les droits dont il s'agit sont attachés à l'exploitation effective des terres, et que la quantité du bétail qui peut en profiter se détermine uniquement d'après l'importance de cette exploitation. Aussi la Cour de cassation a-t-elle décidé d'une manière générale :

1o Que l'exercice et l'usage des droits de parcours et de vaine pâture sont inséparables de l'exploitation qui les confère, et ne peuvent être par conséquent l'objet d'aucune cession en faveur d'un cultivateur habitant ou n'habitant pas la commune où ces droits doivent être exercés. — Arrêts des 14 février et 17 août 1833 (Dev., 1833, p. 586, et 1834, p. 26); 16 juin 1848 (ANNALES DES JUST. DE PAIX, 1re série, t. V, p. 295, vo *Vaine pâture*, no 25).

2o Que, dès lors, celui qui a droit à la vaine pâture ne peut y envoyer un nombre de moutons supérieur à celui qui a été fixé par le réglement, alors même qu'il existerait entre lui et un autre ayant droit un accord par suite duquel le nombre des moutons que l'un et l'autre auraient pu envoyer, eu égard à l'importance de leurs exploitations réunies, n'aurait pas été dépassé. — Arrêt du 15 octobre 1846 (*J. du Pal.*, 1849, t. II, p. 44).

3° Et que, quand, par suite d'une telle convention, un cultivateur envoie à la vaine pâture une quantité supérieure à celle qu'il a le droit d'y conduire, l'infraction qu'il commet ne saurait être excusée par le motif que les terres sur lesquelles son troupeau a été trouvé au pâturage (et qui sont d'ailleurs soumises à la servitude) lui appartiennent personnellement. — Arrêt du 30 décembre 1841 (*J. du Pal.*, 1842, t. II, p. 9).

Le même principe a été consacré par un arrêt du 30 décembre 1840 (ANNALES DES JUST. DE PAIX, 1re série, t. V, p. 297, v° *Vaine pâture*, n° 37) suivant lequel la même Cour a jugé que la contravention dont il s'agit ne peut être excusée, non plus, sur le motif que son auteur est fermier de la pièce de terre sur laquelle les bestiaux ont été trouvés pacageant.

De la réglementation des droits de parcours et de vaine pâture. — Attributions respectives des maires et des Conseils municipaux.

Nous avons exposé les principes et les règles qui régissent la vaine pâture et le parcours, indiqué quels héritages sont soumis à ces servitudes, ceux qui en sont affranchis, ainsi que les conditions et les restrictions que la loi a apportées à leur exercice. Il nous reste à faire connaître, et c'est là ce qui rentre plus particulièrement dans notre sujet, les mesures qui sont du domaine du pouvoir réglementaire en distinguant, quant à cette matière toute spéciale, les attributions de l'autorité municipale proprement dite, c'est-à-dire des maires, de celles dévolues aux Conseils municipaux.

En matière de vaine pâture et de parcours, le pouvoir des maires n'est point exclusif. Les Conseils municipaux ont reçu diverses attributions que ceux-ci ne sauraient valablement exercer.

Ainsi, on l'a vu, ces Conseils sont seuls investis par l'article 13, section IV, titre Ier, de la loi des 28 septembre-6 octobre 1791, du droit de fixer le nombre de têtes de bétail qui, proportionnellement à l'étendue des terres exploitées et assujetties à l'une ou à l'autre servitude, peuvent être envoyées au pâturage.

Ainsi encore, l'article 19 de la loi du 18 juillet 1837 confère aux Conseils municipaux le droit de délibérer sur les mesures à prendre en ce qui concerne l'exercice de la vaine pâture et du parcours. D'où la conséquence que ces Conseils peuvent, par leurs délibérations, en déterminer le mode et la durée, ainsi que la Cour de cassation l'a décidé par arrêts des 31 mars 1836 (ANNALES DES JUST. DE PAIX, 1re série, t. V, p. 294, v° *Vaine pâture*, n° 31); 15 juillet 1843 (ANNALES, *ibid.*, p. 298, n° 38), et 30 décembre 1853 (ANNALES, 1854, p. 171); de même qu'ils ont qualité pour fixer l'époque à partir de laquelle ces droits peuvent être exercés chaque année. — Même arrêt du 15 juillet 1843, et Cass., 14 juillet 1854 (ANNALES DES JUST. DE PAIX, 1855, p. 104).

Mais, s'il n'appartient qu'aux Conseils municipaux de régler par leurs délibérations l'exercice des droits de parcours et de vaine pâture, d'en déterminer le mode et la durée, de fixer l'époque de son ouverture, et d'opérer entre les ayants droit la répartition des bestiaux qui peuvent être envoyés au pâturage, il entre dans les attributions des maires de prendre des arrêtés pour porter à la connaissance des habitants de leurs communes les décisions prises à cet égard et d'en assurer l'exécution. De tels arrêtés sont donc parfaitement légaux et obligatoires, ainsi que l'a décidé la Cour de cassation, par ses deux arrêts des 30 décembre 1853 et 14 juillet 1854, précédemment cités.

En outre, les maires peuvent incontestablement pourvoir, par leurs arrêtés, aux mesures qu'il est d'ailleurs de leur devoir de prendre dans l'intérêt d'une bonne police, et dans le but d'assurer le bon ordre, la sûreté, la tranquillité et la salubrité des campagnes, objets qui, comme nous l'avons dit, sont confiés à leur vigilance et à leur autorité, et dont ils peuvent s'occuper sans le concours des Conseils municipaux.

C'est ainsi qu'il a été décidé qu'on doit considérer comme parfaitement légal l'arrêté municipal qui, pour faciliter la réglementation du droit de vaine pâture et la répartition con-

fiée aux Conseils municipaux, soumet chaque ayant droit à l'obligation de faire, à une époque déterminée, la déclaration par écrit, à la mairie, de la quantité de terre qu'il n'aura pas ensemencée. — Cass., 3 mai 1850 (ANNALES DES JUST. DE PAIX, 1851, p. 203).

Cette décision et les précédentes tracent nettement la ligne de démarcation qui sépare les attributions des maires de celles des Conseils municipaux, en matière de vaine pâture et de parcours. Toute mesure qui tend exclusivement à régler le mode d'exercice de la servitude ne peut être prise par l'autorité qui administre qu'après qu'elle a été déclarée utile et votée par le corps délibérant; mais il en est autrement s'il s'agit d'une mesure de police proprement dite.

Ainsi l'article 19, titre Ier, section IV, de la loi de 1791, oblige tout propriétaire ayant un troupeau malade à en faire immédiatement la déclaration à la municipalité, et dispose que la municipalité assignera, sur le terrain du parcours et de la vaine pâture, un espace où le troupeau malade pourra pâturer exclusivement, et le chemin qu'il devra suivre pour se rendre au pâturage.

En outre, la disposition de l'article 20 de la même loi, rappelant sous ce rapport celle du numéro 5 de l'article 3 du titre XI de la loi des 16-24 août 1790, dont nous avons précédemment donné le texte, porte que les corps administratifs emploieront particulièrement tous les moyens de prévenir et d'arrêter les épizooties et la contagion de la morve des chevaux.

Or, il est incontestable que la mesure du cantonnement, prescrite par l'article 19, mesure qui tend à assurer la salubrité et la conservation des troupeaux, en empêchant le mélange ou la simple réunion accidentelle des animaux sains et de ceux qui sont atteints de maladie contagieuse, rentre dans la catégorie de celles que le maire peut ordonner par ses arrêtés, sans qu'il soit besoin qu'elle ait été délibérée par le Conseil municipal.

Le maire peut valablement aussi, dans le même but de protection, imposer aux propriétaires d'animaux l'obligation de ne les envoyer au pâturage qu'après avoir justifié, par tous moyens qu'il croit utiles, notamment par le certificat d'un vétérinaire, que ces animaux ne sont atteints d'aucune maladie contagieuse.

Les maires ont également qualité : 1° pour ordonner que les bestiaux ne seront conduits au pâturage qu'autant qu'ils porteront une marque spéciale, à l'aide de laquelle il soit facile de reconnaître la personne à laquelle ils appartiennent ; 2° pour prescrire que le pâturage des bestiaux n'ait lieu que dans l'intervalle qui existe entre le lever et le coucher du soleil. Toutes ces mesures, en effet, n'ont d'autre objet que d'assurer le bon ordre, la sûreté, la tranquillité, la salubrité des campagnes, ou la conservation des récoltes; elles ne constituent donc que des mesures de police, et, à ce titre, rentrent essentiellement et exclusivement dans le domaine du pouvoir réglementaire dont les maires sont investis.

On se rappelle que, sauf l'exception ci-dessus mentionnée, les ayants droit au parcours ou à la vaine pâture, lorsqu'ils n'usent pas du droit de placer les bestiaux qu'ils y envoient sous la conduite d'un gardien particulier, doivent les mettre dans le troupeau commun, lorsque ce troupeau est en usage dans la localité, et qu'il leur est interdit de se réunir à deux ou un plus grand nombre pour confier la garde de ces bestiaux à un pâtre de leur choix. Or, ainsi que l'a décidé la Cour de cassation, par arrêt du 2 décembre 1841, une telle défense est légalement faite par un simple arrêté du maire, auquel l'article 13 de la loi du 18 juillet 1837 confère le droit de nommer les pâtres communaux, sauf l'approbation du Conseil municipal.

La distinction que nous venons d'établir entre les attributions du maire et celles des Conseils municipaux, dans la matière qui nous occupe, est importante à un double point de vue. D'une part, elle doit servir de guide aux tribunaux de simple police dans l'appréciation de la légalité des arrêtés ou des règlements sur le parcours et le vain pâturage dont il leur est demandé d'assurer l'exécution. D'autre part, on verra plus loin que les formalités auxquelles ces actes sont assujettis, et sans lesquelles ils ne sont point obligatoires, diffèrent selon qu'ils émanent des maires ou des Conseils municipaux.

Les Conseils municipaux, comme les maires, sont sans droit pour restreindre ou empêcher l'exercice de la vaine pâture sur des terres soumises à cette servitude d'après les dispositions de la loi de 1791. En consé-quence, tout arrêté pris par le maire afin d'assurer l'exécution d'une déli-bération votée dans ce but par le Con-seil municipal n'est point obliga-toire. — Cass., 4 mai 1848 (Dalloz, 1848, p. 363).

Spécialement, est illégal et dé-pourvu de sanction l'arrêté municipal qui, dans le but de prévenir les abus commis dans l'exercice du droit de vaine pâture, défend de mener sur les propriétés d'autrui des bestiaux d'au-cune espèce, sans en avoir obtenu l'autorisation par écrit, et sans que cette autorisation ait été visée, soit par le maire, soit par le commissaire de police. Une telle obligation aurait pour effet de subordonner l'exercice légal du droit de vaine pâture à la vo-lonté de ceux à qui l'arrêté attribue la puissance de les concéder. — Cass., 5 février 1859 (*Bullet. crimin.*, p. 79, n° 50; ANNALES DES JUST. DE PAIX, 1859, p. 57).

En effet, ce droit constitue, entre les habitants des communes où il a lieu, et pour l'usage de leurs bes-tiaux, une société et une communauté tacite de pâture qui a pour consé-quence légale et nécessaire la libre participation de tous à la jouissance des produits de pacage du sol qui y est assujetti. Or, l'autorité municipale, si elle est investie du pouvoir de ré-glementer le mode de cette jouissance et partant d'en prévenir les abus, ne peut, par ses arrêtés, apporter à son exercice aucune restriction suscepti-ble d'en altérer ou changer la nature.

Les maires et les Conseils munici-paux sont sans droit pour interdire à une certaine espèce de bestiaux l'exercice de la vaine pâture dans les lieux où elle est autorisée. — Cass., 7 septembre 1844.

De même, ces Conseils, n'ayant reçu de la loi que le pouvoir de fixer le nombre de têtes de bétail qui peuvent être envoyées à la vaine pâture, pro-portionnellement à la quantité de ter-res exploitées (loi de 1791, art. 13) et de régler l'exercice de ce droit (loi de 1837, art. 19) dans tous les lieux où la servitude existe, sont sans qualité pour l'interdire ou même pour le suspendre momentanément à raison de circonstances exceptionnelles, par exemple, dans le but de laisser aux propriétaires des prés naturels les se-condes herbes, quand la première a manqué. Tout règlement ou arrêté rendu dans ce but est sans force obli-gatoire et dépourvu de toute sanction. — Instr. du min. de l'intér. du 19 sep-tembre 1840.

L'exercice du droit de vaine pâture ne peut être suspendu, même dans un canton déterminé, sous le prétexte qu'il serait de nature à préjudicier à certaines récoltes, par exemple, à de jeunes trèfles ; une telle suspension est purement arbitraire, et le règle-ment qui la prescrit contient un excès de pouvoir. — Cass., 10 mars 1854 (ANNALES DES JUST. DE PAIX, 1854, p. 281).

Cependant il a été décidé qu'appe-lés, par l'article 19 de la loi de 1837, à régler l'exercice de la vaine pâture, les Conseils municipaux peuvent, sans excéder leurs pouvoirs, affranchir de cette servitude une partie des pro-priétés d'une certaine étendue ; que les tribunaux qui se fondent sur un arrêté pris dans ce but pour écarter la prétention des habitants de la commune d'exercer la vaine pâture sur la totalité des propriétés partiellement affranchies sont réputés appliquer et non interpréter un acte administratif. — Cass., 17 avril 1849 (Dalloz, 1849, p. 391).

Mais la doctrine de cet arrêt, d'ailleurs en opposition avec celle que sanctionnent les décisions précédentes, nous paraît contestable. Affranchir de la vaine pâture certaines parties des propriétés qui y sont soumises par le motif que ces propriétés ont une étendue considérable, c'est restreindre le droit, non en réglementer l'exercice. L'affranchissement est du domaine de la loi, l'autorité municipale n'a d'autre pouvoir que celui de la réglementation.

L'arrêté municipal qui détermine l'époque à laquelle pourra être exercé le droit de vaine pâture est applicable même aux propriétaires des terres qui y sont soumises. En effet, un tel arrêté a pour but, en établissant une règle uniforme pour l'exécution de l'article 22 du titre II de la loi de 1791, de prévenir les dommages qui peuvent résulter de l'envoi des bestiaux au pacage avant l'entier enlèvement des récoltes, et les dommages sont les mêmes, soit que chaque propriétaire fasse pâturer ses bestiaux sur ses terres, soit que le pâturage ait lieu en commun. Il n'est pas possible d'admettre que, dans les pays de vaine pâture, il y ait successivement pâture privée et pâture commune, et qu'avant le temps où la vaine pâture est permise, le propriétaire soit autorisé à envoyer ses bestiaux sur les terres dépouillées de leurs récoltes pour n'apporter ensuite à la communauté que des terres épuisées. — Cass., 8 janvier 1857 (ANNALES DES JUST. DE PAIX, 1857, p. 207).

Lorsque, en exécution d'une délibération du Conseil municipal, un arrêté du maire a fixé, même éventuellement, l'époque de l'ouverture de la vaine pâture, le jour ne peut être changé que par un nouvel arrêté : un simple avertissement verbal donné à son de caisse ne pourrait y suppléer, ni constituer, par conséquent, une excuse légale de la contravention à l'arrêté. — Cass., 14 juillet 1854 (ANNALES DES JUST. DE PAIX, 1855, p. 104).

Lorsque aucun cantonnement n'a été affecté aux troupeaux pour le pâturage, il est incontestable que les propriétaires peuvent les envoyer sur toutes les parties de territoire assujetties au parcours ou à la vaine pâture, et c'est ce que, dans une espèce où il s'agissait de bestiaux dépendant d'une section de commune, la Cour de cassation a décidé par arrêté du 28 avril 1848 (ANNALES DES JUST. DE PAIX, 1re série, t. V, p. 305, v° *Vaine pâture*, n° 43).

Mais on a vu précédemment que l'article 19 du titre Ier de la section LV de la loi de 1791 charge l'autorité municipale du soin d'assigner aux troupeaux malades, sur le terrain du parcours ou de la vaine pâture, un espace où ces troupeaux doivent exclusivement pâturer ; et ce cas n'est pas le seul où des cantonnements puissent être affectés aux bestiaux. Par arrêté du 9 février 1849 (*J. du Pal.*, 1851, t. II, p. 386), la Cour impériale de Nancy a décidé que le pouvoir municipal peut légalement partager les terrains soumis à l'exercice du droit de vaine pâture en divers cantonnements, et affecter chacun de ces cantonnements à l'usage exclusif du hameau le plus voisin.

Cette doctrine est incontestable, croyons-nous, car la mesure dont il s'agit a évidemment pour but et pour effet de faciliter, dans l'intérêt de tous, l'exercice de la servitude, notamment dans les localités qui se composent de plusieurs hameaux fort éloignés les uns des autres, et par conséquent des terrains qui y sont assujettis.

La même solution nous semble résulter implicitement d'un arrêt du 15 juillet 1843 (ANNALES DES JUST. DE PAIX, 1re série, t. V, p. 298, vº *Vaine pâture*, nº 38), par lequel la Cour de cassation a jugé que, si les délibérations d'un Conseil municipal sont obligatoires aux termes des articles 19 et 20 de la loi du 18 juillet 1837, en ce que, réglant le parcours et la vaine pâture sur le territoire de la commune, elles ont affecté un cantonnement pour chaque troupeau, un berger n'a cependant commis aucune infraction punissable en conduisant le troupeau de son maître d'un cantonnement à un autre, lorsqu'il est établi que ce troupeau a été trouvé sur une pièce de terre empouillée de foin artificiel, et que pour y arriver il n'a passé sur aucune terre sujette à la vaine pâture.

L'individu qui conduit ses bestiaux au pâturage sur des terrains compris dans un cantonnement autre que celui qui lui est assigné par un règlement municipal, commet-il une simple infraction à un règlement qui le rend punissable de l'amende prononcée par l'article 471, nº 15, du Code pénal, ou bien est-ce là un fait de pacage sur le terrain d'autrui qui motive contre lui l'application de l'article 479, nº 10, dont les pénalités sont plus sévères?

On peut dire que ce fait ne peut être assimilé au pacage des bestiaux sur des terrains non privés de la servitude de vaine pâture, car le règlement municipal qui attribue à divers troupeaux des cantonnements respectifs a pour effet, non de prohiber absolument le pâturage sur tels et tels terrains, non de les en affranchir, mais d'en opérer, en quelque sorte, la répartition entre les divers troupeaux, avec défense de conduire les uns sur des terres affectées à la dépaissance des autres, et que, dès lors, le fait de passer d'un cantonnement à un autre constitue une simple contravention au règlement, qui doit trouver sa répression dans la disposition du nº 15 de l'article 471.

Cette doctrine semble résulter de l'arrêt du 15 juillet 1843, que nous venons de citer, car la Cour vise cette disposition comme étant celle dans laquelle les délibérations qui étaient invoquées à l'appui de la poursuite doivent trouver leur sanction. Cependant l'opinion contraire, d'ailleurs adoptée par MM. Curasson sur Proudhon (*Traité du droit d'usage*, t. Ier, p. 593, et Dalloz, *Nouv. Rép.*, t. XIV.

p. 438, v° *Contravention*, n° 497), a été sanctionnée par deux autres arrêts de la Cour suprême, rendus, l'un le 20 août 1824 (Dev. Sir., t. VII, p. 521), sous l'empire de l'article 24, titre II, de la loi de 1791, l'autre le 30 août 1834 (ANNALES DES JUST. DE PAIX, 1re série, t. V, p. 306, v° *Vaine pâture*, n° 45), par conséquent depuis la loi du 28 avril 1832, qui a introduit au Code pénal la disposition de cet article, qui forme aujourd'hui le numéro 10 de l'article 479.

Cette opinion nous semble plus conforme aux principes et plus en harmonie avec l'esprit de cette disposition. En effet, dès l'instant qu'on reconnaît au pouvoir municipal le droit d'affecter à chaque troupeau un cantonnement spécial et d'y interdire le pâturage aux autres troupeaux, on est forcé de reconnaître aussi que les héritages dont ce cantonnement se compose sont bien véritablement le terrain d'autrui dans le sens de la loi, puisque, cessant d'être commun, le pâturage y devient le domaine exclusif d'un seul. Or, nous l'avons déjà dit, la disposition générale du numéro 15 de l'article 471 du Code pénal ne reçoit application qu'autant que la violation d'un règlement ou arrêté municipal ne constitue pas une contravention réprimée par une disposition spéciale de ce Code ou de toute autre loi.

Ajoutons que lorsqu'un troupeau conduit sur un cantonnement autre que celui qui lui a été assigné est atteint de maladie contagieuse, le fait constitue le délit rural que prévoit l'article 23 du titre II de la loi des 28 septembre et 6 octobre 1791, et qu'il réprime d'une amende proportionnelle au nombre de têtes de bétail dont se compose le troupeau, laquelle doit être prononcée soit par le tribunal de simple police, soit par le tribunal de police correctionnelle, selon qu'elle n'excède pas 15 francs ou qu'elle est supérieure à ce taux.

Lorsqu'un détenteur ou gardien d'animaux soupçonnés d'être infectés de maladie contagieuse n'en a point averti le maire de la commune où ils se trouvent, et quand, même avant la réponse du maire, il n'a point tenu ces animaux renfermés, ou encore lorsqu'il a contrevenu aux défenses de l'administration en les laissant communiquer avec d'autres, le fait constitue un délit punissable correctionnellement et, suivant le cas, des peines prononcées par les articles 459, 460 ou 461 du Code pénal.

Du parcours et de la vaine pâture
en Corse.

Les règles que nous avons exposées au présent article ont cessé, pour la majeure partie du moins, d'être applicables au département de la Corse, où les deux servitudes de parcours et de vaine pâture ont été abolies par la loi du 22 juin 1854, avec cette exception, toutefois, que le délai pour cessation du droit de vaine pâture peut être prorogé, par arrêté du préfet, pour une ou plusieurs communes de ce département.

Ce que dans les départements continentaux on appelle *parcours*, n'était en Corse que l'irruption des troupeaux et des bestiaux de qui que ce soit sur toutes les communes voisines, sans distinction de limites; c'était l'invasion, le passage qui s'opérait deux fois par an, à travers les territoires de toutes les communes, lors des migrations des troupeaux de la montagne à la plaine et de la plaine à la montagne, suivant les saisons.

Ce que l'on appelle *vaine pâture* sur le continent, c'était, en Corse, la prétention, mise en pratique par tout individu à qui il plaisait d'avoir un troupeau, sans être propriétaire de la moindre parcelle de terrain, d'envoyer ce troupeau sur les terres de tous les cultivateurs, sans aucune précaution prise, même pour ménager les arbres.

Sous ces noms empruntés de *parcours* et de *vaine pâture*, des abus intolérables étaient commis sur le bien d'autrui, soumis, sans règle et sans répression possible, à la disposition des troupeaux de toute espèce, plutôt qu'à la jouissance paisible du véritable propriétaire.

Déjà, au mois de juillet de l'année 1771, un édit royal avait essayé de mettre un terme à tous ces désordres en abolissant la prétendue servitude de parcours et en réglementant l'exercice de la vaine pâture ; mais l'insoumission des populations, une possession incertaine et toujours contestée ne permirent pas d'en appliquer les sages dispositions. Après la révolution de 1789, époque à laquelle la Corse fut déclarée faire partie intégrante de la France continentale, la loi du 28 septembre 1791, sur la police rurale, n'y fut jamais appliquée, non plus que l'édit de 1771, qui tomba en désuétude et dans le plus complet oubli ; l'empire des habitudes resta, comme précédemment, sans frein ni mesure, et le droit des propriétaires fut plus que jamais méconnu par les détenteurs de troupeaux.

C'est cet état de choses, c'est ce mode de pâturage, qui n'était, en réalité, qu'une dévastation permanente, nuisible à tous les genres de culture et à toutes les productions, que la loi du 22 juin 1854 a eu pour but de faire cesser.

Avant d'examiner cette loi, il nous paraît utile d'en reproduire ici les principales dispositions :

« Art. 1er. La servitude de parcours, « maintenue provisoirement par l'ar- « ticle 2 de la section IV du titre 1er « de la loi des 28 septembre-6 octobre « 1791, est abolie dans le département « de la Corse.

« Art. 2. Le droit de vaine pâture, « maintenu par l'article 3 de la sec- « tion IV du titre 1er de la loi des « 28 septembre-6 octobre 1791, ces- « sera de plein droit, dans le départe- « ment de la Corse, un an après la « promulgation de la présente loi.

« Art. 3. Le délai fixé par l'article « précédent peut être prorogé, pour « une ou plusieurs communes du dé- « partement, par arrêté du préfet, « rendu en Conseil de préfecture, soit « d'office, soit sur la demande des « Conseils municipaux.

« Cette prorogation de délai ne « peut être prononcée que pour une « durée de trois ans; mais elle ne « peut être renouvelée par un arrêté « rendu dans les mêmes formes.

« Indépendamment des restrictions « apportées par la loi des 28 septem- « bre-6 octobre 1791 à l'exercice de « la vaine pâture, l'arrêté de proro- « gation peut imposer telle autre ré- « serve ou restriction qui serait exigée « par l'intérêt public.

« Art. 4. Les dispositions de la sec- « tion IV du titre Ier de la loi précitée « continuent à régler l'exercice de la « vaine pâture jusqu'à l'expiration « des délais énoncés aux articles 2 et « 3 de la présente loi.

« Art. 5. Toute contravention aux « prescriptions de] la présente loi est « punie des peines portées en l'article « 479 du Code pénal, et en cas de ré- « cidive, de celles portées en l'arti- « cle 482 du même Code. — Il y a « récidive, lorsqu'il a été rendu con- « tre le contrevenant, dans les douze « mois qui précèdent, un premier ju- « gement pour contravention à la pré- « sente loi. »

Ainsi, comme on le voit, la loi du 22 juin, en ce qui concerne le département de la Corse, abolit définitivement et sans réserve la servitude de parcours, c'est-à-dire le pâturage réciproque de commune à commune, et elle fait cesser, dans toutes les communes où il n'a point été l'objet d'une prorogation administrative, le droit simple de vaine pâture, c'est-à-dire le pâturage, sur les terrains assujettis, des bestiaux appartenant à la localité ; elle autorise le préfet à ajouter, par ses arrêtés, aux restrictions que la loi de 1791 a elle-même apportées à l'exercice du droit ; enfin, assimilant avec raison les contraventions aux prescriptions qu'elle établit au fait de

conduite de bestiaux sur le terrain d'autrui, que prévoit le numéro 10 de l'article 479 du Code pénal, elle les déclare punissables de l'amende édictée par cet article.

Les contraventions dont il s'agit sont celles qui résultent :

1° Du fait par un ou plusieurs habitants d'une commune d'avoir introduit leurs bestiaux au pâturage sur un terrain dépendant d'une autre commune, appartenant à autrui et sur lequel ils n'ont aucun droit.

2° Du fait par un ou plusieurs individus d'avoir fait pacager leurs bestiaux sur un terrain dépendant du territoire de la commune où ils sont domiciliés ou ont une exploitation, et sur lequel ils n'ont aucun droit, lorsque le délai pour la cessation de la vaine pâture dans cette commune n'a point été prorogé par arrêté préfectoral, en vertu de l'article 3 de la loi du 22 juin 1854.

Il importe de remarquer, toutefois, que l'abolition du droit de vaine pâture, qui devient définitive dans ce cas, ne fait point obstacle à ce que les habitants d'une commune laissent paître leur bétail sur des propriétés communales, alors d'ailleurs qu'ils y sont autorisés par une délibération du Conseil municipal, régulièrement approuvée, qui les oblige au payement d'une redevance annuelle et déterminée selon le nombre et l'espèce des bestiaux. Un tel fait de pacage n'est que l'exercice d'un droit et n'a rien de commun avec la vaine pâture telle qu'elle est définie et prohibée par la loi du 22 juin 1854. —Cass., 5 janv.

1856 (Annales des just. de paix, 1856, p. 249).

3° Du fait par les habitants d'une commune à l'égard de laquelle l'exercice du droit de vaine pâture a été prorogé par un arrêté de l'autorité compétente, d'exercer le vain pâturage sans observer les restrictions ou les réserves résultant soit de la loi des 28 septembre-6 octobre 1791, soit des arrêtés préfectoraux de prorogation.

En effet, conduire ou faire conduire son troupeau au pacage, nonobstant l'abolition de la servitude de parcours, ou malgré la cessation du droit de vaine pâture, ou encore sur des propriétés qui, à raison, soit de la nature de leurs productions, par exemple, des prairies artificielles, soit du non-enlèvement des récoltes dont elles sont chargées, soit de leur état de clôture, en sont affranchies par la loi de 1791, c'est mener ses bestiaux sur le terrain d'autrui, et par conséquent commettre la contravention que prévoit le numéro 10 de l'article 479 du Code pénal. On conçoit donc parfaitement que la loi nouvelle ait étendu les pénalités édictées par un article aux divers cas que nous venons d'indiquer, car, même en l'absence de toute disposition pénale, dans cette loi même, les infractions dont il s'agit eussent incontestablement trouvé leur répression dans ledit article 479, par application du numéro 10.

Mais en est-il de même des infractions aux règlements ou arrêtés qui règlent l'exercice de la vaine pâture, soit en vertu de la loi de 1791, dont les dispositions sont maintenues par l'article 4 de celle du 22 juin 1854, soit en vertu du dernier paragraphe de l'article 3?

Dans les départements continentaux, l'inobservation des règlements administratifs relatifs à la vaine pâture et au parcours entraîne une simple amende de 1 franc à 5 francs, par application de la disposition générale du numéro 15 de l'article 471 du Code pénal.

En Corse, l'individu qui, dans l'exercice du droit de vaine pâture prorogé par l'administration, ne se conforme point aux prescriptions réglementaires, est-il passible, aux termes de la loi nouvelle, de l'amende de 11 à 15 francs, aussi bien que s'il eût envoyé ses bestiaux au pacage dans une localité où ce droit a cessé d'exister conformément à l'article 2, ou sur des héritages qui en sont affranchis?

Nous croyons qu'il faut distinguer entre les prescriptions dont il s'agit.

S'il a contrevenu aux règlements ou arrêtés municipaux intervenus en exécution de la loi de 1791, par exemple, s'il a conduit au pâturage un nombre de bestiaux supérieur à la quantité qui, proportionnellement à l'étendue de son exploitation, lui est assignée par le Conseil municipal, en conformité de l'article 13, sect. IV, tit. Ier, de cette loi; s'il a exercé son droit à la vaine pâture avant l'époque régulièrement fixée et déterminée par un règlement, s'il n'a point obéi à l'arrêté d'un maire prescrivant certaines mesures de police légalement édictées, il a commis, non une contravention aux prescriptions de la loi elle-même, mais une simple infraction à celles de l'autorité locale, infraction qui, ce nous semble, rend son auteur passible seulement de l'amende prononcée par l'article 471, n° 15, du Code pénal, dans la disposition duquel trouvent leur sanction les règlements ou arrêtés légalement faits.

Mais, s'il s'agit de l'inobservation des mesures restrictives de l'exercice de la vaine pâture prises par le préfet, en vertu du dernier paragraphe de l'article 3 de la loi du 22 juin 1854, et contenues en l'arrêté de prorogation dans un intérêt public, il nous paraît hors de doute que l'amende encourue est celle de 11 francs à 15 francs édictée par l'article 479, car alors il a été contrevenu non-seulement à l'arrêté préfectoral, mais encore aux dispositions de la loi elle-même, qui n'autorise l'exercice de la vaine pâture en Corse que sous l'accomplissement des conditions auxquelles elle a délégué à l'administration le pouvoir de l'assujettir.

L'article 5 de la loi du 22 juin 1854 dispose, qu'en cas de récidive la peine applicable est celle portée en l'article 482 du Code pénal. Cette peine consiste en un emprisonnement pendant cinq jours, lequel, d'après le texte formel dudit article, doit *toujours* être prononcé.

L'état de récidive est défini par la seconde disposition de l'article 5. La récidive existe lorsqu'il a été rendu contre le contrevenant, dans les douze mois qui précèdent l'infraction nouvelle, un premier jugement pour contravention à la loi du 22 juin 1854.

Il ne suffirait donc pas, pour que l'aggravation de peine fût encourue

et dût être prononcée, que la première infraction appartînt à l'une des trois catégories de faits punissables mentionnés au quatrième livre du Code pénal, il serait même indifférent qu'elle rentrât dans la classe de ceux que réprime l'article 479; la loi exige, non sans doute que les deux contraventions soient identiques, mais qu'elles soient de même nature, c'est-à-dire que l'une et l'autre trouvent leur répression dans l'article 5 de ladite loi.

C'est là, croyons-nous, une disposition regrettable, en ce sens que l'assimilation que le législateur, avec raison, nous l'avons dit, a voulu établir entre les contraventions à la loi du 22 juin et celles que prévoit le numéro 10 de l'article 479 du Code pénal n'est pas complète. En outre, cette définition de la récidive, différente de celle contenue en l'article 483 de ce Code, doit avoir des conséquences singulières.

Ainsi, l'individu qui, sur le continent, après avoir été condamné pour une contravention quelconque prévue au Code pénal, se rend coupable, dans le temps requis, d'un fait de pacage sur un terrain appartenant à autrui et non grevé du droit de vaine pâture, est en état légal de récidive, et l'on vient de voir qu'en Corse ces conditions seront insuffisantes pour motiver l'aggravation de peines édictées par l'article 482.

Ainsi encore, l'individu qui, en Corse, et dans les douze mois qui ont suivi une première condamnation pour contravention mentionnée au Code pénal, quelle qu'elle soit, commet, en matière de vain pâturage, une infraction aux règlements ou arrêtés municipaux qui le rend passible de l'amende portée en l'article 471, n° 15, du Code pénal, sera récidiviste et encourra l'aggravation de peines prononcées par l'article 474, tandis qu'il en sera autrement si cette seconde infraction appartient à la catégorie de celles que réprime l'article 5 de la loi du 22 juin 1854.

Article 2. — Conservation des récoltes.

Nous avons dit que le but principal qu'a voulu atteindre le législateur en plaçant la police rurale dans les attributions des maires, tend à la protection des intérêts agricoles et à la conservation des récoltes.

Il serait difficile, impossible même, de faire connaître ici toutes les mesures que comportent de tels intérêts, toutes les prescriptions que, pour y satisfaire, l'autorité municipale a le droit d'édicter. Les besoins qui se révèlent chaque jour, les circonstances diverses, multiples, qui se produisent incessamment, indiquent à cette autorité, mieux et plus complétement que nous ne saurions le faire nous-même, les objets qui, dans chaque localité, réclament l'exercice du pouvoir réglementaire dont les maires sont investis. Il en est quelques-uns cependant qui, à raison surtout de leur permanence et de leur généralité, nécessitent un examen approfondi des difficultés qu'ils peuvent susciter dans la pratique. Nous voulons parler des *bans de vendange et autres bans* autorisés par la loi ou les

règlements ; du *glanage*, du *grappillage* et du *râtelage ;* de l'*échenillage* des arbres, arbustes, haies et buissons, et de la *fermeture des colombiers.*

Bans de vendange et autres bans autorisés.

L'article 475, n° 1, du Code pénal punit « ceux qui auront contrevenu aux bans de vendanges ou autres bans autorisés par les règlements. »

On nomme *bans* les publications par lesquelles, en exécution d'un règlement ou d'un arrêté émanant d'elle, l'autorité municipale annonce aux habitants d'une certaine circonscription territoriale, une commune, par exemple, l'époque où chacun peut commencer ses récoltes. C'est là une mesure qui a pour but de prévenir les dommages que pourraient occasionner volontairement aux propriétés voisines ceux qui recueilleraient leurs fruits les premiers, mesure dont l'utilité est fondée aussi sur ce qu'il importe à l'intérêt public que les récoltes ne soient faites que quand les fruits sont arrivés à maturité.

1° Bans de vendange.

L'article 1ᵉʳ de la section V du titre Iᵉʳ de la loi des 28 septembre-6 octobre 1791 (1) chargeait les Conseils généraux (aujourd'hui les

(1) Voici le texte dudit article :

« Chaque propriétaire sera libre de faire « sa récolte, de quelque nature qu'elle soit, « avec tout instrument et au moment qui « lui conviendra, pourvu qu'il ne cause au- « cun dommage aux propriétaires voisins.

« Cependant, *dans les pays où le ban des* « *vendanges est en usage,* il pourra être fait « à cet égard un règlement, chaque année,

Conseils municipaux) des communes où le ban des vendanges est en usage de faire, chaque année, un règlement à cet égard, mais seulement pour les vignes non closes; et il résulte de la combinaison des articles 10, 11, 17 et 19 de la loi du 18 juillet 1837, sur l'administration municipale, qu'aujourd'hui c'est au maire seul, et non au Conseil municipal, qu'il appartient de fixer chaque année, par un arrêté, le ban d'ouverture des vendanges. Ainsi l'a décidé la Cour de cassation, par arrêts des 16 décembre 1842 et 28 décembre 1850 (ANNALES DES JUST. DE PAIX, 1851, p. 292), et l'enseignent tous les auteurs. — V. notamment : Lerat de Magnitot et Delamarre, *Dictionn. de droit admin.*, v° *Vendange ;* Sebire et Carteret, *Encyclopédie du droit*, v° *Ban de vendange*, et Dalloz, *Nouv. Rép.*, t. XIV, p. 388, v° *Contravention*, n° 269.

La Cour suprême décidait même qu'il en était ainsi avant la loi du 18 juillet 1837 (V. arrêt du 3 février 1827, ANNALES DES JUST. DE PAIX, 1re série, t. Ier, p. 306, v° *Ban de vendange*, n° 14); et cette doctrine se fondait sur ce que les Conseils municipaux n'étaient déjà plus investis des mêmes pouvoirs que les anciens Conseils généraux des communes, et que les attributions qui leur étaient dévolues en vertu de la législation an-

« par le Conseil général de la commune,
« mais seulement *pour les vignes non closes.*
« Les réclamations qui pourraient être faites
« contre le règlement seront portées au di-
« rectoire du département (*le préfet*), qui y
« statuera, sur l'avis du directoire de dis-
« trict (*le sous-préfet*). »

térieure ont été transportées aux maires par la constitution du 22 frimaire an VIII et les dispositions combinées des articles 13 et 15 de la loi du 28 pluviôse de la même année.

On vient de voir que l'autorité municipale n'est investie du droit de fixer l'époque d'ouverture des vendanges qu'à l'égard des vignes non closes. Ainsi tout arrêté qui publierait ce ban pour les vignes en état de clôture serait entaché d'illégalité et dépourvu de toute force obligatoire. Mais il faut bien prendre garde qu'une vigne ne doit être réputée close, et comme telle assujettie aux arrêtés ou règlements dont il s'agit, qu'autant que la clôture en a été établie selon les prescriptions de l'article 6, sect. IV, tit. Ier, de la loi du 28 septembre 1791, dont nous avons rapporté la disposition à l'article précédent. — Cass., 28 juillet 1845 (*J. du Pal.*, 1846, t. Ier, p. 49).

Dès l'instant que la clôture est conforme à l'un des modes déterminés par cet article, le propriétaire est affranchi de l'obligation d'observer le ban de vendange, alors même que cette clôture n'aurait pas été établie conformément à une délibération spéciale du Conseil municipal de la commune. — Cass., 11 septembre 1847 (ANNALES DES JUST. DE PAIX, 1re série, t. Ier, p. 308, v° *Bans de vendange*, n° 16).

En effet, et comme le déclare cet arrêt, un Conseil municipal ne saurait se montrer plus exigeant que la loi elle-même pour le mode de clôture des vignobles. Une délibération de cette nature est donc absolument sans valeur et dépourvue de toute force obligatoire ; et il en serait de même d'un arrêté municipal.

Doit être considérée comme close, conformément à l'article 6, sect. IV, tit. Ier, de la loi des 28 septembre-6 octobre 1791, et comme n'étant point assujettie, dès lors, au ban des vendanges, une vigne qui est entourée d'une haie vive de trois côtés, et fermée du quatrième côté par un fossé de 1^m,50 de large et un talus d'une élévation de 3^m,50, talus et fossé qui dépendent d'une route appartenant au domaine public, et qui rendent d'ailleurs l'accès de cette vigne impossible. — Cass., 22 mars 1855 (ANNALES DES JUST. DE PAIX, 1855, p. 242).

L'arrêté du 11 septembre 1847, précédemment cité, décide également qu'une vigne est en état de clôture, lorsqu'elle est complétement fermée, d'un côté, par le mur pignon d'un voisin; d'un autre côté, sur la rue, par une haie vive; et sur les deux autres faces, par une haie d'échalas ou pieux reliés en travers par du treillage et assez rapprochés les uns des autres pour qu'on ne puisse entrer ni sortir sans être obligé d'enlever plusieurs de ces pieux.

Lorsqu'une clôture commune entourant des vignes qui appartiennent à divers propriétaires est établie dans les conditions voulues par l'article précité, chacune de ces vignes n'en doit pas moins être considérée, par rapport au ban des vendanges, comme non close, lorsque, en outre de cette clôture commune, elles ne sont pas séparées les unes des autres par une clôture particulière. — Cass., 18 août 1827 (ANNALES DES JUST. DE PAIX, 1re série, t. Ier, p. 310, v° *Bans de vendange*, n° 18), et 5 août 1830 (Dalloz, 1830, p. 339). — Conf. Rolland de Villargues, *Rép. du notar.*, v° *Ban de vendange*, n° 5; Chauveau et Hélie, *Théorie du Code pénal*, 2e édit., t. VIII, p. 365, et 3e édit., t. VI, p. 367; Dalloz, *Nouv. Rép.*, t. XIV, v° *Contravent.*, n° 264.

Le premier de ces deux arrêts décide, en outre, que les propriétaires de ces vignes contiguës et non séparées les unes des autres par une clôture ne sauraient invoquer comme excuse de la contravention par eux commise en n'observant pas le ban des vendanges, ce motif, qu'ils sont cohéritiers, dès l'instant qu'un partage est intervenu entre eux et a fait cesser l'indivision.

Ils ne pourraient invoquer, non plus, cette circonstance, qu'ils se seraient entendus pour faire leur récolte en même temps. — Cass., 5 août 1830 (Dalloz, 1830, p. 339).

L'état de clôture d'une vigne a seul l'effet d'affranchir celui qui a le droit d'en récolter les fruits de l'obligation d'observer le ban de vendange. Toutes autres vignes y sont assujetties, quelle que soit leur situation. C'est ainsi que la Cour de cassation a décidé que les arrêtés municipaux qui fixent l'époque d'ouverture de la vendange s'appliquent aux vignes qui sont isolées aussi bien qu'à celles qui joignent d'autres vignes; que la prohibition de vendanger avant le jour indiqué est générale et absolue, et ne laisse en dehors que les vignes qui sont en état de clôture. — Arrêt du 6 février 1858 (ANNALES DES JUST. DE PAIX, 1858, p. 172).

De même qu'elle n'autorise la publication du ban des vendanges que pour les vignes ouvertes, la seconde disposition de l'article 1er de la section v du titre Ier de la loi de 1791, on l'a vu, ne permet à l'autorité municipale d'apporter cette restriction au droit, que la première disposition confère à tout propriétaire, de faire sa récolte au moment qui lui convient, que *dans les pays où le ban des vendanges est en usage.* Aussi les auteurs décident-ils qu'un arrêté fixant l'ouverture de la vendange dans une commune où cet usage n'existe point, est illégal, sans force obligatoire, et dès lors dépourvu de sanction. — V. Merlin, *Rép.*, v° *Ban de vendanges*, n° 14 ; Carnot, *Comment. du Code pénal*, art. 495, n° 4 ; Jousselin, *Servitude d'utilité publique*, t. Ier, p. 348 ; Chauveau et Hélie, *Théorie du Code pénal*, 2e édit., t. VIII, p. 367 ; Dalloz, *Nouv. Rép.*, t. XIV, v° *Contravent.*, nos 254 et 260.

Cependant, par arrêt du 24 avril 1858 (ANNALES DES JUST. DE PAIX, 1858, p. 298), la Cour de cassation juge que, lorsqu'un ban de vendange a été publié par l'autorité municipale, il n'appartient qu'à l'autorité administrative supérieure de décider si ce ban est en usage dans la commune pour laquelle il a été publié ; que, dès lors, le tribunal de simple police ne peut, sans faire une fausse application de la loi et sans violer les règles de sa compétence, en empiétant sur les pouvoirs de l'administra-tion, acquitter le prévenu d'une contravention à l'arrêté local, sur le motif qu'il n'est pas constant que le ban de vendange fût en usage dans la localité, si le préfet n'a pas réformé cet arrêté avant l'infraction poursuivie.

Dans l'espèce de cet arrêt, il s'agissait de décider si, en présence d'un arrêté municipal que le préfet n'avait pas réformé et qui n'avait même été l'objet d'aucun recours, il appartenait à l'autorité judiciaire de lui refuser force et sanction, en se fondant sur ce que l'usage du ban de vendange dans la commune n'était pas constant. Comme on vient de le voir, et contrairement à la doctrine des auteurs que nous venons de citer, la Cour suprême s'est prononcée pour la négative et n'accorde qu'à l'administration le pouvoir de reconnaître et de constater l'existence de cet usage ; d'où il suit que cette Cour refuse au tribunal de simple police le droit d'apprécier, sous ce rapport, la légalité de l'arrêté municipal.

Nous aurions peine à nous ranger à cette doctrine. Les règlements municipaux ne sont obligatoires qu'autant qu'ils sont légaux, c'est-à-dire qu'autant qu'ils sont pris dans le cercle des attributions de l'autorité dont ils émanent et qu'ils ne contrarient aucune disposition légale. Nous aurons plus tard l'occasion de citer une foule d'arrêts qui ont consacré ce principe incontestable. Que les infractions qui y sont commises tombent sous l'application du numéro 15 de l'article 471, ou qu'elles soient punissables en conformité de tout autre article du Code pénal ou d'une loi quelconque, le tribunal auquel elles sont déférées a toujours, croyons-nous, le droit, et il est même de son devoir d'examiner la légalité de l'acte administratif dont il lui est demandé de sanctionner les dispositions.

Le pouvoir municipal est sans droit pour fixer l'époque des vendanges dans les vignes qui sont en état de clôture, la loi de 1791 le lui refuse péremptoirement. Or, supposons que, néanmoins, ces vignes aient été nommément comprises dans les publications du ban. Le tribunal de police, saisi de la poursuite dirigée contre le propriétaire d'une de ces vignes, pour l'avoir vendangée avant le jour déterminé par l'arrêté, prononcera-t-il condamnation contre lui? La circonstance que cet arrêté n'aurait point été réformé par l'autorité supérieure serait-elle de nature à faire disparaître l'illégalité qui le vicie? Assurément non. Eh bien, le maire est également sans pouvoir pour fixer l'ouverture des vendanges dans une localité où cette fixation n'est point en usage, la loi de 1791 n'est pas moins péremptoire à cet égard. Il nous semble donc que les deux cas, dont l'analogie ne saurait être mise en doute, doivent être régis par les mêmes principes : si le juge de police a le droit de refuser sanction à un ban de vendange qui serait relatif aux vignes closes, nous pensons qu'il a le même droit à l'égard d'un ban publié pour une localité où il est constant que l'usage ne l'a point consacré, car l'un et l'autre sont interdits par la loi.

Quoi qu'il en soit, dans les communes où le ban de vendange est en usage, la prohibition de vendanger avant le jour fixé par l'arrêté du maire existe de plein droit; c'est une défense permanente et qui constitue en contravention tous ceux qui, pour vendanger, n'attendent pas que la publication de ce ban ait été faite. Ainsi la contravention est commise, soit que la récolte n'ait été que commencée avant la fixation de l'ouverture des vendanges, soit qu'elle ait été achevée avant que le ban ait été publié. Cette doctrine a été sanctionnée par trois arrêts de la Cour de cassation des 16 novembre 1810 (Dalloz, *Nouv. Rép.*, t. IX, p. 432, v° *Commune*, n° 777, note 2), 25 février 1836 (ANNALES DES JUST. DE PAIX, 1re série, t. Ier, p. 308, v° *Bans de vendange*, n° 15), et 11 septembre 1847 (ANNALES, *ibid.*, p. 308, n° 16).

Mais il est essentiel de remarquer qu'en principe les bans de vendanges dont le caractère obligatoire a été maintenu par l'article 1er, sect. IV, tit. Ier, de la loi de 1791, et confirmé par la disposition du numéro 1er de l'article 475 du Code pénal, ne sont relatifs qu'aux récoltes ayant pour objet la fabrication du vin. Aussi la Cour de cassation a-t-elle décidé qu'un individu prévenu d'avoir partiellement effectué la vendange de sa vigne avant l'époque déterminée par l'arrêté municipal doit être relaxé des poursuites, lorsqu'il est établi en fait que cet individu s'est borné à faire choisir et couper quelques raisins pour ses besoins domestiques; qu'il a été dans la nécessité d'emprunter un panier pour enlever ces quelques produits, et qu'au jour même du procès-verbal, la vigne pouvait être si peu considérée comme vendangée qu'une partie de la récolte a été encore retrouvée sur pied. — Arrêt du 7 décembre 1855 (ANNALES DES JUST. DE PAIX, 1856, p. 187).

La même doctrine a été consacrée par un nouvel arrêt du 9 février 1856 (Dev., 1856, p. 557). Toutefois, il ne faudrait pas induire de ces décisions que la prohibition de vendanger avant l'époque déterminée est exclusivement restreinte au cas où la récolte est destinée à la fabrication du vin. Dans certaines localités, quelques propriétaires ou locataires de vignes sont dans l'usage de vendre leurs raisins en grappes après les avoir recueillis. Or, il est manifeste que le ban de vendange doit être observé par eux tout aussi bien que s'ils employaient leurs produits à faire du vin. Ce n'est que lorsqu'un propriétaire cueille ou fait cueillir du raisin en petite quantité, soit pour l'usage de sa table, soit pour l'offrir à des amis, que l'arrêté d'ouverture des vendanges ne lui est point applicable.

Un usage, quelque ancien qu'il puisse être, ne saurait prévaloir sur l'autorité des règlements de police, qui souvent sont destinés à le faire cesser et à en prévenir le retour. Autrement, ce serait anéantir entre les mains des maires les pouvoirs dont la loi les a investis dans l'intérêt public et général. Ainsi les contraventions aux bans de vendange ne peuvent être excusées sous le prétexte qu'un usage antérieur accorderait une tolérance d'après laquelle il serait permis de vendanger quelques jours avant l'époque déterminée par l'arrêté. — Cass., 8 avril 1854 (ANNALES DES JUST. DE PAIX, 1854, p. 293).

Ainsi encore, la contravention ne pourrait être excusée, sous le prétexte que la coutume du pays serait de vendanger les vignes hautes et les vignes basses à des époques différentes. L'infraction doit être réprimée dès l'instant que l'arrêté municipal ne fait aucune distinction et fixe à une même époque la vendange des unes et des autres. — Cass., 3 janvier 1828 (Dev. Sir., t. IX, p. 6), et 13 février 1845 (*J. du Pal.*, 1845, t. II, p. 603).

Nous avons dit précédemment que l'autorité qui a pris un arrêté dont les dispositions s'adressent à la généralité des citoyens ne peut valablement dispenser certains individus de l'obligation de s'y conformer, et, à l'appui de ce principe, nous avons rapporté une multitude d'arrêts portant qu'une telle dispense n'a pas l'effet de rendre les infractions excusables, et, entre autres, un arrêt du 8 avril 1854, qui décide que les tribunaux ne doivent avoir aucun égard à la permission que le maire aurait donnée à certains individus de vendanger avant le jour fixé par l'arrêté. A cet arrêt, il faut en joindre un autre du 6 février 1858 (ANNALES DES JUST. DE PAIX, 1858, p. 172), par lequel la Cour de cassation a également jugé que l'individu prévenu de n'avoir point observé le ban des vendanges ne saurait être relaxé des poursuites, sur le motif qu'il aurait justifié d'une autorisation à lui accordée par le maire de la commune.

Les maires ne peuvent puiser le droit qu'ils ont de réglementer la récolte des vignes que dans l'article 1er, sect. v, tit. Ier, de la loi des 28 septembre-6 octobre 1791, qui les autorise à fixer l'époque avant laquelle les vendanges ne peuvent être commencées ; dans l'article 9 du titre II de la même loi, qui les charge de veiller spécialement à la tranquillité, à la salubrité et à la sûreté des campagnes, et dans les dispositions de l'article 3 du titre XI de la loi des 16-24 août 1790, qui confie d'une manière générale, à leur vigilance et à leur autorité, le soin d'assurer le bon ordre, la sûreté, la salubrité et la tranquillité publiques. Tout arrêté dont les prescriptions ou défenses ne trouveraient leur point d'appui dans aucune de ces dispositions serait sans valeur légale et dépourvu de sanction.

Ainsi l'autorité municipale ne peut, par ses arrêtés, limiter la durée des vendanges, c'est-à-dire imposer aux citoyens l'obligation de les commencer à un jour fixé et de les finir dans un délai déterminé. Une telle prescription, comme l'enseignent Fournel, *Lois rurales*, t. II, p. 77, n° 6, et Merlin, *Rép.*, v° *Ban de vendange*, n° 9, violerait le principe de la liberté des récoltes proclamé, comme on l'a vu, par l'article 1er de la section V du titre Ier de la loi de 1791 ; et, en outre, le motif qui permet, en certains cas, de restreindre cette liberté dans un intérêt général, n'existe point ici, car un propriétaire ne cause aucun préjudice à ses voisins et ne fait tort

qu'à lui-même en différant de recueillir et d'enlever ses fruits.

Est illégal et non obligatoire l'arrêté municipal qui, sans se borner à déterminer l'époque à laquelle pourront commencer les vendanges, interdit aux propriétaires des vignes non closes d'y entrer sans une autorisation préalable et par écrit pendant un certain temps avant cette époque, soit pour les visiter, soit pour y cueillir des fruits. — Cass. 28 novembre 1839 (Dalloz, 1840, p. 387), 21 octobre 1841 (ANNALES DES JUST. DE PAIX, t. Ier, p. 309, v° *Bans de vendange*, n° 17). — Conf. Chauveau et Hélie, *Théorie du Code pénal*, 2e édit., t. VIII, p. 367 ; Dalloz, *Nouv. Rép.*, t. XIV, v° *Contravent.*, n° 259.

Une telle prohibition, en effet, porte évidemment atteinte au droit de propriété ; elle n'est point autorisée par la disposition de l'article 1er que nous venons de rappeler ; en outre, le numéro 1er de l'article 475 du Code pénal ne peut lui servir de base, et elle serait ouvertement en opposition avec la disposition du numéro 9 du même article, qui n'interdit qu'à ceux qui ne sont pas propriétaires usufruitiers ou jouissant d'un terrain, l'entrée sur ce terrain dans le temps où il est chargé de raisins ou autres fruits mûrs ou voisins de la maturité.

Est pareillement inobligatoire l'arrêté municipal qui prohibe jusqu'après la vendange le passage dans les sentiers publics qui traversent les vignes. — Cass., 14 janvier 1848 (ANNALES DES JUST. DE PAIX, 1re série, t. IV, p. 180, v° *Pouvoir munic.*, n° 63).

Cependant le pouvoir des maires,

en cette matière, n'est pas restrictivement limité à la seule publication du ban des vendanges.

Ainsi ils peuvent fixer et déterminer les heures avant ou après lesquelles il est interdit de commencer ou de continuer à vendanger chaque jour. C'est là un point que la loi n'a pas réglé, et sur lequel son silence laisse à l'autorité qu'elle a chargée de veiller à la conservation des récoltes et à la paix des campagnes, toute la liberté nécessaire. — Fournel, *Lois rurales*, t. II, p. 77, et *Traité du voisinage*, t. Ier, p. 194; Miroir, *Traité des contravent. de police*, t. II, p. 429; Dalloz, *Nouv. Rép.*, t. XIV, v° *Contrav.*, n° 266.

Ainsi encore serait pris dans la sphère d'attributions de l'autorité municipale l'arrêté prescrivant momentanément certaines mesures de précautions pour prévenir les dégâts qui pourraient être occasionnés dans les vignes où la récolte est pendante et en maturité, par exemple, d'attacher un bâton au cou des chiens pendant la saison des vendanges.—Cass., 10 janvier 1834 (ANNALES DES JUST. DE PAIX, 1re série, t. IV, p. 185, v° *Pouvoir municipal*, n° 69).

Les arrêtés municipaux qui, bien que la chasse ait été déclarée ouverte par l'autorité compétente (le préfet), la défendent néanmoins, soit dans les vignes, soit à une certaine distance des vignes, jusqu'à la fin des vendanges et du grappillage sont parfaitement légaux et, dès lors, obligatoires, comme ayant pour but de protéger la sûreté des citoyens circulant ou travaillant dans une portion déterminée du territoire, et comme rentrant essentiellement, à ce titre, dans les attributions du pouvoir municipal. — Cass., 3 mai 1834 (Dalloz, 1834, p. 169), 4 septembre 1847 (Dalloz, 1848, p. 32), 15 janvier 1857 (ANNALES DES JUST. DE PAIX, 1857, p. 354), 6 février 1858 (ANNALES, 1858, p. 216), et 3 janvier 1858 (ANNALES, 1859, p. 52).

En effet, et comme le déclarent la plupart de ces décisions, de tels arrêtés ont pour but, non de statuer sur le droit de chasse proprement dit, ce qui n'appartient qu'à l'administration supérieure, mais de protéger les populations rassemblées dans les vignes et les individus qui s'y rendent ou en reviennent, tant que les opérations de la vendange ne sont pas terminées. Ils intéressent donc essentiellement la sûreté des campagnes et rentrent dès lors dans les limites des pouvoirs attribués à l'autorité municipale.

Mais il ne saurait en être de même de la défense générale de chasser, même temporairement, *dans toute l'étendue du territoire communal*. En présence de la loi qui déclare la chasse licite, et de l'arrêté préfectoral qui en a fixé l'ouverture, une telle mesure cesse d'être seulement protectrice, elle tend à substituer, pendant un certain temps du moins, l'autorité du maire à celle du préfet et à suspendre l'exécution de son arrêté. L'acte qui la contient, cesse alors de trouver son point d'appui dans les lois de 1790, 1791 et 1837, et les citoyens auxquels il s'adresse, comme les tribunaux auxquels il est demandé d'en assurer l'exécution, ne sont point tenus de s'y conformer,

Le tribunal de simple police du canton de Marly-le-Roi a fait une saine et intelligente application de ces principes par un jugement que nous avons inséré au *Bulletin spécial des décisions des juges de paix*, année 1859, p. 52.

2° Bans de moisson et de fauchaison.

C'est une question fort controversée en doctrine que celle de savoir si l'autorité municipale est autorisée à publier d'autres bans que ceux des vendanges, par exemple, des bans de moissons et de fauchaisons.

Le doute naît de ce que, bien que la disposition du numéro 1 de l'article 475 du Code pénal ait prévu le cas où des bans autres que ceux relatifs aux vendanges seraient publiés, la loi de 1791 n'a paru vouloir maintenir que ceux-ci, et c'est là le motif sur lequel se fondent les auteurs qui ont adopté la négative. — V. Merlin, *Rép.*, v° *Bans de moisson;* Favard de Langlade, *Rép.*, v° *Ban;* Bourguignon, *Jurisprud. des Codes crimin.*, sur l'article 475, n° 1, du Code pénal ; Rauter, *Traité du droit crimin.*, t. II, n° 603 ; Chauveau et Hélie, *Théorie du Code pénal*, 2ᵉ édit., t. VIII, p. 364 et 365; Dalloz, *Nouv. Rép.*, t. XIV, p. 385, v° *Contravention*, n° 256.

La loi du 6 octobre 1791, disent-ils, après avoir établi comme principe général (tit. Iᵉʳ, sect. Iʳᵉ, art. 1ᵉʳ) l'indépendance des propriétés particulières , et disposé (article 2 de la même section , et articles 1 et 2 de la section v du même titre) que les propriétaires, libres de varier à leur gré l'exploitation de leurs terres et de disposer de leurs productions, sont également libres de faire leurs récoltes, de quelque nature qu'elles soient, avec tout instrument, et *au moment qui leur conviendrait*, et que nulle autorité ne pourrait suspendre ou intervertir les travaux des campagnes dans les opérations des semences et des récoltes, n'a créé qu'une seule exception, en autorisant le pouvoir municipal à faire des règlements relativement au ban des vendanges, dans les localités où il est en usage ; d'où la conséquence que l'exception de la loi est limitée aux bans des vendanges, et qu'à l'égard de toutes autres récoltes, le propriétaire peut les faire au moment qui lui convient. L'administration municipale, ajoutent les autorités que nous venons de citer, ne saurait donc publier des bans de moisson et de fauchaison sans sortir du cercle de ses attributions et sans créer une défense que la loi prohibe explicitement.

Quant aux expressions : *autres bans*, qu'emploie le numéro 1ᵉʳ de l'article 475 du Code pénal, disent encore MM. Chauveau et Hélie, elles ne peuvent s'appliquer qu'aux bans que des lois postérieures auraient autorisés ou qui pourraient se concilier avec la liberté des propriétés dont la loi, comme on vient de le dire, a proclamé le principe.

A l'appui de la même opinion, M. Dalloz ajoute que tel paraît avoir été aussi le sentiment des auteurs du projet de Code rural de 1808, car, en proposant le maintien des bans de vendanges (chap. VII, art. 108), ils n'ont rien dit des autres bans, et c'est même ce qui est textuellement expliqué dans le projet complémentaire (t. III, p. 400) que le gouvernement avait chargé M. de Verneilh de préparer, d'après les observations fournies par les Cours impériales sur le projet primitif.

On ne saurait contester la force et la valeur de ces arguments. Cependant la doctrine contraire a aussi de nombreux partisans, qui soutiennent que la loi des 28 septembre-6 octobre 1791, bien qu'elle ne se soit occupée et n'ait parlé que du ban des vendanges, n'a pas entendu abolir tous les autres bans établis, soit par d'anciens réglements, soit par l'usage, et que l'administration, dès lors, est en droit de publier, tels que bans de moisson et de fauchaison. Il est si vrai, disent-ils, que le législateur a entendu maintenir ces divers bans, qu'une loi du 14 germinal an VI (1) avait chargé l'administration municipale des localités où l'ouverture des *moissons*, des *vendanges* ou des *fauchaisons* est fixée par l'autorité, de veiller à ce que les époques n'en fussent désignées que dans les termes du calendrier républicain, — V. Vaudoré, *Droit rural*, t. Ier, p. 128, n° 296; Carré, *Traité des just. de paix*, t. IV, p. 476 et 477, n° 3395; Rogron, *Code pénal expliqué*, art. 475, n° 1er; Rolland de Villargues, *Rép. du*

(1) Voici le texte de cette loi, que nous n'avons trouvé dans aucun recueil :

« Les administrations municipales des « cantons ruraux où l'ouverture des mois- « sons, des vendanges et des fauchaisons « est fixée par l'autorité publique, veilleront « à ce que les époques n'en soient désignées « que dans les termes du calendrier répu- « blicain. »

notariat, v° *Ban*, n° 8; Jousselin, *Servitudes d'utilité publique*, t. Ier, p. 345 et 351; Sebire et Carteret, *Encyclopédie du droit*, v° *Ban de fauchaison*, p. 486; Morin, *Rép. du droit crimin.*, v° *Ban*, n° 2.

Cette doctrine a été consacrée de la manière la plus explicite par un jugement du tribunal correctionnel de Castel-Sarrasin, du 6 janvier 1848 (ANNALES DES JUST. DE PAIX, 1re série, t. Ier, p. 305, v° *Bans de vendange*, n° 5), et elle s'appuie en outre de l'autorité d'un arrêt de la Cour de cassation du 6 mars 1834 (ANNALES, *ibid.*, p. 314, n° 21), qui a décidé qu'en supposant même que la loi de 1791 eût expressément aboli les *bans de fauchaison*, dont elle ne parle point, ces mêmes bans auraient été, selon la maxime : *posteriora prioribus derogant*, formellement rétabli par la disposition du numéro 1er de l'article 475 du Code pénal, qui punit l'infraction non-seulement des bans de vendange, mais encore des autres bans autorisés par les règlements ; que, dès lors, et quand il est d'usage immémorial dans une localité de mettre à ban la coupe de l'herbe dans les prairies de son territoire, l'arrêté municipal qui fixe l'ouverture de la fauchaison est obligatoire sous la sanction dudit article.

Espérons que le Code rural, dont s'occupe en ce moment le Conseil d'État, viendra faire cesser la divergence que nous venons de signaler.

Glanage, grappillage et râtelage.

Le *glanage* est l'action de ramasser

dans les champs, après l'enlèvement des gerbes, les épis abandonnés. Le *râtelage* est le glanage appliqué à la récolte des foins et des prairies artificielles, comme le *grappillage* est le glanage appliqué aux petites grappes de raisin échappées à l'attention des vendangeurs.

Les olives et les noix oubliées sont encore l'objet du grappillage.

Dans tous les temps ces actions ont été généralement ou permises ou tolérées comme l'exercice d'un droit établi en faveur des pauvres et des nécessiteux, mais sous certaines conditions variables comme les anciens usages ou les anciennes coutumes de chaque province. Un édit du roi Henri II, du 9 novembre 1554, donné pour toute la France, n'accordait (art. 10) la faculté dont il s'agit que : « *aux genz vieils et débilitez de membres, aux petitz enfantz ou autres personnes n'ayant pouvoir ny force de seyer*, soubz peine d'être puniz comme larrons. » En certaines localités, les règlements défendaient le glanage, le râtelage et le grappillage à tous habitants, sans distinction d'âge ni de sexe, hors les limites du territoire de leurs paroisses respectives. Ailleurs il était interdit aux laboureurs de faire glaner pour eux-mêmes. Un arrêt de règlement du parlement de Paris, du 11 juin 1782, défend à tous laboureurs, fermiers et propriétaires, de vendre, sous quelque prétexte que ce soit, le droit de glaner dans leurs champs, d'en éloigner ceux à qui le glanage est permis, de les empêcher de glaner par la violence ou autrement, et de donner aucune préférence

aux femmes et aux enfants des moissonneurs (1).

L'article 21 du titre II de la loi des 28 septembre-6 octobre 1791 est ainsi conçu : « Les glaneurs, les râteleurs « et les grappilleurs, *dans les lieux où* « *les usages de glaner, de râteler ou* « *de grappiller sont reçus*, n'entreront « dans les champs, prés et vignes ré- « coltés et ouverts, qu'après l'enlève- « ment entier des fruits. En cas de « contravention, les produits du gla- « nage, du râtelage et du grappillage « seront confisqués, et suivant les « circonstances, il pourra y avoir lieu « à la détention de police municipale. « — *Le glanage, le râtelage et le grap-* « *pillage sont interdits dans tout en-* « *clos rural, tel qu'il est défini à l'ar-* « *ticle 6 de la quatrième section du* « *premier titre du présent décret.* »

Et l'article 471, n° 10, du Code pénal punit « ceux qui, sans autre « circonstance, auront glané, râtelé « ou grappillé dans les champs non

---

(1) Tous les anciens édits, règlements, usages et coutumes, ont été puisés dans ces textes vraiment sublimes du *Lévitique* et du *Deutéronome* :

« Cum messueris segetes terræ tuæ, non « tundebis usque ad solum superficiem « terræ, nec remanentes spicas colliges. » *Lévitique*, chap. XIX, v. 9.

« Quando messueris segetes in agro tuo, « et oblitus, manipulum reliqueris, non « reverteris, ut tollas illum, sed advenam « et pupillum et viduam auferre patieris, « ut benedicat tibi Dominus Deus tuus in « omni opere manuum tuarum. » *Deutéronome*, chap. XXIV, v. 19.

« Neque in vineâ tuâ racemos et grana « decidentia congregabis, sed pauperibus, « pupillis ac viduæ carpenda dimittes. » *Lévitique*, chap. XIX; *Deutéronome*, chap. XXIV,

« encore entièrement dépouillés et « vidés de leurs récoltes, ou avant le « moment du lever ou après celui du « coucher du soleil. »

Comme on le voit, le législateur de 1791 et celui de 1810 ont consacré de nouveau, en le réglementant, l'exercice du glanage, du râtelage et du grappillage, dont le maintien, en ce qui concerne le premier de ces droits, résulte encore d'une autre disposition de la loi de 1791 (tit. II, art. 22), d'après laquelle, et sous la sanction d'une amende de simple police, il est interdit aux pâtres et aux bergers de conduire leurs troupeaux sur les champs moissonnés et non clos moins de deux jours après l'enlèvement des récoltes, prohibition due aux sentiments d'humanité qui ont inspiré le législateur, car elle a été manifestement établie dans l'intérêt des individus, c'est-à-dire des pauvres gens, auxquels la faveur du glanage est généralement réservée.

On a dû remarquer que le numéro 10 de l'article 471 du Code pénal, bien qu'ayant édicté la défense de glaner, râteler ou grappiller avant le lever et après le coucher du soleil, que ne contenait pas l'article 21 de la loi de 1791, n'a cependant pas remplacé complétement la disposition de cet article.

Ainsi, d'une part, la loi nouvelle ne reproduit pas la partie de cette disposition qui ne conférait la faculté de glaner, etc., que dans les localités où l'usage en était reçu ; et, d'autre part, elle ne prohibe pas, comme l'a fait la loi de 1791, le glanage, le râtelage et le grappillage dans les propriétés qui sont en état de clôture.

Il en résulte que l'article 21 de la loi rurale, s'il est frappé d'abrogation en ce qui concerne la prohibition de glaner, grappiller, etc., avant l'enlèvement des récoltes, que contient le numéro 10 de l'article 471 du Code pénal, a conservé toute son applicabilité relativement aux deux points que nous venons d'indiquer.

Ainsi donc l'exercice du glanage, du râtelage et du grapillage est interdit d'une manière absolue dans toutes les localités où il n'est point en usage ; et, là où cet usage existe, ils ne peuvent avoir lieu ni dans les propriétés closes, ni avant l'enlèvement entier des récoltes, ni enfin avant le lever ou après le coucher du soleil.

Toute infraction à ces prohibitions est punissable, selon le cas, par l'application de la loi de 1791 ou du Code pénal, et il n'est besoin pour cela de l'appui d'aucun règlement ou arrêté local, car les défenses dont il s'agit sont édictées par la loi elle-même. Sous ce rapport, l'autorité municipale n'a d'autre soin à prendre, d'autre pouvoir à exercer que celui de les porter à la connaissance des citoyens, en les publiant de nouveau.

Mais au point de vue de la conservation des récoltes, du bon ordre, de la tranquillité et de la paix des campagnes, les maires ont incontestablement le droit de réglementer l'exercice du glanage, du grappillage et du râtelage, et de prescrire les mesures qu'ils croient utiles dans ce but, pourvu qu'ils ne donnent aucune extension aux limites dans lesquelles le législateur a entendu que cet exercice fût renfermé, et qu'ils n'apportent au droit lui-même d'autres restrictions que celles réclamées par l'intérêt général qu'ils ont mission de garantir et de protéger.

Ils peuvent, notamment, par leurs arrêtés et sous la sanction des peines portées en l'article 471, n° 15, du Code pénal, attribuer exclusivement la faculté de glaner, grappiller, etc., à certaines catégories d'individus, par exemple, aux indigents, aux infirmes, aux vieillards, en faveur desquels, comme nous l'avons dit, cette faculté a été établie par l'usage, maintenue et consacrée par les anciens règlements et par le législateur moderne.

Aussi la Cour de cassation a-t-elle décidé que les tribunaux doivent accorder force obligatoire :

Aux arrêtés municipaux qui interdisent le glanage, le râtelage et le grappillage à toutes personnes autres que les indigents et les infirmes de la commune.—Arrêts des 8 octobre 1840 (*Journ. du Palais*, 1840, t. II, p. 521), et 10 juin 1843 (Dev., 1844, p. 176).

Et aux arrêtés qui défendent de glaner sur le territoire de la commune à toute personne qui ne serait pas munie soit d'une carte, soit d'une permission écrite délivrée par l'autorité municipale. — Mêmes arrêts.

Ainsi encore le maire agit dans l'ordre légal de ses attributions, en fixant, par un arrêté, l'époque avant laquelle le grappillage ne pourra avoir lieu. — Cass., 3 février 1827 (AN-NALES DES JUST. DE PAIX, 1re série, t. Ier, p. 306, v° *Bans de vendange*, n° 14).

Spécialement il peut, dans l'intérêt de la conservation des vignes non vendangées, disposer que le grappillage ne pourra avoir lieu, soit avant une certaine époque déterminée, soit avant que l'ordre en ait été donné, ajoutant d'ailleurs que cet ordre serait donné aussitôt que les vendanges auraient été achevées.—Cass., 6 février 1858 (deux arrêts) (AN-NALES DES JUST. DE PAIX, 1858, p. 215 et 216).

Lorsque des arrêtés municipaux ont exclusivement réservé le glanage, le grappillage et le râtelage à une certaine catégorie d'individus, aux pauvres gens, par exemple, toute personne qui, ne se trouvant pas placée dans cette catégorie, se livre à l'exercice d'un de ces droits, commet une infraction punissable, même le propriétaire des champs, vignes et prés, ou ceux qui justifieraient d'une autorisation émanée de lui. Il ne saurait apporter de dérogation à des règles légalement établies, et il ne lui appartient pas de priver les indigents des ressources que l'humanité du législateur a mises à leur disposition.

L'application de ce principe, d'ailleurs incontestable, a plusieurs fois été faite par la Cour de cassation, qui a décidé que l'individu prévenu d'avoir glané en contravention aux dispositions de la loi ou à celles des règlements qu'elle autorise, ne pourrait être relaxé des poursuites, alors même qu'il justifierait que le fait qui y a donné lieu a été autorisé par le propriétaire, ou que celui-ci a concédé le droit de glaner, même à titre onéreux, aux ouvriers par lui employés aux travaux de la moisson. — Arrêts des 5 septembre 1835 (ANNALES DES JUST. DE PAIX, 1re série, t. III, p. 171, v° *Glanage*, n° 9) et 6 novembre 1857 (ANNALES DES JUST. DE PAIX, 1858, p. 87).

Echenillage des arbres, haies et buissons.

Le numéro 8 de l'article 471 du Code pénal déclare les pénalités de cet article applicables à « ceux qui ont négligé d'echeniller dans les campagnes « ou jardins où ce soin est prescrit « par la loi ou les règlements. »

Cette disposition a pour but de donner une nouvelle sanction à la loi du 26 ventôse an IV, qui prescrit l'échenillage et charge les municipalités d'en surveiller l'exécution, loi qui, sauf quant aux pénalités qu'elle édictait, est encore en pleine vigueur, ainsi que l'a décidé la Cour de cassation, par arrêt du 21 mai 1829 (ANNALES DES JUST. DE PAIX, 1re série, t. II, p. 433, v° *Echenillage*, n° 9).

Cette loi porte : « Art. 1er ..... « Tous propriétaires, fermiers, loca-« taires ou autres, faisant valoir leurs « propres héritages ou ceux d'autrui, « seront tenus, chacun en droit soi, « d'écheniller les arbres étant sur les-« dits héritages, à peine d'amende...

« Art. 2. Ils sont tenus, sous les « mêmes peines, de brûler sur-le-« champ les bourses et toiles qui sont « tirées des arbres, haies ou buissons, « et ce dans un lieu où il n'y aura « aucun danger de communication « du feu, soit pour les bois, arbres et « bruyères, soit pour les maisons et « bâtiments.

« Art. 4. Les agents et adjoints des

« communes seront tenus de surveiller « l'exécution de la présente loi dans « leurs arrondissements respectifs ; « ils sont responsables des négligen-« ces qui y sont découvertes.

« Art. 5. Les commissaires du di-« rectoire exécutif près les municipa-« lités sont tenus, dans la deuxième « décade de la publication, de visiter « tous les terrains garnis d'arbres, « d'arbustes, haies ou buissons, pour « s'assurer que l'échenillage a été fait « exactement. »

L'échenillage est prescrit, non-seulement dans les héritages ouverts, mais encore dans les terrains clos ou fermés. Outre que l'article 1er de la loi de ventôse est général, absolu et ne fait aucune distinction, cela semble résulter de la disposition du numéro 8 de l'article 471 du Code pénal qui déclare cette mesure applicable aux campagnes et *jardins*. Et la Cour de cassation, par arrêt du 19 juillet 1838 (*J. du Pal.*, 1839, t. Ier, p. 281), a implicitement résolu la question dans ce sens en décidant que des gendarmes ont pu légalement s'introduire dans des *jardins clos*, pour y constater un défaut d'échenillage, sans qu'il y ait eu pour eux nécessité de recourir à l'assistance d'un commissaire de police ou autre fonctionnaire désigné par l'article 16 du Code d'instruction criminelle. En outre, et comme l'enseigne avec raison M. Dalloz (*Nouv. Rép.*, t. XIV, v° *Contravention*, n° 177), l'obligation d'écheniller s'applique aux jardins clos ou non clos des villes aussi bien qu'à ceux qui sont situés à la campagne. C'est encore là ce qui ressort du texte du numéro 8 de l'article 471 du Code pénal.

Mais la disposition de ce numéro, de même que celles de la loi du 26 ventôse an IV, ne sont point applicables aux bois et forêts qui sont soumis au régime forestier, même en ce qui concerne les lisières. Cette doctrine, émise dans une circulaire de Son Exc. M. le ministre des finances, du 11 avril 1821, a été formellement consacrée par la Cour de cassation, suivant arrêt du 2 août 1851 (Dalloz, 1851, p. 195).

Et il en est de même relativement aux bois des particuliers. La même Cour a jugé, par arrêt du 19 juillet 1851 (ANNALES DES JUSTICES DE PAIX, 1852, p. 91), que le tribunal de police ne viole aucune loi en renvoyant des poursuites un individu prévenu de n'avoir point échenillé son bois, et cela, attendu que la loi du 16 ventôse an IV, à laquelle se réfère le numéro 8 de l'article 471 du Code pénal, n'imposant l'obligation d'écheniller qu'à l'égard des arbres, arbustes, haies et buissons, ne saurait être étendue aux bois.

Cette doctrine, qu'ont adoptée MM. Coin-Delisle (*Encyclopédie des juges de paix*, t. III, p. 32, v° *Echenillage*, n° 6 ; Carou, *Juridict. des juges de paix*, t. II, p. 307, n° 1206, et Dalloz, *Nouv. Rép.*, t. XIV, p. 363, v° *Contravention*, n° 178), nous semble à l'abri de toute critique ; car, dans le langage législatif, les expressions : *campagnes ou jardins*, sont opposées aux mots : *bois et forêts*, comme *rural* est opposé à *forestier*.

Mais, s'il est vrai de dire que l'o-

bligation d'écheniller ne peut être étendue aux bois et forêts, il ne faut point induire des dispositions de la loi qu'elle ne s'applique qu'aux seuls arbres épars. Il résulte au contraire de leur ensemble, et spécialement des articles 1er et 5, que *tous les arbres* existant dans les héritages y sont formellement assujettis. Aussi la Cour de cassation a-t-elle décidé qu'un tribunal de police saisi de la poursuite dirigée contre un individu prévenu de n'avoir point échenillé des arbres fruitiers en réunion dans un champ, commet une violation de la loi en relaxant ce prévenu par le motif que les arbres dont il s'agit étaient *réunis* et non *épars*. — Arrêt du 3 décembre 1858 (ANNALES DES JUST. DE PAIX, 1859, p. 165).

On a vu que l'article 1er de la loi du 26 ventôse an IV assujettit à l'échenillage les *propriétaires, fermiers, locataires ou autres*, faisant valoir leurs propres héritages ou *ceux d'autrui*. Il faut en conclure que les usufruitiers, les usagers, ceux enfin qui détiennent ou jouissent à un titre quelconque sont tenus d'écheniller.

Suivant M. Coin-Delisle (*Encyclop. des juges de paix*, t. III, p. 31, v° *Echenillage*, n° 2), la même obligation doit être remplie par ceux qui, sans être fermiers ni locataires, sont chargés de la culture, tels, par exemple, que les régisseurs par lesquels un propriétaire fait valoir une terre qu'il n'a point affermée. Cette doctrine nous semble parfaitement exacte.

Mais il importe de remarquer que l'obligation d'effectuer l'opération de l'échenillage que la loi impose à celui qui cultive, exploite ou fait valoir l'héritage d'autrui, laisse subsister celle à laquelle le propriétaire est lui-même personnellement tenu. C'est ainsi que, par arrêt du 6 septembre 1850 (ANNALES DES JUST. DE PAIX, 1851, p. 208), la Cour de cassation a décidé qu'un propriétaire est directement et personnellement tenu de faire écheniller les arbres implantés sur les héritages qui lui appartiennent, et qu'il n'est point dispensé de cette obligation par le fait de la location de sa propriété.

La doctrine de cet arrêt est assurément incontestable, car, de même que le nettoiement ou balayage de la voie publique, dont nous nous sommes précédemment occupé en traitant de la police urbaine, l'échenillage est, en principe, une charge de la propriété. L'autorité, qui peut ignorer et ignore souvent, en réalité, le nom du fermier, locataire ou autre chargé de la culture ou de l'exploitation des terrains garnis d'arbres, ne peut rester désarmée et doit avoir la possibilité d'agir, quand l'auteur direct de la contravention ne lui est pas connu.

Cependant il ne nous semble pas moins manifeste que le propriétaire poursuivi conserve le droit de le faire connaître et de le mettre en cause. Dans ce cas, le juge de répression doit appliquer les pénalités encourues, non au propriétaire, mais à celui-là même qui, tenu à l'échenillage, a refusé ou négligé de l'effectuer.

L'article 6 de la loi du 26 ventôse an IV dispose que, dans les années suivantes, l'échenillage sera fait avant le 1er ventôse (20 février) ; et la seconde disposition de l'article 7 porte que ladite loi sera publiée le 1er pluviôse (21 janvier) de chaque année, à la diligence des agents des communes (les maires), sur le réquisitoire du commissaire du directoire exécutif (le préfet).

En exécution de cette disposition, l'autorité administrative prescrit chaque année la publication de la loi et détermine, en même temps, par un arrêté en forme, le délai de rigueur dans lequel l'échenillage des arbres doit être effectué.

Or, on s'est demandé s'il peut y avoir contravention punissable quand l'époque fixée par la loi elle-même est expirée, bien que les publications exigées par l'article 7 de la loi de ventôse n'aient point été faites.

L'affirmative est enseignée par MM. Chauveau et Hélie, *Théorie du Code pénal*, 2e édit., t. VIII, p. 325; Morin, *Répert. du droit crimin.*, vº *Echenillage*, et Dalloz, *Nouv. Rép.*, t. XIV, p. 362, vº *Contravention*, nº 175. — Cette loi, disent-ils, détermine elle-même l'époque de l'opération, elle exige qu'elle soit effectuée avant le 20 février. Or, ajoute M. Dalloz, l'obligation avec sa sanction pénale existe indépendamment de toute publication et de tout arrêté local ; la loi a de quoi se suffire à elle-même : elle dit ce qu'il faut faire ; elle indique, au moins d'une manière générale, les personnes, les lieux et le temps ; elle n'en reste donc pas moins obligatoire, malgré le silence de l'autorité départementale ou municipale.

Mais l'opinion contraire est adoptée par M. Coin-Delisle, *Encyclopédie des juges de paix*, t. III, p. 32, v° *Échenillage*, n° 5. — C'est la négligence à écheniller, dit ce jurisconsulte, que la loi entend réprimer, et l'on ne peut appeler négligent celui-là qui sait que l'administration est tenue de l'avertir de l'époque à laquelle l'opération doit avoir lieu, tant qu'il n'a pas reçu d'avertissement ; c'est une espèce de mise en demeure : tant qu'elle n'a pas été faite, la négligence punissable n'existe point.

Cette doctrine nous semble plus conforme à la pensée du législateur; car, en effet, l'article 471, n° 8, du Code pénal, punit l'inobservation de la loi ou des règlements. Or, dès l'instant qu'en exécution de l'article 7 de la loi du 26 ventôse an IV, l'autorité administrative fixe, chaque année, le délai dans lequel l'échenillage doit avoir lieu, on ne pourrait considérer l'opération comme tardive qu'autant qu'elle aurait été effectuée après son expiration.

Du reste, ce mode de procéder est universellement suivi dans la pratique. Les gardes champêtres et les gendarmes attendent, pour verbaliser contre les retardataires, que l'arrêté administratif ait été publié et que le délai qu'il détermine se soit accompli.

Dans tous les cas, lorsqu'un arrêté fixe le délai dans lequel l'échenillage doit être effectué, les tribunaux ne peuvent se dispenser de condamner le contrevenant en se fondant sur le motif que la saison aurait rendu impraticable ou dangereuse l'accession des héritages ruraux et aurait, par suite, retardé le développement des nids de chenilles et les travaux nécessaires pour les détruire. — Cass., 21 mai 1829 (ANNALES DES JUST. DE PAIX, 1re série, t. II, p. 433, v° *Echenillage*, n° 9).

Cependant, suivant arrêt du 2 juin 1837 (*J. du Palais*, 1840, t. II, p. 62), et par application du principe d'après lequel la force majeure est exclusive des contraventions de simple police aussi bien que des crimes et délits, cette Cour a décidé que l'infraction résultant de ce que la continuation de l'échenillage a eu lieu après le délai peut être excusée, lorsqu'il est établi que le prévenu a commencé cette opération en temps utile, et que son travail a été suspendu par des circonstances de force majeure et totalement indépendantes de sa volonté.

L'échenillage nécessite deux opérations distinctes. L'une, prescrite par l'article 1er de la loi du 26 ventôse an IV, consiste dans le fait de retirer des arbres, haies ou buissons les toiles et bourses renfermant les chenilles ; l'autre, imposée par l'article 2, comprend l'obligation de brûler ces bourses ou toiles dans un lieu qui ne présente ni danger ni inconvénient. Il ne suffirait donc pas, pour être à l'abri des poursuites et d'une condamnation, de satisfaire à la première de ces prescriptions, il faut que toutes deux aient été observées. Si donc un individu astreint à l'échenillage, s'était contenté de retirer l'enveloppe des chenilles sans les brûler, la peine édictée par l'article 471 lui serait applicable comme s'il n'eût rien fait : une exécution imparfaite de la loi équivaut, sauf le droit qui appartient au tribunal de graduer la peine, à une complète inexécution.

Fermeture des colombiers.

La loi du 4 août 1789, abolitive des droits féodaux, a, par son article 2 (1), supprimé les droits de fuie et de colombiers, et prescrit d'enfermer les pigeons aux époques qui seraient fixées par l'autorité municipale.

Cette loi s'étant bornée à autoriser les propriétaires auxquels des dommages seraient causés à tuer les pigeons sur leur terrain, la Cour de cassation avait d'abord jugé que les règlements ou arrêtés relatifs à cet objet ne pouvaient, au cas d'infraction, donner lieu à l'application d'une peine contre les contrevenants. — Arrêts des 29 janvier, 6 août et 30 octobre 1813 (Dev. Sir., t. IV, p. 270, 418 et 455), 27 juillet 1820, 27 septembre et 5 octobre 1821 (Dev. Sir., t. VI, p. 284, 501 et 502).

Et cette doctrine avait été admise par arrêt de la Cour impériale d'Amiens du 22 juillet 1836 (*Journ. du Palais*, 1837, t. 1er, p. 474), rendu, comme on le voit, depuis l'introduction au Code pénal, par la loi du 28 avril 1832, de la disposition qui forme aujourd'hui le numéro 15 de l'article 471.

Mais la Cour suprême est revenue sur sa jurisprudence et elle décide invariablement aujourd'hui que les règlements et arrêtés préfectoraux ou municipaux qui, pour assurer l'exécution de l'article 2 de la loi du 4 août 1789, prescrivent de renfermer les pigeons à certaines époques de l'année, sont obligatoires, et que les infractions qui y sont commises rendent leurs auteurs passibles, à défaut de sanction pénale établie par cette loi, de l'amende prononcée par l'article 471, n° 15, du Code pénal. — V. arrêts des 5 décembre 1834 (ANNALES DES JUST. DE PAIX, t. IV, p. 152, v° *Pigeons*, n° 13), 5 janvier 1836 (ANNALES, *ibid.*, p. 151, n° 12), 19 mars 1836 (ANNALES, *ibid.*, p. 150, n° 11), 28 septembre 1837 (*J. du Palais*, 1837, t. II, p. 369), 5 février 1844 (ANNALES, *ibid.*, p. 149, n° 10), 14 mars 1850 (ANNALES , 1851 , p. 137).

Cette doctrine, qu'enseignent d'ailleurs Henrion de Pansey, *Du pouv. municip.*, chap. III; Curasson, *Compét. des juges de paix*, t. 1er, p. 51 et 52, n° 20, et Dalloz, *Nouv. Rép.*, t. IX, p. 585 à 587, v° *Commune*, n° 1329, et t. XIX, p. 239, v° *Droit rural*, n° 133, est assurément la seule qui soit admissible. En effet, les règlements par lesquels l'autorité administrative, préfectorale ou municipale, ordonne d'enfermer les pigeons aux époques où ils pourraient être nuisibles, fondés d'ailleurs sur l'article 2 de la loi de 1789, ne se rapportent-ils pas essentiellement à la conservation des récoltes et, par suite, au maintien d'une bonne police dans les campagnes, laquelle est spécialement placée par la

______

(1) Voici le texte de cet article : « Le « droit exclusif des fuies et colombiers est « aboli ; les pigeons seront enfermés aux « époques fixées par les communautés ; et, « durant ce temps, ils seront regardés « comme gibier, et chacun aura le droit de « les tuer sur son terrain. »

loi des 28 septembre-6 octobre 1791, et par celle du 18 juillet 1837, dans les attributions du pouvoir municipal ? Dès lors, ces règlements ne doivent-ils pas, comme tous ceux que l'autorité publie en vertu de ces lois fondamentales, trouver leur sanction dans les dispositions générales de la loi commune, puisque la loi spéciale n'en contient aucune ?

Quant à la faculté de tuer les pigeons comme gibier, accordée par la disposition finale de l'article 2 de la loi du 4 août 1789, elle ne saurait faire obstacle à l'application des règlements et de la loi pénale, car cette disposition ne fait que constituer par là, au profit des propriétaires ou cultivateurs, le droit de faire cesser par eux-mêmes un dommage actuel et qui se commet sous leurs yeux.

L'article 12 du titre II de la loi des 28 septembre-6 octobre 1791, dont les dispositions sont encore en pleine vigueur, accorde au propriétaire, détenteur ou fermier, le droit de tuer, sur son terrain et au moment du dégât, les volailles qui lui causent du dommage. Or, il a été jugé que cette expression : *volailles*, s'applique aux *pigeons* en ce sens que celui qui les tue sur son terrain, dans un moment où ils mangeaient la graine qu'il y avait semée, est à l'abri de toute action, et cela encore bien que l'administration municipale n'ait pris aucun arrêté pour déterminer l'époque où ces animaux doivent être enfermés. —Cass., 1er août 1829 (ANNALES DES JUST. DE PAIX, t. IV, p. 148, v° *Pigeons*, n° 9) ; Rouen, 14 avril 1845 (*J. du Palais*, 1845, t. II, p. 122).

La même doctrine est enseignée par MM. Toullier, t. IV, n° 5 ; Duvergier, *Comment. de la loi sur la chasse*, p. 45, note 1, et p. 49, note 3, et Berriat-Saint-Prix, *Législat. de la chasse*, p. 97.

Mais il faut bien prendre garde que la faculté de tuer des volailles sur le lieu du dégât et au moment où il est commis, n'a été introduite dans la loi de 1791 que dans l'intérêt de l'agriculture et dans le but de protéger les exploitations rurales. Elle doit donc, comme toute disposition dérogatoire au droit commun, être réservée et restreinte aux cas que la loi détermine, et rester totalement étrangère à la police urbaine. Aussi a-t-il été décidé que le fait par un individu d'avoir tué, dans son jardin, situé à *l'intérieur d'une ville*, une poule appartenant à autrui, n'est point excusable, encore que cette poule commît du dégât au moment où elle a été tuée. — Cass., 28 juillet 1855 (ANNALES DES JUST. DE PAIX, 1856, p. 39).

Lorsque, profitant de la faculté dont il s'agit, un individu a tué sur son terrain, au moment où elles lui causaient du dégât, une ou plusieurs volailles, celui auquel elles appartiennent a-t-il le droit de les réclamer ?

M. Carnot, *Commentaire du Code pénal*, t. II, sur l'article 454, n° 5, enseigne que le propriétaire du fonds dévasté peut s'approprier les volailles, lesquelles tiennent lieu de la réparation du dommage qu'il éprouve. Toutefois, ce jurisconsulte ajoute que, si elles étaient réclamées en temps utile, il devrait en faire la restitution.

Cette opinion nous paraît manquer d'exactitude. M. Carnot admet une sorte de compensation qui n'a nullement été dans la pensée du législateur et qui, d'ailleurs, serait rarement équitable. Les volailles ainsi détruites uniquement pour prévenir de nouveaux dégâts et dans le seul intérêt de la conservation des récoltes, ne cessent pas d'appartenir à leur propriétaire, et celui qui les a tuées, sans droit pour en faire son profit, conserve nécessairement celui de réclamer la réparation du préjudice qu'il a souffert.

TROISIÈME PARTIE. — *Police des cimetières et des inhumations.*

On a vu précédemment que la police des cimetières et des inhumations, réglée dans ses parties les plus importantes par l'autorité souveraine elle-même, a été conférée à l'autorité municipale par les articles 16 et 17 du décret impérial du 23 prairial an XII, l'article 1er du 4 thermidor an XIII, et l'article 6 de l'ordonnance royale du 16 décembre 1843, dont nous avons fait connaître les dispositions au commencement du présent paragraphe.

Les maires ont donc le droit et il est de leur devoir de faire des règlements et de prendre des arrêtés en cette matière, soit pour assurer l'exécution des lois et spécialement des deux décrets et de l'ordonnance que nous venons de rappeler, soit pour sauvegarder les intérêts si graves de la décence, de la morale et du respect dû à la cendre des morts, soit enfin pour assurer

le bon ordre, la tranquillité générale et la salubrité publique.

L'article 2 du décret du 23 prairial an XII porte qu'il y aura hors des villes et bourgs, et à la distance de 35 à 40 mètres au moins de leur enceinte, des terrains spécialement consacrés à l'inhumation des morts. Or, l'autorité municipale est investie du pouvoir d'interdire toute inhumation dans un lieu autre que le cimetière commun ; et la Cour de cassation a plusieurs fois décidé que l'infraction aux arrêtés qui contiennent une telle prohibition est punissable par application de l'article 471, n° 15, du Code pénal. — V. arrêts des 14 avril 1838 (ANNALES DES JUST. DE PAIX, 1re série, t. Ier, p. 386, v° *Cimetière*, n° 10), 4 décembre 1847 (Dalloz, 1848, p. 331), et 10 octobre 1856 (Dev., 1857, p. 74 ; *J. du Palais*, 1858, p. 469).

Toutefois il importe de remarquer que l'article 14 du décret de prairial an XII autorise l'inhumation de toute personne sur sa propriété, pourvu que cette propriété soit située hors de l'enceinte des villes et bourgs, et à la distance prescrite par l'article 2. Nul doute, dès lors, qu'une inhumation faite en vertu de cette disposition exceptionnelle est parfaitement licite et ne saurait, dans aucun cas, constituer une contravention.

Mais, comme l'a décidé la Cour impériale de Bordeaux, par arrêt du 1er septembre 1856, ceux qui font une inhumation hors du cimetière commun sont tenus à en avertir préalablement l'autorité municipale, et à lui faire connaître le lieu de la sépulture privée, afin que cette autorité puisse exercer le droit de police et de surveillance que lui confère d'une manière générale et absolue l'article 16 du décret impérial du 23 prairial an XII.

Il y a plus. La faculté accordée par l'article 14 de se faire inhumer sur sa propriété ne constitue pas un droit absolu à l'exercice duquel l'administration ne puisse apporter d'empêchement. Il est bien évident que, par cette disposition, le législateur n'a pas entendu laisser au caprice de chacun la liberté pleine et entière de faire enterrer où il voudrait, dans les champs, le long des chemins, les membres de sa famille, pourvu que ce fût sur son terrain, et à la distance prescrite des villes et villages. Des motifs de salubrité publique, et plus encore, des considérations de haute convenance, puisées surtout dans le respect dû à la cendre des morts, s'opposent à ce qu'il en soit ainsi. Aussi l'article 16 du décret précité explique et limite-t-il la portée de l'article 14; car, en soumettant les lieux de sépulture privée, non pas seulement à la police et à la surveillance, mais textuellement à *l'autorité* des administrations municipales, il confère implicitement aux maires, sauf recours aux préfets, le droit de régler les conditions sous lesquelles peuvent avoir lieu ces inhumations, et même de les interdire, s'il y a lieu. D'où résulte, pour celui qui veut user de la faculté dont il s'agit, l'obligation d'en référer préalablement à l'autorité administrative et de n'agir que sous sa direction.

L'application de ces principes a été faite par deux arrêts de la Cour de cassation des 11 juillet et 10 octobre 1856 (Dev., 1856, p. 842, et 1857, p. 74; *J. du Pal.*, 1858, p. 468 et 469), qui décident que l'individu qui, malgré le refus d'autorisation et contrairement à l'injonction et aux défenses du maire, fait opérer une inhumation sur un terrain privé, contrevient aux règles de police posées par l'article 16 du décret du 23 prairial an XII, et à la défense émanée de l'autorité municipale, et, dès lors, est punissable de l'amende prononcée par l'article 471, n° 15, du Code pénal.

Ajoutons que le droit résultant de l'article 14 dudit décret ne confère à qui que ce soit celui de se faire enterrer dans la propriété d'autrui. C'est ainsi que, par arrêt du 24 janvier 1840 (Dev., 1840, p. 684; *J. du Pal.*, 1840, t. II, p. 404), la Cour suprême a jugé que l'emplacement acquis par un individu, pour sa sépulture, dans le cimetière privé d'une famille, ne constitue pas une propriété particulière, dans le sens du même article, où l'on puisse se faire enterrer; que, dès lors, l'inhumation de cet individu, dans l'emplacement ainsi acquis, constitue une contravention à l'arrêté municipal qui défend toute inhumation ailleurs que dans le cimetière communal ou dans les autres lieux déterminés par les lois.

Et même, pour que le fait d'inhumation, ailleurs que dans le cimetière commun, constitue une infraction punissable, il n'est besoin de l'existence d'aucun règlement ni arrêté. En déterminant, par son article 2, les lieux qui doivent être spécialement consacrés à la sépulture des morts, le décret du 23 prairial an XII prohibe, par là même, toute inhumation en dehors de ces lieux et des propriétés particulières, à l'égard desquelles il est fait exception par l'article 14. Or, cette prohibition trouve sa sanction, non dans le décret lui-même qui n'en contient aucune, mais dans la disposition du n° 15 de l'article 471 du Code pénal. C'est, du reste, ce que décide avec raison l'arrêt de la Cour de Bordeaux, du 1er septembre 1856, précédemment cité.

L'article 6 de l'ordonnance royale du 16 décembre 1843 porte qu'aucune inscription ne pourra être placée sur les pierres tumulaires ou monuments funèbres, sans avoir été préalablement soumise à l'approbation du maire.

Cette disposition est l'application généralisée d'une règle de jurisprudence consacrée par une décision du Conseil d'Etat du 7 janvier 1842 (Dev., 1842, p. 234) qui, en accordant à l'autorité municipale le pouvoir d'interdire ou de modifier les inscriptions que les parents ou amis des personnes défuntes ont l'intention de faire placer sur les tombes de ces personnes, avait reconnu que cette autorité était investie par l'article 16 du décret du 23 prairial an XII d'un droit absolu de police et de surveillance sur les cimetières, droit d'où découlait celui de prévenir les atteintes à la morale publique ou religieuse, à l'ordre et aux lois, qui pourraient résulter des inscriptions de cette nature (1).

(1) V. instruction ministérielle du 30 décembre 1843.

Toute infraction à la disposition dudit article est punissable de l'amende prononcée par l'article 471 du Code pénal, par application du numéro 15, tout aussi bien que les contraventions aux règlements ou arrêtés sur la police des lieux de sépulture, que les maires publient en exécution des articles 16 et 17 du décret du 23 prairial.

Lorsqu'un arrêté municipal ne permet aux concessionnaires temporaires de terrains dans les cimetières, que d'entourer ces terrains de simples balustrades, celui qui substitue à une balustrade un ouvrage en maçonnerie pleine commet une infraction à l'arrêté et devient, dès lors, passible des mêmes pénalités. — Cass., 14 octobre 1843 (Dev., 1843, p. 878 ; *J. du Pal.*, 1844, t. Ier, p. 76).

Les maires étant seuls chargés de la police des cimetières, et l'article 12 de la loi du 18 juillet 1837, sur l'administration municipale, les ayant investis du pouvoir de nommer à tous les emplois communaux pour lesquels la loi ne prescrit pas un mode spécial de nomination, il en résulte qu'il n'appartient qu'à eux de nommer le fossoyeur du cimetière communal. Dès lors, tout individu, autre que le fossoyeur communal, qui creuse une fosse, commet une infraction à l'arrêté municipal. Mais il a été jugé, avec raison, que, quand ce fossoyeur a été nommé par délibération du Conseil municipal, la délibération est entachée d'illégalité, et l'individu poursuivi pour l'avoir enfreinte doit être relaxé de la prévention.—Cass., 7 septembre 1850 (ANNALES DES JUST. DE PAIX, 1851, p. 260).

SECTION III.

Des formalités sans lesquelles les règle-
ments et arrêtés ne sont point obliga-
toires.

§ 1er.—Règlements et arrêtés municipaux.

Article 1er. — Forme extérieure.

Les formes extrinsèques des règlements et arrêtés de police ne sont
déterminées par aucune disposition
de loi. Cependant, puisque, comme
nous l'avons précédemment exposé,
ces actes ont l'autorité et les effets de
la loi elle-même à l'égard des cir-
conscriptions territoriales auxquelles
s'appliquent leurs dispositions, ils doivent en affecter les apparences et les
solennités. Il importe donc qu'ils énon-
cent particulièrement, dit M. Faus-
tin-Hélie, *Traité de l'instr. crimin.*,
t. VII, p. 77, § 476, n° 3, l'autorité
dont ils émanent, afin que sa compétence puisse être examinée, les dispositions des lois générales sur lesquelles ils s'appuient, afin que leur
légalité puisse être vérifiée ; qu'ils indiquent le lieu et le jour où ils sont
dressés, afin que le territoire et l'époque de l'exécution soient certains. Et
cette doctrine a été consacrée par
arrêt de la Cour de cassation du
23 septembre 1853 (*Bullet. crimin.*,
n° 482), qui décide qu'un arrêté de
police, étant une véritable loi locale
et ayant l'autorité et les effets de la
loi, doit être, en conséquence, accompagné des formes et des solennités qui sont les caractères extérieurs
de la loi.

Tout règlement ou arrêté municipal doit donc être écrit et porter la
signature de l'autorité dont il émane ;
mais, comme l'a jugé la Cour suprême,
par arrêt du 13 avril 1833 (Dev.,
1833, p. 717; *J. du Pal.*, t. XXV,
p. 361), sa transcription sur un registre spécial n'est pas rigoureusement
nécessaire ; il suffit, lorsque son existence est contestée, qu'en fait il existe,
et qu'il soit représenté.

Les formes extérieures des actes
réglementaires du pouvoir municipal
ne suffisent pas pour leur attribuer la
force obligatoire sans laquelle leurs
dispositions sont dépourvues de sanction. Il est d'autres formalités dont la
loi prescrit l'observation, et que nous
allons faire connaître.

Les formes dont nous venons de
parler s'appliquent, non-seulement
aux règlements ou arrêtés proprement
dits, mais encore aux autorisations
de construire, réédifier ou réparer, et
aux alignements qui, en matière de
voirie, doivent être préalablement
obtenus de l'administration, ainsi que
nous l'avons dit *suprà*, sect. II, art. 3,
§ 2, 1re partie du présent chapitre.

Ce principe a été consacré par de
nombreux arrêts de la Cour de cassation.

C'est ainsi que cette Cour a décidé :
Que les autorisations de construire
sur un terrain joignant la voie publique ou de réparer les constructions
existantes, ainsi que les alignements,
ne sont valables qu'autant qu'ils ont
été constatés par un arrêté en forme.
— Arrêts des 20 octobre 1835 (Dev.,
1836, p. 234), 6 juillet 1837 (Dev.,
1837, p. 687; *J. du Pal.*, 1837, t. II,
p. 292), 4 août 1837 (*J. du Pal.*, 1843,
t. II, p. 781), 13 mars 1841 (Dev.,

1842, p. 286), 12 août 1841 (*J. du Pal.*, 1843, t. XXI, p. 780).

Que l'autorisation préalable accordée à un particulier de construire sur un terrain qui longe la voie publique est sans valeur, lorsqu'elle a été accordée verbalement. — Arrêts des 4 déc. 1857 (ANNALES DES JUST. DE PAIX, 1858, p. 93), et 23 avril 1859 (*Bullet. crimin.*, p. 168, n° 102).

Qu'une telle autorisation ne peut être prouvée par témoins et qu'elle doit être établie par un écrit ayant date certaine avant les constructions. — Arrêts des 19 juillet 1838 (Dev., 1839, p. 69; *J. du Pal.*, 1839, t. Ier, p. 141), 2 mai 1845 (*J. du Pal.*, 1845, t. II, p. 327), 5 septembre 1846 (*J. du Pal.*, 1847, t. Ier, p. 714), 20 octobre 1846 (ANNALES DES JUST. DE PAIX, 1re série, t. V, p. 425, v° *Voirie*, n° 135), 12 juillet 1849 (*J. du Pal.*, 1850, t. II, p. 138), 14 septembre 1850 (ANNALES DES JUST. DE PAIX, 1851, p. 267), 10 février 1853 (*J. du Pal.*, 1854, t. Ier, p. 111), 30 juin 1853 (ANN. DES JUST. DE P., 1854, p. 94), 28 mars 1856 (ANN., 1856, p. 335).

Que l'autorisation par écrit ne pourrait même être suppléée par un certificat ultérieur délivré par le maire, et constatant que l'autorisation ou l'alignement avait été préalablement donné. — Arrêts des 13 mars 1841 et 4 décembre 1857, précédemment cités.

Article 2. — Dépôt, approbation, délai.

Les maires, nous l'avons dit plusieurs fois déjà, n'exercent le pouvoir réglementaire que sous la surveillance et le contrôle de l'administration préfectorale. Les arrêtés qu'ils prennent, les règlements qu'ils dressent doivent être immédiatement adressés au sous-préfet chargé de les transmettre à la préfecture. — Loi du 18 juillet 1837, art. 11.

Avant la loi du 18 juillet 1837, il était généralement reconnu que les préfets pouvaient annuler les arrêtés municipaux, suspendre leur exécution, et même y apporter les modifications qu'ils jugeaient convenables. —V. Cass., 20 pluviôse an XII, 1er février 1822, 6 février 1824 et 9 mai 1828.

Cette dernière faculté pouvait, en effet, s'induire de ces termes de l'article 46, tit. Ier, de la loi des 19-22 juillet 1791 : « *Sauf la réformation, s'il y a lieu, par l'administration du département;* » mais ce droit de modification n'a point été maintenu par la loi du 18 juillet 1837. Après avoir, dans sa troisième disposition, exigé que les arrêtés pris par le maire fussent immédiatement adressés au sous-préfet, l'article 11 de cette loi ajoute que le préfet peut les annuler ou en suspendre l'exécution ; et il ne saurait exister aucune équivoque sur ce point, car le projet adopté en 1835 par la Chambre des pairs accordait aux préfets le droit de *modifier* les arrêtés municipaux, droit que la Chambre des députés a retranché, dans le but d'empêcher, qu'en l'exerçant, ces hauts fonctionnaires n'allassent jusqu'à refaire presque entièrement un acte qui ne doit émaner que de l'autorité municipale, puisque ses dispositions se rattachent à un ordre d'attributions où l'action lui appartient. Cette autorité, a-t-on dit, doit être éclairée et dirigée, mais elle ne doit pas être rendue vaine ; celle du préfet ne doit pas s'y substituer.

Sous l'empire des lois précédentes, et bien qu'il n'existât, à cet égard, aucune disposition formelle, certains auteurs soutenaient que les arrêtés des maires n'acquéraient la force exécutoire qu'après avoir été revêtus de l'approbation préfectorale. Mais cette doctrine, qu'on faisait découler du droit de *réformation* établi, comme on vient de le voir, par l'article 46, tit. 1er, de la loi des 19-22 juillet 1791, était combattue, avec raison, croyons-nous, par MM. Henrion de Pansey, *Du pouv. munic.*, liv. 1er, chap. XXVI, et Duvergier, *Code pénal annoté* (édit. 1832), p. 83. « La conséquence n'est pas juste, dit ce dernier jurisconsulte ; il faut reconnaître, au contraire, que le droit de réformer implique contradiction avec la nécessité de l'approbation. Ainsi donc, à moins d'une disposition expresse qui soumette un acte du pouvoir municipal à l'approbation de l'autorité supérieure, cette approbation ne doit pas être exigée ; elle est inutile, elle est même nuisible. »

Quoi qu'il en soit, la question ne saurait utilement se reproduire aujourd'hui. Agitée lors de la discussion de la loi du 18 juillet 1837, elle a été négativement résolue, et la formalité de l'approbation n'a point été introduite dans cette loi.

Toutefois, il n'en faut pas conclure que tous les arrêtés municipaux, par cela seul que les préfets n'ont pas usé du droit de les annuler ou d'en suspendre l'exécution, soient exécutoires dès l'instant qu'ils ont été pris et portés à la connaissance des citoyens auxquels ils s'adressent. Il importe, au contraire, de distinguer entre les arrêtés qui, à raison des objets auxquels ils s'appliquent, et des circonstances qui les motivent, ne doivent avoir qu'une durée purement temporaire et accidentelle, et ceux contenant règlement permanent.

Les premiers, à raison de leur caractère d'urgence, obligent pleinement les individus qu'ils concernent, dès l'instant que ceux-ci en ont eu légalement connaissance, et tant qu'ils n'ont point été annulés ou que leur exécution n'a pas été suspendue par le préfet. Ce point a été consacré par un grand nombre d'arrêts. — V., entre autres, Cass., 29 novembre 1838 (*J. du Pal.*, 1843, t. II, p. 702), 23 février 1841 (Dev., 1842, p. 228), 1er avril 1841 (Dev., 1842, p. 54, Dalloz, 1841, p. 360), 2 décembre 1841, 16 et 22 décembre 1842, 24 septembre 1847 (*Bullet. crimin.*, n° 234), 28 décembre 1850 (ANNALES DES JUST. DE PAIX, 1851, p. 257).

Les seconds, au contraire, ne deviennent exécutoires qu'après un certain délai dont nous allons parler tout à l'heure, et que la loi a établi afin de donner aux préfets le temps nécessaire pour en examiner les dispositions, reconnaître si elles ne sont pas illégales ou abusives, et s'ils doivent ou non user du pouvoir d'annulation ou de suspension qui leur est conféré par l'article 11 de la loi de 1837.

Doivent être considérés comme ayant un caractère d'urgence, et comme étant, dès lors, susceptibles d'exécution immédiate :

L'arrêté par lequel, en vertu du droit qui lui est conféré par l'article 13 de la loi du 18 juillet 1837, le maire nomme un pâtre communal. — Arrêt du 2 décembre 1841, précédemment cité.

L'arrêté par lequel, sur la demande d'un propriétaire riverain de la voie publique, le maire autorise des constructions ou réparations le long de cette voie, ou fixe l'alignement qui doit être suivi. — Cass., 5 août 1858 (*Bullet. crimin.*, p. 368, n° 225).

Les arrêtés par lesquels l'autorité municipale fixe l'époque des vendanges. — Cass., 16 décembre 1842 et 26 mars 1850.

Ceux concernant la taxe du pain. — Cass., 29 novembre 1838, 1er avril 1841 et 24 septembre 1847, précédemment cités.

Il en est de même de l'arrêté qui prescrit aux boulangers de présenter à la mairie, avant une époque déterminée, la marque dont l'usage leur est imposé par un règlement. — Cass., 23 février 1841.

Doit aussi être considéré comme temporaire et ayant un caractère d'urgence, l'arrêté municipal qui, pour remédier aux inconvénients résultant des grandes chaleurs et d'une température extraordinaire régnant à l'époque où il est pris, prescrit, dans l'intérêt de la santé publique, des mesures relativement à l'introduction dans la ville, et à l'exposition en vente des viandes de boucherie. — Cass., 22 décembre 1842.

Ces exemples aideront suffisamment, ce semble, à discerner, parmi les deux catégories d'arrêtés municipaux dont nous nous occupons ici, ceux qui, à raison soit des circonstances fortuites ou accidentelles qui les motivent, soit de la durée restreinte qu'ils doivent avoir, sont susceptibles d'être observés immédiatement.

S'il arrivait que, traduit pour avoir enfreint les prescriptions d'un arrêté considéré comme étant, de sa nature, urgent et temporaire, un prévenu soutînt, pour sa défense, que cet arrêté a le caractère de règlement permanent et, comme tel, ne fût exécutoire qu'après l'expiration du délai dont il va être parlé, nous pensons que le juge de police aurait compétence pour décider cette question préjudicielle, à moins cependant qu'il ne résultât des termes mêmes de l'arrêté que le maire qui l'a pris a entendu que les mesures qu'il prescrivait étaient de nature urgente et d'une durée purement temporaire ; auquel cas l'administration aurait seule, croyons-nous, le pouvoir d'interpréter cet acte et de lui assigner son véritable caractère.

Les arrêtés qui portent règlement permanent, et c'est le plus grand nombre, ne sont exécutoires qu'un mois après la remise de l'ampliation constatée par les récépissés donnés par le sous-préfet. Telle est la dernière disposition de l'article 11 de la loi du 18 juillet 1837.

Ce délai, comme nous l'avons dit, a pour objet de laisser à l'autorité supérieure le temps nécessaire pour examiner la légalité ou l'utilité du règlement. Il est donc suspensif de l'exécution.

Avant d'examiner les difficultés qui peuvent naître de l'application dudit article, notons que, d'après le principe de non-rétroactivité proclamé par l'article 2 du Code Napoléon, la disposition dont il s'agit ne régit exclusivement que les règlements ou arrêtés postérieurs à la loi de 1837 et ne saurait être étendue à ceux qui ont été faits antérieurement et qui, conformément à la législation précédente, continuent d'être obligatoires par le fait seul de leur publication, et sans qu'il soit besoin d'observer, à leur égard, la formalité prescrite par l'article 11, ainsi que l'a décidé la Cour de cassation par deux arrêts des 11 avril 1850 (ANNALES DES JUST. DE PAIX, 1851, p. 173) et 19 septembre 1856 (ANNALES DES JUST. DE PAIX, 1857, p. 85).

Nous avons dit ci-dessus que la loi n'exige point, comme condition de leur validité, que les arrêtés municipaux aient été approuvés par l'autorité départementale, qu'il suffit, pour les rendre obligatoires, que les préfets ne les aient point annulés et qu'ils n'en aient pas suspendu l'exécution. Cependant il peut arriver, et il arrive assez fréquemment, en effet, que ces magistrats, après en avoir examiné les dispositions, les font suivre d'une approbation formelle.

Cette formalité, bien que surabondante au point de vue légal, puisqu'elle n'est point prescrite, ne peut que donner aux actes qui en sont revêtus une nouvelle force, car elle prouve qu'aux regards de l'administration supérieure l'autorité qui lui est hiérarchiquement subordonnée n'a

point excédé ses pouvoirs et que les mesures qu'elle a prises sont utiles. Mais cette confirmation de l'arrêté est-elle susceptible d'apporter, dans certains cas, quelque modification relativement au délai d'exécution fixé par l'article 11 de la loi du 18 juillet 1837 ? — En d'autres termes, l'arrêté d'un maire portant règlement permanent, lorsqu'il a été approuvé par le préfet, devient-il exécutoire, encore que le délai d'un mois déterminé par cet article ne se soit pas écoulé depuis le dépôt fait à la sous-préfecture ?

Trois auteurs ont examiné la question en se prononçant pour l'affirmative.

M. Assain, *Code des offic. de police judic.*, 2ᵉ partie, p. 74, pense que rien ne s'oppose à ce qu'en prescrivant une nouvelle publication de l'arrêté, le préfet ordonne son exécution immédiate.

M. Bost, *Encyclop. des just. de paix*, t. II, p. 493, enseigne également qu'il ne peut y avoir aucun obstacle à ce que les préfets autorisent l'exécution immédiate d'un arrêté municipal portant règlement permanent, en l'approuvant avant l'expiration du délai d'un mois à dater de la remise de l'ampliation.

M. Vuatiné, *Code des tribun. de simple police, Complém.*, p. 95 et 96, trouve cette doctrine rationnelle. « La loi de 1837, dit-il, ayant fixé le délai d'un mois pour laisser aux préfets le temps d'examiner la teneur des arrêtés et d'en peser toutes les dispositions, il est évident que, si un préfet se livre à l'examen d'un règlement aussitôt après l'avoir reçu et le revêt incontinent de son approbation, le but de la loi est rempli, et il n'existe plus de motif pour différer l'exécution jusqu'à l'expiration du mois. Par conséquent, ajoute l'auteur, un arrêté permanent ainsi approuvé peut devenir obligatoire immédiatement après sa publication, pourvu qu'il y soit fait mention de l'approbation préfectorale et que la date en soit indiquée. »

Ce qu'il y a de singulier, c'est que cet auteur, après avoir commencé par déclarer que le point dont il s'agit paraît n'avoir été l'objet d'aucune solution judiciaire, cite deux arrêts de la Cour de cassation des 20 juillet 1838 et 17 mars 1848 qui résolvent la question en sens contraire.

A ces deux arrêts qui, en effet, sont formels, il faut en joindre trois autres, l'un du 7 juillet 1838 (Dev., 1838, p. 744; *J. du Pal.*, 1838, t. II, p. 185), le second du 14 mars 1851 (ANNALES DES JUST. DE PAIX, 1851, p. 153), le troisième du 6 août 1857 (ANNALES DES JUST. DE PAIX, 1858, p. 146). La Cour suprême décide invariablement que la disposition de l'article 11 de la loi du 18 juillet 1837, qui veut que les *règlements permanents* ne soient exécutoires qu'un mois après la remise de l'ampliation qui doit en être faite à la sous-préfecture et constatée par récépissé, est générale et absolue; qu'elle ne peut être modifiée par cette circonstance, que l'approbation du préfet serait intervenue avant l'expiration du mois qui suit le dépôt, et que, la loi ne distinguant pas, il ne peut appartenir aux tribunaux d'admettre aucune distinction.

Cette doctrine de la Cour de cassation est bien véritablement la seule qui soit rationnelle et en harmonie avec le texte de l'article 11 de la loi de 1837. Personne n'est réputé ignorer la loi. Les citoyens savent donc ou sont censés savoir que, quand un règlement de nature permanente a été dressé par le maire, l'exécution en est suspendue pendant le délai d'un mois à compter du dépôt que la loi exige ; ils savent que c'est seulement après l'expiration de ce délai qu'ils sont tenus d'y obéir et de s'y conformer. Or, vouloir abréger le délai, quelque plausible qu'en soit le motif, ce serait les placer dans des conditions autres et plus défavorables que celles imposées par le législateur lui-même, ce serait d'ailleurs ajouter aux textes, et cela n'est pas permis.

C'est le dépôt à la sous-préfecture qui sert de point de départ au délai d'un mois, et la loi exige que ce dépôt soit constaté par un récépissé. Il en résulte que, quand, après l'expiration de ce délai, le prévenu d'infraction au règlement soutient que la formalité n'a point été remplie, le ministère public est tenu de faire les justifications nécessaires pour en certifier l'accomplissement. Cependant, lorsque ni les parties intéressées, ni le juge requis d'assurer l'exécution de l'acte administratif et de punir l'infraction dont il a été l'objet, ne les ont demandées ou prescrites, il y a présomption que le maire s'est conformé aux dispositions de la loi, et cette infraction doit être réprimée. — Cass., 19 octobre 1842.

Du reste, la formalité du récépissé n'est pas sacramentelle si le dépôt du règlement peut être établi de toute autre manière légale.

C'est ainsi que la Cour de cassation a jugé :

1° Qu'en l'absence du récépissé que la loi exige, le dépôt à la sous-préfecture doit être considéré comme ayant été effectué à la date de l'avis du sous-préfet exprimant qu'il y a lieu d'approuver l'arrêté municipal. — Arrêté du 11 juin 1857 (ANNALES DES JUST. DE PAIX, 1857, p. 419).

2° Que la production du récépissé n'est nécessaire et ne peut être exigée par les tribunaux qu'autant que le règlement n'a point été approuvé par le préfet ; que si, au contraire, il est justifié que ce règlement a reçu l'approbation préfectorale, cette production ne peut être ordonnée, l'approbation préfectorale équivalant, au moins, au récépissé du sous-préfet, et ayant, à son défaut, l'effet de faire courir le délai d'un mois pendant lequel l'exécution du règlement demeure suspendue ; de telle sorte que, si ce délai s'est écoulé depuis l'approbation, le prévenu de contravention ne saurait être relaxé de la poursuite sur le motif que le récépissé n'a pas été produit. — Arrêts des 3 décembre 1840 (Dev., 1841, p. 747; Dalloz, 1841, p. 160) et 22 mars 1851 (ANNALES DES JUST. DE PAIX, 1852, p. 52).

La même doctrine résulte de l'arrêt du 6 août 1857, précédemment cité, qui, dans une espèce où un arrêté municipal, portant règlement permanent, avait été approuvé trois jours après sa transmission directe à la préfecture, décide qu'un tel arrêté n'est pas exécutoire si le délai d'un mois ne s'est pas écoulé entre la date de l'approbation préfectorale et le jour où une contravention a été commise.

Les règles que nous venons d'exposer au présent article doivent être considérées comme communes aux délibérations que sont chargés de prendre les Conseils municipaux, en exécution de l'article 17 de la loi du 18 juillet 1837, pour régler certaines matières placées dans leurs attributions, par exemple, les affouages, le mode de jouissance et la répartition des pâturages et fruits communaux, autres que les bois, ainsi que les conditions à imposer aux parties prenantes.

En effet, de même que l'article 11, en ce qui concerne les règlements permanents des maires, l'article 18 de cette loi dispose que toute délibération relative à ces objets est immédiatement adressée au sous-préfet, qui en délivre ou fait délivrer récépissé, et que la délibération est exécutoire si, dans les trente jours qui suivent la date du récépissé, le préfet ne l'a pas annulée, soit d'office, soit sur la réclamation des parties intéressées.

Il y a donc, à cet égard, entre les règlements établis par délibération des Conseils municipaux et les règlements permanents des maires analogie complète : dépôt à la sous-préfecture, constaté par un récépissé ; suspension d'exécution pendant un délai déterminé, dispense implicite d'approbation, exécution après l'expiration de ce délai, si le préfet n'a point exercé son droit d'annulation.

Il existe pourtant une légère différence, en ce qui concerne l'étendue du délai, dont la durée est invariablement de trente jours pour les délibérations, et d'un mois entier, s'il s'agit d'un règlement émané du maire.

On a vu, à la fin de la section précédente, dans la partie relative à la police rurale, que les Conseils municipaux ont également seuls qualité, suivant l'article 19 de la loi du 18 juillet 1837, pour prescrire, par leurs délibérations, les mesures ayant pour but de réglementer l'exercice du parcours et de la vaine pâture ; que, notamment, c'est à ces conseils que l'article 13, sect. IV, tit. Ier, de la loi des 28 septembre-6 octobre 1791 confère le droit de fixer le nombre de têtes de bétail qui, proportionnellement à l'importance de l'exploitation de chacun, peuvent être envoyées au pâturage, sur les terrains assujettis à l'une ou l'autre de ces servitudes.

Or, les délibérations relatives à ces objets sont soumises à des principes autres que ceux qui régissent les délibérations dont nous venons de parler. L'article 20 de la loi de 1837 dispose que celles-là ne sont exécutoires que sur l'approbation du préfet.

Il ne suffirait donc pas qu'elles eussent été adressées au sous-préfet, ou transmises directement à la préfecture et qu'un certain délai se fût écoulé sans qu'elles eussent été annulées, pour qu'elles devinssent obligatoires, il est indispensable qu'elles soient revêtues de l'approbation exigée.

Aussi la Cour de cassation a-t-elle décidé, par arrêt du 20 février 1857 (ANNALES DES JUST. DE PAIX, 1857, p. 208), que la délibération par laquelle un Conseil municipal, réglementant le parcours sur le territoire de la commune, fixe les cantonnements qui doivent être assignés à certains animaux et prescrit leur réunion en troupeau commun, est sans force exécutoire, tant qu'elle n'a point été approuvée par le préfet ; et que, dès lors, le tribunal de simple police doit lui refuser la sanction de l'article 471, n° 15, du Code pénal.

Article 3. — Publication.

Il en est des règlements et arrêtés de police, qui, nous l'avons dit plusieurs fois déjà, sont de véritables lois municipales, comme des lois générales elles-mêmes: ils ne deviennent obligatoires que lorsqu'ils ont été publiés. Les citoyens ne sont tenus à les observer que quand ils en ont eu légalement connaissance. Jusque-là, ils ne sauraient être punis pour avoir enfreint des dispositions qu'ils sont réputés ignorer.

Mais le législateur, et c'est là, croyons-nous, une omission regrettable, n'a pas tracé de règles précises, relativement au mode de publication qui doit être suivi. Il faut en conclure que toute publication faite de la manière et dans les formes usitées pour chaque localité, soit par voie d'affiches placardées sur les murs ou édifices qui joignent la voie publique, et c'est là le mode le plus généralement adopté, soit par une lecture dans les rues et places annoncée à son de caisse ou de tambour, constitue une publication légale et suffisante.

C'est ainsi qu'il a été décidé, d'une manière générale :

1° Qu'un arrêté de police annoncé à son de caisse ou de trompe dans la commune à laquelle il s'applique, doit être considéré comme ayant reçu une publication légale et suffisante, encore bien qu'il n'ait pas été affiché. — Cass., 13 avril 1833 (Dev., 1833, p. 717 ; *J. du Pal.*, t. XXV, p. 361), 29 avril 1838 (*Bullet. crimin.*, n° 72).

2° Que la publication d'un règlement municipal résulte suffisamment de l'attestation donnée par le maire chargé de le porter à la connaissance des citoyens, sans qu'il soit besoin que cette publication ait été constatée par un procès-verbal. — Cass., 18 septembre 1847 (Dev., 1847, p. 758 ; Dalloz, 1847, p. 291).

Décidé aussi qu'il suffit qu'un arrêté municipal contienne la disposition qu'il sera publié, et qu'il résulte des documents du procès que sa publicité est certaine et que son existence a été notoire dans la commune. — Cass., 18 mars 1836 (ANNALES DES JUST. DE PAIX, 1re série, t. V, p. 282, v° *Vaine pâture*, n° 267).

Toutefois, lorsque le prévenu de contravention à l'arrêté d'un maire oppose que cet arrêté, base de la poursuite dont il est l'objet, n'a point été rendu public, la preuve de la publication est à la charge de la partie publique. Si donc cette partie, sans offrir de faire cette preuve, se borne à demander un sursis pour laisser au prévenu le soin de démontrer la non-publicité de l'arrêté, le juge de police, bien qu'il puisse et doive même surseoir pour éclairer sa religion, ne viole

cependant aucune loi en se fondant sur le défaut de publication pour relaxer le prévenu. — Cass., 26 juin 1857 (ANNALES DES JUST. DE PAIX, 1857, p. 417).

La publication dans les formes ordinaires n'est d'ailleurs prescrite qu'à l'égard des règlements ou arrêtés qui s'adressent à l'universalité des citoyens. Quant aux autres, il suffit, pour les rendre obligatoires, de les notifier aux personnes qu'ils concernent : la notification aux intéressés équivaut pleinement à leur publication. — Avis du Conseil d'Etat, du 25 prairial an XIII ; Cass., 31 août 1821 (Dev. Sir., t. VI, p. 498), 9 mai 1844 (Dev., 1844, p. 457), 13 janvier 1853 (ANNALES DES JUST. DE PAIX, 1853, p. 267), 8 janvier 1859 (*Bullet. crimin.*, p. 17, n° 13).

Vice versâ, la publication dans la forme ordinaire est suffisante pour rendre obligatoires ces mêmes règlements ou arrêtés, sans qu'il soit besoin, cette publication ayant eu lieu, d'aucune notification individuelle. — Cass., 24 juillet 1852 (ANNALES DES JUST. DE PAIX, 1853, p. 201).

Mais, lorsque rien n'établit qu'un tel arrêté ait été publié conformément à la loi, ni qu'il ait été porté spécialement à la connaissance des individus qu'il concerne particulièrement, il est sans force obligatoire, alors même qu'il existerait à la suite du texte de l'arrêté un projet de notification témoignant du dessein formé de le justifier, si de fait ce projet est resté sans exécution et n'est revêtu d'aucune signature, et si l'on ne représente pas l'original de la copie qui

eût dû en être laissée aux particuliers.
— Arrêt du 8 janvier 1859, précédemment cité.

Lorsque, pour porter à la connaissance des divers individus que son arrêté concerne, l'autorité municipale emploie la voie de la notification, cette notification doit être faite à chacun des intéressés individuellement. Il ne suffirait pas, malgré l'identité d'intérêts, qu'elle n'eût été adressée qu'à un seul ou à quelques-uns. — Cass., 11 mai et 14 décembre 1844 (Dev., 1844, p. 732, et 1845, p. 352 ; *J. du Pal.*, 1845, t. Ier, p. 670).

Les arrêtés municipaux ayant un caractère d'urgence et une durée temporaire, peuvent être publiés aussitôt qu'ils ont été pris et qu'une ampliation en a été déposée à la sous-préfecture, puisque, comme nous l'avons dit, ces arrêtés sont immédiatement obligatoires, sauf l'annulation qui peut ultérieurement en être prononcée par le préfet.

En est-il de même des règlements permanents ?

Rien ne s'oppose assurément à ce que l'autorité municipale donne à ceux-ci comme à ceux-là la publication exigée, aussitôt après en avoir effectué le dépôt, sauf, bien entendu, à différer de les faire mettre à exécution pendant la durée du délai légal. Cependant, il est plus convenable et plus rationnel, ce nous semble, d'attendre l'expiration de ce délai.

En effet, outre que jusque-là le règlement n'a encore, à vrai dire, aucune existence, il peut arriver que l'autorité préfectorale en suspende l'exécution pendant un certain temps, ou même qu'elle en prononce purement et simplement l'annulation. Il peut arriver aussi qu'à la demande du préfet, le maire apporte quelques changements aux dispositions de cet acte.

Or, la publication d'un règlement dont les dispositions sont susceptibles d'être modifiées ou dont l'exécution peut être interdite d'une manière absolue ou indéfiniment prorogée est nécessairement intempestive et inopportune. Il est donc préférable qu'avant de le publier le maire attende, soit l'époque où le règlement peut être mis en vigueur, soit au moins celle où l'administration supérieure l'a informé de son approbation expresse ou tacite.

Il arrive fréquemment qu'en faisant placarder ou annoncer le texte de ceux de leurs règlements dont les dispositions sont permanentes, les maires se bornent à en donner la date, sans indiquer en même temps celle du dépôt à la sous-préfecture. Cette indication n'est pas de rigueur, sans doute ; cependant elle n'est pas dépourvue d'utilité, alors surtout que ce texte n'est point suivi de la mention d'une approbation préfectorale antérieure d'un mois au moins à l'époque de la publication. Nous disons qu'elle est utile, car elle a pour effet de faire connaître aux citoyens le jour précis à partir duquel le règlement devient obligatoire pour tous.

§ 2. — Règlements et arrêtés préfectoraux.

Il existe deux espèces de règlements et arrêtés préfectoraux :

Les règlements généraux que la loi

a soumis à l'approbation ministérielle, et qui ne deviennent exécutoires que quand ils ont été revêtus de cette approbation, tels, par exemple, que ceux dressés en conformité de l'article 21 de la loi du 21 mai 1836, sur les chemins vicinaux, pour assurer l'exécution de cette loi. Ledit article exige que les règlements dont il s'agit soient communiqués au Conseil général et transmis au ministre de l'intérieur pour être, s'il y a lieu, revêtus de son approbation.

Et les règlements ou arrêtés pour lesquels la loi n'a point exigé l'accomplissement de cette formalité. Quant à ceux-ci, dans quelque matière qu'ils soient intervenus, ils sont obligatoires par eux-mêmes et sans qu'il soit besoin de l'approbation de l'autorité souveraine ni de celle des ministres. Cette doctrine, formellement consacrée par arrêt de la Cour de cassation du 7 mars 1857 (ANNALES DES JUST. DE PAIX, 1857, p. 274), résulte aussi de l'un des considérants d'un autre arrêt de la même Cour, du 8 janvier 1858 (ANNALES DES JUST. DE PAIX, 1858, p. 176).

Mais les uns et les autres ne sont valables qu'autant qu'ils revêtent les formes extérieures de la loi. Ainsi que nous l'avons dit au commencement du paragraphe précédent pour les règlements et arrêtés municipaux, ceux des préfets doivent être rédigés par écrit, indiquer l'autorité dont ils émanent, le lieu et la date du jour où ils ont été dressés.

En outre, et de même aussi que les arrêtés municipaux, ils ne sont exécutoires qu'après avoir été dûment publiés.—Cass., 5 juillet 1845 (Dev., 1845, p. 776; Dalloz, 1845, p. 377), 8 novembre 1845 (Dev., 1846, p. 270), 27 novembre 1846 (*Bullet. crimin.*, n° 350), 27 février 1847 (Dev., 1847, p. 551), 27 avril 1849 (*Bullet. crimin.*, n° 99).

La publication d'un arrêté préfectoral, dont la loi n'a pas non plus réglé le mode, résulte-t-elle de sa seule insertion au Recueil des actes administratifs?

Un arrêt de la Cour impériale d'Amiens, du 7 avril 1838 (*J. du Pal.*, 1843, t. II, p. 590), a décidé que l'impression en placards, d'un arrêté préfectoral, son envoi au sous-préfet pour être transmis aux maires, et son insertion au Mémorial du département, constituent les éléments d'une publicité suffisante pour rendre cet arrêté obligatoire, encore qu'il n'ait point été affiché.

La Cour de Besançon est allée plus loin en décidant, par arrêt du 24 juin 1845 (Dev., 1845, p. 776, en note), que la seule insertion d'un arrêté préfectoral au Recueil des actes administratifs du département constitue une publication légale et suffisante.

La Cour suprême n'a point d'abord adopté cette doctrine. Elle a jugé, par ses divers arrêts des 5 juillet et 8 novembre 1845, 27 novembre 1846, 27 février 1847 et 27 avril 1849, cités ci-dessus, que la publicité doit être effective et résulter soit d'annonces, soit d'affiches placardées dans les communes auxquelles s'applique l'arrêté.

Deux décisions plus récentes confirment cette doctrine. Elles portent que, comme les décrets impériaux non insérés au *Bulletin des lois*, ou qui n'y sont indiqués que par leurs titres, les actes du pouvoir réglementaire (arrêtés ou règlements préfectoraux ou municipaux) ne deviennent obligatoires, pour les personnes qui en sont l'objet, que du jour où il leur en est donné connaissance réellement et officiellement par publications, affiches, notification ou signification, ou envois faits ou ordonnés par les fonctionnaires publics chargés de l'exécution, et cela en conformité de l'avis du Conseil d'Etat du 25 prairial an XIII. — Arrêts des 24 juillet 1852 (ANNALES DES JUST. DE PAIX, 1852, p. 201) et 11 août 1854 (*Bullet. crimin.*, n° 256).

Toutefois, la Cour suprême paraît avoir modifié sa jurisprudence dans le sens des décisions des Cours d'Amiens et de Besançon, en décidant que l'insertion, dans le Recueil des actes administratifs d'un département, de l'arrêté ministériel portant règlement sur l'exploitation des minières de ce département, constitue une publication suffisante pour avertir les exploitants de ces minières des obligations qui leur sont imposées, sans qu'il soit nécessaire de faire personnellement une notification du règlement. — Arrêt du 13 août 1857 (Dev., 1857, p. 800 (*J. du Pal.*, 1858, p. 650).

Mais cette dernière décision, isolée d'ailleurs et intervenue dans des circonstances de fait que son texte ne fait point connaître, ne saurait infirmer ce principe tant de fois consacré, comme on vient de le voir, que la seule insertion d'un règlement préfectoral au recueil de l'administration que les fonctionnaires seuls reçoivent, est insuffisante à constituer la publicité que la loi exige pour que ce règlement soit réputé légalement connu.

Quoi qu'il en soit, lorsque, outre son insertion au Recueil des actes administratifs, un arrêté préfectoral porte injonction aux maires de le publier dans leurs communes respectives, il est présumé avoir reçu la publication ordonnée tant que le contraire n'est pas juridiquement prouvé. — Cass., 5 mars 1836 (Dev., 1837, p. 597 ; Dalloz, 1836, p. 191), 24 juillet 1852 (ANNALES DES JUST. DE PAIX, 1852, p. 201).

Il importe de signaler ici une exception à la règle d'après laquelle la publication des arrêtés préfectoraux s'appliquant à la généralité des individus consiste dans leur insertion au Recueil des actes administratifs du département et dans leur envoi aux maires des communes, qui sont chargés de les faire annoncer et placarder dans les lieux et dans les formes ordinaires.

Cette exception, établie en matière de police du roulage, résulte de l'article 3 du décret impérial du 24 février 1858, modificatif et complémentaire du règlement d'administration publique du 10 août 1852, rendu pour l'exécution de la loi du 30 mai 1851. Cet article, après avoir autorisé les préfets à restreindre, lorsque la dimension des objets transportés donnera au convoi composé de plusieurs voitures une longueur nuisible à la liberté ou à la sûreté de la circulation, le nombre de celles dont l'article 13 du décret du 10 août 1852 permet la réunion en convoi, porte que leurs arrêtés seront affichés sur les parties de route auxquelles ils s'appliqueront.

Ce mode, analogue à l'annonce sur place et au moyen de poteaux indicateurs, des parties de route à l'égard desquelles le règlement du 10 août 1852 autorise l'emploi de chevaux de renfort (art. 5), constitue une publicité véritablement effective, en ce qu'elle avertit les rouliers et conducteurs de voitures, pour la plupart étrangers au département où ils circulent, des prescriptions de l'autorité sur le lieu même où ils les doivent accomplir. Toute autre publication que celle spécialement exigée n'aurait pas l'effet de rendre ces prescriptions obligatoires.

Lorsqu'un tribunal de police est saisi de la poursuite à fin de répression d'une infraction dont un arrêté préfectoral a été l'objet, ce tribunal ne peut refuser de faire application de cet arrêté sous le prétexte que l'autorité dont il émane ne le lui a pas transmis. Il n'a d'autre droit, si l'existence de l'acte administratif lui paraît douteuse, ou s'il n'en connaît pas les dispositions, que celui d'ordonner la production d'une expédition ou copie régulière de cet acte. — Cass., 31 août 1821 (Dev. Sir., t. VI, p. 498).

Et une telle expédition, ayant un caractère authentique, fait foi en justice jusqu'à inscription de faux. Le juge commettrait donc un excès de pouvoir en prescrivant la représentation de l'original.—Cass., 21 mai 1840

(Dev., 1840, p. 548; Dalloz, 1840, p. 416).

SECTION IV.

Du recours dont les règlements et arrêtés peuvent être l'objet, et de ses effets.

Les citoyens, lorsqu'ils prétendent que les dispositions d'un **règlement** ou d'un arrêté municipal sont excessives et qu'elles gênent, dans leur ensemble ou dans quelque partie, l'exercice de leur industrie ou de leurs droits, sans nécessité suffisante ou sans utilité plausible pour l'intérêt public, lorsque, enfin, ils se croient lésés, ces citoyens ont incontestablement la faculté de se pourvoir auprès de l'autorité administrative supérieure, c'est-à-dire des préfets. Cette faculté leur est ouverte et résulte de cela seul que ces magistrats ont été investis, d'abord par l'article 46, tit. Ier, de la loi des 19-22 juillet 1791, du droit de *réformer* ces actes, et ensuite par l'article 14 de la loi du 18 juillet 1837, du pouvoir de les *annuler* ou d'en *suspendre l'exécution.*

Du reste, le législateur de 1791 a expressément réservé ce droit de recours aux particuliers en ce qui concerne la matière toute spéciale du ban des vendanges. Après avoir autorisé la publication de ce ban, l'article 2, sect. v, tit. Ier, de la loi des 28 septembre-6 octobre porte que les réclamations qui pourront être faites contre le règlement seront portées au directoire du département (aujourd'hui le préfet).

Lors donc qu'un ou plusieurs particuliers prétendent que leurs intérêts sont blessés par un arrêté municipal, en quelque matière qu'il soit intervenu, soit que cet arrêté ne contienne que des injonctions purement individuelles, soit que les prescriptions ou défenses qu'il édicte s'adressent à l'universalité des citoyens, ces particuliers sont autorisés à en provoquer l'annulation.

Mais il ne faut pas perdre de vue que le recours n'est pas suspensif de l'exécution ; que, dès l'instant que l'arrêté est devenu obligatoire, soit immédiatement après le dépôt à la sous-préfecture, s'il a un caractère purement transitoire, soit après l'expiration du délai d'un mois à compter de ce dépôt, s'il contient règlement permanent, tous les citoyens sont tenus de l'observer, nonobstant leurs réclamations, et le tribunal de police, saisi de la poursuite d'une infraction, ne pourrait, sans méconnaître sa propre compétence et sans violer la loi, surseoir à statuer sur la prévention jusqu'à ce que l'autorité préfectorale eût elle-même prononcé sur le recours dont elle a été saisie. C'est là un principe incontestable et que la Cour de cassation a consacré par de nombreux arrêts. — V. notamment arrêts des 20 pluviôse an XII (Sirey, t. Ier, p. 680), 1er février 1822 (Dev. Sir., t. VII, p. 25), 26 juillet 1827 (Dev. Sir., t. VIII, p. 649 ; Dalloz, 1827, p. 325), 9 mai 1828 (Dev. Sir., t. IX, p. 94 ; Dalloz, 1828, p. 240), 1er juillet 1837 (Dev., 1838, p. 918), 20 février 1847 (Dev., 1847, p. 744 ; Dalloz, 1847, p. 272), 28 septembre 1855 (*J. du Pal.*, 1856, t. Ier, p. 619).

Spécialement, cette Cour a jugé,

En matière de voirie :

1° Que, quand un individu, dont la maison est sujette à reculement, a contrevenu à un arrêté qui lui défendait de recrépir la partie de cette maison donnant sur la rue, le tribunal ne peut surseoir à statuer sur la poursuite du ministère public jusqu'à ce que le préfet ait statué lui-même sur la réclamation formée contre l'arrêté. — Arrêt du 21 février 1840 (*J. du Pal.*, 1840, t. Ier, p. 786).

2° Que, lorsqu'un arrêté municipal enjoint à un particulier de démolir des travaux qu'il a indûment effectués à des bâtiments situés sur la voie publique, son exécution n'est point suspendue par le recours de la partie intéressée contre cet arrêté ; qu'en conséquence, le tribunal de police saisi de la poursuite ne peut accorder aucun délai afin que le prévenu puisse justifier de ses diligences près de l'autorité administrative supérieure. — Arrêt du 7 novembre 1844 (Dev., 1845, p. 400).

3° Que le tribunal de police, qui, en matière de voirie, condamne à l'amende un individu qui a élevé des constructions joignant la voie publique, contrairement à un arrêté d'alignement, ne peut surseoir à statuer relativement à la démolition des travaux jusqu'à ce qu'il ait été fait droit au pouvoir formé contre l'arrêté. — Arrêts des 26 mars 1830 (Dev. Sir., t. IX, p. 479), et 29 janvier 1836 (Dev., 1836, p. 825).

Et en matière de boulangerie, que, le recours devant l'autorité supérieure contre les arrêtés des maires ne pouvant en arrêter l'exécution, le tribunal saisi de la poursuite dirigée contre un boulanger contrevenant au règlement concernant le poids et la taxe du pain, n'est point autorisé à surseoir au jugement de la prévention par le recours formé par ce boulanger devant le préfet. — Arrêt du 1er avril 1841 (Dev., 1842, p. 54; *J. du Pal.*, 1842, t. Ier, p. 206).

Les règlements et arrêtés préfectoraux, soit qu'ils appartiennent à la classe de ceux dont la force obligatoire est subordonnée à l'approbation ministérielle, soit qu'ils n'aient point été assujettis à cette formalité, peuvent aussi être attaqués par la voie du recours devant le ministre compétent, et même devant le Conseil d'Etat ; mais ce recours, comme celui dont les arrêtés municipaux peuvent être l'objet, n'a pas d'effet suspensif.

Ce point a été consacré, de la manière la plus expresse, par un arrêt de la Cour de cassation du 8 janvier 1858 (ANNALES DES JUST. DE PAIX, 1858, p. 176), qui décide que les arrêtés des préfets sont exécutoires à partir du moment où ils ont été légalement publiés ; qu'il n'est pas possible d'admettre, dans le silence de la loi, que le simple recours d'une partie privée ait le grave effet de suspendre nécessairement l'exécution d'une mesure prise dans un intérêt général; que l'intérêt particulier est suffisamment garanti par le droit qui appartient aux préfets de prononcer eux-mêmes, suivant les circonstances, un sursis à l'exécution de leurs arrêtés ; que, d'ailleurs, aux termes de l'article 3 du décret impérial du 22 juillet 1805, le recours au Conseil d'Etat

n'ayant aucun effet suspensif, il en résulte qu'un arrêté préfectoral contre lequel un pourvoi a été régulièrement formé devant ce conseil avec conclusions tendantes à ce qu'il soit sursis à l'exécution, conserve sa force exécutoire tant que ce sursis n'a pas été prononcé.

SECTION V.

De la force obligatoire des règlements et arrêtés, de leur interprétation et du pouvoir d'appréciation des tribunaux.

Les règlements et arrêtés des préfets et des maires continuent d'être obligatoires tant qu'ils n'ont point été annulés ou abrogés, quels que soient l'ancienneté de leur date et le plus ou moins de fréquence de l'application qu'ils ont reçue. Les tribunaux de police, chargés de leur accorder sanction, ne sauraient donc, sans violer leurs dispositions et sans commettre un excès de pouvoir, refuser de les appliquer sous le prétexte qu'ils ont depuis longtemps cessé d'être mis à exécution, et qu'ils sont tombés en désuétude ou dans l'oubli. Ces principes ont été consacrés par un grand nombre d'arrêts. — V., notamment, Cass., 23 juillet et 22 septembre 1836 (Dev., 1836, p. 271 et 500), et 19 septembre 1856 (ANNALES DES JUST. DE PAIX, 1857, p. 85).

Ils conservent toute leur force et tout leur effet tant qu'ils subsistent, et ne peuvent être rapportés ou modifiés que par des arrêtés ou règlements postérieurs.

C'est ainsi que la Cour de cassation

a spécialement décidé, par arrêt du 25 février 1850 (*Bullet. crimin.*, n° 66), que, quand un arrêté préfectoral a fixé, d'une manière générale, absolue, et sans admettre d'exception, la fermeture des lieux publics à certaines heures, il ne peut y être apporté aucune dérogation ni modification, soit par le préfet lui-même, soit par les maires, en vertu d'une simple circulaire préfectorale, fût-elle rendue publique, l'abrogation ou la modification des prescriptions ou défenses qu'il contient ne pouvant avoir lieu que par un second arrêté revêtu, comme le premier, des formes et des solennités qui sont les caractères extérieurs de la loi.

Toutefois nous avons précédemment rapporté un arrêt du 6 janvier 1853, par lequel la Cour suprême a jugé, avec raison, que, quand un arrêté, après avoir fixé et déterminé l'heure de fermeture des établissements publics, fait exception à la règle qu'il établit pour le cas où il y aura permission particulière donnée par le maire, en cette hypothèse, le maire peut dispenser de l'exécution de cet arrêté, même par une simple permission verbale, si aucune dispense écrite n'est exigée.

La loi du 22 décembre 1789, article 7, a proclamé le principe salutaire de la séparation du pouvoir administratif et du pouvoir judiciaire en disposant que « les administrations de « département et de district ne peu- « vent être troublées dans l'exercice « de leurs fonctions administratives « par aucun acte du pouvoir judi- « ciaire. »

Ce principe, consacré de nouveau par l'article 13 du titre II de la loi des 16-24 août 1790, portant, en termes plus généraux : « Les fonctions judi- « ciaires sont distinctes et demeurent « toujours séparées des fonctions admi- « nistratives, » a été maintenu ensuite par l'article 3, chap. v, tit. III, de la Constitution du 14 septembre 1791 : « Les tribunaux ne peuvent, dit cet « article, ni s'immiscer dans l'exercice « du pouvoir législatif, ou suspendre « l'exécution des lois, ni *entreprendre* « *sur les fonctions administratives ;* » et enfin par la loi du 16 fructidor an III, ainsi conçue : « Défenses ité- « ratives sont faites aux tribunaux *de* « *connaître des actes d'administration,* « de quelque espèce qu'ils soient... »

Il suit de ces textes que les tribunaux ne peuvent, sans excès de pouvoir, modifier les actes de l'administration, arrêter ni suspendre l'exécution de ces actes placés totalement en dehors des attributions de l'autorité judiciaire ; qu'il ne leur appartient pas de les soumettre à leur critique ou à une application différente de celle dont l'administration a entendu les rendre susceptibles.

C'est par application de ces règles que la Cour de cassation a jugé :

1° Que les tribunaux ne peuvent changer ou modifier les règlements ou arrêtés, étendre ni restreindre leurs dispositions ; qu'ils doivent purement et simplement en faire l'application lorsqu'ils en reconnaissent la légalité. — Arrêts des 30 octobre 1823 (Dev. Sir., t. VII, p. 328) et 28 septembre 1855 (*Bullet. crimin.*, n° 339).

2° Qu'ils ne peuvent, non plus, déclarer qu'une mesure prescrite par un règlement ou arrêté a été suffisamment et utilement remplacée par une mesure analogue prise par le contrevenant; qu'ainsi quand, par mesure de salubrité, un arrêté de police impose à des entrepreneurs de vidange l'emploi de certains moyens dans l'exercice de leur profession, par exemple, l'obligation de ne se servir que de pompes aspirantes et foulantes, dites soufflets hydrauliques, l'infraction résultant du fait d'avoir employé un appareil autre que la pompe exigée, doit être immédiatement réprimée, et que le tribunal de police ne pourrait, sans méconnaître le caractère de l'acte administratif, sans empiéter sur les attributions de l'administration, et sans commettre une violation de la loi, ordonner une expertise à l'effet de constater si le moyen à l'aide duquel la vidange a été effectuée n'était point un équivalent de l'appareil prescrit par l'arrêté. — Arrêt du 30 avril 1852 (ANNALES DES JUST. DE PAIX, 1852, p. 370).

3° Que, lorsqu'un arrêté municipal défend de placer des pots de fleurs sur les fenêtres à moins que ces fenêtres ne soient garnies d'une balustrade ou de barres extérieures, le juge de police ne peut, sans violer expressément l'arrêté et la loi elle-même, refuser de punir la contravention sous le prétexte que l'individu poursuivi pour l'avoir commise avait retenu les pots par lui placés sur sa fenêtre au moyen d'une corde qui pouvait en prévenir la chute tout aussi bien qu'une balustrade ou des barres. — Arrêt du 3 octobre 1851 (ANNALES DES JUST. DE PAIX, 1852, p. 65).

En outre, la loi des 16-24 août 1790 et celle du 18 juillet 1837 ont rendu l'autorité municipale juge exclusif, sous la surveillance et sauf le contrôle de l'administration supérieure, des circonstances qui sont de nature à réclamer l'exercice du pouvoir dont elles l'ont investie dans l'intérêt public. Les tribunaux de simple police, qui ne sont chargés que d'assurer, par la répression, l'exécution des mesures que cette autorité a jugé utile d'ordonner et qu'elle a prescrites dans les limites légales de ses attributions, ne sauraient donc, non plus, sans commettre un excès de pouvoir, s'arroger le droit d'apprécier leur opportunité ou d'examiner si les motifs qui les ont provoquées les justifient et les rendent obligatoires. Aussi a-t-il été décidé :

1° Que le juge de répression ne peut rechercher si, lorsqu'un arrêté prescrit le curage d'un canal renfermant des matières susceptibles de répandre des exhalaisons insalubres, ces matières sont, en effet, de nature à compromettre la salubrité publique. — Cass., 2 juillet 1841 (Dalloz, *Nouv. Rép.*, t. IX, p. 396, v° *Commune*, n° 660, note 1).

2° Que le tribunal de police est sans pouvoir pour apprécier et reconnaître si un édifice dont la réparation ou la démolition est ordonnée par l'administration pour cause de vétusté, menace réellement ruine; qu'il n'est juge que de la négligence ou du refus du propriétaire de l'édifice d'obéir à la sommation administrative. — Arrêts des 28 avril 1827 (Dev. Sir., t. VIII, p. 584; Dalloz, 1827, p. 409)

30 janvier 1836 (Dev., 1836, p. 655), 14 août 1845 (Dev., 1846, p. 32; *J. du Pal.*, 1846, t. Ier, p. 396), et 28 février 1846 (*Bullet. crimin.*, n° 65).

3° Enfin, que les tribunaux saisis de la poursuite à fin de répression d'une contravention à un règlement de police, ne peuvent relaxer le prévenu sous le prétexte de l'inutilité ou de la rigueur des mesures prescrites. — Arrêt du 9 août 1828 (Dev. Sir., t. IX, p. 154; *J. du Pal.*, t. XXII, p. 188).

Le principe de la séparation des pouvoirs fait encore obstacle à ce que l'autorité judiciaire se livre à l'interprétation des règlements ou arrêtés, soit que leurs dispositions se trouvent incomplètes ou insuffisantes, soit que quelques-unes d'entre elles impliquent contradiction, soit enfin qu'elles présentent des doutes, de l'équivoque ou de l'obscurité. Il n'appartient qu'à l'autorité dont l'acte émane de lui donner l'interprétation qu'il comporte. En un tel cas, le juge de police doit nécessairement surseoir à statuer sur la poursuite jusqu'à ce que cette interprétation ait été donnée par l'administration.

C'est ainsi qu'il a été jugé :

1° Que, quand l'arrêté de classement d'un chemin vicinal présente un véritable doute, par exemple, sur l'assiette du chemin, comme il n'appartient qu'au préfet d'interpréter son acte, il surgit de là une question préjudicielle à vider et nécessité d'un sursis. — Cass., 3 décembre 1858 (ANNALES DES JUST. DE PAIX, 1859, p. 173).

2° Que, quand l'arrêté préfectoral qui fixe la largeur d'un chemin vicinal sur lequel une contravention a été commise n'en détermine ni l'emplacement ni les limites, le juge de la prévention doit surseoir à prononcer jusqu'à ce que le préfet ait procédé à cette détermination. —Conseil d'État, 31 mai 1855 (*J. du Pal.*, 1855, t. II, p. 76).

3° Que, quand le prévenu d'usurpation du sol d'un chemin vicinal prétend que la largeur de ce chemin n'a pas été déterminée par l'arrêté de classement, l'administration est seule compétente pour fixer cette largeur. — Cass., 4 janvier 1828 (*Bullet. crimin.*, n° 5), 15 juillet 1838 (*Bullet. crimin.*, n° 232), et 13 novembre 1841 (*J. du Pal.*, 1842, t. Ier, p. 663).

4° Que, lorsqu'un arrêté municipal ordonnant la construction de trottoirs, en vertu du n° 1er de l'article 3 du titre XI de la loi des 16-24 août 1790, et, se fondant sur l'usage, met les frais des trottoirs à la charge des riverains, cet arrêté ne peut être considéré comme définitivement légal, sous ce dernier rapport, que si, l'existence de l'usage ayant été reconnue par l'autorité compétente, ou n'étant pas contestée par les parties intéressées, le maire n'a fait qu'assurer ainsi effet à un usage réputé loi ; mais qu'au cas de contestation sur l'existence de l'usage, c'est à l'autorité administrative seule qu'il appartient de statuer, conformément à l'avis du Conseil d'Etat du 25 mars 1807. — Cass., 25 avril 1856 (ANNALES DES JUST. DE PAIX, 1856, p. 377).

Cependant il importe de ne point dépasser les conséquences de la règle ci-dessus et de la renfermer, au contraire, dans ses limites rationnelles et nécessaires. Il ne faudrait point admettre que, dès l'instant qu'une contestation s'élève sur le sens qui doit être donné à un règlement ou arrêté, par cela seul que l'individu poursuivi pour l'avoir enfreint soutient qu'il y a doute et matière à interprétation, le tribunal se trouve dans la nécessité de surseoir et de renvoyer devant l'autorité administrative. La loi défend aux tribunaux d'empiéter sur les fonctions de cette autorité; elle leur interdit d'entraver, par quelque acte que ce soit, son indépendance; elle veut que l'administration soit seule juge de l'utilité et de l'efficacité des mesures qu'elle croit utile d'ordonner par ses règlements, mais elle ne leur défend pas, elle leur prescrit, au contraire, d'examiner ces actes, d'en rechercher le sens et d'en apprécier le caractère et la portée pour en faire l'application régulière à la cause dont ils sont complétement saisis.

Aussi la Cour de cassation a-t-elle décidé :

1° Qu'à côté du principe constitutionnel qui défend aux tribunaux de s'immiscer dans les actes de l'autorité administrative, il en existe un autre qui leur ordonne, non moins impérativement, d'appliquer et de faire exécuter ces actes, lorsqu'ils émanent de cette autorité agissant dans le cercle de ses attributions. — Arrêt du 8 décembre 1835 (*J. du Pal.* t. XXVII, p. 771).

2° Que le droit non contesté aux tribunaux de police de rechercher si les arrêtés municipaux et préfectoraux, en matière de police, ont été pris dans les limites des attributions des autorités dont ils émanent, et si la peine de l'article 471, n° 15, du Code pénal (*ou de toute autre disposition spéciale*) doit atteindre ceux qui sont inculpés d'y avoir contrevenu, implique l'obligation de rechercher aussi quel est le sens de ces arrêtés. — Arrêt du 16 mars 1850 (ANNALES DES JUST. DE PAIX, 1851, p. 128).

3° Qu'ainsi le tribunal de police saisi de la poursuite exercée contre un boulanger prévenu d'avoir enfreint un arrêté municipal qui oblige tout boulanger à tenir sa boutique constamment approvisionnée de pain blanc et de pain bis, ne peut, sans méconnaître ses devoirs et sans violer la disposition de l'article 4 du Code Napoléon, d'après laquelle les tribunaux ne peuvent refuser de juger sous prétexte du silence, de l'obscurité ou de l'insuffisance de la loi, surseoir à statuer sur la prévention, jusqu'à ce qu'il ait été fait par l'administration une interprétation de l'arrêté. — Arrêt du 28 septembre 1855 (ANNALES DES JUST. DE PAIX, 1856, p. 130).

4° Que, lorsqu'un règlement prescrit de bâtir les façades des maisons en pierres, et prohibe l'établissement de *pans de bois*, sans interdire, d'une manière absolue, l'emploi du bois dans ces constructions, le tribunal de police saisi de la poursuite d'une contravention à ce règlement peut, sans violer la loi ni le règlement lui-même, relaxer le prévenu, en se fondant sur le motif que la maison a été bâtie en pierres et qu'il n'est entré dans la construction qu'une traverse en bois appelée *palastre* ou *linteau*. — Arrêt du 13 août 1842 (Dalloz, *Nouv. Rép.*, t. IX, p. 449, v° *Commune*, n° 843, note 2).

5° Que, s'il n'appartient qu'au préfet d'interpréter ses actes, et si, lorsqu'un arrêté par lui pris pour opérer le classement d'un chemin vicinal présente un véritable doute sur l'assiette du chemin, ce doute nécessite un sursis ; il en est autrement lorsque les termes de l'arrêté et la délimitation du chemin peuvent paraître assez clairs et formels pour qu'il n'y ait plus, en réalité, qu'à en tirer les conséquences juridiques ; qu'en un tel cas, le juge de police saisi de l'action en répression d'une infraction à l'arrêté n'est pas tenu de surseoir, encore qu'il y eût contestation de la part de l'une des parties, pour demander à l'administration une interprétation superflue. — Arrêt du 3 décembre 1858 (ANNALES DES JUST. DE PAIX, 1859, p. 173).

6° Enfin que quand, contrairement à un règlement préfectoral qui défend d'effectuer, sans autorisation préalable, des constructions ou réparations le long des chemins vicinaux, un particulier a, sans s'être pourvu de l'autorisation prescrite, bouché par une clôture en haie sèche plusieurs lacunes existant dans une haie vive longeant la voie publique, et réparé les brèches de cette haie à l'aide de bois sec et de pieux, de tels actes constituent des réparations dans le sens du règlement ; et que, devant une prohibition formelle, en présence d'une contravention évidente, le juge de police ne peut surseoir à la réprimer et renvoyer devant l'autorité préfectorale pour l'interprétation d'un arrêté administratif qui ne présente ni doute ni obscurité.—Cass., 21 août 1857 (ANNALES DES JUST. DE PAIX, 1858, p. 104).

Les divers arrêts que nous venons de faire connaître tracent nettement les limites du pouvoir de l'autorité judiciaire en ce qui concerne l'examen et l'application des règlements ou arrêtés administratifs et municipaux, et la ligne de démarcation qui sépare le droit d'interprétation, qui n'appartient qu'à l'autorité administrative, du droit d'application dont les tribunaux sont investis, ligne que ceux-ci ne doivent point franchir. Les principes qu'ils consacrent se trouvent clairement résumés dans un arrêt de la Chambre des requêtes de la Cour suprême du 13 mai 1824 (*J. du Pal.*, t. XVIII, p. 705) dont il nous paraît utile de transcrire ici le texte en entier. Cet arrêt porte :

« Que, s'il importe à l'ordre public
« de maintenir le principe fondamen-
« tal du droit actuel sur la distinc-
« tion entre les fonctions judiciaires
« et les fonctions administratives, il
« n'est pas moins essentiel, dans l'in-
« térêt de ce même ordre public, que
« les lois qui ont établi cette distinc-
« tion soient sainement entendues ;
« qu'à cet égard, la législation se
« compose de l'article 13, tit. II, de
« la loi des 16-24 août 1790 et du
« décret du 16 fructidor an III ; que
« la seule conséquence qui résulte de
« ces lois est que les Cours et tribu-

« naux sont dans la double impuis-
« sance d'exercer les fonctions admi-
« nistratives et de soumettre les actes
« de l'administration à leur censure,
« en les infirmant, les modifiant,
« arrêtant ou suspendant leur exécu-
« tion ; mais que, si un acte adminis-
« tratif attribue à quelqu'un la pro-
« priété d'un objet, les Cours et tri-
« bunaux, juges exclusifs de toutes
« les questions qui dérivent du droit
« de propriété, doivent nécessaire-
« ment prendre connaissance de cet
« acte pour y appliquer les principes
« de la législation commune, sous la
« seule condition de n'y point porter
« atteinte ; qu'on ne peut, sans abu-
« ser des termes des lois précitées,
« soutenir qu'il y ait nécessité pour
« les juges de renvoyer la cause de-
« vant l'administration aussitôt que
« l'une des parties prétend trouver
« des doutes et matière à interpréta-
« tion dans l'acte administratif invo-
« qué par l'autre ; que ce serait, en
« effet, laisser à la discrétion d'un
« plaideur téméraire le droit de sus-
« pendre le cours de la justice, en
« élevant des doutes contre l'évidence
« et soutenant qu'il est nécessaire
« d'interpréter ce qui ne présenterait
« ni équivoque ni obscurité ; qu'au
« contraire, et par la nature des choses
« et par celle de leurs devoirs, les
« Cours et tribunaux doivent exa-
« miner si ou non l'acte produit de-
« vant eux attribue les droits récla-
« més ; qu'ils doivent, en cas de
« doute, renvoyer à l'autorité admi-
« nistrative ; que si, au contraire,
« l'acte leur paraît n'offrir ni équivo-
« que, ni obscurité, ni doute sur le

« fait qu'il déclare ou sur la propriété
« qu'il attribue, ils doivent, sauf le
« cas de conflit légalement élevé,
« retenir la cause et la juger. »

Au début de cette publication, nous avons rapporté le texte de l'article 471, n° 15, du Code pénal, et l'on a vu que sa disposition ne réprime que les in-fractions aux règlements et arrêtés administratifs qu'autant que ces rè-glements ou arrêtés ont été *légale-ment faits*.

La loi ne pouvait vouloir sanc-tionner, en effet, des actes qu'elle n'aurait point autorisés ou qui se-raient contraires à ses dispositions.

Il appartient donc aux tribunaux de police, lorsqu'il leur est demandé d'assurer l'exécution d'un règlement par l'application des peines que pro-nonce ledit article ou toute autre dis-position spéciale, de vérifier si l'auto-rité dont il émane s'est renfermée dans la sphère de ses attributions, si elle n'a point excédé les limites du pouvoir réglementaire dont elle est investie, si enfin les prescriptions ou défenses qui ont été enfreintes sont relatives à l'un des objets confiés à sa vigilance et si, bien que s'y ratta-chant, elles ne contrarient aucune disposition de la loi elle-même.

Au cas de l'affirmative, les tribu-naux, nous l'avons dit déjà, n'ont point à examiner si les mesures qui ont été prises sont inutiles, excessives, ou rigoureuses; ils ne sont point juges de leur utilité ni de leur opportunité, et ne peuvent refuser d'infliger aux contrevenants les pénalités que ceux-ci ont encourues.

Dans le cas contraire, il est de leur

devoir de refuser la sanction qui leur est demandée, et de prononcer le renvoi des individus qui, mal à propos, ont été mis en prévention, car les peines ne peuvent être appliquées qu'en vertu d'une loi.

Ces principes, qui ne sauraient aujourd'hui faire difficulté, ont été consacrés par une multitude d'arrêts et sont enseignés par tous les auteurs. —V. notamment : Cass., 22 juin 1809 (Dev. Sir., t. III, p. 76), 2 juillet et 13 août 1813 (Dev. Sir., t. IV, p. 388 et 417), 22 juin 1815 (Dalloz, t. II, p. 438), 20 novembre 1818 (Dev. Sir, t. V, p. 550), 10 avril 1819 (Dalloz, t. IV, p. 160), 13 août 1819 (*J. du Pal.*, t. XV, p. 492), 27 juillet 1820 (Dev. Sir., t. VI, p. 284), 24 août 1821 (Dev. Sir., t. VI, p. 495), 20 décembre 1824 (Dev. Sir., t. VII, p. 589), 26 mars 1825 (Dev. Sir., t. VIII, p. 93 ; Dalloz, 1825, p. 294), 16 décembre 1826 (Dev. Sir., t. VIII, p. 486), 21 mars 1828 (Dev. Sir., t. IX, p. 64), 20 février 1829 (Dalloz, 1829, p. 157), 19 novembre 1829 (Dev. Sir., t. IX, p. 223), 16 février 1833 (Dev., 1833, p. 318 ; Dalloz, 1833, p. 182), 18 janvier 1838 (Dev., 1838, p. 319 ; Dalloz, 1838, p. 342), 4 janvier 1839 (Dev., 1839, p. 709 ; Dalloz, 1839, p. 241), 16 mars 1850 (ANNALES DES JUST. DE PAIX, 1851, p. 188). — Conf. Legraverend, *Législat. crimin.*, t. II, p. 660 et suiv. ; Henrion de Pansey, *Du pouv. municip.*, liv. II, chap. 1er, p. 153 et suiv. ; Isambert, *Recueil des lois*, 1822, p. 1re ; Duvergier, *Code pénal annoté* (édit. de 1832), p. 84 ; Dufour, *Droit admin.*, t. Ier, nos 16 et 93 ;

Foucart, *Droit admin.*, t. III, no 66 ; Chauveau, *Compét. et Juridict. admin.*, t. Ier, p. 152, no 536 ; Chauveau et Hélie, *Théorie du Code pénal* (2e édit.), t. VIII, p. 355 et 360 ; F. Hélie, *Traité de l'instruct. crimin.*, t. VII, p. 74 et 75, § 476, no 2, et p. 212 à 217, § 487, no 2 ; Carré, *Just. de paix*, t. IV, p. 218, no 3049, § 2, et p. 521, no 3430 ; Curasson, *Compét. des j. de p.*, t. Ier, p. 41, no 17.

Lorsqu'un règlement de police contient des dispositions illégales mêlées à des dispositions légales, les tribunaux doivent, les distinguant, n'accorder force obligatoire qu'à celles-ci. — Arrêt du 18 janvier 1838, précédemment cité ; tribunal de Castel-Sarrasin, 6 janvier 1848 (Dev., 1848, p. 102).

Il est de règle, en effet, ainsi que la Cour de cassation l'a décidé par arrêts des 31 mai 1855 (*J. du Pal.*, 1857, p. 422), et 24 février 1858 (ANNALES DES JUST. DE PAIX, 1858 p. 216), que chacune des dispositions d'un règlement ou arrêté doit être examinée isolément, appréciée suivant la valeur qui lui est propre et avec indépendance des autres dans ses rapports avec la loi qui lui sert de base, sans que l'illégalité de quelques-unes puisse réfléchir sur celles dont le caractère légal et la force obligatoire ne peuvent pas être contestés.

Pour qu'un règlement ou arrêté ait un caractère obligatoire, il ne suffit pas que les prescriptions qu'il édicte soient légales et rentrent dans les attributions conférées à l'autorité dont il émane, il faut encore qu'il ait été revêtu des formalités que la loi exige pour sa validité, formalités que nous avons fait connaître dans la section III du présent chapitre, c'est-à-dire qu'il ait été dressé par écrit et dûment publié. Lors donc que son existence ou sa publication sont contestées, force et sanction ne doivent lui être accordées qu'autant que, suivant les principes précédemment exposés, le juge a été mis à même de reconnaître que cette contestation est dénuée de fondement.

CHAPITRE IV.

DE LA CONSTATATION, DE LA POURSUITE ET DE LA RÉPRESSION DES CONTRAVENTIONS AUX RÈGLEMENTS ET ARRÊTÉS.

SECTION 1re.

De la constatation.

Parmi les nombreux fonctionnaires et agents auxquels la loi a confié le soin de rechercher, soit toutes espèces de contraventions de police, soit seulement celles qui sont commises en certaines matières, quelques-uns seulement ont mission de constater les infractions aux règlements et arrêtés de l'autorité administrative ou municipale.

Il importe même de distinguer entre ceux-ci. Les uns ont une compétence générale et absolue qui s'applique à toutes ; les autres n'ont reçu que des attributions purement spéciales, et ne peuvent utilement verbaliser que dans les cas expressément indiqués.

Les fonctionnaires et agents ayant qualité pour constater les infractions dont il s'agit sont :

Les commissaires de police ;

Les maires et leurs adjoints ;

Les sous-officiers et brigadiers de gendarmerie et les gendarmes ;

Les gardes champêtres des communes et des particuliers ;

Les gardes-rivières ;

Les agents et gardes des mines ;

Les agents voyers des chemins vicinaux ;

Les vérificateurs et vérificateurs adjoints des poids et mesures.

§ 1. — Des commissaires de police.

Les commissaires de police sont chargés de rechercher et de constater, dans l'étendue territoriale assignée à leur compétence, les contraventions de police, même celles qui sont sous la surveillance spéciale des gardes champêtres et forestiers. C. d'instr. crimin., art. 11.

Les commissaires reçoivent aussi les rapports, dénonciations et plaintes qui sont relatifs aux contraventions. *Ibid.*

On voit que l'attribution conférée aux commissaires de police par cet article est générale et absolue ; leur compétence s'étend donc à toute espèce de contraventions, quelles que soient les lois qui les prévoient ou les punissent. C'est ce que la Cour de cassation a décidé par arrêt du 12 septembre 1817 (ANNALES DES JUST. DE PAIX, 1re série, t. Ier, p. 417, v° *Commissaire de police*, n° 34), et ce qu'enseignent avec raison MM. Mangin, *Traité des proc.-verb.*, p. 164 et

165, n° 71, et F. Hélie, *Traité de l'instr. crimin.*, t. IV, p. 110.

§ 2. — Des maires et adjoints.

A défaut de commissaire de police, ou en cas d'empêchement de ce fonctionnaire, les contraventions de police de toute nature sont constatées, et les plaintes et dénonciations sont reçues par les maires, et, à défaut, par leurs adjoints. C. d'instr. crimin., art. 11 et 14.

Les articles 11 et 14 du Code d'instruction semblent n'accorder compétence aux maires, pour la recherche et la constatation des contraventions, qu'autant qu'il n'existe pas de commissaire de police dans leurs communes, ou que, s'il en existe, ce fonctionnaire est empêché. Néanmoins, il importe de remarquer que les maires ont qualité, alors même qu'il existe dans leurs communes un ou plusieurs commissaires de police, et que ceux-ci ne sont ni absents ni empêchés. C'est ce que la Cour de cassation a décidé par arrêts des 6 septembre 1838 (Dev., 1839, p. 125, *J. du Pal.*, 1839 t. Ier, p. 262), et 15 décembre 1838 (ANNALES DES JUST. DE PAIX, 1re série, t. Ier, p. 418, v° *Commissaire de police*, n° 35), et ce qu'enseignent la grande majorité des auteurs. — V. notamment : Mangin, *Traité des procès-verb.*, p. 160 et 161, n° 69 ; Ch. Berriat-Saint-Prix, *Procéd. des trib. de police*, p. 160, n° 254, et Dalloz, *Nouv. Rép.*, t. IX, p. 316, v° *Commune*, n° 337, et t. XXVIII, p. 116, v° *Instruction criminelle*, n° 284.

En effet, les traces des contraventions sont de nature à s'effacer si promptement, que la nécessité de la constatation du fait est incompatible avec les délais qui seraient nécessaires pour la recherche du commissaire de police, et surtout pour acquérir la preuve légale de son absence. Le maire peut donc et doit même agir à l'instant où il en est requis, et même sans réquisition si le fait se commet sous ses yeux ou parvient à sa connaissance.

Quant aux adjoints, ce n'est qu'à défaut des maires que la loi les appelle à agir. Lorsque ceux-ci procèdent par eux-mêmes, le pouvoir des adjoints n'existe pas ; ils ne sont chargés que de les suppléer.

Toutefois, il n'en faudrait pas conclure qu'un adjoint a besoin d'une délégation spéciale pour suppléer le maire, ce serait une erreur : l'adjoint a, par lui-même et d'après la volonté expresse de la loi, qualité d'officier de police judiciaire ; il puise son droit dans le fait seul de l'absence ou de l'empêchement du fonctionnaire qu'il est appelé à remplacer.

Lorsque le maire et les adjoints sont empêchés ou absents, les fonctions municipales sont remplies par celui des conseillers désigné à cet effet par le préfet du département, et, à défaut de désignation, par le conseiller municipal le premier dans l'ordre du tableau. L. 5 mai 1855, art. 4.

Ce conseiller municipal, dans les cas que nous venons d'indiquer, aurait donc qualité pour constater valablement toute espèce de contravention de police.

§ 3. — De la gendarmerie.

Les sous-officiers et brigadiers de gendarmerie et les gendarmes ont qualité pour opérer la recherche et la constatation de toutes les contraventions de police. Outre que cette compétence générale leur a été reconnue par arrêts de la Cour de cassation des 11 mars 1825 (Dalloz, 1825, p. 264) et 8 août 1840 (Dalloz, 1840, p. 432), et attribuée par l'article 488 du décret impérial du 1er mars 1854, ils sont spécialement chargés : .

De dresser des procès-verbaux contre les individus qui enfreignent les lois et règlements de petite voirie. Décr. impér. du 1er mars 1854, art. 316.

De verbaliser contre ceux qui contreviennent aux règlements et arrêtés de l'autorité municipale et préfectorale, ayant pour objet les mesures de police que la loi a confiées à leur vigilance, notamment les règlements et arrêtés qui intéressent la salubrité publique (décr. impér. du 1er mars 1854, art. 324), la police rurale (*ibid.*, art. 327), ceux qui sont relatifs à la police des lieux publics, par exemple qui fixent les heures d'ouverture et de fermeture des cafés, cabarets ou autres établissements de ce genre. Cass., 3 août 1840, précédemment cité.

De verbaliser contre les individus qui troublent l'ordre ou la tranquillité des habitants. Décr. impér. du 1er mars 1854, art. 331.

De surveiller l'exécution des règlements sur la police des bacs et bateaux de passage et des ports maritimes du commerce, et de dresser procès-verbal des contraventions à ces règlements. *Ibid*, art. 314.

De se faire représenter le registre dont la tenue est imposée aux aubergistes et logeurs, et de verbaliser en cas d'infraction. Cass., 22 oct. 1831 (Dev., 1831, p. 354), et décr. impér. du 1er mars 1854, art. 290.

De dresser des procès-verbaux contre ceux qui sont en contravention aux lois et règlements sur la police du roulage (loi du 30 mai 1851, art. 15, décr. du 1er mars 1854, art. 317 et 318), ou qui impriment à leurs chevaux ou autres animaux une allure trop rapide. Décr. du 1er mars 1844, art. 319.

De verbaliser contre ceux qui, dans les temps prescrits, ont négligé de faire l'échenillage auquel ils sont tenus. Cass., 19 juill. 1838 (Dev.,1839, p. 126, *J. du Pal.*, 1839, t. Ier, p. 281).

A cet égard, l'article 327 du décret du 1er mars 1854 porte que la gendarmerie *dénonce* à l'autorité locale tous ceux qui, dans les temps prescrits, ont négligé d'écheniller. Or, il ne faut pas induire de cette disposition qu'en matière d'échenillage, les gendarmes doivent se contenter d'une simple dénonciation. Ainsi que le porte une décision de S. Exc. M. le ministre de l'intérieur, du 7 juillet 1854, la gendarmerie a mission de dresser procès-verbal des contraventions.

§ 4. — Des gardes champêtres des communes et des particuliers.

La principale mission des gardes

champêtres des communes consiste à veiller à la conservation des propriétés rurales et des récoltes. Leur compétence résulte de l'article 1er de la section VII, titre 1er de la loi des 28 septembre-6 octobre 1791, organique de leur institution, et de l'article 16 du Code d'instruction criminelle, compétence essentiellement limitée aux contraventions commises en cette matière.

Les gardes champêtres des communes ont donc attribution pour rechercher et constater les infractions aux arrêtés et règlements concernant la police rurale, tels, par exemple, que ceux qui réglementent l'exercice des droits de vaine pâture et de parcours, le glanage et le grappillage, ceux qui ont pour objet la conservation des récoltes et la salubrité des campagnes. Mais ils sont sans qualité aucune pour constater les contraventions de police ou de voirie *urbaines*.

C'est ainsi que la Cour de cassation a décidé que les gardes champêtres sont incompétents pour constater :

Les contraventions résultant d'un défaut de balayage dans les rues. Arrêts des 7 mai 1840 (*Dev.*, 1841, p. 176, *J. du Pal.*, 1841, t. II, p. 751), 6 novembre 1817 (ANNALES DES JUST. DE PAIX, 1858, p. 91).

Les infractions aux règlements ou arrêtés concernant la fermeture des cabarets et autres établissements publics. Arrêts des 2 mai 1839 (*Bullet. crimin.*, n° 142), 2 décembre 1848 (*Dev.*, 1849, p. 667), 12 avril 1850 (ANNALES DES JUST. DE PAIX, 1851, p. 86), et 11 février 1859 (*Bullet. crimin.*, p. 91, n° 57; ANNALES, 1859, p. 106).

Celles résultant de bruits ou tapages injurieux ou nocturnes. Arrêts des 1er avril 1854 (ANNALES DES JUST. DE PAIX, 1854, p. 311), et 21 septembre 1854 (ANNALES, 1855, p. 96).

Celles relatives à l'inobservation des lois et règlements sur les poids et mesures. Arrêt du 4 décembre 1835 (*Bullet. crimin.*, n° 447).

Les gardes particuliers sont de deux espèces. Les uns sont chargés de la surveillance des propriétés forestières; les autres sont institués pour veiller à la conservation des propriétés rurales et des récoltes : ceux-ci sont les seuls dont nous ayons à nous occuper ici.

Les gardes champêtres des particuliers sont assimilés aux gardes champêtres des communes, à ce point que, comme eux, ils ont qualité d'officiers de police judiciaire, ainsi que la Cour de cassation l'a reconnu par arrêts des 8 avril 1826 (Dalloz, 1826, p. 341), 3 août 1833 (Dev., 1833, p. 883), 21 mai 1835 (Dalloz, 1835, p. 445), 9 mars 1838 (*Bullet. crimin.*, n° 62), 6 novembre 1840 (Dalloz, 1841, p. 133), 5 août 1841 (*J. du Pal.*, 1843, t. II, p. 738), et 2 juillet 1846 (*Bullet. crimin.*, n° 171).

Ils ont donc attribution, comme les gardes champêtres des communes, pour constater les contraventions en matière de police rurale, avec cette différence toutefois que leur compétence ne s'étend pas au delà du territoire dont la surveillance leur a été confiée par leur mandat.

§ 5. — Des gardes-rivières.

Les gardes-rivières sont des agents

spéciaux institués pour la surveillance et la distribution des eaux auxquelles ont droit tous les riverains d'un même cours d'eau et les propriétaires des usines qui y sont placées. Ils sont établis, soit par l'administration, dans l'intérêt général, et pour assurer l'exécution des lois et règlements concernant la police des eaux, soit par les particuliers eux-mêmes ou les associations de propriétaires riverains ou d'usiniers, pour veiller à l'exécution des mesures qu'ils adoptent dans l'intérêt de tous.

Les gardes-rivières, dont les fonctions ne sont, à vrai dire, qu'un démembrement de celles des gardes champêtres, chargés exclusivement de veiller à l'observation des règlements sur la police des rivières non navigables ni flottables et autres petits cours d'eau placés sous leur surveillance, n'ont d'autre mission que celle de rechercher tous les faits qui portent obstacle au libre cours des eaux, et de constater, par des procès-verbaux, les infractions qui sont commises, soit par les riverains ou propriétaires d'usines, soit par toutes autres personnes.

§ 6. — Des agents et gardes des mines.

Les contraventions à la loi du 21 avril 1810 et aux autres lois ou règlements sur les mines, minières et carrières sont constatées par les ingénieurs, gardes et agents de surveillance des mines, dûment commissionnés et assermentés.

Parmi ces contraventions, celles relatives à l'exploitation des mines et minières et des carrières souterraines sont punissables correctionnellement (L. 21 avril 1810, art. 95 et 96). Les tribunaux de simple police ne sont appelés à réprimer que les infractions aux règlements qui régissent l'exploitation des carrières à ciel ouvert, exploitation laissée d'ailleurs sous la simple surveillance de la police par l'article 81 de la loi précitée, portant qu'elle a lieu avec l'observation des lois et règlements généraux ou locaux.

Les ingénieurs, conducteurs, gardes et autres agents des mines, dûment commissionnés et assermentés, ont incontestablement qualité pour verbaliser en cette matière, même alors qu'il s'agit d'infractions punissables de peines de simple police.

§ 7. — Des agents voyers des chemins vicinaux.

Les agents voyers de canton, créés par la loi du 21 mai 1836, sont chargés de dresser procès-verbal à l'effet de constater les contraventions commises sur les chemins vicinaux dont la surveillance leur est confiée. Telle est la disposition de l'article 11 de cette loi.

Mais il faut bien prendre garde que ces agents ont une mission toute spéciale; que leur compétence est expressément limitée à l'égard des chemins vicinaux, les seuls qui soient placés sous leur surveilllance. Aussi, par arrêt du 15 décembre 1843 (Dev., 1844, p. 464), la Cour de cassation a-t-elle décidé qu'ils sont sans qualité pour constater les contraventions commises sur les chemins communaux ou ruraux.

Un autre arrêt de la même Cour, du 23 janvier 1841 (*J. du Pal.*, 1842, t. Ier, p. 273), a également jugé qu'un agent voyer est sans attribution pour constater les infractions aux lois et règlements de petite voirie, lorsqu'elles sont commises dans l'intérieur des villes, bourgs et villages, par exemple celles résultant de constructions ou réparations exécutées sans alignement ou autorisation préalable, ou contrairement aux alignements et autorisations obtenus.

§ 8. — Des vérificateurs et vérificateurs adjoints des poids et mesures.

Ces agents, dont la circonscription comprend tout un arrondissement de sous-préfecture, et qui, comme leur titre l'indique, sont institués pour procéder à la vérification primitive et périodique des poids et mesures établis suivant le système métrique décimal et conformément à la loi du 18 germinal an III, les seuls dont, depuis le 1er janvier 1840, l'usage ait été autorisé par les articles 2 et 3 de la loi du 4 juillet 1837, ces agents, disons-nous, sont spécialement chargés, par l'article 7 de cette loi et les articles 34, 35 et 36 de l'ordonnance royale du 17 avril 1839, de constater les contraventions commises en cette matière, c'est-à-dire non-seulement celles qui résultent de l'emploi ou de la détention d'instruments illégaux ou non revêtus de la marque de la vérification, mais aussi les infractions qui consistent dans le fait, par un assu-

jetti, de n'être point pourvu de l'assortiment de poids et mesures prescrit par les règlements du préfet, ou, s'il en est muni, de ne les avoir point soumis à la vérification périodique contrairement aux dispositions de ces mêmes règlements.

SECTION II.

De la poursuite.

En toute matière pénale, l'auteur d'une infraction, non-seulement encourt les pénalités dont la loi le déclare passible, mais il est tenu à la réparation des torts et dommages que son fait a occasionnés. Il est donc soumis à deux actions bien distinctes : l'action publique et l'action civile. — C. instr. crim., art. 1, 2 et 3.

L'action pour l'application des peines, porte l'article 1er, n'appartient qu'aux fonctionnaires auxquels elle est confiée par la loi.

Cette disposition doit être rapprochée de celles des articles 21, 144 et 145 du Code d'instruction, et il résulte de leur combinaison que la poursuite de l'action publique à laquelle donnent lieu les contraventions est exercée par l'officier chargé des fonctions du ministère public (commissaire de police, maire ou adjoint) près le tribunal de police appelé à les réprimer.

Nous venons de dire que l'exercice de l'action publique appartient exclusivement au ministère public. Cela signifie que l'officier qui en remplit les fonctions a seul le pouvoir de requérir la punition des coupables ;

mais il ne suit pas de cette règle que le tribunal de police ne puisse être régulièrement saisi de la poursuite d'une infraction de sa compétence que par l'action du ministère public lui-même. En effet, de la combinaison de l'article 3 du Code d'instruction criminelle, qui permet que l'action civile à raison d'un fait punissable soit poursuivie en même temps et devant les mêmes juges que l'action publique, avec l'article 145 du même Code, portant que les citations pour contraventions de police seront faites à la requête du ministère public ou de la partie qui réclame, il résulte bien évidemment que cette partie peut prendre l'initiative des poursuites ; en sorte que, dès l'instant qu'elle agit, elle met en mouvement l'action publique, laquelle est aussi régulièrement introduite par cette voie que si le ministère public avait fait appeler lui-même le prévenu devant le tribunal de répression.

Ainsi donc, lorsqu'une infraction à un règlement ou arrêté a été dommageable, le tribunal de simple police peut être saisi de la poursuite, soit par le ministère public lui-même, agissant dans l'intérêt de la vindicte publique, soit par la partie qui prétend avoir été lésée, pour la réparation du préjudice qu'elle a souffert.

Lorsque la partie lésée a pris elle-même l'initiative des poursuites, l'intervention du ministère public a lieu nécessairement, puisque, comme nous l'avons dit, c'est à lui seul qu'il appartient de requérir l'application des peines encourues.

Quand c'est le ministère public lui-même qui a saisi le tribunal, la partie lésée a la faculté d'intervenir, et elle peut exercer cette faculté jusqu'à la clôture des débats, c'est-à-dire tant que le jugement n'est pas prononcé, sans qu'il soit besoin qu'avant son intervention elle ait pris la qualité de partie plaignante.

SECTION III.

De la répression.

De même que les contraventions de police en général, l'infraction aux règlements et arrêtés de l'autorité administrative municipale donne lieu à deux sortes de condamnations bien distinctes, outre les dépens. Le tribunal doit infliger aux prévenus les pénalités dont la loi prescrit l'application, et, lorsque des conclusions sont prises à cet égard, il doit les astreindre, en outre, à la réparation du préjudice qu'ils ont occasionné.

§ 1. — Des peines.

Les règlements et arrêtés légalement faits trouvent leur sanction dans la disposition générale et répressive de l'article 471, nº 15, du Code pénal. La peine qui doit être prononcée consiste donc dans l'amende de 1 franc à 5 francs édictée par cet article ; et, si le contrevenant est en état de récidive, il doit, de plus, être condamné à un emprisonnement d'un à trois jours.

Cependant nous avons dit, en commençant cette publication , que les dispositions dont il s'agit ne sont applicables qu'autant que les arrêtés ou règlements auxquels il a été contrevenu ne trouvent leur sanction dans aucune loi spéciale, ni dans aucune autre disposition du Code pénal lui-même. Nous n'avons point à revenir sur ce sujet.

§ 2. — Des réparations civiles.

Dans la matière qui nous occupe, les réparations civiles que le tribunal de simple police peut être appelé à prononcer sont de deux espèces : celles auxquelles ont droit les parties lésées qui ont pris l'initiative des poursuites, ou qui, intervenant sur l'action du ministère public, se sont constituées parties civiles, et celles qui doivent être prononcées sur les réquisitions du ministère public lui-même.

Les premières consistent dans une somme de dommages-intérêts équivalente au préjudice causé, et dont les juges de police, comme tous autres tribunaux de répression, ont le pouvoir d'arbitrer le chiffre, ainsi qu'il a été décidé par deux arrêts, l'un de la Cour de cassation, du 19 mars 1825 (Dalloz, 1825, p. 266), l'autre de la Cour impériale de Paris, du 8 mars 1837 (*J. du Pal.*, 1837, t. Ier, p. 377).

Ajoutons, avec MM. Mangin, *Traité de l'action publique*, t. II, p. 432, Chauveau et Hélie, *Théorie du Code pénal*, t. Ier, p. 275, que la condamnation d'un prévenu dans l'intérêt de la vindicte publique n'entraîne pas toujours et nécessairement la condamnation à des dommages-intérêts

envers la partie civile. Cette condamnation est purement facultative, et laissée à l'arbitrage et à la conscience du juge de répression. Ce juge ne doit donc lui allouer d'indemnité qu'autant qu'il reconnaît qu'un préjudice a réellement été causé.

Au surplus, des dommages-intérêts ne peuvent être adjugés que sur des conclusions formelles. En conséquence, le tribunal de police ne peut condamner un prévenu traduit devant lui à des dommages-intérêts envers la partie civile, lorsque cette partie n'a conclu qu'au payement des frais de la procédure : ce serait statuer *ultra petita*. — Cass., 30 juillet 1807 (Dev. Sir., t. II, p. 417).

Il est plusieurs contraventions, notamment celles consistant dans l'inobservation des règlements et arrêtés de petite voirie, et celles qui résultent de l'inexécution des mesures prescrites dans un intérêt de sûreté ou de salubrité publique, où, bien que le ministère public poursuive seul, certains travaux doivent être ordonnés, s'ils sont requis. L'exécution de ces travaux a le caractère de réparations civiles, car elle a pour but de faire cesser le préjudice causé à la chose publique.—V. Cass., 29 janvier 1836 (Dev., 1836, p. 825), 17 décembre 1847 (*Bullet. crimin.*, n° 299), 4 mai 1848 (Dev., 1849, p. 382), 26 juin 1851 (ANNALES DES JUST. DE PAIX, 1852, p. 38), et 6 août 1852 (ANNALES DES JUST. DE PAIX, 1853, p. 171).

Le dommage, en ce cas, réside soit dans l'existence de dépôts, plantations, constructions ou travaux exécutés en contravention aux lois et règlements, soit dans le refus de faire certains ouvrages, au mépris des dispositions législatives ou réglementaires qui en prescrivent l'exécution. Le tribunal doit donc, non-seulement réprimer les infractions, mais encore les faire cesser. S'il en était autrement, les jugements présenteraient cette contradiction de punir des faits illicites et préjudiciables et d'en laisser indéfiniment subsister les résultats matériels qui tendraient à les perpétuer. — Cass., 10 septembre et 7 octobre 1831 (*Bullet. crimin.*, nᵒˢ 216 et 250).

Ainsi, lorsqu'un individu est frappé d'une condamnation pénale pour avoir embarrassé sans nécessité la voie publique (Code pénal, art. 471, nᵒ 4), il doit être condamné aussi à enlever les choses dont le dépôt ou le stationnement constitue l'embarras. — Cass., 9 août 1828 (*Bullet. crimin.*, nᵒ 237), 19 août 1841 (Dev., 1842, p. 248), 17 juin 1858 (ANNALES DES JUST. DE PAIX, 1858, p. 407).

Ainsi encore, lorsqu'un individu est condamné à l'amende pour avoir contrevenu à un règlement municipal, en plaçant une enseigne sur la voie publique sans autorisation préalable, le tribunal doit ordonner en même temps la suppression de cette enseigne. — Cass., 12 nov. 1847 (Dev., 1848, p. 170 ; Dalloz, 1847, p. 501).

Quand une contravention résulte du fait, par un propriétaire, d'avoir, au mépris des règlements que l'autorité compétente a publiés dans le but de prévenir les incendies, établi en chaume ou autre matière combustible la toiture d'un bâtiment, le con-trevenant doit être condamné, non-seulement à la peine d'amende, mais encore à la destruction de cette toiture. — Cass., 19 mars 1836 (*Bullet. crimin.*, nᵒ 86), 11 sept. 1840 (Dev., 1840, p. 982 ; Dalloz, 1840, p. 441), 9 nov. 1850 (ANNALES DES JUST. DE PAIX, 1851, p. 161), 12 mars 1858 (ANNALES, 1858, p. 211).

Lorsque la contravention consiste dans l'établissement sur un cours d'eau de barrages ou autres ouvrages et travaux que les règlements sur la police de ce cours d'eau prohibent d'une manière absolue, ou qu'ils n'autorisent qu'à la condition qu'une permission de l'autorité aura été préalablement obtenue, le tribunal de police doit, non-seulement réprimer l'infraction par l'application de la peine encourue, mais encore ordonner la suppression des ouvrages illégalement exécutés.

Toutefois, la Cour de cassation a jugé, par arrêt du 23 avril 1859 (*Bullet. crimin.*, p. 169, nᵒ 103), que le tribunal de police, saisi de la poursuite dirigée à l'occasion de la réparation et de la reconstruction, sans l'alignement prescrit, de deux ponts sur un cours d'eau, ne commet aucune violation de la loi en ne prescrivant pas la démolition du nouvel œuvre requise par le ministère public, lorsqu'il est constaté que le préfet, de qui devait émaner l'alignement, a reconnu, sur les renseignements donnés par les ingénieurs et d'accord avec le maire, que les travaux indûment exécutés ne nuisent pas à l'écoulement des eaux et qu'il n'en résulte aucun dommage.

*L'*infraction résultant, soit de la formation, sans autorisation, d'un établissement insalubre ou incommode, soit de l'exploitation de cet établissement sans l'accomplissement des conditions imposées par la loi ou les règlements, entraîne également, outre l'application de la peine encourue, la suppression, c'est-à-dire la fermeture de l'établissement. — Cass., 27 juillet 1827 (Dev. Sir., t. VIII, p. 651) et 14 mai 1830 (Dev. Sir., t. IX, p. 518).

*L'*individu que le tribunal punit pour n'avoir point obéi à la sommation de réparer ou de démolir un édifice menaçant ruine (C. pén., art. 471, n° 5) doit être condamné, selon le cas, à en effectuer la réparation ou la démolition. — Cass., 20 août 1841 (Dalloz, *Nouv. Rép.*, t. IX, p. 461, n° 895, note 1), et 2 oct. 1847 (Dalloz, 1847, p. 499).

Lorsque, sans alignement ou autorisation préalable, ou contrairement à l'alignement ou à l'autorisation qu'il a obtenue, un particulier a élevé des constructions ou exécuté des réparations à un édifice sur ou joignant la voie publique urbaine, et a ainsi commis la contravention prévue par la première partie du numéro 5 dudit article 471, le tribunal de police doit, en réprimant cette contravention, et par application de l'article 5 de l'édit royal de décembre 1607, ordonner la destruction ou démolition des constructions ou travaux indûment exécutés. Mais ici deux questions se présentent qui ne manquent pas de gravité et n'ont pas toujours été résolues par les tribunaux d'une manière uniforme.

La première est celle de savoir si, lorsqu'il s'agit d'une construction, la démolition des travaux doit être ordonnée, alors même qu'elle ne présenterait aucune usurpation sur le sol de la voie publique.

La Cour de cassation a longtemps consacré l'affirmative, en annulant des jugements qui avaient refusé, dans ce cas, de prescrire la destruction des travaux, et en décidant que les constructions élevées sans autorisation ou alignement sur ou joignant la voie publique, qu'elles constituassent ou non une usurpation du sol de cette voie, que les terrains sur lesquels elles ont été élevées fussent ou non sujets à retranchement, devaient être réprimées, non-seulement par l'application de l'amende encourue, mais encore par la destruction ou démolition des travaux. — V., entre autres arrêts, 11 janvier 1840 (*J. du Pal.*, 1841, t. Ier, p. 84), Chambres réunies, 5 février 1844 (*J. du Pal.*, 1844, t. Ier, p. 504), et 21 juin 1844 (Dev., 1845, p. 141).

Le Conseil d'Etat, au contraire, dans les matières de grande voirie, placées dans ses attributions, a constamment décidé que les constructions ou réparations faites, sans autorisation, sur ou joignant la voie publique, ne doivent être détruites ou démolies qu'autant qu'elles constituent un empiétement du sol de cette voie ou qu'elles causent un dommage. — V., entre autres décisions, les ordonnances des 10 et 17 août 1828, 26 octobre 1828, 5 décembre 1834, 20 janvier 1835, 26 mars 1836, 21 décembre 1837, 15 mars 1838, 10 juillet et 6 septembre 1842, 23 et 24 décembre 1844.

Cette divergence entre le Conseil d'Etat, qui statue avec une certaine indulgence sur les contraventions de grande voirie, et la Cour de cassation qui traitait avec plus de rigueur celles de petite voirie, et cela qu'il s'agît, soit de la voirie urbaine, soit de la voirie vicinale, était déplorée par les auteurs qui ont examiné ces matières (V. Dumay sur Proudhon, *Dom. publ.*, t. Ier, p. 308, 310, 326 et 354; Foucart, *Droit public et administr.*, nº 1163; Chauveau, *Principes de compét. admin.*, nºˢ 1358 et 1381; Dufour, *Droit admin.*, nº 1996; Brun, *Manuel des conseillers de préfecture*, nº 797), et qui exprimaient le vœu que les deux jurisprudences se conciliassent.

Ce vœu nous paraît avoir été complétement exaucé, car la Cour suprême a modifié sa jurisprudence dans le sens de celle adoptée par le Conseil d'Etat. Elle décide aujourd'hui, et il est permis de penser qu'elle persévérera dans sa nouvelle doctrine, que la démolition des constructions faites le long de la voie publique *urbaine* ou *vicinale*, sans alignement ou autorisation préalable, ou contrairement à l'autorisation obtenue, ne doit être ordonnée qu'autant que ces constructions présentent un empiétement sur la largeur légale de cette voie.—V. arrêts des 2 janvier 1847 (ANNALES DES JUST. DE PAIX, 1re série, t. V, p. 410, vº *Voirie*, nº 121), 8 décembre 1849 (Dev. 1850, p. 575), 25 juillet 1850) Dev., 1850, p. 575), 30 juin 1853 (ANNALES DES JUST. DE PAIX, 1854, p. 94), 18 novembre 1853 (ANNALES, 1854, p. 199), et 18 janvier 1856 (ANNALES, 1856, p. 240).

Du reste, il importe de remarquer que celui qui a élevé un bâtiment joignant la voie publique, en conformité d'un alignement qui lui a été régulièrement donné par le maire, ne peut ensuite être condamné à démolir ce bâtiment, sur le motif que l'alignement obtenu aurait été modifié depuis par le préfet. — Cass., 16 avril 1836 (Dev., 1836, p. 656).

Lorsqu'une construction a été exécutée sans alignement ni autorisation préalable sur un terrain qui longe la voie publique, la destruction des travaux doit-elle être ordonnée alors même qu'il n'y aurait aucune usurpation du sol *actuel* de cette voie, et que les travaux ne se trouveraient empiéter que sur la largeur nouvelle, telle qu'elle résulterait d'un arrêté d'alignement postérieur à la construction? La Cour de cassation a résolu affirmativement cette difficulté, et avec raison, croyons-nous; car, ainsi que le dit l'arrêt dans un de ses considérants, le propriétaire ne doit imputer qu'à lui-même le préjudice que lui cause la démolition, préjudice qu'il lui était facile de prévenir en se faisant délivrer un alignement avant de commencer les travaux. — Arrêt du 14 août 1858 (*Bullet. crimin.*, p. 378, nº 324).

La seconde des deux questions dont nous avons ci-dessus parlé est celle de savoir si, quand des réparations exécutées sans autorisation préalable à un bâtiment ou à un mur sujet à reculement, ne sont pas de nature à réconforter ce mur ou ce bâtiment, et à en prolonger la durée, la destruction des travaux doit être ordonnée, comme s'il s'agissait d'une construction nouvelle.

En matière de grande voirie, le Conseil d'Etat décide invariablement que, quand des travaux ont été faits sans autorisation au mur de face d'une maison sujette à reculement, le contrevenant doit être puni d'amende, sans doute, à raison de l'infraction qu'il a commise ; mais que la démolition de ces travaux ne doit être ordonnée qu'autant qu'ils sont confortatifs. — 10 juillet 1821 (Dev. Sir., t. VI, p. 450), 14 juillet 1831 (Dev., 1832, p. 21), 23 juillet 1838 (Dev., 1839, p. 272), 29 juin 1842 (Dev., 1842, p. 508), 23 décembre 1845 (Dev., 1846, p. 287).

Et même que, dans le cas où la contravention donne lieu à une condamnation à l'amende et à la destruction des travaux indûment exécutés, le Conseil d'Etat peut, à raison des circonstances, non-seulement modérer l'amende, mais encore dispenser de la démolition. — 22 février 1850 (Dev., 1850, p. 358).

La doctrine du Conseil d'Etat a été admise par la Cour de cassation qui, plusieurs fois, a décidé, en matière de petite voirie, qu'un propriétaire qui, sans autorisation préalable, exécute des travaux sur un bâtiment sujet à reculement, est passible d'amende pour avoir enfreint les règlements, mais que la démolition des ouvrages ne doit être ordonnée qu'autant qu'ils sont confortatifs. — Arrêts

des 28 septembre 1838 (*J. du Pal.*, 1838, t. II, p. 442), 1er juillet, 25 et 26 avril 1843 (*Bull. crimin.*, nos 168, 217 et 226), 13 septembre 1844 (*J. du Pal.*, 1845, t. Ier, p. 783).

Mais, abandonnant cette jurisprudence, la Cour suprême décide aujourd'hui :

1° Que les tribunaux de police, saisis de la poursuite d'une contravention résultant de travaux exécutés à un bâtiment ou sur un terrain sujet à retranchement, sans autorisation ou alignement préalable, doivent, en prononçant la peine d'amende contre le prévenu, ordonner la démolition des travaux indûment exécutés, sans qu'il y ait lieu à surseoir jusqu'à ce que l'autorité administrative ait décidé si ces travaux sont ou non confortatifs. — Arrêts des 14 février 1845 (ANNALES DES JUST. DE PAIX, 1re série, t. V, p. 432, vo *Voirie*, no 141), 26 juin 1845 (Dev., 1846, p. 666), 17 septembre 1845 (Dev., 1846, p. 70), 3 décembre 1847 (Dev., 1849, p. 383), 17 septembre 1847 (*Bullet. crimin.*, no 299), 4 mai 1849 (Dev., 1849, p. 382), 12 juillet 1855 (deux arrêts) (ANNALES, 1856, p. 76 et 79).

2° Que ces tribunaux doivent, en même temps qu'ils répriment l'infraction commise, ordonner la destruction des travaux, et cela bien que ces travaux ne soient pas confortatifs. — Arrêts des 6 août 1852 (ANNALES DES JUST. DE PAIX, 1853, p. 171) et 12 juillet 1852 (ANNALES, 1856, p. 76).

Dans tous les cas, l'examen et la décision de la question de savoir si des travaux exécutés en contravention aux règlements de voirie sont ou non confortatifs, appartiennent exclusivement à l'autorité de laquelle doit émaner l'autorisation, en sorte que le tribunal de police est essentiellement incompétent pour faire une telle appréciation. — V., entre autres arrêts, Cass., 10 octobre 1832 (Dev., 1833, p. 590), 25 juin 1836 (Dev., 1836, p. 653), 10 novembre 1836 (Dev. 1837, p. 707), 2 décembre 1837 (ANNALES DES JUST. DE PAIX, 1re série, t. V, p. 387, vo *Voirie*, no 114), 16 juillet 1840 (ANNALES, *ibid.*, p. 426, no 137), 6 janvier 1853 (ANNALES, 1853, p. 311), 12 juill. 1855 (deux arrêts) (ANNALES, 1856, p. 76 et 77), 1er févr. et 2 mai 1856 (ANNALES, 1856, p. 288 et 328).

Quand le juge de police constate en fait que des réparations faites à un soupirail de cave établi en avance sur la voie publique, sans l'autorisation préalable de l'autorité compétente exigée par un règlement, n'ont rien changé à l'état antérieur, il n'y a pas lieu, en prononçant la peine d'amende, d'ordonner la démolition du nouvel œuvre ; une telle décision ne faisant d'ailleurs point obstacle au droit qu'a toujours l'administration de prescrire la destruction d'ouvertures de cette nature. Cass., 29 avr. 1852 (ANNALES DES JUST. DE PAIX, 1852, p. 369).

Lorsqu'une contravention de petite voirie consiste dans le fait de plantation d'arbres ou de haies, soit sur le sol même d'un chemin vicinal, soit sur le terrain même du riverain, mais à une distance inférieure à celle déterminée par les règlements ou arrêtés de l'autorité préfectorale, il en est de même que pour les constructions élevées sans alignement ou autorisation préalable : les contrevenants, non-seulement encourent les pénalités dont la loi les déclare passibles, mais ils doivent être condamnés à opérer la destruction des plantations qu'ils ont indûment faites. Seulement, il y a lieu de distinguer, à cet égard, entre celles qui constituent une usurpation du sol vicinal, et celles qui ne présentent qu'une simple infraction aux règlements qui fixent la distance à observer.

Dans le dernier cas, le tribunal de simple police ordonne cette destruction, en appliquant à l'auteur de la contravention l'amende par lui encourue. Dans le premier cas, au contraire, il résulte de la nouvelle jurisprudence de la Cour de cassation, d'accord avec celle du Conseil d'État, et consacrée par ses arrêts des 19 juin 1851 (ANNALES DES JUST. DE PAIX, 1852, p. 15), 20 janv. 1854 (ANNALES, 1854, p. 189), 27 août 1858 (ANNALES, 1859, p. 100), 3 déc. 1858 (ANNALES, 1859, p. 173), 10 mars 1859 (*Bullet. crimin.*, p. 122, no 76), que les Conseils de préfecture sont seuls compétents pour ordonner les mesures nécessaires à fin de faire cesser l'usurpation, les tribunaux de simple police n'étant chargés que de l'application des pénalités.

Mais il en est autrement lorsque les plantations ont été opérées sur le sol d'un chemin rural : en ce cas, l'enlèvement des arbres ou haies ne peut être ordonné que par le juge de police chargé de réprimer l'infraction.

Lorsque le ministère public a conclu à la démolition de travaux, à la destruction ou à l'enlèvement d'ouvrages ou plantations indûment exécutés, le tribunal de police ne peut se borner à ordonner la suppression d'une partie seulement de ces ouvrages, travaux ou plantations, et s'abstenir de statuer quant au surplus. — Cass., 12 avr. 1822 (Dev. Sir., t. VII, p. 53), 10 oct. 1832 (Dev., 1833, p. 590), 25 juin 1836 (Dev. 1836, p. 653), 10 nov. 1836 (Dev., 1837, p. 707), 4 et 11 janv. 1841 (*J. du Palais*, 1841, t. I*er*, p. 84, et t. II, p. 752), 12 mai 1843 (ANNALES DES JUST. DE PAIX, 1*re* série, t. V, p. 435, v° *Voirie*, n° 145).

Toutefois, lorsque les ouvrages illégalement exécutés consistent dans l'exhaussement d'un mur, le tribunal de police doit se borner à ordonner la démolition de la partie exhaussée, car, en un tel cas, la besogne mal plantée dont l'édit de 1607 prescrit la destruction est uniquement l'œuvre nouvelle et ne comprend pas l'ancien mur. — Cass., 4 déc. 1856 (ANNALES DES JUST. DE PAIX, 1857, p. 128).

Le juge de police qui ordonne la démolition ou la destruction de travaux, ouvrages, plantations, etc., indûment exécutés, peut accorder aux contrevenants un délai pour l'opérer, mais ce délai doit seulement consister dans le temps présumé nécessaire pour que la destruction puisse avoir lieu. Le délai ne peut jamais être prolongé de manière à laisser subsister pendant un temps plus ou moins long des constructions ou plantations qui n'eussent pas dû être élevées. — Cass.,

18 déc. 1840 (Dev., 1841, p. 139, Dalloz, 1841, p. 375) et 8 juill. 1843 (ANNALES DES JUST. DE PAIX, 1*re* série, t. V, p. 420, v° *Voirie*, n° 129).

C'est par application du même principe que la Cour de cassation a décidé que le tribunal de police étant incompétent pour apprécier si un édifice dont la réparation ou la démolition est ordonnée par l'administration menace ruine, il ne peut, sans excéder ses pouvoirs, accorder au contrevenant un délai pour effectuer le travail prescrit. — Arrêt du 2 oct. 1847 (Dalloz, 1847, p. 499).

De même qu'au cas de contravention consistant dans l'exécution illégale de travaux, constructions et ouvrages, la réparation ou les dommages-intérêts consistent dans la destruction de ces travaux, constructions et ouvrages, de même lorsque la contravention résulte de la non-confection de travaux légalement ordonnés par le pouvoir réglementaire, la réparation consiste dans l'obligation qui doit être imposée aux contrevenants de les exécuter. — Cass., 24 avr. 1834 (Dalloz, *Nouv. Répert.*, t. VII, p. 90, n° 184, note 3).

Ainsi, par exemple, lorsqu'un individu a contrevenu à un arrêté municipal prescrivant aux propriétaires qui font construire ou réparer leurs maisons d'y établir des fosses d'aisances, le tribunal de police saisi de la poursuite doit, en appliquant à cet individu l'amende dont la loi le déclare passible, le condamner, à titre de dommages-intérêts, à l'établissement d'une fosse dans un délai déterminé. — Cass., 12 mars 1853 (AN-

NALES DES JUST. DE PAIX, 1853, p. 305).

Ainsi, encore, lorsque les propriétaires riverains d'un cours d'eau contreviennent aux dispositions d'un arrêté administratif qui, dans le but de prévenir des inondations, leur prescrivent de construire sur leur terrain un mur d'encaissement, le tribunal de police doit, non-seulement réprimer l'infraction commise par l'application des peines qu'elle entraîne, mais condamner les contrevenants à l'exécution des travaux ordonnés. — Cass., 27 sept. 1839 (*Bullet. crimin.*, n° 312).

Le même principe est applicable dans tous les cas où l'exécution de certains ouvrages, la clôture d'un terrain, la réparation ou l'établissement d'un égout, par exemple, sont prescrits dans un intérêt de sûreté générale ou de salubrité publique.

Les tribunaux de police doivent donc, lorsque le ministère public a pris des conclusions à cet égard, ordonner la suppression ou la construction des travaux et ouvrages dont l'édification ou l'inexécution constitue l'infraction qu'ils sont chargés de réprimer. Or, il importe de remarquer que la juridiction répressive ne peut être saisie d'une telle demande par action principale; cette demande ne peut être formée qu'accessoirement à la poursuite de la contravention et à titre de réparation civile que le juge prononce comme conséquence de la condamnation pénale et par le même jugement, conformément à l'article 161 du Code d'instruction criminelle.

Lors donc qu'il arrive qu'à défaut de conclusions du ministère public,

un tribunal de police a statué sur une contravention de voirie, sans ordonner la démolition ou la destruction des ouvrages, travaux ou plantations qui la constituent, ce tribunal a épuisé sa juridiction et ne peut plus, sans qu'il soit porté atteinte aux règles de la compétence, être saisi de l'action en destruction, ce serait lui déférer de nouveau la connaissance de faits sur lesquels il a définitivement prononcé. —Cass., 27 mars 1852 (ANNALES DES JUST. DE PAIX, 1853, p. 143), et 1er août 1856 (ANNALES, 1857, p. 82).

Pareillement, lorsqu'après un jugement passé en force de chose jugée, qui renvoie des poursuites un individu prévenu d'avoir élevé des constructions, contrairement à l'alignement qui lui avait été donné, l'administration municipale prend un arrêté prescrivant la démolition de ces constructions, le prévenu, qui ne peut être traduit de nouveau pour le même fait devant la juridiction répressive, ne peut être condamné à effectuer cette démolition. — Cass., 2 août 1856 (ANNALES, 1857, p. 128).

C'est par application du même principe que la même Cour a plusieurs fois jugé que, quand l'action publique à raison d'une contravention de voirie est éteinte par prescription, le tribunal de police est incompétent pour prononcer, à titre de réparation civile, la démolition des travaux qui constituent cette contravention. — V. arrêts des 27 mars 1852 (ANNALES DES JUST. DE PAIX, 1853, p. 143), 2 août 1856 (ANNALES, 1857, p. 41) et 10 janv. 1857 (ANNALES, 1857, p. 199).

FIN.

TABLE

ALPHABÉTIQUE ET ANALYTIQUE DES MATIÈRES.

sage l'autorise, 189. — De tout temps a été le patrimoine des indigents, 188. — Est interdit dans les terrains clos, 189.— Avant l'enlèvement des récoltes, 188, 189. — Entre le coucher et le lever du soleil, 189. — Peut être réglementé par les maires, 189. — Mesures qui peuvent être édictées à cet égard, 189, 190.

HALAGE. — V. *Chemins de halage.*

HALLES. — V. *Marchés et halles, Pesage et mesurage.*

HASARD. — V. *Jeux.*

HOTELIERS. — V. *Aubergistes.*

IMMONDICES ET BOUES. Les maires peuvent en régler l'enlèvement et le dépôt, 87.

IMPASSES. Font, comme les rues, partie du domaine municipal, 47. — Le balayage peut y être prescrit, 88.

INCENDIES. Mesures réglementaires tendant à les prévenir, 72 et suiv. — V. *Feu, Fumeurs, Matières combustibles.*

INDIGENTS. Ont eu seuls, de tout temps, droit au glanage et au grappillage, 188.

INDUSTRIE. La liberté en a été proclamée par la loi, 72, 91, 108, 110. — Mais l'exercice de certaines professions peut être réglementé, 91. — Notamment celle de vidangeur, 91. — Celle de cafetier, limonadier, débitant, etc., 92 et suiv. — Celles de boulanger et boucher, 133 et suiv.; 135 et suiv. — Celles qui sont bruyantes et incommodes, 108, 109.

INHUMATIONS. Peuvent être interdites ailleurs que dans le cimetière commun, 198. — Peuvent avoir lieu dans les propriétés particulières, 197. — Mais à certaines conditions, 197, 198. — V. *Cimetières.*

INSCRIPTIONS. Ne peuvent être faites dans les cimetières sans l'approbation du maire, 199.

JARDINS. L'échenillage des arbres y est prescrit par la loi, 191.

JAUGEAGE. — V. *Pesage, mesurage et jaugeage.*

JEUX. Il en est qui peuvent être interdits dans les cafés et cabarets, 105. — La loi elle-même y défend ceux de hasard, 106. — Ce qu'on doit considérer comme jeux de hasard, 106, 107.

LETTRES DE FAIRE PART. — V. *Billets de faire part.*

LEVER ET COUCHER DU SOLEIL. Le glanage, le grappillage et le râtelage ne sont permis que dans l'intervalle du lever au coucher, 189. — La vaine pâture peut être interdite dans le même temps, 169.

LIBERTÉ DE L'INDUSTRIE. — V. *Industrie.*

LIEUX PUBLICS. La police en appartient aux maires, 93. — V. *Établissements publics.*

LIVRET. Les ouvriers doivent en être porteurs, 105.

LOCATAIRES. Sont tenus de balayer la voie publique, 87. — De fermer les portes extérieures des maisons, 78.

LOGEMENTS MILITAIRES. La charge en est répartie par les maires, 38.

LOGEURS. Il peut leur être interdit de recevoir des filles publiques, 114. — V. *Aubergistes.*

MAIRES. Sont chargés de la voirie municipale, 38. — De donner l'alignement en ce qui concerne la voirie urbaine, 48 et suiv. — De la police urbaine, 35 et suiv. — De la police municipale, 22. — De la police rurale, 37, 157 et suiv. — Sont chargés de répartir la charge du logement militaire, 38. — Ont le droit de taxer le pain et la viande de boucherie, 115, 136.— Peuvent édicter certaines mesures de police relativement à la vaine pâture, 168 et suiv. — Ont seuls qualité pour fixer le ban des vendanges, 178, 179. — Peuvent réglementer le glanage, le grappillage et le râtelage, 189. — Mesures qui peuvent être édictées à cet égard, 189, 190. — Peuvent seuls nommer le fossoyeur communal, 199. — Doivent visiter annuellement les fours et cheminées, 72. — Peuvent, dans certains cas, en ordonner la démolition, 72. — Peuvent prescrire la démolition ou réparation des édifices en ruine, 57. — Ne peuvent réglementer les matières relatives à la sûreté générale, 40. — Ne peuvent être suppléés par les préfets dans l'exercice du pouvoir réglementaire, 29 et suiv. — Ne peuvent réglementer l'exploitation des établissements insalubres, 17, 108. — Ne peuvent dispenser de l'observation de leurs règlements et arrêtés, 43. — Exception à ce principe, 44. — Leurs arrêtés ne peuvent être modifiés par les préfets, 32,

tion de construire ou réparer sans alignement ou autorisation, 46. — La démolition ou réparation des édifices en ruine, 58. — La commodité et la sûreté du passage, 60.

VOITURES. Conduite et stationnement sur la voie publique, 69 et suiv.

VOLAILLES. Peuvent être tuées sur le lieu au moment du dégât, 196. — Mais seulement dans les propriétés rurales, 196. —A qui, dans ce cas, elles appartiennent, 196, 197.

ERRATA.

Pages 1, ligne 11, col. 1, *au lieu de* : titre II, *lisez* : titre XI.
3, ligne 1, col. 1, *au lieu de* : titre II, *lisez* : titre XI.
3, ligne 25, col. 2, *au lieu de* : titre II, *lisez* : titre XI.
4, ligne 6, col. 1, *au lieu de* : titre II, *lisez* : titre XI.
6, ligne 9, col. 1, *au lieu de* : titre II, *lisez* : titre XI.
6, ligne 7, col. 2, *au lieu de* : titre II, *lisez* : titre XI.
7, ligne 11, col. 1, *au lieu de* : titre II, *lisez* : titre XI.
7, ligne 11, col. 2, *au lieu de* : égale, *lisez* : légale.
8, ligne 26, col. 1, *au lieu de* : titre II, *lisez* : titre XI.
10, ligne 5, col. 1, *au lieu de* : restent, *lisez* : rentrent.
14, col. 2, note 2, ligne 3, *au lieu de* : an II, *lisez* : an XI.
15, ligne 21, col. 1, *au lieu de* : article 2, *lisez* : article 3.
16, ligne 16, col. 1, *au lieu de* : des dispositions, *lisez* : les dispositions.
21, ligne 22, col. 2, *au lieu de* : sur des objets, *lisez* : sur les objets.
24, ligne 26, col. 2, *au lieu de* : préfet de Paris, *lisez* : préfet de police.
26, ligne 28, col. 2, *au lieu de* : titre II, *lisez* : titre XI.
33, col. 1, substituez à la note la note 1 de la col. 2.
33, col. 2, substituez à la note 1 celle de la col. 1.
33, ligne 7, col. 2, *au lieu de* : titre II, *lisez* : titre XI.
35, ligne 9, col. 1, *au lieu de* : titre II, *lisez* : titre XI.
45, ligne 34, col. 1, *au lieu de* : amener, *lisez* : assurer.
50, col. 1, note ligne 6, *au lieu de* : 1832, *lisez* : 1842, et *au lieu de* : t. II, *lisez* : t. XII.
57, ligne 26, col. 1, *au lieu de* : contestatif, *lisez* : confortatif.
57, lignes 16 et 17, col. 2, *au lieu de* : contravention, *lisez* : construction.
63, ligne 9, col. 2, *au lieu de* : prévenir, *lisez* : prescrire.
70, ligne 5, col. 1, *au lieu de* : du reste, *lisez* : reste.
76, ligne 28, col. 1, *au lieu de* : intérieur, *lisez* : extérieur.
81, ligne 23, col. 1, *au lieu de* : titre II, *lisez* : titre XI.
98, ligne 12, col. 1, *au lieu de* : exercée, *lisez* : excusée.
101, ligne 20, col. 1, après ces mots : n'y ont, ajoutez celui-ci : été.
101, ligne 34, col. 2, *au lieu du mot* : ce, *lisez* : et.
105, ligne 14, col. 1, *au lieu de* : an II, *lisez* : an XI.
116, ligne 2, col. 1, *au lieu de* : accusé, *lisez* : excusé.
116, ligne 16, col. 2, *au lieu de* : nº 1, *lisez* : nº 15.
118, ligne 18, col. 1, *au lieu de* : 1837, *lisez* : 1857.
128, ligne 25, col. 2, après t. Iᵉʳ, ajoutez : p. 383.
138, ligne 4, col. 1, *au lieu de* : elles le, *lisez* : elle les.
151, ligne 2, col. 2, *au lieu de* : t. II, *lisez* : t. XI.
153, ligne 7, col. 2, *au lieu de* : clause, *lisez* : classe.
162, ligne 4, col. 2, *au lieu de* : corde liée, *lisez* : cordelée.
162, ligne 29, col. 2, *au lieu de* : qui, *lisez* : que.
166, ligne 16, col. 1, *au lieu de* : les, *lisez* : leurs.
172, ligne 15, col. 2, *au lieu de* : privés, *lisez* : grevés.
173, ligne 33, col. 2, ajoutez : la.
174, ligne 40, col. 2, supprimez : ne.
176, ligne 29, col. 1, *au lieu de* : un, *lisez* : cet.
181, ligne 32, col. 1, *au lieu de* : juge, *lisez* : a jugé.
204, ligne 18, col. 2, *au lieu de* : Assain, *lisez* : Allain.
208, ligne 39, col. 2, *au lieu de* : justifier, *lisez* : signifier.
213, ligne 35, col. 2, *au lieu de* : pouvoir, *lisez* : pourvoi.
218, ligne 26, col. 1, *au lieu de* : complétement, *lisez* : compétemment.
220, ligne 8, col. 2, retranchez que.
222, lignes 38 et 39, col. 2, *au lieu de* : et que l'enseignent, *lisez* : et ce qu'enseignent.